性風俗と法秩序

陶久利彦 編著

尚学社

目　次

序章 …………………………………………………………… 陶久利彦　3
　　1．本書の成り立ち　3
　　2．性風俗と法秩序への接近方法　3
　　3．論文内容の概観　8
　　4．今後の課題　13
　　5．謝辞　15

売春法制と性風俗法制の交錯
——個室付浴場業規制の法的性質をめぐって………… 岩切大地　16
　Ⅰ　はじめに　16
　Ⅱ　戦後の売春法制　17
　　1．売春法制の沿革　17　　　　　2．戦後売春法制の趣旨　20
　Ⅲ　戦後の性風俗法制　25
　　1．風営法制定の前後　25　　　　2．風営法の沿革　29
　Ⅳ　売春法制と性風俗法制の交錯　33
　　1．個室付浴場　33　　　　　　　2．風営法の規制対象へ　35
　　3．性的サービスと風営法　37　　4．売春と風営法　41
　　5．売春法制と風俗法制　44
　Ⅴ　結びに代えて　46

いわゆるラブホテルに対する立法による規制……… 荒木　修　50
　Ⅰ　初めに——いわゆるラブホテルに対する規制の現状と問題の所在　50
　Ⅱ　ラブホテルに対する規制
　　　——特に風営法による規制の拡がりを歴史的に見ていく　52

i

1．公衆衛生行政の登場——警察権の分散　52

2．風営法による規制を受ける対象範囲の拡大　54

3．「建築」規制の可能性　56

4．風営法による規制の特徴——行政警察からの限界　59

Ⅲ　いわゆる既得権　61

1．法的な根拠の曖昧さ　61　　2．風営法における相場　63

Ⅳ　終わりに　66

買春不処罰の立法史……………………………………宮川　基　67

Ⅰ　問題の所在　67

Ⅱ　売春防止法の沿革　68

Ⅲ　買春処罰規定を設けることができなかった原因　77

Ⅳ　買春処罰のための理論的考察　78

Ⅴ　結語　81

性風俗営業と人間の尊厳………………………………玉蟲由樹　83

Ⅰ　はじめに　83

Ⅱ　人間の尊厳侵害＝良俗違反という図式　84

Ⅲ　「自分自身からの尊厳保護」？　89

Ⅳ　「主体性志向的」人間の尊厳と「価値志向的」人間の尊厳　96

Ⅴ　結びにかえて　104

売春規制における「メイド・イン・カナダ」モデルと憲法上の問題
——2013年ベッドフォード事件最高裁判所判決とその後の展開
………………………………………………………手塚崇聡　107

Ⅰ　はじめに　107

Ⅱ　2013年ベッドフォード事件最高裁判決とその意義　110

1．事件の概要　110　　2．カナダ最高裁判決　111

3．最高裁判決の意義──憲章第 7 条の問題　116

Ⅲ　「メイド・イン・カナダ」モデルの採用　119

　　1．ベッドフォード事件最高裁判決後の議論　119

　　2．PCEPA の目的とその概要　120

Ⅳ　「メイド・イン・カナダ」モデルの検討と憲法上の問題　124

　　1．PCEPA に対する評価　124

　　2．「メイド・イン・カナダ」モデルとベッドフォード事件最高裁
　　　判決との相反　127

Ⅴ　おわりに　131

売春規制と自己決定
　　──アメリカにおける売春規制の理由………………大林啓吾　132

序　132

Ⅰ　売春規制の歴史的沿革　134

　　1．赤線地帯　134

　　2．白人奴隷の噂　135

　　3．マン法の成立　136

　　4．パブリックニューサンス　139

　　5．限定的に売春を認めている州　141

Ⅱ　売春規制とプライバシー権の対立をめぐる裁判　144

　　1．Texas v. Lawrence 判決の射程　144

　　2．州裁判所の判断　146

　　3．連邦裁判所の判断──United States v. Sun Cha Thompson　150

Ⅲ　プライバシー権と保護法益　151

　　1．裁判例の問題　151

　　2．自由と尊厳をめぐる対立　152

　　3．保護法益の問題　154

　　4．折衷案としての公私区分　156

後序　157

修正 1 条の空隙
——アメリカにおけるわいせつ表現の規制根拠……　菅谷麻衣　158

Ⅰ　Roth 判決の《……》　158

Ⅱ　Chaplinsky 判決に対する理解——Roth 判決以前　163

　　1．Chaplinsky 判決に対する当初の理解　163

　　2．Beauharnais 判決における Chaplinsky 判決の継承　165

　　3．Beauharnais 判決の残した課題　169

Ⅲ　《……》の意味　174

　　1．Roth 事件連邦最高裁判決　174

　　2．Roth 判決の脚注18・19——わいせつ表現と「明白かつ
　　　　現在の危険」　178

　　3．Roth 判決の口頭弁論における議論　182

Ⅳ　今後の課題　184

売春犯罪化批判論にみる Martha C. Nussbaum の
政治的リベラリズム………………………………… 佐々木くみ　189

Ⅰ　政治的リベラリズムと売春　189

Ⅱ　同意——自律性　192

Ⅲ　危害　195

Ⅳ　スティグマ　199

Ⅴ　脆弱性　202

モダンガールの百貨店的主体性…………………… 吉良貴之　205

Ⅰ　リベラルな主体像を論じるために　206

　　1．リベラル・コミュニタリアン論争以後の主体性論の可能性　206

　　2．現代フェミニズムの困難　207

３．権利主体性を形作る領域　208

４．限界の自覚と「権利を持つ権利」　209

５．植民地主義の暴力と視線　210

II　モダンガールの主体性　211

１．植民地的近代の視覚レジーム　212

２．「あいだ」を生きるモダンガールと「メビウスの輪」　213

３．「京城のモダンガール」の中途半端さ　214

４．女性身体の断片化，あるいはポルノグラフィ　216

５．モダンガールの百貨店的主体性　216

６．メビウスの輪は閉じているか？　217

III　まとめ　218

売買春の法的規制と根拠づけ …………………………… 陶久利彦　219

I　はじめに　219

II　売買春に関する法的対応のあり方　222

１．法的評価・法的規制の多様性　222

２．ドイツの売春法改正とその後　223

３．我が国の売買春対応策——建前と本音の組み合わせ　225

III　売春の理念的評価　227

１．「人間の尊厳」理念からの売春批判　227

２．性道徳違反という売春批判　234

３．功利論的評価＝特定の危害　238

４．自己決定権論による売春擁護　238

IV　結び　240

同性愛と法——ドイツにおける変遷について ……… 渡邉泰彦　242

I　はじめに　242

II　ワイマール共和国まで　244

Ⅲ　ナチス時代　247

Ⅳ　西ドイツ　248

　　1．判例　248　　　　　　　2．1969年刑法改正　251

　　3．1973年刑法改正　253

Ⅴ　東ドイツ　255

　　1．1949年刑法典　255

　　2．東ドイツ最高裁判所1987年8月11日判決　256

Ⅵ　ドイツ統一　257

Ⅶ　女性間の同性愛行為　259

Ⅷ　刑法から私法へ　260

Ⅸ　最後に　262

アメリカにおける風俗統制と権利獲得運動
　——ストーンウォール事件と憲法論·················· 志田陽子　264

はじめに　264

Ⅰ　アメリカの同性愛者権利運動のメインストリーム　265

　　1．事件と裁判　265

　　2．憲法理論の視角からの整理　266

Ⅱ　抜け落ちた問題系——風俗の領域への公権力の関心と自律　270

　　1．「風俗」へのニーズに読み取るべきもの　270

　　2．「犯罪」のスティグマが意味したもの　271

Ⅲ　抜け落ちた問題系の憲法理論化の手がかり　274

　　1．集会・結社の概念と親密圏の再定義　274

　　2．《場》ないし《空間》の再構成　276

　　3．《逸脱の政治》とステレオタイプ　280

おわりに　283

「ダンス」から「特定遊興飲食店」営業規制へ
——風営法秩序のこれまでと今後の課題…………… 新井　誠　284

はじめに　284

Ⅰ　改正風営法以前におけるダンス営業規制の構造と問題点　286

　1．従来の構造　286　　　　　　　2．問題点　287

　3．憲法的諸論点　290

Ⅱ　風営法改正に至る2つの動き　291

　1．法改正運動と政府による法改正　291

　2．無許可営業をめぐる刑事事件——2つの下級審判決　292

Ⅲ　法改正後の状況　293

　1．改正風営法の内容　293

　2．旧3号営業をめぐる改正風営法の意義　293

Ⅳ　「遊興」規制の問題点　294

　1．「遊興の自由」論の再考の必要性　294

　2．風営法における「遊興」とは何か——言葉の不明確性　296

　3．遊興を「する」と「させる」の区別の困難性　296

Ⅴ　（深夜の）「特定遊興営業」規制をめぐる問題点　297

　1．「特定遊興営業」規制をめぐる混乱　297

　2．「特定遊興営業」とダンス　299

　3．「客に遊興をさせる」ことに「客にダンスをさせる」ことを
　　含むこと　300

　4．「特定遊興飲食店」営業の地域をめぐる問題　301

おわりに　304

強姦罪における「被害者資格」問題と「経験則」の再検討
……………………………………………… 小宮友根　306

　Ⅰ　はじめに　306

　Ⅱ　「被害者資格」の問題とその批判　307

目　次　vii

1．被害者資格問題　307

2．「被害者資格」問題への批判　309

Ⅲ　経験則の身分と推論におけるその役割　311

1．経験則の身分　311

2．当座のアプリオリ　313

3．強姦裁判における経験則批判の問題点　316

Ⅳ　事案の検討　318

1．事案の概要　318

2．被害者証言と裁判所の見解　319

3．経験則による被害者供述の構造化　322

4．「ありえた理解」の排除　324

Ⅴ　おわりに　326

執筆者一覧　328

性風俗と法秩序

序章

陶久利彦

1．本書の成り立ち

本書は，科学研究費助成事業(基盤研究(C)・課題番号2453017)「性風俗と法秩序」の成果の一部である。2013年4月から2015年3月までの3年間，新井誠(広島大学法科大学院)・荒木修(関西大学法学部)・佐々木くみ(東北学院大学法学部)・陶久利彦(東北学院大学法学部)・宮川基(東北学院大学法学部)の5名は，各自の研究課題に従事する傍ら，本テーマに関連する共同研究を積み重ねてきた。

年に4回程度の研究会では，ほぼ毎回，共同研究者以外にも報告者を求めた。これらの機会を通じ，研究者相互の学問的・人的交流が一層深まったばかりではなく，テーマ自体の奥深さが意識され，その扱いも多角的になった。各研究者は既にテーマに関連する論攷を随時発表済みではあるが，共同研究にひとつの区切りをつけるため，2014年には論文集の出版を企画した。その際，共同研究者以外の発表者にもお声がけをしたところ，多数の方から原稿が寄せられ，本論文集を編むことが可能になったという次第である。

2．性風俗と法秩序への接近方法

ところで，そもそも「性風俗と法秩序」というタイトルの下で，何がどのように扱われているのだろうか。

共同研究を進める発端は，法学者にみられる性風俗への学問的関心の低さだ

った[1]。その際, 性風俗「産業」として念頭に置かれていたのは, 接待による飲食業(例, キャバクラ, ホストクラブ), 性的サービスを提供する業態(例, ファッションヘルス, ストリップ興行), 性的サービスのための施設を提供する業態(例, ラブホテル), 性的興奮をもたらす出版物・映像等を提供する業態(例, アダルトビデオの製造・販売・インターネット配信), などである。

　確かに, 個人的関心はさておくとして, 性風俗を法学者が扱うことには若干のためらいがあるかもしれない。影響力の大きい社会活動, 国内外にわたる政治経済的論題や正義論などの華々しいテーマに比べると, 性風俗産業は合法・非合法の境界線に浮遊しているからである。性風俗産業は法的規制の枠内に収まる限りで合法性を保証される一方, そこでの実際の行為は往々にして枠外にはみ出しがちであり, 直ちに非合法の烙印を押される可能性も孕む。尤も, 合法・非合法の境界線にある行為類型は, 性風俗だけではない。賭博や薬物摂取もその一部をなす。ただ, これらにあっては性の要素は希薄であり, むしろ「賭け」が持っている偶然性と勝つか負けるかの瀬戸際が当事者にもたらす, 極限の心理状況が麻薬のような魅力を放つ[2]。あるいは, 身体内へと薬物を摂取し非日常の世界に遊ぶことが, その魔力に飲み込まれていく危険性に自らを晒すことになる。

　これらの危険性に対して国家は, 私的賭博を原則的には犯罪とする一方, 公的賭博を許容し, 後者へと人々の情念のはけ口を誘導する。あるいは, 廃人にまで至りかねない薬物使用に対して, ほんの入り口にあっても極めて厳格な犯罪類型の網をかける。総じていえば, 日本法はこれらの行為に対して「望ましくない人間像」という道徳的観念——あるいは, 費用対効果の経済的観念——を裏づけとしつつ, 甚だパターーナリスティックな態度で臨んでいる。賭博や薬物に全く無関心な人がいることも, このような対応を可能にする1つの要因である。

　これに対し性風俗産業に対する法的規制は, 微妙である。成人の自由な意思決定という論理には一見して侵しがたい力があるし, 性風俗利用者には賭博や薬物ほど人格崩壊の危険性は高くない, とみなされているからである。何より

---

1) その背景の一端については, 陶久論文の冒頭を参照されたい。
2) そのことは, 競技団体から追放された最近のバドミントン選手の例にも見られる。

4

も利用者が人としてもつ「性」に関わる情念や衝動は，その極端な形が社会不安や社会批判に至ることがあるとしても（マルキ・ド・サド！），それ自体が否定されるわけではない。いやむしろ，推奨される場合もある（少子化対策！）。とはいえ，性に関する行為は通常，私的行為の中でもとりわけ秘事とされるという一面も持つ。従って，性に関わる国家的規制の目的は，秘事と害悪ないし危険性とを天秤にかけながら，人類や国家の存続に不可欠な衝動を法的にいかに飼いならすか，に置かれている。それだけに，凶暴さをも秘める性的衝動にサービスを提供する性風俗関連行為や産業は，秘事の一部を市場に開放し，業が可能になるように変形させる[3]一方，関係者への加害を避けるという他方の要請にも配慮せざるを得ない。

　このような事情から，性風俗に研究の触手をのばすこと自体，研究者個人の性癖が露見する危険性を引き受けなければならない。それでも性風俗へと視線を向けるならば，どのような問題群が待ち受けているだろうか。個人の性的心身に関わる次元から性風俗産業がもたらす社会的・個人的次元への影響に至るまで，いくつかの問題群を以下に列挙してみよう。

　①「性」が持つ意義を哲学的観点から解明しようとするとき，まずは，一人ひとりの性的身体にまつわる主観的感情や感覚とその広がりに，省察の目を向けることができる。その検討から浮かび上がる多様な価値観や人間観は，より具体的で社会的次元にまで拡大した性道徳・貞操観・婚姻観，そして性的行為に関する自由の観念などへと展開する。

　②これらが，特に性風俗産業従事者に対する個人的評価や社会的意識を大きく規定する。特に，貞操観が社会階層相互の峻別を強化する役割を果たしていた時代にあっては，一方の極には合法的既婚者が置かれ，他方の社会の底辺に性風俗産業従事者が位置づけられる[4]。社会的次元に広がる性道徳が，当人の自己評価にも深い影響を及ぼすような刻印づけと差別を伴うのである。

3）このことが，性風俗にどこかしら隠微な「いかがわしさ」（この表現は，本書所収の岩切論文から借用した）を付与する。

4）そうであるからこそ，かえって売春婦の精神性を強調し，彼女らを天使のように扱う芸術作品も現れる。例えば，ドストエフスキー『罪と罰』のソーニャ。

序章　5

③観念の次元から現実面へと視線を向けると，性風俗の実態は多様である。社会学者や警察関係者による実態研究は，この次元での考察を深めてくれることだろう。近時の喫緊の課題は，性風俗産業経営者による従事者の搾取と，未成年者や外国人を含む人身売買，そしてネット社会の拡大による性風俗産業の変化である。当人にはこれらが心身双方に大きな危害を及ぼす。

④では，犯罪の芽を内に抱え従事者への害悪が懸念されるにも拘らず，性風俗産業が消滅しないのはなぜか。最大の原因の１つは，性風俗産業従事者の貧困である。例えば，容易に就労ビザを取得できない外国人労働者にとって，性風俗産業，特に売春は短期間で多額の現金を得る方法として魅力的である。外国人ばかりではない。職場の仕事に求められる知的・技術的水準が機械化やIT化によって質を変え，グローバル化による労働市場の変化が顕著になると，仕事のあり方自体が根本的に変容する。国内でも所謂格差の拡大と共に進行する貧困が，それ以前では考えられなかった人々を性風俗産業へと誘う大きな要因になっている。性風俗は，国内外の経済問題と切り離せない[5]。

⑤性風俗産業従事者特に売春婦(夫)を巡る病気や老いは，深刻である。彼らが現役を退いて老いた時，彼らの生活を誰がどのようにして支えていくのか。健康や貧困を防止する社会保障の役割は，特に彼らにとって切実である[6]。性風俗産業従事者への社会的・個人的評価や「労働」観をさしあたり脇に置くとしても，彼らもまた１人の人間として当該社会や国家の一員である限り，その生が具体的生活の次元で十分に尊重されなければならない。それはいかにして可能だろうか。

⑥性風俗もまた，それが業として成り立つためには一定の場所を必要とする。そうすると，そのような場所提供が行われる地域の住民達にも一定の影響を及ぼす。ちょうどかつて，競艇券売り場やアダルト雑誌自動販売機の設置に反対運動が起こったのと同様である。性風俗産業に従事する当人にとっては何ら

5）因みに，ドイツでの売春従事者の大半は，東欧諸国やアジア圏特にタイからの外国人である。http://www.mimikry.org/content/img/mimijabe2012.pdf（2016年5月3日閲覧）参照。

6）特にドイツではこのような例が取り上げられているが，わが国では寡聞にして目にしない。例えば，http://www.mimikry.org/#link=jahresberichte（2016年5月3日閲覧）に見られる各年次報告参照。

「害」が生じないと仮に言えるとしても，場所を取り巻く周囲の住民にとっても同じかどうかは，疑わしい。

　⑦「害」という視点は，関係者の行為や営業の自由に対する法的規制へと容易に道を開く。どの国家や地域にあっても性に関する刑事・行政立法があり，それに基づく刑事訴追や行政的執行が見られ，関連した判決が時には下されてきた。それ故，各国や地域に特有の立法・司法・行政の具体的進展や相互の関連づけ，そしてこれらの法的規制と性道徳との関連が，検討課題となる。

　これらの問題群を孕む性風俗産業は，華々しい法的論題をめぐる理論や概念装置の妥当性を検討するための，一種の限界事例を提供する。自由，労働，営業，そして道徳と法といった古典的論題が，その例として直ちに想起される。性から離れられない生々しい人間の現実とそれが引き起こす経済・社会面での矛盾が，限界領域に生きる人々に集中し，その法的扱いのあり方を問いかけるのである。

　確かに，本書所収の各論文は，上述の問題群すべてを検討対象にしているわけではない。しかし，どの論攷もそれぞれの中心課題の背後に更に大きな未開拓の——あるいは，既に多くの論者が論じている一般的問題と密接に関連した——すそ野が広がっていることは十分自覚している。但し，個別論文の接近方法には一定の限定もある。一部社会学者が試みる実態調査や，フリージャーナリストの突撃レポートと同じようなアプローチをとることは，法学者には難しい。精緻な学説理解を基本としつつ，立法過程や判例の分析といった従来の法学的方法を踏まえながら問題に接近するほかない。それが，性風俗産業に関連する諸問題の検討に際して，法学の寄与しうることである。学問間分業は，確かにマイナス面ももたらすが，逆に視野の限定がプラスに働くこともある。少なくとも，「性風俗と法秩序」というタイトルに示される「法秩序」には，法学的アプローチという方法面での限定と矜持も込められている。

　では，本論文集は何をどのように扱い，全体としてどのように構成されているのか。目次から明らかなように，寄稿論文の大半は，売買春規制を検討の対象にしている。性風俗の中でも特に売買春は，ほとんどの国や地域で長い歴史を持つが故に，豊富な資料を提供してくれるからである。そこで各論文の配列

序章　7

は，まずはわが国の売買春に関する具体的問題から発し，次いで一方ではその深い探究へと歩を進め，他方では諸外国へと視野を拡大するようになっている。原理的考察と関連問題を扱う諸論攷は，前後の論文との関連性を重視して配置されている。

3．論文内容の概観
(1)　売買春に関係する立法史・日本
　巻頭の岩切論文は，日本法の現状に焦点を合わせる。岩切は論文冒頭で，所謂「風営法」が規制する個室付浴場で，売春防止法によれば違法であるはずの売春行為が，何故に「公知の事実」とまで言われるほど広まっているのか，と問いかける。この問いへの答えを岩切は，一方では売春防止法の，他方では風営法の立法史を辿ることで探ろうとする。岩切によれば，売春防止法では「道徳的」視点が前面に出ることによって売春の違法性が宣言されたにも拘わらず，あるいはそうであるからこそ，風営法の累次の改正によって法律の目的が徐々に地域の「健全な環境保全」へと移行していくと共に，売春防止法と風営法との分離が決定的になった。その中で，風営法上の個室浴場という空間内に，事実上の売春行為が「囲い込」まれたのである。岩切の言う「囲い込み」とは，空間的制限を当然含意しつつ，加えて，その枠内での違法行為を放置する代わりに枠外での行為を禁じる立法や法執行の特徴を指す（志田論文での用語法とは若干の違いがある）。
　風営法関連の行政法的規制のあり方と，そこで立法者が考慮する観点に関する細かな検討は，荒木論文が扱う。荒木によれば，性交渉（店舗型性風俗でない場合には，このような施設が売春の場所として利用される可能性がある）に場所を提供することを目的として建設された所謂ラブホテルに関連する規制の立法史は，単純ではない。まずは，経済活動として承認されている営業に対して何故に法的規制が必要なのかの理由が，示されなければならない。その上で立法者は，時々のラブホテル業態について，その都度の規制目的と規制方法に応じた細分化を図ってきた。そこでは，一方では憲法上の原理——例えば，建築の自由，財産権の保障（あるいは，信頼保護）——との関係があり，他方で，そこで営まれる行為の特質への配慮も欠かせない。尤も，対処法はあくまで具体的事実関係

に根差すほかない，との立場から荒木は，隣接法や実務との関連性の中で，ラブホテル規制をめぐる立法者の視線と法的対応の具体的動きを簡潔に叙述しようと試みる。

　宮川論文は，売春防止法に何故買春処罰規定が盛り込まれなかったのかと問いかけ，売買春への日本的対応の特徴を検討する。その際まずは，売春防止法制定時に議論された幾つかの立法政策とその理由づけが論じられる。宮川によれば，法制定前の各地の条例では，買春処罰規定が置かれていた例も珍しくない。ところが，売春防止法制定時には，売春処罰と買春処罰が一体であるとの認識が支配的になることによって，売春を不処罰とするからには当然買春も不処罰とされるべし，との帰結が導かれたのである。宮川は次いで，それらの経緯を踏まえた上で，買春規制を導入する場合の法解釈論的可能性とその立法案について論じる。売春を禁止するのが望ましい，という宮川の立場は，しかしその基本的立場の正当化を必要とすると同時に，諸外国の事例への目も意識させる。

(2)　外国の売買春規制と関連問題へ

　日本法から離れるとしても，売買春は世界各地で様々な規制を生み出してきた。玉蟲論文は，特に性風俗営業に関連するドイツ行政法上の判決例の論理を丹念に追う。玉蟲は，そこでの論理はある時代まで――といっても，それほど古いわけではないが――，基本的に「売春行為＝人間の尊厳侵害＝良俗違反」という図式に依拠していたと指摘する。しかもそこでの人間の尊厳概念は，「価値志向的」人間の尊厳から，「主体志向的」人間の尊厳原理へと移行してきたのである。

　このような人間の尊厳概念の変遷を押さえつつ，玉蟲は，「人間の尊厳を根拠にして性風俗営業を規制する権限が国家にあるかどうか」という問いに，議論の射程を抑制する。この問題設定からすると，個人の自由で自律的な意思に基づく行為を「価値志向的」人間の尊厳概念から制約しようとする傾向は，余りにパターナリスティックな対応として批判されることになるだろう。

　ところで，目をアメリカ大陸へと転じると，売買春への対応に各国の歴史的事情が大きく作用していることが浮き彫りとなる。

　カナダの事情を扱う手塚は，2013年にカナダ最高裁で下されたベッドフォー

序章　　9

ド事件判決と，それを受けた翌年11月の Protection of Communities and Exploited Person の内容を検討する。手塚によると，以前から売春を合法としていたカナダでは，身体の安全を求める売春従業者からの訴えを受け，それまでの刑法典の売春関連条文を違憲とする上記判決が出された。それを受けた改正刑法典では，買春を厳しく規制する北欧型の売買春規制が導入されたばかりではなく，売春が周囲の女性や子どもに与える社会的害悪からコミュニティを保護するという目的も加味された。この点が，北欧型とは違うカナダモデルの特徴である。ここには，売春を当人の自由として容認しながらも，それが社会的害悪をもたらすことを認め，それを根拠として買春規制や売春宿規制を導入しようとする立法上の一動向を見ることが出来る。

　大林は，アメリカでの売春問題に焦点を絞り，「被害者のいない犯罪」とも呼ばれる売春が何故法的規制対象になるのか，と問いかける。大林によれば，アメリカでの売春規制には特有の歴史的背景がある。即ち売春は，「白人奴隷」という噂にあおられる形で，パブリックニューサンスとして規制されたのである。実際の売買春規制として大林は，連邦法としての所謂マン法の射程を取り扱う一方，他方で20世紀初頭以降の州法の立法史を辿り，各州なりに特有の事情があることを明るみに出そうとする。その上で大林は，Texas v. Lawrence 判決を詳細に検討する。そこから抽出されるキーワードはプライバシー権であるが，売春をその中に含めないとするのが裁判所の基本姿勢である。最後に大林は，フェミニズムの３類型に応じた売春規制への規範的立場の違いを検討する。この点，売春がパブリックニューサンスとして扱われてきたアメリカの歴史的経緯からすると，プライバシーの枠内に入る限りで，売春は法的規制の対象外ということになるだろう。

　菅谷論文は，売春同様「被害者なき犯罪」とも言われる，わいせつ表現規制に関するアメリカ判例法の展開を扱う。菅谷によると，わいせつ文書やわいせつ言辞は1942年の Chaplinsky 判決中，所謂「喧嘩言葉」に代表される「保護されない言論」の一類型として論じられた。そこでは，一方で当該言論の有害性・治安紊乱の危険性が指摘され，他方で言論としての低価値性が，実質的規制根拠として挙げられていたのである。ところが，わいせつ表現についてのリーディング・ケースとされる1957年の Roth 判決では，前者の有害性が抜け落

ち後者の低価値性のみが言及される。菅谷はこの違いに着目し，Chaplinsky判決後 Roth 判決に至るまでの判決文に現れる言語表現を丹念に追うことを通じて，この「空隙」の含意を探ろうとする。目指されるのは，わいせつ表現規制の実質的根拠を明らかにすることである。

(3) 原理的考察

　具体的で歴史的な立法や判例への視線は，ヨリ原理的な法理論的検討によって相互に補完される関係にある。佐々木は，マーサ・ヌスバウム(M. Nussbaum)の売買春論を政治的リベラリズムの射程という角度から丹念にフォローし，内在的理解を深めようとする。とりわけ，売春婦に対して付与されがちなスティグマを，「脆弱な個人」という視点から問題視するヌスバウムの考えは，自己決定権のみを前面に出す議論とは異なり，売買春問題への別の視点を提供してくれることだろう。

　同じくリベラリズムと主体の問題へと関心を向ける吉良論文はまず，近代的権利主体の生成過程を見定めるという一般的問題意識のもと，その手掛かりとして，ドゥルシラ・コーネル(D. Cornell)の言う「イマジナリーな領域」に着目する。その場所の確保とそこへのアクセス権が自律的権利主体の生成を現実に可能にするという仮説は，それらが欠落した歴史的事実を分析し解読する作業の中でよりよく検証される。そのための格好の素材を吉良は，植民地時代の京城に現れた「モダンガール」に見る。彼女たちの主体性が専ら，自他の方向を異にする視線の交錯を通じて形成されるとき，そこでは時に性的身体だけを浮かび上がらせるように——無意識のうちに——強制される契機も含まれる。主体性確立への道は，個人の置かれる政治・経済状況そして歴史的諸条件等に大きく規定されることになる。

　陶久は日本の売春防止法に焦点を当て，売買春が一種の「必要悪」とみなされるときの法的対処の可能性を分類した後，同法に掲げられた売春批判の根拠——人の尊厳違反，性道徳違反，社会の善良の風俗違反——をひとつひとつ再検討する。と同時に，女性の性的自己決定権を掲げて売春合法化を打ち出す主張と実践にも疑問を投げかける。権利主体の位置づけは，陶久論文でも大きなテーマである。

序章　11

(4) （性的）少数者の権利

　ところで，性風俗が「いかがわしさ」を有していると言われるとき，そこには正常で健全な性的関係との対比が当然のように前提されている。婚姻は法的に承認された性的結合体である点で，その代表例である。ところが近時，異性婚に異議を唱える運動が日本でも顕著になってきた。ドイツ法に素材を求めつつ渡邉論文は，性的少数者である同性愛者の婚姻問題を取り上げる。ドイツ立法史を辿っていくと，ごく最近まで抑も同性愛は犯罪とされていたのである。これは，アメリカ各州のソドム法にも共通する宗教的背景と社会進化論的思潮からの派生現象でもあるだろう。その暗黒時代から，同性愛者の婚姻問題が承認されるようになるまでの，急激な変化を渡邉論文は追う。

　対するに志田は，同じく性的少数者問題を扱いつつ，同性婚が次第に市民権を得つつある現時点から少し遡る時代に目を向ける。即ち，1969年から2003年までのアメリカで示された4件の判決例の論理を再検討することによって，従来看過されてきた別の側面に光を当てようとする。それは，性的少数者がまさにそれゆえに自己の同一性を確立し，文化としての生活形態を熟成させ，社会的次元での差別やスティグマから解放されるために必要とされる，親密圏形成空間の憲法論的位置づけである。志田の視点は同性婚の承認それ自体に向けられるというよりは，その前段階として要請される個人としてのアイデンティティ確保を，憲法論としてどのように保障するのか，という問いかけに置かれる。その限りで志田の論述は性風俗という領域を超えていくが，逆に，少数者問題との広がりをも得ることになる。

　このような視点は，わが国でダンス規制が問われた事例と重なる問題を提起する。科研共同研究者として特にダンス営業問題に精力的にかかわってきた新井は，これまで彼が公にしてきた論文を振り返りつつ，2015年に制定された改正法の問題点を指摘する。ダンス営業に関連する「場所」は，そこに集う人々による文化の創出と維持発展という側面も持つはずである。ただ，新井の評価によれば，改正法は必ずしも業者にとって有利に働くとは言えず，少なからぬ欠陥を持っていることが示される。

(5) 性的関係についての予断

　性風俗産業に従事する女性たちには，偏見と差別と社会的スティグマが付き

まとう。それがどのように裁判の場で機能するのかを，小宮は強姦罪に関する具体的判決例を取り上げながら検討する。小宮の分析によれば，被害者の性的素行に対する色眼鏡に基づいた「経験則」が，結論を左右する推論の前提として働いている。ただ，このような「経験則」は，裁判官個人の偏見に還元できるものでもなければ，経験的認識の誤りの指摘によって揺らぐものでもない。むしろそれは，被害者をも含めた「我々」が日常生活を営むに際して不可欠な，実践的合理性も持っている。このような小宮の見立てを前提にするならば，別の意味での実践的合理性を持った見解を展開することは，「我々」自身が担うべき困難な課題となるだろう。

4．今後の課題

　以上の概観から，寄稿論文に通底する一定の共通関心と傾向を4つにまとめてみよう。(1)自己決定権とその担い手，(2)場所・空間，(3)性についての前理解・性道徳，(4)(性的)少数者，がそれである。以下，それぞれについて少し敷衍する。

　(1)　自己決定権とその担い手

　個人の選択と行為の自由という古典的論題の一部は，近時自己決定権の名の下に論じられている。性愛対象の選択・婚姻形態・性的サービスの商業化等は，すべて当人の自由で責任ある決定によって選択されるべきである，という訳である。そこからの実際的・理論的帰結として価値多元性と価値相対性が強調される。

　自己決定権の尊重は，個人の尊厳から導かれる論理的帰結の1つである。異論は無い。ただ，流れや空気によって同質性を強調し，建前上は合法的婚姻形態に固執するわが国で，自己決定権概念が性風俗に関してどこまで実際に貫徹できるかについては，些か疑問も残る。その疑問は，「かわいい」という表現に象徴されるような，幼児性を愛でるわが国民の美的感覚とそれに即した社会的風潮を顧みるときに，増幅される。これらの傾向は，自己決定権の担い手やそのあり方を曖昧にするからである。成人が社会的風潮に合わせて自らを未成熟者であるかのように装うことは，未成年者と成人との区別を不明確にする。そのことは，自己決定権概念自体の受容の拒絶と，仮に受容されたとしても危

序章　　13

うい崩壊過程へと至らないのだろうか。

(2) 場所・空間

　抽象的表現ながら「場所や空間」という概念も，興味を引く。言うまでもなく，かつての京都学派が述べるような「場の論理」は甚だ曖昧な概念であり，その意味理解と今の現実への適用には慎重であらねばならない。しかし，性風俗関連の諸問題を扱うに当たっては，場所や空間という概念が思いのほか重要である。例えば，志田が強調するように，一定の場所が性的少数者の同一性確保と文化形成にとって不可欠な空間になっていたという歴史的事実もある。物理的空間が生活圏を創出し，変更させ，あるいは消滅させていくことは，改めて指摘するまでもない。健全な市民社会から外れた場所に特定の業種や人種を集中させ，逆に隔離させる都市計画は，決して珍しくない。そこでは，いかがわしい行為を全面的に許容するのではないが，しかし境界を設定された場所でのみ許容することもある。これは，現象面だけから見れば，市場や商業施設あるいは刑務所などの，集中と隔離に共通する発想である。そしてまた，性風俗産業従事者が居住する場所自体が，グローバル化の進展に応じて一国内には治まらない広がりも見せている。

　かつて，法哲学者の関心を引いたテーマの１つとして「法と時間」があった。それをもじるならば，「法と空間」という問題領域が共通の関心事として浮かび上がる。この場合の場所や空間は，法が語られる超越論的条件なのではない。問われるべきはむしろ，性風俗からみてどの空間をどう具体的に意味充実させていくか，である。

(3) 性についての前理解・性道徳

　性道徳は内容面での揺れを伴いながら，殆ど自覚されることもなく性に関する我々の前理解を形成している。「リベラルで多元的な法治国家」という理念からすると，法の内容から道徳を排除すべきであるとの結論が直ちに導かれるようにもみえる。しかし，おそらくそのような判断は早計である。法は，その根底に道徳的核を有している。個人の尊重や人権は，法でもあるし道徳でもある。道徳内部には，性道徳も含まれる。仮に普段はおぼろげに意識されているにすぎないとしても，性道徳観念は我々の社会通念の重要な一部をなしている。それ故，法と道徳の関係如何という問題設定はもう少し具体化されなければな

らない。例えば、「人々によってその意味理解と具体的判断に大きな違いがみられるような性道徳を、法的規制とりわけ犯罪化の根拠にすることが適切なのかどうか」、あるいは、「法秩序全体が志向する個人の意思決定尊重という理念が、何故性的行為に関しては制限されるべきか？」、といった具合である。わが国にあって性道徳の何が、どのようにして法の内部へと現に浸潤しており、またするべきかが、慎重に考察されなければならない。

(4)　(性的)少数者

寄稿論文全体を貫く大きな関心の最後は、(性的)少数者の問題である。近時、徐々に表面に出つつある性的少数者は、それが他の少数者と同様、多様性の一つとして公的に承認されることを求める。寛容を超えて多様性と異質性の積極的相互容認が、社会全体に対して問われるのである。と同時に彼らが、あるがままに自己の同一性を確認できるような現実的基盤もまた、必要とされるだろう。

これらの課題にヨリ深く取り組むことは、本書以降の仕事にゆだねられる。本書の扱うテーマが、今以上に多くの法学者の関心を呼び起こすことによって、研究全体が更に多角的に且つ深く進展していくならば、編著として望外の幸せである。

5．謝辞

末筆ながら、ご多用のところ、貴重な論文をお寄せくださった執筆者各位に、編者として心より御礼申し上げる。そして何よりも、当初の計画より大幅に遅延したにも拘わらず、本企画に賛同し、原稿を忍耐強くお待ち下さった尚学社社長苧野圭太氏に、心より感謝申し上げる。学術書の出版事情が極めて厳しい中、苧野氏のご厚意がなければ本書は到底この世に誕生できなかったであろう。

序章　15

売春法制と性風俗法制の交錯
——個室付浴場業規制の法的性質をめぐって

岩切大地

I　はじめに

　本稿は，「風俗営業等の規制及び業務の適正化に関する法律」（昭和23年法律
122号。以下，昭和59年（1984年）改正による題名改正の前後を通じて「風営法」と呼ぶ）
の中で性風俗関連特殊営業のうち店舗型性風俗特殊営業に分類され，同法2条
6項1号において「浴場業……の施設として個室を設け，当該個室において異
性の客に接触する役務を提供する営業」と定義される，いわゆる個室付浴場業
（ソープランド）に対する規制の趣旨を検討するものである。

　問題意識は単純で，売春防止法（以下，「売防法」と呼ぶ）によって売春業が不
可能となっているのになぜソープランドでは本番サービスがなされている状態
が恒常化しているのか，というものである。これに対して本稿が提示する回答
は，法と法執行とのギャップにより，また「いかがわしい」と位置付けること
により法の外部に置かれた非・法的空間が，「囲い込み」を通じて法に内部化
されることにより，このような業態が事実上可能となっている，というもので
ある。この空間において法は道具化され，また権力が過剰になる[1]。

　本稿は戦後の諸立法を検討するが，それらを分野ごとに分類し，それぞれの

1）　この問題意識は前稿から引き継いだものである。岩切大地「イギリスの売春をめぐる法
　　の限界と統治」臨床政治研究4号（2013年）。

分野における個々の立法に通底すべき趣旨を明らかにするという方法を取る。分野として取り上げるのは，ひとつは戦後の売春の法的位置付けを定めそれを実施する法の総体としての売春法制の分野であり，もうひとつは風営法を中心とした，売春予防または性道徳や風俗環境の維持に関係する法の総体としての性風俗法制の分野である。前者には，国家における売春の法的位置付けのパターンとして規制主義，廃止主義，および処罰（禁止）主義の3種類が従来整理されてきているところであるが[2]，このうち廃止主義を採用する売防法のみならず，規制主義から廃止主義への移行に伴い女衒行為を禁止する職業安定法，特に児童を売春から保護するための児童福祉法等の関連規定，さらに近年では人身取引対策立法や児童ポルノ対策立法等々が売春法制に含まれることになる。これに対し，性風俗関連法制は性道徳や性風俗の維持に関する諸規定や青少年保護に関する諸規定の総体を指すことになるが，本稿では風営法を専ら扱う。

　本稿が指摘しようとする法的空白地帯に対する対処方法のひとつは権利論を確立することであろうと考えられるが，これについては「Ⅴ　結びに代えて」で簡単に触れるにとどめたい。

Ⅱ　戦後の売春法制

1．売春法制の沿革

　戦後の売春法制は戦前の公娼制すなわち売春規制主義を否定するところから始まる。まず昭和21年（1946年）1月21日付のGHQ覚書「日本における公娼廃止に関する件」は，公娼制が「デモクラシー」や「個人の自由発達」に反するとしてその廃止を求め，これを受けて内務省は同年2月22日に「公娼制度廃止に関する件」（昭和21年内務省令3号）を制定した。この内務省令は非常に単純な内容で，公娼制の基本法令であった娼妓取締規則（明治33年内務省令44号）を廃止するというものである。

　このような廃止主義は新たな刑事罰も導入した。いわゆる勅令9号（「婦女に淫売させた者等の処罰に関する勅令」〔昭和22年勅令9号〕）は，ポツダム緊急勅令に基

2）たとえば若尾典子「買売春と自己決定——ジェンダーに敏感な視点から」ジュリスト1237号（2003年）185頁。

売春法制と性風俗法制の交錯　　17

づき昭和22年(1947年) 1 月15日に制定された法令であり，講和条約発効後も昭和33年(1958年) 4 月 1 日に売防法の施行により廃止されるまで効力を有した。全 3 条からなり，その 1 条は「暴行又は脅迫によらないで婦女を困惑させて淫売させた者は，これを 3 年以下の懲役または 1 万円以下の罰金の処する。」と規定し， 2 条は「婦女に淫売をさせることを内容とする契約をした者は， 1 年以下の懲役又は 5 千円以下の罰金に処する。」と規定し， 3 条はこれらの未遂罪も処罰する旨の規定である。勅令 9 号の制定と同日に警察犯処罰令改正令(昭和22年内務省令 3 号)も制定され，従来の「密売淫」処罰に代えて「売淫をし，又はその媒合若しくは客止を為した者」を処罰する規定に改められた。ただしこの警察犯処罰令はほどなく軽犯罪法(昭和23年法律39号)により廃止されることとなり，勅令 9 号以外の売春に対する処罰は各地の売春取締条例に委ねられることとなった。なお，自治体によっては買春行為を処罰する条例も制定されており，たとえば昭和24年(1949年)東京都売春取締条例がその例である。以上の勅令 9 号や各地条例は，昭和33年に売防法が施行されるまで効力を有した。

　その他，戦前の公娼制を廃止することに伴う法的対応も取られた。そもそも戦前の公娼制は，江戸時代における年季奉公方式が明治 5 年(1872年)のいわゆる「娼妓解放令」(明治 5 年太政官布告295号)と「牛馬切りほどき令」(明治 5 年司法省達22号)によって一応廃止された後，「娼妓渡世本人眞意ヨリ出願之者ハ」売春業に従事でき，また娼家経営者は場所を提供することを業とする者と定義され，どちらも警察官署から鑑札を交付されることにより売春業を行うことができるとする法制度が用意されるところに始まる(「貸座敷渡世・娼妓・芸妓規則」〔明治 6 年東京府令145号〕)。その後は明治33年(1900年)の娼妓取締規則によって，娼妓の登録制や居住・稼働場所の指定制度が導入され，また警察犯処罰令(明治41年内務省令16号)によって密売淫が処罰されることとなった。このような公娼制にあっても，売春従事者の自由意思(特に廃業の自由)が一応の前提となってはおり[3]，さらに人身拘束を内容とする契約は無効とされるというのが民法

---

3) 眞杉侑里「『人身売買排除』方針に見る近代公娼制度の様相」立命館人文社会研究所紀要93号(2009年)参照。戦前の廃業運動を示すものの 1 例として，和田鐵司編『娼妓と人権』(開拓社，1900年)。その表紙には「自由廃業は法の妙用なり」と記されている。

90条の解釈ではあったのだが[4]，しかし貧困といった社会的背景のみならず，家制度における女性や子どもの地位が低かったこと，前借金のうち消費貸借契約の部分の有効性は認められたこと，さらには仲介業者の存在等の要因により，実質的には江戸時代の年季奉公方式における待遇とほとんど変わらなかったと指摘されている[5]。

そこで戦後はこれら諸要因への対策がなされることになる。児童の労働に関しては労働基準法や児童福祉法，家制度に関しては民法家族法改正，職業紹介に関しては職業安定法の制定などである。前借金に関しては，人身拘束を内容とする契約と消費貸借契約とが可分な場合には前者のみを有効としてきた大審院判例と異なり，最高裁判例は両者を不可分一体としてすべてを公序良俗に反し無効とした[6]。公衆衛生に関しては，戦前は娼妓取締規則9，10条と花柳病予防法（昭和2年法律48号）の2本立ての体制だったところ，ポツダム緊急勅令として占領直後の昭和20年（1945年）11月22日に制定された花柳病予防法特例（厚生省令45号）が追加された後に，性病予防法（昭和23年法律167号）の制定へという経緯をたどった[7]。

以上のような流れの先に昭和31年（1956年）の売防法制定がある[8]。昭和20年

4）鈴木壽一「日本における売春関係法制の沿革」法律時報30巻2号（1958年）35頁。

5）前借金の返還請求を認める戦前の判例について，「人身売買が裁判所によって事実上保護されて来たことを意味する」と指摘するものとして，三淵乾太郎「判解（最大判昭和30年10月7日）」最高裁判解民事編昭和30年度188頁。戦前の法解釈と公娼制との関係については，川島武宜「人身売買契約の法的効力」法律時報27巻9号（1955年）。

6）最判昭和30.10.7民集9巻11号1616頁。

7）娼妓取締規則9条は娼妓の健康診断受診義務を規定し，10条において伝染性疾患がある等と診断された者が娼妓稼業を行うことを禁止し，花柳病予防法2条1項は「業態上花柳病伝播ノ虞アル者ヲ診療セシムル為」の診療所の設置を大臣が自治体に命ずることができるとし，また同法5条は花柳病に罹患して売淫を行う行為等を処罰の対象としていた。花柳病予防法特例は「業態上花柳病伝播ノ虞アル者ニシテ伝染ノ虞アル花柳病患者」に対して地方長官が入院命令を行うことができる等を定めていた。性病予防法11条は「正当な理由により売いん常習の疑の著しい者」に対して都道府県知事が健康診断の受診を命ずることができるとし，また26条は性病罹患者が「売いん」をしたとき等を処罰している。

8）売防法制定までの政治的駆け引きについては，小林大治郎＝村瀬明『新版 みんなは知らない国家売春命令』（雄山閣，2008年）232頁以下，中川善之助「売春等処罰法案について」法律時報27巻10号（1955年）等参照。売防法成立後の人身売買の状況については，藤野豊『戦後日本の人身売買』（大月書店，2012年）第6章。

売春法制と性風俗法制の交錯　　19

代には売春処罰法案がたびたび提出されては廃案とされてきたのであったが，昭和30年代に入っていよいよ売春そのものに対応するための立法が成立した。この法律は，「売春が人としての尊厳を害し，性道徳に反し，社会の善良の風俗をみだすものである」という認識のもと（1条），売春を定義し（2条），売春・買春行為を違法と宣言しつつこれに対しては処罰規定を置かず（3条），売防法の適用にあたり「国民の権利を不当に侵害しないように留意しなければならない」とする（4条）。続く第2章において売春勧誘行為（5条）のほか売春を助長する行為（6～13条）を処罰の対象とし，さらに第3章では売春勧誘罪で有罪となった者への補導処分を定め（この部分は昭和33年〔1958年〕改正により導入），また第4章では売春行為者またはそれを行うおそれのある女性に対する保護更生を規定する[9]（昭和32年〔1957年〕より施行，ただし第2章の規定は昭和33年施行）。この法律の施行により勅令9号と各自治体における関連条例は効力を失った[10]。

2．戦後売春法制の趣旨

　戦後の売春法制は，日本国憲法の価値を標榜するものであった。貧困という経済的背景の中で，「家」の苦境を助けるため，なかば騙される形で，しかし契約上は本人の自発的な意思に基づき，家に尽くすべく孝行な少女が身売りされ[11]，過酷な労働環境の中で人身拘束を受けながら売春を強いられつつ，いつまでも借金を返せない。このような労働慣行とそれを許す社会構造そのものを

9）婦人保護施設については，売防法制定以前にも，以下で扱う事務次官会議決定「私娼の取締並びに発生の防止及び保護対策」（昭和21年11月24日）においてもその設置が指示されており，これをうけて昭和22年には17か所の婦人保護施設が設置されていた。五味百合子「売春対策と婦人保護の現状と課題」ジュリスト573号（1973年）279頁。

10）条例によっては「売春」「売いん」に性交類似行為を含めるものもあり，その限りでそれら条例の効力は残っている。例として岡山市売春等取締条例2条，京都市風紀取締条例。判例として岡山地判昭和45.11.19刑事裁判月報2巻11号1245頁。なおこの判例は条例を売防法「とは別個の一般風俗の取締りという観点」からの規制と解している。

11）「この種の犠牲と美徳は女性にだけもとめられていたとすれば，その美徳や道場には，「女性蔑視の」思想の背景がうかがえる。」竹中和郎「現代社会における売春——その日本的形態と文化に関連して——」『人間の性——行動・文化・社会（ジュリスト増刊総合特集）』25号（1982年）210頁。また江戸時代を通じて「身売り」が女性の奉公のみを指すようになり，さらにはその女性が客を取ることをも指すようになったと指摘するものとして，下重清『〈身売り〉の日本史——人身売買から年季奉公へ』（吉川弘文館，2012年）164，203頁。

変革しようというところから出発したのが戦後売春法制であり，したがってその分野も，児童保護，家制度解体，男女平等，奴隷的拘束の禁止，労働条件の改善など多岐にわたっていた。公娼制が深く根付いていたからこそ，その改革は根本的，そしてあえていうなら憲法的なものだった。たとえば，前掲の昭和30年(1955年)前借金最高裁判決は，調査官解説において，憲法ほか労働基準法，児童福祉法等によって「いわば戦前とはこの面に関する限り社会的基盤が全く変わったと云ってよいのであり，この問題に対する従前の判例は当然再検討を要することとなったわけであって，今回の判例は，かくして出るべきものが出たということができる」と評されており[12)]，実質的には憲法の間接適用，これが言い過ぎであれば戦後社会改革からの影響を受けたものであったとみるべきであろう。まさに「ポツダム宣言の『基本的人権の尊重』という占領政策の一環には，公娼制の廃止が存在していたのである」と指摘される通り[13)]，戦後売春法制は日本国憲法の具体化としての社会改革という側面を有していた。

　それでは，戦後売春法制の一応の総仕上げとなる売防法は，実質的にどのような理念に基づいていたのであろうか。売防法の究極的な理念は，その1条にいう「人としての尊厳」を守るということになろうが，その前提としてなぜ売春が「人としての尊厳を害」するとされているのかを検討する必要がある。憲法上の文言のような「個人の尊重」ではなく「人」の尊厳を，なぜ売春が害するとしているのであろうか。売防法案を提出した政府の説明を見てみよう。昭和31年(1956年)5月9日衆議院本会議における法案趣旨説明では，「奴隷的拘束」といった状況は「善良の風俗の維持，保健衛生，女子の基本的人権の確保等の観点から，とうてい許されない」と述べられており，人身拘束と搾取が「人としての尊厳」に反するとの示唆がうかがえる。これに対し同月11日同法務委員会における答弁では，「[売春は]悪い，罪である……性行為というものはどこまでも隠微の間に行われるべきものであって，白日のもとにさらすべきものじゃない，商売にすべきものじゃない……この立法の精神はそこにある」と説明されており，売春の「悪さ」(あるいは性行為非公然性の原則などの性道徳

---

12) 三淵・前掲注5)188頁。
13) 若尾典子『女性の身体と人権——性的自己決定権への歩み』(学陽書房，2005年)89頁。

違反)こそが「人としての尊厳」を害するものと示唆されている[14]。ここには，売春に伴う抑圧が個人の権利を侵害するという問題と，売春それ自体が人間性に反するという道徳的問題との両方が売春違法化の根拠として示されている。この点，戦前日本の廃娼論の特徴として「不道徳営業論が高唱せられ，人身売買が従たる傾」があったという指摘とあわせて考えるとき[15]，売防法制定時の考え方においてもこの両者のうちやはり道徳的関心が強かったのではないだろうか。売防法に期待された機能の1つとして「売春をやっているということが悪だという観念を植え付け」ることが関係者から示されたという事実も[16]，こ

---

14) それぞれ24国会衆会議録45号16頁(昭和31年5月9日)，24国会衆法務委員会議録33号3頁(昭和31年5月11日)[松原一彦法務政務次官]。後者は売防法3条で単純売春が処罰の対象となっていないことについての説明。答弁の前後を引用しておく。「売春を決していいと申すのではございません。売春は悪なりと国の意思をもって今度は宣言しておるのであります。売春は悪であります。その絶滅を期するのであります。ただし，それが刑罰の主体となると，立証に非常に困難なことがある。……従って，売春を刑罰の対象とした場合に，いわゆる空文となるおそれが多分にある。……私どもは，法はどこまでも実行のできるものでありたいと思う。」「従って，社会道徳がそこまで進んでいって，そういうものが存在の余地のないような国民の性格，空気，品位を作り上げることに，あらゆる今日の行政面はもちろん，教育界も宗教界も婦人方も一般社会も力を合せてこれを完成をするということでなければ，一片の法律をもってこの性秩序をば全うするということを期待はできないことを嘆くものであります。どうか，この法律が単純売春は処罰しないものだということのみを御高調なさらないことをお願いしたい。そんなことを高調せられて，単純売春は犯罪でないなどということをば大きな顔をして言われることを私はおそれるものであります。そうじゃない，それは悪い，罪である，──罪であるということを国が宣言をしておる。ただ，直ちに刑罰の対象になっておらぬ。救済の対象となっても刑罰の対象となり得ないところに悩みがある。このことは声を大にして私は申しておきたい。そういうことを恥かしくもなくのうのうとやるような者は社会におられないような空気を作り出さなくちゃならぬ。いわゆる羞恥心を失えば，人間じゃない。動物だ。ことに性の方面における羞恥を失った者は，これは人間じゃない。本来性行為は神聖であって男女の性交は神前の誓いから始まっておる。しかしながら，夫婦といえども，これをば白日のもとに露出すれば，わいせつなのです。悪魔です。魔道です。決して人とは認めません。だから，性行為というものはどこまでも隠微の間に行わるべきものであって，白日のもとにさらすべきものじゃない，商売にすべきものじゃないということをば，この際私は理念として全国民に徹底しておいてもらいたいと思う。この立法の精神はそこにあるということは，誤解のないようにお願いを申し上げたいのでございます。」
15) 尾佐竹猛「遊女解放令の前後」法律時報3巻9号(1931年)6頁。
16) 正木亮＝神田多惠子＝野村正男＝鈴木才蔵「座談会 売春の防止」法律時報30巻2号(1958年)47頁[正木発言]。

のような解釈を支えるだろう。いわば社会精神の改革としての売防法というわけである[17]。もっとも売防法制定の前後の時期にも，売春による具体的な弊害についてのみ法が対処すべきであるという指摘もなされていた[18]。売防法1条の「人」の尊厳という文言には，それが「個人」でもなく「人間全般」でもないという点で，売春対策の根本目的に関するこのような迷いを見ることができるかもしれない。そしてその原因の1つとして，日本における売春問題が「身分制度」「人身売買」「搾取」と密接不可分の関係にあったという歴史的与件があったのである[19]。

売春がなぜ違法であるのかに関する問題は，前出の前借金無効判決をいかに解釈するかの問題ともパラレルである。本件事実は要するに「親が未成年の娘を酌婦に売り飛ばした」という事例であったが[20]，最高裁が本件契約を無効とした理由につき，学説は大きく①「実質的には人身売買という公序良俗に反する契約の一部だから，無効である」と捉える立場と[21]，②「酌婦稼働の実態が売春を要素とする（若しくは売春を伴う）点からみて公序良俗に反するものと判断した」と捉える立場で見解が分かれている[22]。前者は，本件では下級審において酌婦として働かされていた少女が証人に立っておらず「売淫の有無は証拠上全く窺いえない」ため[23]，本判決は「児童の人身売買」という点に着目して公序

---

17) 木宮高彦『特別刑法注解 第2巻 売春・人身売買』（日本評論社，1962年）19頁による売防法2条の「売春」定義規定についての説明を参照。「定義規定をおいたことが果たして妥当であったか否かについては疑問の余地がある」としつつ，「もっとも，当時における売春の法的概念の不統一や売春に対する社会意識の無自覚ないしこれを正当化する心理の是正等に貢献したことは争えないところであろう」と述べている。また，売春処罰法案に関する発言であるが，「精神運動」の重要性を主張するものとして，22国会参法務委員会議録18号26頁（昭和30年7月19日）[中川善之助参考人]。

18) 宮沢俊義「売春防止法について──売春防止法の成立と売春退治」ジュリスト108号（1956年）19頁。

19) 神近市子「中世から近代へ」法律時報30巻2号（1958年）89頁。なお，神近にとって売春問題と貧困問題との必然的関係は否定されるため，その分売春に対する道徳的非難という意味が強まっている。

20) 幾代通「判批」民法判例百選1〔第2版〕（1982年）39頁。

21) 我妻栄「前借金無効の判決」ジュリスト93号（1955年）24頁。ただし論者は「成人した女が，自分で金を借りて仕度をして芸妓をするような場合には，この判決の理論の外」とする。

22) 西村信雄「前借金無効の判決について」法律時報28巻1号（1956年）96頁。

23) 三淵・前掲注5）189頁。

売春法制と性風俗法制の交錯　　23

良俗に反すると判断したと解する。これに対して後者は，本判決は本件における人身拘束がどの程度であったかについて差戻しをせずに自判している点に着目し，本判決の意味として「人身拘束をもたらす約定が全然ない場合においても，……売春婦的稼業を目的とする契約はすべて無効とされる」と解する[24]。

　この点，同種の事案に対する労働省婦人少年局長通達(昭和30年9月21日)は，「その意思に反して労働を強いられる」といった「基本的人権を侵したり制限するような法律行為は，現在の法律行為の下においてすべて無効だといわねばなるまい。(憲法第18条，労働基準法第5条，第6条)」とした上で，これに加えて，勅令9号により「婦女に売春させることを内容とする契約自体が刑法上の罪とされていることからみて，売春契約が……現代社会の一般的秩序と合体した倫理的規定に違反するものとしてこれに該当し，無効である」ともしている。この見解は契約無効の根拠を人権侵害性と反倫理性の両方に求めているのであるが，この中で売春は後者の反倫理性の要素とされていることが参考になる。

　前借金無効判決に対する解釈の対立が示すことは，労働省通達とあわせると，売春が売春であるから公序良俗に反するということ，そしてその根拠は非道徳性にある，という考え方が有力に存在したということである。

　以上の通り，日本の売春法制の趣旨は多分に道徳主義的な傾向を含み，それゆえに単なる廃止主義ではなく禁止主義に近いものとなっているが，ただそれは社会構造それ自体を規定しまたそれに根付いていた公娼制の廃止に必然的に伴わざるをえなかったともいえる。確かに，江戸時代以来，女性に売春を強いるに当たり法的には自由意思であることが少なくとも何らかの形では維持されてきたからこそ，仮に戦後売春法制が売春それ自体ではなくそれに伴う搾取・人身売買だけに対処しようとしていたとしても，広く自由意思に基づく売春をも否定するモーメントを持たざるを得なかっただろう。ただ，その否定が道徳という不明確な根拠に基づいていたため，売春対策が女性保護政策の一部面に組み込まれ[25]，またセックスワーク論も登場している現代において，「強制も

---

24) 西村・前掲注22)96頁。
25) たとえば平成9年(1998年)に男女共同参画審議会の設置に伴い売春対策審議会が廃止されたことや，売防法によって法律上設置された婦人保護施設がDV防止法による保護のためにも用いられていること等を参照。特に，売防法による女性保護が「転落の未然防止」す

搾取も存在しない場合に，なぜ売春関連行為が刑罰で禁止されなければならないのであろうか」という疑問も可能となる[26]。これに対してたとえば，売防法の解釈に当たり個人で自由に処分できる法益としての性的自由を承認しつつ，売春禁止の根拠を「性的自由の侵害の危険性」，「すなわち，売春は，歴史的に見て，婦女の重大な人権侵害を伴うものであったことから，自由意思に基づく売春であっても，婦女の基本的人権の侵害について抽象的危険性が認められるので，このことを売春禁止の根拠と解すべきである」という見解も示されている[27]。このような解釈は，個人の権利利益の保護に立脚しながらも売春助長行為をそれ自体として(つまり自由意思に基づくものであるか否かを問わず)違法とする点で，まさに戦後売春法制の本来的趣旨に適うものであるとはいえるものの，他方でかかる一種のパターナリズムの妥当性にはやはり検討の余地があるだろう。

　売春法制の趣旨の問題は，その射程や他の法制との関係性に影響を与えることになる。特に性風俗関連法制との関係は複雑なものとなる。そこで，次に性風俗関連法制の概観とその趣旨について検討する。

Ⅲ　戦後の性風俗法制

1．風営法制定の前後

　戦後の廃止主義への転換による急激な変化への緩和措置としてなのか，あるいは公娼制の実質的な存続を願う業者の意を受けた政府の陰謀としてなのかは判断のつかないところではあるが，戦後売春法制の背後には，一見すると売春

　なわち道徳観念の矯正という趣旨を持っていることが「社会の動きから断絶した売防法の存在はある意味驚くべきことでもあり，社会福祉のなかの女性の扱われ方の象徴のようにも思える」と指摘されている。宮本節子「社会福祉施設としての婦人保護施設の現実——その概要と実態」須藤八千代ほか編『婦人保護施設と売春・貧困・DV問題——女性支援の変遷と新たな展開』(明石書店，2013年)37-44頁。

26) 松井茂記「売春行為と憲法」阪本昌成先生古稀記念論文集『自由の法理』(成文堂，2015年)1002頁。

27) 宮川基「売春禁止の根拠と売春を助長する行為等の罪の処罰根拠」東北学院法学75号(2014年)69頁。

売春法制と性風俗法制の交錯　　25

業を温存せんとするかのような，あるいは売春対処を手ぬるくするかのような，性風俗法制の発展があった。

　まず GHQ 覚書が昭和21年（1946年）1月21日に出されるに先立ち，同年1月12日に内務省は通達を出した。この通達は，「現業者（貸座敷及び娼妓）をして自発的に廃業せしめ之を私娼として稼業継続を許容す」としており，GHQ 覚書に始まる廃娼への対応策を示している。その後同年11月24日には事務次官会議決定「私娼の取締並びに発生の防止及び保護対策」がとりまとめられた。これによれば，一応接客婦を営業主から解放することを主眼に置きつつ，「社会上已むを得ない悪として生ずるこの種の行為については特殊飲食店等を指定して警察の特別の取締につかせ且つ特殊飲食店等は風致上支障のない地域に限定して集団的に認めるように措置すること」とされ，これによっていわゆる赤線地帯あるいは特殊飲食店街が形成されていった[28]。貸座敷は特殊カフェーその他に，娼妓または接客婦は女給へと呼び方が変わった[29]。当然のことながらこの決定は何ら法的拘束力を持たないのみならず，勅令9号制定後には判例等によりその「無効」まで確認されているが[30]，事実上「治外法権」とも表現されるような地域を発生させる原因となったといわれている。

　事務次官会議決定が明示しているように，売春（特に公認・黙認の売春業）が必要悪であるという考え方には根強いものがあった。しばしば挙げられたのは，公認の売春は性病の予防に役立ち，「良家」の子女の保護につながり，また街頭の風俗の保護につながる，という考え方である[31]。この考え方からすれば，いわゆる「悪所」は社会の外に置かれなければならないことになろう。

---

28)「いわゆる特飲店，あるいは特飲街という名称は，右の次官会議決定の新用語から，ジャーナリズムをとおして，一般社会にながれだしたものである。[改行]この特飲街が，とりもなおさず，赤線区域である。」神崎清「赤線区域・青線区域──集団売春街の諸形態」有泉亨＝団藤重光編『売春』（河出書房，1956年）87頁。

29)「特殊飲食店」については，加藤政洋『敗戦と赤線──国策売春の時代』（光文社，2009年）第2章参照。

30) 札幌高判昭和31.4.3高裁刑特報3巻7号340頁。22国会衆法務委員会議録39号17頁（昭和30年7月19日）［井本臺吉刑事局長］も「勅令第9号が，その翌年昭和22年1月15日に施行になっておりますので，当然消滅しておる」と答弁していた。

31) 武安将光「売春取締の立法に関する諸問題」ジュリスト56号（1954年）17頁は，当時の公娼肯定派の議論をこの3つにまとめた上で，それぞれに対して反論している。

このような背景の下で風営法が制定される。昭和23年(1948年) 7月10日に成立した当初の風営法は，全8条という簡素な内容の法律だった。その1条において風俗営業とは「待合，料理店，カフェーその他客席で客の接待をして客に遊興又は飲食をさせる営業」（1号），「キャバレー，ダンスホールその他設備を設けて客にダンスをさせる営業」（2号）および「玉突場，まあじゃん屋その他設備を設けて客に射幸心をそそる虞のある遊技をさせる営業」（3号）を指すものとしていた。これら風俗営業は許可制による規制を受け（2条），さらに都道府県の条例の定める立地規制や営業規制に服することになる（3条）。公安委員会は法令違反行為に対し営業停止以下の処分を行うことができ（4条），ただしこの処分を行うに際しては聴聞手続が要求される（5条）。その他，6条は警察官による立入りを認め，7，8条は罰則を規定している。

当初の条文に目的規定が入っていなかったことから，この法律のいう風俗営業の意味・範囲や規制趣旨は明らかではないが，政府の説明によればこの法律は「風俗上取締を要する営業」に対して「風俗犯罪の発生を防止することを主たる目的」とするものであり[32]，そこにいう風俗犯罪とは端的には売春と賭博を指していた[33]。「料理店」や「カフェー」等は，その字面だけをみれば風俗営業と関係なさそうであるが，どちらも女性の接待を伴う営業として社会的に確立していたので，そのような社会的事実の存在がこの法律の前提となっている。もとより，特に（「特殊」）カフェーに関しては公認の娼家を政策的にこれへ転業させたという経緯があるので，これを風俗犯罪の「危険がある」ものとして風営法の対象とすることも白々しいところではある。とはいえ，接待を伴うが性的サービスの全く伴わない「料理店」「カフェー」を想定することが当時であっても論理的にも現実的にも可能だということが，風営法による規制の前提としては重要となるのだろう。そうでなければ，風営法は売春を黙認・公認

---

32) 2国会衆治安及び地方制度委員会議録31号9頁(昭和23年5月25日)［斎藤昇国家地方警察本部長官］。

33) 2国会衆治安及び地方制度委員会議録32号6頁(昭和23年5月27日)［武藤文雄国家地方警察本部警視］。ここには公娼制の廃止による売春の法的位置づけの変化を見出すこともできるが，しかしそもそも売春の何が犯罪であるのかは不明確である。売春それ自体が性道徳に反するから犯罪なのか，売春に伴う権利や具体的法益の侵害に可罰性があるのか，曖昧なままなのは売春法制の影響と考えられる。

売春法制と性風俗法制の交錯　　27

しているという解釈が可能になってしまい，戦後の廃止主義の立法方針と整合しないことになる[34]。むしろ風営法が何ら売春について触れていない潔癖さは，戦後廃止主義の方針への忠実さを示している。その意味では，風営法は売春営業を排除しており，赤線を温存させる趣旨を持つものではない。

　ただし，実際の運用はもっと微妙なものだったようである。昭和27年（1952年）の国家地方警察本部防犯部長通達において「風紀関係の秩序維持上，最も関係の深い旧公娼並びに私娼が転換して現存する集団カフェー街は，風俗営業取締法以来，漸次カフェー本来の姿に立還らせるよう指導取締りして来たところであるが」云々と述べられていることからは[35]，営業許可を与えた上で飲食店であるという建前に合わせさせていくという運用方針を見て取ることができる。換言すれば，売春業を飲食店営業としての形式に取り込んだ上で，実質的な規制をあとから加えていくという方針である。風営法を「売春予防法」と呼ぶことは，このような意味でこそ可能であった[36]。

　風営法のこのような機能を「囲い込み」と呼んでおきたい。「囲い込み」の手法は，一定の地域に性的サービス業を隔離するという空間的な意味にとどまらず[37]，営業の法的位置付けとしての意味を有していた。すなわち旧来行われていた売春は「あるべき業態ではない」という意味で，あくまで合法的な営業の外部として排除されつつ（その意味では単なる「飲食」店にすぎない），それと同時に売春は合法的な営業の「事実上の可能態」という意味でその中に封じ込められる（「特殊」飲食店），という関係としての「囲い込み」である。風営法の，

34）整合しないような趣旨の発言は，風営法の法案提出をした政府からもなされている。ただし風営法の立法趣旨に正しく従い，売春であるか否かではなく「風俗上好ましいか否か」の基準で語られている。「地球上からそうしたもの［売春］を根絶するというわけにはどうしてもまいりませんので，ある一定の地域にそれを限定いたしまして，そこだけに許して，他の全国一般の地域にさような風俗的に好ましくない事柄がどこでも行われるというようなことを絶対になくしていこうということ」が戦前の方針であり，戦後は法制の変化によりこれは取り続けられないが，「しかしまた一挙にしてああいう地帯を壊滅させてしまうということも，これまた行過ぎでないか。」2国会衆治安及び地方制度委員会議録38号9頁（昭和23年6月15日）［間狩信義国家地方警察本部警視］。

35）昭和27年7月31日国家地方警察本部防犯部長通達「特殊カフェー業者等の取締について」。

36）「風俗営業取締法が，売春予防法といわれているように……」。神崎・前掲注28）97頁。

37）永井良和『定本 風俗営業取締り——風営法と性・ダンス・カジノを規制するこの国のありかた』（河出書房新社，2015年）61頁以下。

性風俗関連法制としての特質は，まさにこのような「囲い込み」にあるように思われる。

　すなわち「囲い込み」は，地理的な意味での囲い込みのみならず，許可された営業の可能態の中への売春の囲い込み（封じ込め），といった２つの意味を有する。このような囲い込み方式は，売春法制と性風俗法制とが一体性を有していれば，売春法制の執行方法のひとつとして機能する余地があった。しかし性風俗法制が売春法制から自律して，清浄な風俗環境の保持という目的を次第に具有していくにつれて，「囲い込み」方式は，売春を含む性的サービスを維持するために機能するようになっていく。

2. 風営法の沿革

　風営法はその後，数次の改正を経て今日に至っている。主要な改正は以下の通りである。

　昭和34年（1959年）改正では，風俗営業の定義が従来の３つから低照度飲食店を含む７つに拡大され，また飲食店による深夜営業も風俗営業ではないが本法の規制対象とされた（４条の２）。この改正においては，風営法の目的がそもそも良俗を害する行為の防止にあり，したがって売春と賭博のみならず「その他の性的非行，少年の福祉を害する行為，過度の飲酒により公衆に迷惑をかける行為その他一般に風教を害する行為」を防止することが目的として与えられた上で，「特に男女間の享楽的雰囲気を醸成し，助長するような業態」であり，性的非行あるいは「不純異性交遊」を誘発するおそれのあるとされた業態を規制するものである。ここにおいて初めて，風俗営業の意味として「享楽的雰囲気」の醸成による営業が含まれるようになり，またここにおいて初めて，風俗営業以外の営業・業態も本法の規制対象となり，題名も「風俗営業等取締法」に改正されている[38]。その後昭和39年（1964年）の改正では，昭和34年改正によ

38) 枡谷廣「風俗営業取締法の一部改正について」警察学論集12巻２号（1959年）18-19頁。なお，深夜飲食店のうち，低い照度や「ロマンス・シート」等の設置により「男女間の享楽的雰囲気を醸成」するものは風俗営業として１条の，単に深夜営業するものは４条の２の規制対象となった。
　またこの改正により初めて，営業許可権のない公安委員会が風俗警察の理由により営業許可の停止を命ずることができるようになった。参照，田上穣治『警察法〔新版〕』（有斐

売春法制と性風俗法制の交錯　　29

る深夜飲食店規制が強化されたが[39]，この時「年少者」保護のための規制権限が付加されている。

昭和41年(1966年)改正は，個室付浴場業と興行場営業について，これらも風俗営業ではないものとして本法の規制対象とするものである(それぞれ4条の4，4条の5)。昭和47年(1972年)改正ではモーテル営業が新設の4条の6によって規制対象となった。これら改正を通して，風営法の目的として新たに「風俗環境の浄化」という観点が加わっていく[40]。

その後，昭和59年(1984年)には題名改正を含む大幅な改正が行われた。新たな題名を「風俗営業等の規制及び業務の適正化等に関する法律」とし，新設された目的規定に「善良の風俗と清浄な風俗環境を保持し，及び少年の健全な育成に障害を及ぼす行為を防止する」ことのみならず「風俗営業の健全化に資するため，その業務の適正化を促進する等の措置を講ずる」ことを目的として掲げた。さらに本法の規制対象を「風俗営業」と「風俗関連営業」とに区別し[41]，昭和34年改正以来追加されてきた諸営業に店舗型特殊性風俗営業などを新たに加え，これらをあわせて風俗関連営業にカテゴライズし(2条4項1～5号)，これらに対しては届出制による規制を課した。なおこのうち5号は政令への委任規定であり，改正当時の性的サービス業界の増大・多様化という状況を反映したものとされている。

この昭和59年改正法では，風俗営業は健全化・適正化の促進の対象となり，その結果積極的な規制の対象となるが，他方で風俗関連営業については健全化を観念する余地がないためその弊害の予防にとどめるべきであるという考え方が前提とされた[42]。なお，この改正法の制定過程以来，風営法の趣旨は「『性』，『射幸』，『飲酒』等人の本能的部分に起因する歓楽性，享楽性が過度にわたるおそれのある営業」，より端的に「飲む，打つ，買う」を規制対象とするものであると政府・警察関係者から説明がなされるようになり今に至る[43]。

閣，1983年)247頁。

39) 楢崎健次郎「風俗営業等取締法の一部改正について」警察学論集17巻7号(1964年)。

40) 澤登俊雄「風俗営業法改正の経緯と新風営法の性格」法律時報57巻7号(1985年)8頁。

41) その他飲食店による深夜営業はこれまで通りの風営法の規制対象となっている。

42) 澤登俊雄「風俗営業の社会的統制に関する諸問題」ジュリスト823号(1984年)7頁。

43)「飲む，打つ，買うというようなものに代表されますような，そういう生活関係」が風営

次の改正は昭和59年改正から14年を経た平成10年（1998年）であった。この改正法は，それまでの「風俗関連営業」に代えて「性風俗特殊営業」のカテゴリー名を導入し，その中に新たに無店舗型性風俗特殊営業と映像送信型性風俗特殊営業に対する規制を増設した。その他，主に人身売買を防止するための規定を置き[44]，また風俗営業からダンス教習所を除外した[45]。続く平成13年（2001年）改正では，従来の性風俗特殊営業に店舗型電話異性紹介営業と無店舗型電話異性紹介営業を加え，これらをあわせて「性風俗関連特殊営業」というカテゴリーとし，さらに特定性風俗物品販売等営業（アダルトショップ以外のもの）も規制対象とした[46]。人身取引の防止の強化は平成17年（2005年）改正によってはかられている[47]。そして，ダンス規制を緩和する平成27年（2015年）改正に至る。

　このような沿革から指摘できることは，直接的に性的サービスを提供する営業が風営法の中に次第に正面から取り込まれ，認識されていったということである。もっともこれは風俗営業概念の中に性的サービスが取り込まれていったことを意味しない。風俗営業概念には次第に男女の享楽的雰囲気の醸成という曖昧な要素が取り込まれていったが，あくまで性的サービスとは区別されてきた。これに対して，昭和41年改正によって個室付浴場など風俗営業ではないとされつつ風営法の対象とされてきた業態が，昭和59年改正により風俗関連営業という形式を与えられ，さらに重要なことには風俗営業と性風俗関連特殊営業とに対する規制を含め風営法全体の趣旨が「飲む，打つ，買う」の規制であると説明されるようになっていった。「買う」は当初の規制対象ではなかったはずなのにである[48]。つまり，当初の風営法は性的サービスから形式上無関係だ

　　法の規制の対象であるとの政府の説明は，昭和59年改正の国会審議における答弁が初出である。101国会衆地方行政委員会議録17号17頁（昭和59年5月21日）［鈴木良一警察庁刑事局保安部長］。

44）風俗営業のうち接待飲食等営業者，性風俗特殊営業のうち店舗型性風俗特殊業者，これらへ派遣する接客業務受託営業者に対する規制。

45）廣田耕一ほか「『風俗営業等の規制及び業務の適正化等に関する法律の一部を改正する法律』逐条解説（1）～（3・完）」警察学論集52巻2-4号（1999年）。

46）吉田英法「性風俗関連特殊営業に関する規制の在り方」警察学論集54巻11号（2001年）。

47）屋久哲夫ほか「『風俗営業等の規制及び業務の適正化等に関する法律の一部を改正する法律』の制定について──その背景と内容」警察学論集59巻4号（2006年）。

48）もっとも，「買う」には売春あるいはそれに至らない性的サービスのみならず，「接客」や

売春法制と性風俗法制の交錯　　31

ったのに対して，次第にこの営業に法的な形式あるいは認知を与えていくように
なったのである。

　他方で，このような法的な取り込みは，性的サービスに対する法的承認あるいは公認とは異なる。その意味では性的サービスは法的保護から除外されたままである。たとえば，風俗営業が許可制による規制に服するのに対して性風俗関連特殊営業が届出制であることの理由として，「性を売り物とする本質的に不健全な営業であることから，……許可制を採ることによりこれを公に認知することには，なじまない」とか「厳しい立地規制，営業廃止処分，標章のはり付け等を行うこととしているから，許可制を採らなくても，風営法の目的を十分に達成することができる」といった理由が示されている[49]。そして風営法の規定においては「許可制の方が規制が厳しく，届出制の方が弱いとは一概にいえない」ことや[50]，しかも性風俗関連特殊営業の届出に対しては届出確認書が交付されるという例をとってみても，規制の強度という意味において風営法における届出は許可申請と実質的に変わるところがない。この種の営業がひとえに「性的サービスを提供する『いかがわしい』とみられる営業」であるからこそ[51]，許可制ではなく届出制という用語上での区別が付けられているというわけである。「いかがわしさ」の排除こそは，優れて性風俗法制の特徴である。そして排除しつつ「いかがわしさ」を「囲い込み」によって存置させる点も。

　風営法による性的サービスの直接的な言及は，性風俗法制の立法趣旨の大きな変化を示唆していた。それは売春防止から風俗環境の保持への変化である。このことは，売春法制と性風俗法制との関係の変化をも意味していた。

　「男女間の享楽的雰囲気」のサービスをも指す，便宜的に選ばれた言葉である可能性もあ
　るが，ただし実務者による解説では歓楽的・享楽的雰囲気は「飲む」に分類されており，
　性風俗特殊営業は明らかに「買う」に分類されている。蔭山信『注解風営法Ⅰ』（東京法
　令出版，2008年）19-20頁。
49）蔭山信『注解風営法Ⅱ』（東京法令出版，2008年）6頁。
50）成田頼明「新風営法と警察活動——警察権限の拡大とその問題点」法律時報57巻7号（1985
　年）24頁。
51）田村正博『全訂警察行政法解説』（東京法令出版，2012年）278頁。

IV　売春法制と性風俗法制の交錯

　そこで本稿では，性風俗関連営業の中でも性交サービス(売春)が定番となっている個室付浴場(ソープランド)営業を題材にして，売春法制と性風俗法制との関係を確認しておきたい。

1．個室付浴場

　風営法上は個室付浴場，自治体によっては公衆浴場法施行条例でいう特殊浴場(あるいは普通公衆浴場と区別された「その他の公衆浴場」)のうちの1つであり，現在は通称ソープランドと呼ばれる営業は，当初は「トルコ風呂」，さらに略称されて「トルコ」などと呼ばれていた[52]。その名称はトルコ風スチームバスを置いていたことによる。昭和26年(1951年)に登場したが，当初の個室付浴場は必ずしも性的サービスを提供するものではなく，「適当なお色気と，マッサージが目的」であったという[53]。しかし赤線廃止後に「徐々に赤線的な経営方法に移行」していき，同28年(1953年)ごろには「スペシャル」と呼ばれるサービス(手淫)が，同32年(1957年)ごろには本番(性交)サービスが，同38年(1963年)ごろにはエアマットを用いたサービスが現れはじめ，同44年(1969年)にはいわゆる泡踊りが登場したとされ[54]，特に同40年代後半以降になると「トルコ風呂のサービス内容が，店に出向けば必ずホンバンセックスがあり，トルコ嬢は奴隷のように客にかしずくという全国的に統一されたスタイルが出てきた」といわれている[55]。

---

52) 「『トルコ風呂』という日本人の国際感覚を疑わせるような言葉」の変更について，芝池義一「個室付浴場業事件と権利保護の正当性」ジュリ865号(1986年)。昭和のある時期においては，「トルコ」は「売買春」を意味するものとしての用法が多用されていたようである。例として，松本女性史の会編『"買春"(トルコ)許すまじ——松本市トルコ風呂建設反対の記録』(銀河書房，1984年)。この用法はまだ「ホテトル」「マントル」の用語に残されている。

53) 久家巧『トルコ生態学』(三一書房，1981年)10頁。

54) 久家・前掲注53)11-12頁。

55) 久家・前掲注53)179頁。

このように，少なくとも昭和40年代後半以降においては，個室付浴場で性交サービスが提供されることは「社会の常識であって，これを疑う余地はない」と言えるのであり[56]，現在でもこのことは当てはまる。裁判例にも，「店舗型性風俗特殊営業，中でもソープランド営業は，……個室内においてソープ嬢が遊客を相手に売春をし，これをソープランド経営者が管理し，利益を上げることが容易に行われやすいという特色を有している」と認定するものがある[57]。ちなみに，警察庁の資料によれば，ソープランド等営業の届出数は，平成26年(2014年)は1,224件となっている。これに対してたとえば，デリヘルの届出数は同年に19,297件であった[58]。

さて，このようなソープランド営業は，現在の風営法においては性風俗関連特殊営業のうち，店舗型性風俗関連特殊営業のひとつである個室付浴場業として，法の規制対象となっている。規制内容は後述するが，その大枠は届出制と立地規制と営業停止命令制度である。風営法による規制は，公衆浴場法による規制とは別に課されるものである。公衆浴場法からは公衆衛生の観点から公衆浴場としての規制がかかるのであるが，立地に対する規制は極めて緩い。個室付浴場には距離制限規制も課せられないため，「あらゆる用途地域において建築することのできる極めて例外的な建築物の1つである[59]」。そこで風営法が立地規制を行っているが，もちろんこれは公衆浴場法の規制とは趣旨を全く異にする。

風営法の規制対象となったのは昭和41年(1966年)改正からであるが，現在のような営業スタイル(いわゆる本番サービス)が定着したのが昭和40年代後半であったという事実には注意しておく必要があるだろう。そこで，個室付浴場に対

---

56) 井田恵子「売春防止法の運用をめぐって——トルコ風呂売春を中心に」ジュリスト749号(1981年)113頁。

57) 名古屋地判平成15.6.25裁判所ウェブサイト。

58) 警察庁生活安全局保安課「平成26年中における風俗関連事犯の取締り状況等について」(2015年3月)。

59) 「条例によって，ある地方公共団体全域における営業が禁止され，もしくは特定地域における営業のみが許容される点において，制約の強度がぱちんこ屋，まあじゃん屋の比ではないトルコ風呂営業が，まさにこの公衆浴場の許可の下に……認められていることは極めて奇異な現象であるといわなくてはなるまい。」遠藤博也「トルコ風呂と児童遊園——行政過程の正常性をめぐって」時の法令912号(1975年)13頁。

する法的規制について，以下では，個室付浴場が規制対象となった経緯を振り返った上で，その性的サービスの規制という側面を昭和41年改正から，売春の規制という側面を昭和59年（1984年）改正から，検討する。

2．風営法の規制対象へ

すでに昭和39年（1964年）風営法改正に際して，「トルコ風呂，ヌードスタジオ等の営業」に対する規制について「すみやかに対策を検討し，その万全を期すべきである」との旨の付帯決議が衆参でなされていたところであった。その後，衆議院治安及び地方制度委員会において小委員会が設置され，個室付浴場やヌードスタジオに対する規制のあり方が検討されたが，その結論は，それぞれ公衆浴場法と興行場法により対応すべきだとするものであった。

小委員会の結論では，個室付浴場に関しては次のような判断が示されていた。まず事実認定として，売防法施行の昭和33年（1958年）以来，トルコ風呂の数は昭和34年（1959年）の100軒から昭和40年（1965年）には544軒と増加してきたが，昭和40年の警察による一斉捜査により違反行為が確認された店舗数は136軒あり，そのうち「売春およびいわゆるスペシャル・サービス」を行う店舗が半数を占めていたことがわかり，したがって「売春防止法の施行によって姿を消した娼家の変形である」との批判があると指摘する。法的対応として，これまで都道府県によっては公衆浴場法3条に基づく条例により，あるいは条例のない場所では内規や指導要領により，個室内見通しができるための措置等をとるよう義務付けていたところであるが，やはり極めて問題のある営業であるので，「これを風俗営業として警察の監督の下におくか否かはともかく」風俗的見地からの規制の強化が必要である，とする。そこで小委員会が提案するのが公衆浴場法の改正による対応である。公衆浴場法によっても「風紀」を理由とする規制が可能であるとした上で，具体的な措置として，風俗犯罪を犯した場合に許可取消しまたは営業停止処分ができるようにできるようにすること，さらにその場合には一定期間許可を与えないようにすること，そして「風俗環境の浄化」「地域環境保持」の観点から立地規制をかけることができること，が提案された[60]。

60）51国会衆地方行政委員会風俗営業等に関する調査小委員会議録6号1-2頁（昭和41年5月10日）［亀山孝一小委員長］。

この結論が示されたのは昭和41年（1966年）5月10日であり、委員会に報告されたのが同月24日だった。

なお、小委員会の調査に際して、警察庁もこの問題を公衆浴場法によって扱うべきであるとの見解を示していた。たとえば「風俗営業法を無制限に広げ［る］……ことについては慎重な検討が必要であると思っております」とか、「興行場あるいは公衆浴場あるいは飲食店あるいは旅館、そういったものにつきましては、それぞれの所管する法律に従って取り締まるべきであるというような考えを持っております」といった答弁が示されている。「トルコぶろの風紀問題というのを根本的に解決する手段……はやはり何といっても個室の廃止ということが根本」であり、「あえて警察がこの問題について全面的な取り締まりに任ずるという必要はないではないか」というのであった[61]。

ところが小委員会が調査報告を行った後、事態は急展開し、第51国会の残り30日弱で急遽対応しなければならないこととなった[62]。その背景には、売防法成立10周年を迎えトルコ風呂に対する世論の反対運動が高まったことや、首相官邸下にトルコ風呂開設計画が持ち上がったこともあったようである。そこで、小委員会から警察庁へ法律改正の検討が依頼され、警察庁としては、風営法改正により風俗的見地から規制を加え、また風俗犯罪があった場合に公安委員会から都道府県知事に行政処分要請を行えるようにすることと、公衆浴場法の改正により営業許可の欠格事由、風俗犯罪があった場合の行政処分および立地制限を行うこと、を骨子とする構想を示した。この原案は自民党地方行政部会での了承までこぎつけた。これに対し厚生省は、トルコ風呂は風営法で規制することが効果的であるとして、公衆浴場法の改正に難色を示したようである。その結果、衆議院法制局を中心として立法作業が行われたが、その際、警察関係者によれば「厚生省の取締りに対する強い不信感」と「会期末国会運営の混乱」のため、会期中の法案成立を図るためには他委員会との関係を生じない方法での措置、すなわち風営法改正によって対応する、という方針が決定された

---

61) 46国会衆地方行政委員会議録65号3-4頁（昭和39年9月10日）［それぞれ楢崎健次郎警察庁保安局防犯少年課長、吉武辰雄警視庁防犯部長］。

62) 以下の経緯については、渡辺宏「風俗営業等取締法の一部改正と運用上の諸問題——いわゆるトルコ風呂、ヌード・スタジオ等の規制」警察学論集19巻9号（1966年）17頁以下。

という[63]。原案は6月21日に委員会提出法律案として決定，同23日に衆議院本会議で可決，会期最終日となった同27日参議院地方行政委員会を経て同本会議で可決され，7月1日より改正法が施行された。

さて，成立した昭和41年改正による風営法において，個室付浴場は新設の4条の4で規律されることとなった。個室付浴場を「浴場業（公衆浴場法1条1項）の施設として個室を設け，当該個室において異性の客に接触する役務を提供する営業」と定義し，これについてまず1項では「学校，図書館，若しくは児童福祉施設又はその他の施設でその周辺における善良の風俗を害する行為を防止する必要のあるものとして都道府県の条例で定めるものの敷地」の周囲200メートルの区域内での営業を禁止し，2項では都道府県が条例により禁止地域を定めることができるとしている。3項では禁止区域・地域における既得権営業を認め，4項では一定の犯罪を犯した場合に8か月以内の営業停止を命ずることができるとしている。

現在では，個室付浴場は性風俗関連特殊営業のうち店舗型性風俗関連特殊営業の1つとして位置付けられ，当初の立地規制（28条）や営業停止命令（30条）のほか，届出の義務（27条），無届で営業する者の広告宣伝の禁止（27条の2），深夜営業の条例による制限（28条4項），広告・ビラ等の制限（28条5項），18歳未満の者の立入禁止の旨の表示（28条9，10項），「従業者が売春をすることを助長するおそれがあると認められる[64]」拘束的行為の規制（28条11項），客引き等の禁止（28条12項），禁止区域・地域における既得権営業者に対する営業廃止命令（30条），標章の貼付の義務（31条）が課せられており，さらに法令違反の行為に対して「善良の風俗若しく清浄な風俗環境を害する行為又は少年の健全な育成に障害を及ぼす行為を防止するため必要な指示」をすることができるとしている（29条）。ちなみにこれらの規制の多くは昭和59年（1984年）改正により導入されたものである。

3．性的サービスと風営法

上記の通り，昭和41年（1966年）改正によって，当時トルコ風呂と呼ばれてい

63）渡辺・前掲注52）20頁。
64）藤山・前掲注49）68頁。なおこの規定は風俗営業に対する規定を準用したものである。

た営業が規制の対象となった。ところでこの改正に際して，新たに個室付浴場業として定義付けられたこの営業は何をサービスとして提供するものと認識されていたのであろうか。昭和41年改正法案の委員会審査で示されたのは，一方では，個室付浴場においてなされるサービスは性交(本番)を含むので「今日トルコぶろということばは，即売春の復活というふうに考えられている」という認識であり[65]，しかしまた同時に他方では「細君にも，おい，きょうはトルコにいってくるぞ，ああ，いってらっしゃい，というふうな健全なものにトルコをしていきたいということがわれわれの念願なんです」と同一人物が言うことがまだ可能なほどには性的サービスが定番化しているわけではないという認識でもあった[66]。昭和41年の段階では事実認定さらには社会的事実それ自体に揺らぎがあったようである。

　参議院地方行政委員会での法案審査では，個室付浴場を「施設として個室を設けてするもの」に改める修正案が提出されていた。つまり「異性の接触」を除外した修正案である。この修正案の趣旨は，建築様式が個室であれば当然にこれをいわゆるトルコ風呂であると認めて早期に禁止できるようにする，というものであるが，この前提として，個室という設備からしてこれを用いて行われる浴場営業では当然に性的サービスが提供されるとみなしていることがうかがえる。個室付浴場業「即赤線復活」とする見方である。

　この修正案は否決されたのであるが，対する原案における認識は，「トルコぶろの営業というものがすべて悪いという前提に立つことは立法として困難であろう」「健全なもの[トルコ風呂]もございます」というものであり[67]，つまり個室付浴場はあくまで公衆浴場であるという認識である。とはいえ原案においても，「接触」という文言について「まあ三助のような仕事です」としつつも「だがもう一歩進んでマッサージの行為とか，それから先は何とかサービスと，いろいろ」あるので「そういうものをひっくるめて，この接触するという観念

---

65) 51国会参地方行政委員会会議録32号 5 頁(昭和41年 6 月27日)[藤原道子委員]。
66) 51国会参地方行政委員会会議録32号 6 頁(昭和41年 6 月27日)[藤原道子委員]。
67) 51国会参地方行政委員会会議録32号 3 頁(昭和41年 6 月27日)[亀山孝一衆議院議員]。ここにいう「健全なトルコぶろ」とは，マッサージ付きサウナのようなものを指していた。また大阪には家族同伴の「家族ぶろ」も存在したと指摘されている(同 6 頁)。

であらわした」と説明されており[68]，本来は健全であるべき公衆浴場たる個室付浴場においても，性的サービスがなされる場合もないわけではないので，だからこそその規制であるとしている。

このようにして，昭和41年改正法は，異性の接触する個室付浴場業とは浴場業である，ただしその一部では性的サービスも提供されているという逸脱的な現実があるにはある，という前提で制定された。「三助」から「いろいろ」までをも含む「接触」というあえて過度に広範な文言とすることで，そこに浴場業と性的サービス業が含意されることとなった。

それでは，個室付浴場業という営業はいかなる性質のものとして規制対象となったのだろうか。ひとつの行き方は公衆浴場法の論理を徹底することである。個室付浴場があくまで公衆浴場の一種であるならば，公衆浴場の本質に即して公衆浴場法による営業規制に服するべきことになり，そのような観点ないし手法から性的サービスを抑止するべきだということになるだろう。なおこの場合，公衆浴場法に「異性の接触する個室を設けた浴場」の遵守すべき事項のような規定が新設されるとは想像しがたく，むしろ昭和30年代に警察庁が構想し昭和50年代に野党が提出した公衆浴場改正法案のように，個室自体を禁止することが順当となるであろう。これに対しもうひとつの行き方は風俗的観点からの規制という面を強調し，性的サービスという実態を重視し個室付浴場業の存在それ自体を風俗的観点から規制するものである。その場合，性的サービスという業態に対して性的サービスでないような(かつ享楽的雰囲気の漂う用語によって)定義を与えた上で，これを風俗営業の1つと位置付けて，運用を通じて性的サービス特に売春という業態にならないように営業規制を加えていくことになろう。後者にはやはり無理があるので，だからこそ当初案は前者の方向で立法しようと考えられたのであろう。

実際の立法においては風営法改正という形が取られたが，前述の2つの行き方のうち両方の要素が取り入れられ，かつ両者が曖昧に調整されているように思われる。すなわち，あくまでも浴場業であるとして，その営業内容については公衆浴場法による公衆衛生の観点からの規制が及ぶが，他方で同時に通常の

68）51国会参地方行政委員会会議録32号2頁(昭和41年6月27日)[亀山孝一衆議院議員]。

売春法制と性風俗法制の交錯　　39

浴場業ではなく「異性の接触」と婉曲的に定義されるサービスの伴う個室付浴場業と命名した上で，風俗上の理由から立地上の規制が課せられる，というわけである。昭和41年改正法の考え方からすれば，個室付浴場が風俗営業ではないのは２つの意味においてである。第１にこれは浴場業であるから，第２に，風俗営業が規制対象とされる根拠である「接客」の風俗事犯誘発性の程度と比べると，「浴場における異性の接触」という表現は，性的サービスそのもののみを指し示すものではないとしてもそれを強く直接的に示唆するため，これを風俗営業として許可権限の対象とすることは性的サービス営業に「公認」の外観を与えることになってしまい望ましくないと考えられたからである[69]。しかしながら，「公認」をためらったのは，「接触」に含まれる「いろいろ」すなわち性的サービスのゆえであろうが，このことは「接触」サービスが通常の浴場業の枠を超えることを前提にしていなかっただろうか。

言い換えれば，個室付浴場業は風呂屋であるとの前提は維持されつつ，同時に性的サービス店であると含意されたのである。「健全化」を期待できるはずの単なる浴場施設に対して風紀的観点から極度の出店規制をかけること，このような矛盾が昭和41年改正法には残ることとなった[70]。

---

[69] 渡辺・前掲注52) 24頁。

[70] このような結果をどのように解釈するかにつき，1966年警察学論集19巻９号における２つの解説論文は微妙な相違を示している。今野耿介「風俗営業等取締法の一部改正によせて」は次のように述べる。戦前の公衆浴場などへの規制と同様に，戦後の公衆浴場法においても公衆衛生的観点からのみならず風俗的見地を加味した規制を取り入れることも可能でありまたそうすべきはずであったところ，昭和41年改正によりやむを得ず浴場を風営法の規制対象にすることになったが，このような改正となった以上，風営法が個室付浴場を規制する趣旨は「風俗営業（風俗事犯を誘発する営業）」としての規制ではなく「風俗上問題のある営業（風俗事犯を誘発する可能性を持つ営業）」としての規制，すなわち，その営業の本来の姿においては風俗的見地からする規制を受ける必要は毛頭ないが，たまたま脱線して風俗的犯罪が犯された場合にのみ取り締まれば足るという趣旨である，と（12頁）。

これに対して渡辺・前掲注52)は，健全な個室付浴場に制裁を与えるものではないとした上で，問題のある浴場に対して「主管の衛生当局による取締りないし行政監督の実績からみれば，風俗警察としては取締りの実行を期することができないというもどかしさ」があったとして，実効的な規制の必要性のためには風営法による規制はやむを得ないとしつつ，他方で風営法がこれを「公認したようなこと」になるのはなるべきではないので，立地規制等によって対応したのである，とする（41頁）。

前者においては，風俗営業と個室付浴場業との本質的な違いが強調されているのに対し，

このような次第で，個室付浴場は風営法の外部かつ内部に置かれることになり，しかし同時にこのような外部的要素がその後の風営法の立法目的それ自体を変化させていくことになった。すなわち，性的サービスまたはそれに至る危険性のゆえに風紀上の問題が明らかと位置付けられたため，法は単に立地に関する禁止規定を置くという形での規制を導入しつつ，これを風営法の本来的な規制対象たる風俗営業には含ませなかったのであるが，そのことを通して風営法は，風俗犯罪の防止というよりも，清浄な風俗環境の促進という新たなアイデンティティを獲得するに至った[71]。いわば，「風俗営業取締」法から「地域風紀全般の改善促進管理」法への展開である。このようにして，現行風営法が「飲む，打つ，買う」の生活様式に対する規制であるとの説明も可能となっていく。

4．売春と風営法

　したがって昭和41年(1966年)改正は大きな転機だったのだが，しかし他方で，前述の通りこの時点ではまだ個室付浴場で提供される性的サービスは必ずしも売春までを意味していたわけではなく，いわゆる「本番店」としての現在のような社会的な認識はまだ十分には確立していなかったこともあったためか，個室付浴場を「健全な」業態に転換するよう業者を促すことも可能であると一応は考えられていた。しかし次に風営法が改正される昭和59年(1984年)までには，個室付浴場は売春が行われる場所であることはすでに十分に社会の共通認識となっていた[72]。昭和41年の段階では「何とかサービスと，いろいろ」として示

後者においては風俗営業も個室付浴場も，それぞれ本来の飲食店なり公衆浴場なりのまともな姿において売春は生じないはずものという意味において同じであるという認識が前提にあるように思われる。後者において風俗営業と個室付浴場業とを区別するポイントは，国家による公認という外観を与えることがふさわしいか否かである。換言すれば，前者において個室付浴場は風俗営業ではないから営業規制の対象とはならないが，後者において個室付浴場は健全化を期待できる対象ではあるものの「公認できない」から許認可権に基づく営業規制の対象とはならない。

　前者は，本稿のいう「公衆浴場法の行き方」からの昭和41年法改正の解釈であり，後者は，本稿のいう「風営法の行き方」からの解釈であるといえる。

71)　田上・前掲注38)248頁。
72)　大津地判昭和49.6.3(井田・前掲注56)が引用)いわく「トルコ嬢は転々と店をかわり売春

唆されるにとどまっていた売春は，その後この業態の定番サービスとなっていったのである。すでに昭和44年（1969年）において警察庁としても「大体全国的に何らかの形で売春もしくはそれに類する行為が行われているのではないか」という認識を示していた[73]。このような認識からすれば，風営法にいう個室付浴場業とはすなわち売春業（とりわけ浴場経営者による売春業）であるということになり，このことは売春を違法とし管理売春等を処罰する売春法制との関係で問題となってくる。

　このような背景で制定された昭和59年改正法における個室付浴場を含む風俗関連営業の規制は，どのような趣旨のものとして説明されたのであろうか。警察関係者からの説明中に顕著なのが，「原則としてわれわれ［警察あるいは風営法］は子供の問題あるいは外回りの問題に対応しましょう，しかし建物の中のことは，……それぞれの法律が一応規定しておりますので，その点は厚生省が引き続き行うということで，仕分けをした」という二分論であった[74]。風営法の観点からすれば個室付浴場はあくまで浴場であり，その営業規制は公衆浴場法とそれを所管する厚労省であるのであり，これに対して風営法が扱うのは地域の風俗環境の維持であるから，警察としては内部の営業について関知しない，という趣旨であろう。警察が中に入るのは犯罪捜査の場合だけというのである。そして捜査は端緒がなければ始まることがない。このような立場自体は昭和41年改正からそれほど変わっているわけではないが，社会状況の変化に照らしたとき，風営法の立場に変化がないこと自体が注目される。もはや「健全な」個室付浴場なるものを観念することは不可能というわけである。昭和59年改正法が取った道は，個室付浴場における「接触」が売春を意味すると知りつつ，清浄な風俗環境の保持という新たな立法目的に忠実に従って，それら「いかがわ

　をしながら荒かせぎしており，売春の場所提供をしていると目される店が雄琴地区に30軒あまり存在していることは公知の事実である。然るにこのような現実のもとでなお，営業許可がなされているという行政上の重大な問題——つまりこのような売春の実態をわが国自体がどのように受け止めているのかという問題も含めて——が存している」。

73) 61国会参法務委員会会議録11号4頁（昭和44年6月12日）［海江田鶴造警察庁刑事局保安部長］。

74) 雄川一郎ほか「座談会　風俗営業等取締法の改正をめぐる諸問題」自治研究60巻11号（1984年）6頁［鈴木良一発言］。

しい」営業を隔離するというものであった。

　しかし他方で，昭和59年改正は，従来の場所規制にとどまらず，営業「監督」のための立入権を導入したり，届出制を課したりして，営業内容へ「厳正に監視して」「私どもの視野に置いて，がっちりと必要な網をかぶせて営業を規制していく手法」を取るものである旨の説明もされている[75]。純粋に「外回り」の規制だけではないからこそ，昭和59年改正の趣旨が「飲む，打つ，買う」に対する規制であるとの説明が可能となるのであるが，ここで「買う」はどのようなものとして規制対象になっているのであろうか。昭和59年改正が性的サービスの業態の増大・多様化，その違法行為の巧妙化，「一方では，空想的な建前論が声高に語られ，その一方ではなし崩し的に性道徳の退廃と風俗環境の悪化が進行」したという社会状況などを背景として制定されたとの説明を前提としたとき[76]，また当時新たな業態として登場していたデートクラブや愛人バンク等の派遣型は端的に「売春」とみなされたため風営法の規制対象から外されていたという点を念頭に入れたとき[77]，昭和59年改正が行ったこととは，いわば「よい」性的サービス業の選別だったといえないだろうか。その選別基準は「本番」の有無ではなく，つまり売春法制の基準とは無関係であり，むしろ「清浄な風俗環境の保持」のための規制になじむか否かである[78]。昭和59年改正法において本質的に有害とされた性的サービスの諸業態の中にも序列が作られたというわけである。規制になじむから規制対象にするというのはトートロジーであるが[79]，要するに警察による把握の可能性（あるいは従順性）がその基準であろう。

---

75) 雄川ほか・前掲注74) 8頁，18頁[鈴木発言]。

76) 渡辺巧「売春及び売春防止対策の現況と問題点——売春対策審議会提言をめぐって」警察学論集39巻5号（1986年）53頁，58頁。

77) 渡辺・前掲注76) 53頁。

78) 朝倉喬司「『セックス産業』に走った亀裂——新・風営法施行1カ月」法学セミナー365号（1985年）53頁は，業界大手であり，警察と会合の場を持ち，「サービスの許容度」等について話を詰めることができ，順法精神に富んだ「優良店」と，そうでない「非優良店」との「業界間に"亀裂"が走っているのである」とする。

79) 中島徹「古典的自由主義の憲法哲学と風俗規制」阪本古稀・前掲注26) 907頁は，性道徳維持のための根拠がそれを望む人たちの要望であり，その要望の根拠が規制立法であるという循環論法的構造を指して「自生的秩序」と呼んでいる。

以上の通り，個室付浴場における本番サービスの定着という現象を前にして，風営法は「清浄な風俗環境の保持」という観点を貫徹させてその営業を隔離することとした。この隔離は合法性付与のねじれとしても現れており，個室付浴場業は「有害」営業の中でも選別された地位が付与された。

5．売春法制と風俗法制

　それでは，風営法は，売防法が否定した売春制度を実質的に公認したのだ，現代の公娼制度だといえるかというと[80]，実際はより複雑であると思われる。まず風営法が定義するのは「異性接触」のある個室付浴場業であり，この「異性接触」が性交にまで至れば，確かにこれは売防法の対象になる。また自由意思に基づく自由恋愛だから許容されるとの「口実」が成立する可能性についても[81]，これが営業として行われていれば個室付浴場業としての「役務の提供」に該当することになるし[82]，売防法上も管理売春罪が成立することになる。したがって風営法は必ずしも売防法の例外を作っているわけではない。しかし，警察は個別事案において売防法違反を立証するための捜査に関しては「捜査はきわめてむずかしい」と述べており[83]，法と法執行とのギャップという事実の領域に売春が残存しているということを示唆していた。宮沢俊義の「ただ何といっても心配なのは，この法律［売防法］がはたして忠実に実行されるかどうか，である」との言葉が想起される[84]。

　ここにおいて，売春法制の適用・法執行までの暫定措置として，風俗環境の保持の観点からの規制をかけるのが性風俗法制だという両者の位置関係が浮か

80）高橋喜久江「売買春と法律——売春防止法施行30年のとりくみから」同『売買春問題にとりくむ——性搾取と日本社会』（明石書店，2004年）114頁（1986年初出）。

81）藤野豊『性の国家管理——買売春の近現代史』（不二出版，2001年）271頁。

82）51国会参地方行政委員会会議録32号（昭和41年6月27日）3頁［今竹義一警察庁保安局長］。

83）61国会参法務委員会会議録12号10頁（昭和44年6月26日）［海江田鶴造警察庁刑事局保安部長］。捜査の壁として「お客として中にいる者の人権」，「トルコ嬢の中にはほとんどが被害者意識がない」ため捜査に協力的でないこと，衛生器具等の物的証拠の収集には「きわめて言うに言われぬ苦労をしてそういう証拠の収集に当た」らざるをえないこと，「全国のトルコぶろの約32%が，警察の取り締まりに備えて，何らかの警戒の設備を備えて」いること等を挙げている。

84）宮沢・前掲注18)20頁。

び上がる。この場合，売春業を違法とする売春法制の理念は性風俗法制を含む全法体系を支配しているので，性風俗法制とて例外的領域を作り出すものではない。しかし，売春法制の理念とその運用あるいは適用という実際的領域とが乖離すればするほど，性風俗法制が機能する暫定的な空間が事実上の恒常性を有することになっていく。要するに，法と法執行の溝によって，売春法制と性風俗法制とが多元化(相互に自律・独立化)し，このことによって売春の事実的空間が可能となる。

　また，風営法は個室付浴場業を規制しているが，この規制が個室付浴場営業の自由が一応憲法上保障されているという理解を前提にしているならば[85]，確かに個室付浴場業は法的な地位を持つとはいえる[86]。しかし昭和59年(1984年)改正による届出制の導入はあくまでこれら「いかがわしい」業態を国家として公認しないという意図によるものであると説明される。その「いかがわしさ」は，個室付浴場の営業の自由を「同じ営業の自由とはいえ，その価値においてきわめて劣位にある」と位置付けることにつながりうる[87]。つまり「いかがわしさ」を強調すればするほど，憲法上の保護はますます縮減するという関係にある[88]。この場合，「いかがわしい」からいつでも潰せるけれどもあえて潰さず大目に見る，という意味での「公認」によって生じるものは，法的地位を一切剥奪された事実の世界における偶然的ないし反射的現象に過ぎない。

　本来的には「いかがわしさ」は売春法制と性風俗法制との接点になりうるはずであった。つまり，売春法制において違法と位置付けたことからの直接的な帰結としての，性風俗法制上の「いかがわしさ」である。そして売春法制に由来する概念であれば，間接的に憲法上の基礎も有することが可能であったはずであった。しかし売春法制の立法趣旨がそもそもその道徳論的性格によって曖昧なものであったのみならず，風営法は立法目的を売春防止から風俗環境の保持にシフトさせることにより，売春法制から独立した，固有の「いかがわし

---

85) 仙台高判昭和49年7月8日民集〔参〕32巻3号713頁(余目町営業停止命令事件第2審判決)。

86) 古崎慶長「判批(余目町営業停止命令事件第1審)」判時667号(1972年)116頁。

87) 原田尚彦「判批(余目町営業停止命令事件第2審)」自治研究52巻1号(1976年)146頁。

88) その極限は条例による全県規制であろう。全県規制が許されるか否かは，個室付浴場の営業の自由の憲法上の保護がどれくらい及ぶかにも関わる。全県規制を合憲とした事例として名古屋高金沢支判平成27.6.24判例地方自治400号104頁。

さ」概念を発達させることとなった。すなわち，性的サービスが売春法制によって違法と宣言された行為あるいはその周辺的行為であるから「いかがわしい」のではなく，性道徳からの観点さらには「清浄な風俗環境の保持」の観点からの「いかがわしさ」である[89]。このことによっても，性風俗法制が売春法制からの自律性を獲得し，その過程で売春という事実上の空間が発生する。

とはいえ，上述のような法と法執行の溝や，性風俗法制の自律性は法的に保障されたものではないので，売春が可能となる空間もあくまで法的に保護された空間ではない。売春違法の規範は依然として妥当している。そういう意味で，売春を可能とする法的空白地帯は「囲い込み」された空間である。

V　結びに代えて

以上，本稿はソープランド営業が売春法制と性風俗法制との関係の中でいかにして可能であるのかについて検討した。結論としては，売春法制の存在とその執行との溝により，また性風俗法制の自律性により，事実上の空間としてソープランド営業が偶然的に可能となっているに過ぎないものと考える。

その結果，「(ほとんどが同業者からといわれているが)『タレ込み』『苦情』以外は，彼ら取締り側の胸先三寸の世界のようだ」というような状況[90]，すなわち規制権限に対する法的規律が不足する状況が生じることになる。この点，売防法施行の当時の議論も想起されなければならないだろう。単純売春を不処罰とした実際的な理由としては，もしこれを処罰化すれば「気紛れを越えてねらい打ち的な検挙が行われるおそれが一そう強い」のであり，「一般には黙認されている違反行為が，取締官の一存によっていつ検挙されるかもしれないという状態におかれるということは，もっとも恐ろしい人権圧迫に道を開くものである」という懸念もあったからであった[91]。売春法制と性風俗法制との交錯によって囲い込まれた法的空白地帯は，このような恣意的な権力を生じさせてはい

---

89) 藤山・前掲注48)29頁。

90) 鈴木クニエ「『取締り』か『管理』か——売春摘発のホンネとタテマエ」法学セミナー473号(1994年)15頁。

91) 鈴木義男「売春防止法と刑事処分」法律時報30巻2号(1958年)14頁。

ないだろうか。本稿の問題意識はここにある[92]。

　この問題に対して，本稿としてはさしあたり，売春法制と性風俗法制との相関関係を再解釈することにより余剰を減らすという方法を試みたい。

　たとえば，売春法制の趣旨を徹底する方法があり得る。これは，性交のみならずおよそ性を売買すること自体をも売春法制による禁止の対象として拡大し，可能態として売春をも含み得た「異性接触」役務の概念すなわち性交類似行為サービスを一切禁止する（おそらくむしろ買う行為を処罰する）という行き方である[93]。これは，「いかがわしい」のに「公認」のようなことをするというようなやり方よりは明らかに潔いものであろうが，プライバシー権の大幅な妥協をしないのであれば法執行上のギャップの問題が残る。そして何よりも，そもそもなぜ売春や性的サービスの売買が法的に制裁の対象とならなければならないのかの理由も検討しなければならないだろう。孝行な娘がお家の窮状を救うためになかば強制的に身売りされる，といった戦後売春法制が対処しようとした原風景が今もまだ一般的に妥当すると考えるべきだろうか[94]。性の売買においては女性が商品化されるからというのが根拠であるならば，同性間における性的サービスの売買は禁止できないはずであるが，それでよいのだろうか。

　このように考えると，従来の売春法制の軌道修正が必要なのではないかと思われる。売春法制がその根底に有していた女性の保護という使命は，戦後の社会状況の変化に十分適応してきただろうか[95]。女性を保護するために一切の売

---

92) 岩切・前掲注1）16頁。

93) 角田由紀子『性と法律——変わったこと，変えたいこと』（岩波書店，2013年）253頁は「売春も合法とするのか，性交類似行為も禁止するのか，選択肢は2つしかない」と提示した上で，合法化の選択肢を否定する。

94) もちろん貧困問題は主要な背景であり続けている。さしあたり中村淳彦『日本の風俗嬢』（新潮社，2014年）。

95) 田村雅幸「売春の実情と対策」ジュリスト882号（1987年）47頁はすでに「売春防止法のひとつの歴史的使命は終わったと考える。立法当時に想定していた売春形態も売春婦像も，現在では大きく変化している。現実に，婦人補導院は縮小の一途をたどっているし，婦人相談所も売春にかかわらず広範囲な対象者を扱うようになっている。現実がそうであるように，要保護女子に対しても売春防止法とは離れて，一般の保護や援助の必要な人々と同様に対処すれば十分なのではないか。その方が，売春にまつわるスティグマをまぬがれ，人権保護にも役立つと思われる。」と述べている。また，三浦絢子「売春防止法の検証と今日的意義」中央大学大学院研究年報33号（2003年）は売防法の今日的意義を「組織犯罪処

買春をすべて違法と命名するような，いわば予防原則的な，あるいは家父長主義的な制約は，アンシャン・レジームへの対症療法としては機能したとしても，売防法制定後60年を経てもなお改正を不要とするほどの強靱な普遍性を持っていたといえるだろうか。また他方で，売防法による売春違法化は，法規範にまで昇格した単純な道徳規範であったからこそ，少なくとも建前あるいはポリティカル・コレクトネスとして社会に浸透し，そしてそのゆえにこそ，「売春はいつも，個人の心の問題に還元されてきた」のであり，そしてこの法規範＝道徳規範からの逸脱がやはり個人の「ふしだら」な性格の問題へ，さらには「包摂ではなく排除の対象として，セーフティネットではなくスティグマ(烙印)が必要な対象として，生命や人権の問題としてではなく風紀や道徳の問題として」転嫁されてきたのではないだろうか[96]。そしてこの皮相的な道徳論が下支えするのが，風営法による「いかがわしさ」への囲い込みという法外部的な手法だったのではないだろうか。

　法的空白地帯において不足しているのは法原理であるが，これを提供するのは権利論であろう。売春を含む性的サービスを売買する権利，性的サービス店を営業する自由，売春行為者の安全，その他。売春法制や性風俗法制に先立つものとしてこれらの法的権利を観念することができるのか。「いかがわしい」ものであるがゆえにいつでも，いかようにでも制限できるものと当然に想定されてきたが[97]，このような超旧式の公共の福祉論がこの分野にのみ通用すると考えることはできず，精緻な論証が必要である。この際，出発点でネックになるのは「人格」的価値との関係であろうが，これについては「ふしだらさやいかがわしさは正常な人間の本質であり，劣った人間の特異な状態ではないのだ

　罰法の運用において売春を助長する行為を厳重に処罰する」ことに求めているが，人身売買・性的搾取への対策という趣旨へと純化させるべきとの主張と見ることができる。

96)　荻上チキ『彼女たちの売春(ワリキリ)——社会からの斥力，出会い系の引力』(扶桑社，2012年)13頁。

97)　その割には，旧貸座敷業者等に対する損失補償の問題に政府はナイーブだった。戦後売春法制における人権論の不足のひとつの遠因はここにもあるのではないかとも考えられる。

と認識する」ことで[98]，つまり「道学者面」するのでもなく[99]，「市川房江の側に立つ[100]」のでもなく，「具体的人間像」に近接することで[101]，売買春に関する一定の権利を法的に基礎付けることが可能となるだろう。もちろんこれは絶対無制約の権利ではなく，むしろ人身売買等の犯罪抑止や公衆衛生等の観点からの大幅な制約に服すべきものであろうが（したがって「即公娼制の復活」を主張するものはないが），他方でかかる制約も売春行為者の安全に配慮するものでなければならないだろう[102]。

解釈論的には，売防法3条を訓示規定として読みなおし，売防法が人身売買・性的搾取に対処する趣旨であると限定的に捉えなおすことが考えられる。

〔附記〕　本研究は平成28年度立正大学研究推進・地域連携センター研究支援費（第1種）の補助を受けたものである。

---

98) ゲイル・フェターソン「ふしだら，あるいはいかがわしさの社会的意味」フレデリック・デラコステ＝プリシラ・アレクサンダー編（山中登美子ほか訳）『セックス・ワーク──性産業に携わる女性たちの声』（パンドラ，1993年）272頁。

99) 古崎・前掲注86）116頁。

100) 中島・前掲注79）899頁は，風紀上の理由からヌードスタジオの規制が当然に必要と主張する市川房江委員（46国会参地方行政委員会議録8号10頁）の立場に「憲法研究者の『真意』」があり，「少なくとも，これまで風俗規制に関心を持っていなかった私は，無意識のうちに市川房江の側にいたことは否定できない」としている。

101) 佐藤幸治『日本国憲法論』（成文堂，2011年）18頁。

102) 売春行為者の安全に関するカナダの判例として，手塚崇聡「カナダにおける売春規制の歴史と現状」臨床政治研究4号（2013年），松井・前掲注26）。なお，水嶋かおりん『風俗で働いたら人生変わったwww』（コアマガジン，2015年）117頁は店舗型の方が安全であると主張している。

売春法制と性風俗法制の交錯　　49

いわゆるラブホテルに対する立法による規制

荒木　修

I　初めに──いわゆるラブホテルに対する規制の現状と問題の所在

　現行法上，いわゆるラブホテルの営業は「性風俗関連特殊営業」の一つとして風営法による規制を受けるが（2条6項4号），何がこれに該当するかは風営法施行令に定められている（3条）[1]。施行令の定めを上手くかいくぐれば，風営法による規制から免れることができる。そのため，例えば小学校周辺や住居エリアにおいて，ラブホテル擬きの建物が建ち，ホテル営業が適法に営まれることがある（＝類似ラブホテル）。なかには，適法に建築・営業を開始した後に改築等が行われ，その結果，施行令の定めによればラブホテルに該当するにもかかわらず風営法による取締が及んでいないものもある（＝偽装ラブホテル）[2]。

---

1) 風営法においては，「専ら異性を同伴する客の宿泊（休憩を含む。以下この条において同じ。）の用に供する政令で定める施設（政令で定める構造又は設備を有する個室を設けるものに限る。）を設け，当該施設を当該宿泊に利用させる営業」と定められている。施行令において施設・構造・設備について定めが置かれる。2010年施行令改正は，その組み合わせ方を従来より広げた。風営法による規制を受ける施設・構造・設備の組み合わせ方がどのように変更したかは，参照，季刊 LH-NEXT 5号（2010年）34-40頁。
2) 「偽装ラブホテル」という表現が何時から使われたか，定かではない。朝日新聞記事検索サービスでの検索によれば最も古い記事は2008年3月26日にある。「偽装」「ラブホテル」

2010年に施行令が改正されたが，類似ラブホテルの問題が全て解決されたわけではない。既に営まれている営業を廃業に追い込むような厳しい規制を行うことに対して，少なくとも規制当局の意識としては制約がある。

　ところで，経済活動に対する規制が正当であるかを判断するための憲法レベルの基準として合理性の基準が説かれることが多いが，現実の立法過程ではそのような一般論では済まない。①新たな規制を設けるといっても，通例，全く白紙のなかに規制措置を作るわけではない。既存の規制のなかに新たな対象等を組み込むとき，既存の規制ごとの固有の論理との調整が要請される。新たな規制を誰が担当するかについて，既存の規制の間の調整も問題になり得る。②新たな規制そのものの正当性とは別に，既に営まれている活動を新たな規制の下に置くときは，そのことの正当性も問われる。現に継続中の活動を新たな規制の下に置くことは厳密な意味では事後法の遡及適用ではないが，立法権行使のあり方としては事後法の遡及適用と同様の問題が生じ得る[3]。

　本稿では，ラブホテルに対する規制を素材として，立法者が新たな規制を講ずるときに，どのような状況のなか，どのような制約の下で判断していると（自らを）考えているかを，簡単に紹介したい。

　　で検索したなかで偽装ラブホテルに関わる最も古い記事は2008年1月29日にある。その後1年近く，類似ラブホテル・偽装ラブホテルに関する記事が様々出現した後，2009年3月12日，警察庁による検討開始に関する記事がある。季刊 LH-NEXT 1号（2009年）21頁に「風営法（政令）改正への動き」として，警察・行政の動き，業界の対応が時系列に纏められた表が掲載されている。その最初の項目には，2008年10月22日，フジテレビ（スーパーニュース）で「偽装ラブホテル」に関する特集が組まれ，全国規模で報道されたことが記されている。

3）①法の機能としての社会的安定の確保，既存状態の維持という観点からみると著しく反価値的であること，②人は現行の法秩序に信頼を置いて自己の活動を決定するに当たりそれを指標とするところ，その信頼を覆し法に対する尊重を稀薄化し法秩序そのものを動揺させることになること，③近代国家において法は市民が知りうる状態に置かれなければならないことが要求されてきたところ，それに反すること，④明確な適用対象を認識して法が制定されるとき，立法者に偏向と腐敗を招くおそれが大きいことが指摘されてきた。参照，伊藤正己「民事遡及法について」法学協会雑誌87巻2号（1970年）29-30頁。

Ⅱ　ラブホテルに対する規制——特に風営法による
　　規制の拡がりを歴史的に見ていく

1．公衆衛生行政の登場——警察権の分散

　寝具を備えた空間を他者の利用に供する営業については，不特定多数の者が集まる施設であることに着目して規制が行われてきた。火災等への備えは建築規制として実施されるが，公衆衛生や防犯などを包括して，戦前には，営業規制は警察権により行われた[4]。戦後の警察改革の一環として，警察機関の任務をできる限り刑事司法警察（英米法にいう法執行）に限定すべく，行政警察は他の行政機関に委ねられた（警察権の分散）[5]。旅館業法（1948年）が食品衛生法等とともに厚生省所管法律として制定されたことは重要である。即ち，保健所が規制の現場において中心的な主体となり，目的が公衆衛生に特化し，構造設備の基準への適合性が規制によって確保されることになる。「いかに衛生立法として構成するか」に立案関係者は最も苦心したと言われる[6]。とはいえ，かなり早い段階から，純然たる公衆衛生に止まらない規制への需要があり，旅館業法は

4）風俗営業に分類され得る営業は，戦前は，庁府県令に基づき警察による規制下に置かれたが，かかる庁府県令は「日本国憲法施行の際に効力を有する命令の規定の効力等に関する法律」（1947年4月18日法律72号）により，同年12月末日をもって失効した。なお，内務省令である「娼妓取締規則」及び庁府県令である「貸座敷営業取締規則」は，1946年，GHQによる「日本における公娼廃止に関する件」を受けて廃止されている。なお，参照，永井良和『定本　風俗営業取締り』（河出書房新社，2015年）第2章。

5）戦後の警察権の分散が公衆衛生行政に与えた意義について，そこでの規制が科学的な根拠・裏付けを伴って展開されていること，また，非権力的な作用に関して，目的達成のために知識の普及が重要になってきたことが指摘されている。参照，須藤陽子「公衆衛生警察と行政手続」『行政強制と行政調査』（法律文化社，2014年，初出：1995年）99頁，103-106頁。警察関係者による著作として，参照，蒔田清重『保安警察の研究』（警察時報社，1948年），宮崎清文「警察権の分配」，同「警察権の限界」中原英典＝宍戸基男＝宮崎清文『警察学の諸問題』（立花書房，1950年）。分散された任務を担当する各種の行政機関と警察機関との関係（例えば，法執行における協力，警察機関に留保され得る権限）について警察法の「責務」規定に着目して検討を加える最近の研究として，米田雅宏「脱警察化と行政機関に対する警察の役割(1)，(2・完)」北大法学論集65巻5号（2015年）181頁以下，66巻1号（2015年）1頁以下がある。

6）参照，厚生省二十年史編集委員会編『厚生省二十年史』（厚生問題研究会，1960年）363頁。

1957年に改正される。「善良の風俗の保持」が規制の目的に追加され，そのための手段が新たに設けられた[7]。

　これに対して，「風俗営業取締法」は，「風俗犯罪の発生を防止することを主たる目的」として，風俗犯罪が「とかく起りやすい」営業である売淫と賭博に限定し，警察機関が「風俗営業」を規制すべく1948年に制定された[8]。風営法による規制への需要に応えるべく，風営法の規制を受ける対象は広がってきたが，その際，「風俗営業」として規制を受ける場合と，「風俗営業」に取り込まれることなく風営法による別途の規制を受ける場合がある。深夜喫茶が問題となった1959年改正では，「風俗営業」に対する規制が「風俗犯罪の予防」を目的としてきたところ，それでは十分に説明できないために，①「風俗営業」のなかに「接待」を伴わない類型が新たに創り出され（低照度飲食店営業〔(旧)5号営業〕及び区画席飲食店営業〔(旧)6号営業〕），②「風俗営業」とは別カテゴリーとして「深夜における飲食店営業」が規制され[9]，その結果，③風営法による規制の目的は「風俗犯罪の予防」では説明し難くなった[10]。

7）なお，旅館業法1条（目的規定）は1996年に改正され，善良の風俗に関する文言が削除されている。

8）齋藤昇（国家地方警察本部長官）による法案の説明（第2国会衆議院治安及び地方制度委員会会議録31号9頁〔1948年5月25日〕），武藤文雄（国家地方警察本部警視）の答弁（同委員会議録32号5頁，6頁〔5月27日〕）。

9）法律の題名が「風俗営業等取締法」に変更された。また，「風俗営業取締法の一部改正について」（昭和34年2月10日乙保発第3号）において，深夜飲食店営業の業態の制限として，「営業所でダンス，ショウ，楽器による演奏，競技その他興行の類をしないこと」が遵守事項の一つとして挙げられた。後者は，1984年改正において，「深夜に客に遊興をさせないこと」が法律で遵守事項と定められ（32条1項2号），「接待抜きの『客に遊興させる』行為を禁じたもの」と解されてきた（飛田清弘＝柏原伸行『条解風俗営業等の規制及び業務の適正化等に関する法律』〔立花書房，1986年〕463頁。この図書よりも後に出版されるものでは，この説明が参照されている。例えば，豊田健＝仲屋暢彦「風俗営業等の規制及び業務の適正化等に関する法律」平野龍一＝佐々木史朗＝藤永幸治編『注解特別刑法・第7巻・風俗・軽犯罪編〔第2版〕』〔青林書院，1988年〕130頁，薩山信『注解風営法Ⅱ』〔東京法令出版，2008年〕354頁。しかし，それ以前の出版物にはそのような表現は見られない。例えば，飛田清弘＝水流正彦＝柏原伸行『条解風俗営業等取締法』〔立花書房，1974年〕215頁）。2015年風営法改正によりこれは削除されたが，深夜において酒類提供を伴う場合は「特定遊興飲食店営業」として許可制の下に置かれ，その違反は無許可営業として直罰が設けられている。なお，参照，永井・前掲注4）255-260頁。

10）1959年改正では，風営法の目的を如何に解すべきか，問われることになった。警察制度全

2．風営法による規制を受ける対象範囲の拡大

　個室付浴場営業は1966年改正により風営法に取り込まれた。立法過程では，旅館業法1957年改正と同様に，公衆浴場法のなかに「風俗」の観点から新たな規制を設ける途が議論されたが，それは最終的には採られなかった[11]。1966年改正の特徴は以下の点にある。①公衆衛生の見地から許可制の下にある営業でありながら，善良の風俗の保持という別の目的から風営法上の規制に取り込まれるが（4条の4第1項），②「深夜における飲食店営業」と同じく，「風俗営業」ではない。他方，③「深夜における飲食店営業」に対する規制の仕組みは，詳細にわたる事項が風営法の下で定められ，警察官の立入が認められる点で，「風俗営業」に対する規制と近いが，個室付浴場営業にはそのような仕組みは採用されない。風俗の観点からの規制も行う旅館業法とは異なり，④公安委員会にも営業停止を命ずる権限が与えられ（4条の4第4項），⑤規制の主体という点からみれば，取締の実効性が高い。⑥立地規制について新たな仕組みが風営法のなかに導入された（4条の4第1項）。個室付浴場営業では，保護対象施設からの距離は200メートルであり，緩和規定はなく，都道府県条例において「地域を定めて，営むことを禁止すること」も認められている。この厳しい立地規制は，1972年風営法改正によりモーテル営業が取り込まれるときにも用いられた。「風俗営業」よりも立地面で厳しい規制が風営法で行われるとき，新

　　般との関係で言えば，旧警察法（1947年）ではなく，その全部改正が行われた新警察法（1954年）の下で行われた風営法改正である。風営法の目的に関して，「従来，売春及び賭博（その他風俗犯罪）の防止にあるとする見解もあるのであるが，制定当時の国会における審議の記録においても，この点については，必ずしもこのように狭く解されていなかつたと認められる」という見解が登場したのは（桝谷廣「風俗営業取締法の一部改正について」警察学論集12巻2号〔1959年〕17頁），警察制度全般のなかで行政警察に対する態度が変わったことを反映しているものと言えよう。なお，参照，永井・前掲注4）113-118頁。

11）　1964年風営法改正に当たり，衆参両院ともに「風俗上，法律上問題の多いトルコ風呂，ヌード・スタジオ等についても抜本的な対策を確立」することを求める付帯決議をしており，衆議院地方行政委員会に「風俗営業等に関する調査小委員会」が設置された。1966年5月，小委員会報告書が纏められ，衆議院地方行政委員会で報告・了承された。そこでは，個室付浴場営業については公衆浴場法・建築基準法による規制を強化することが想定されていたところ，首相官邸の南西側崖下で個室付浴場の建設計画が進展するという事態に直面したので，社会労働委員会・建設委員会ではなく地方行政委員会において審議するべく風営法改正が選択された。なお，参照，永井・前掲注4）第4章。

たな説明が必要になる。「清浄な風俗環境」を維持する方向で，裁量が広く認められていく[12]。

　モーテルの施設の構造・設備に関して，1972年風営法改正における国会での質疑のなかで，一方では，風営法には限界があることが警察庁職員により説かれ，他方では，1970年旅館業法改正に際し，旅館業法による規制に限界があることが厚生省職員により説かれた[13]。なお，類似ラブホテル・偽装ラブホテル

---

12) 1966年改正における地域指定の要件は「善良の風俗を害する行為を防止するため必要」があるときであり，これは深夜飲食店営業の「営業の場所」の制限のそれと同じである。しかし，それぞれについて行政解釈は異なる。後者では，「都市の盛り場等が中心になるであろうが，具体的には都市の形態，交通機関の状況等を考慮して，現に弊害の顕著な地域およびその周辺の地域で，現に弊害のある地域について地域指定をした場合，その影響が直ちに波及すると認められる範囲の地域」とされ（「風俗営業等取締法の一部を改正する法律の解説」警察庁保安局防犯少年課〔昭和39年5月〕。警察庁保安部防犯少年課『防犯少年関係例規集』〔1968年〕480頁），前者では，「個室付浴場業またはこれに類する業態の営業が蝟集している都市の一部の盛り場等，個室付浴場業がさらに設置されても，新たに地域環境を害するおそれがないと認められる地域を除いたその他の地域について指定する」という（「風俗営業等取締法の一部を改正する法律の解説」警察庁保安局防犯少年課〔昭和41年7月〕。『防犯少年関係例規集』499頁）。条文には用いられていないが，「環境」保護が1966年改正で意義を有してきたと言える。なお，法律の文言としては「場所」と「地域」が使い分けられ，指定される範囲は後者のほうが広いことが意図されている。参照，今野耿介「風俗営業等取締法の一部改正によせて」警察学論集19巻9号（1966年）11頁，渡辺宏「風俗営業等取締法の一部改正と運用上の諸問題」警察学論集19巻9号（1966年）25頁，32-33頁。ちなみに，「清浄な風俗環境」概念が風営法で用いられたのは，1972年改正以後である。「清浄な風俗環境が害されることを防止する必要のあるものとして都道府県の条例で定める地域」においてモーテル営業が禁じられた（4条の6第1項）。モーテル営業について，条例の草案作成を担当した県警本部防犯部保安課の採用した基本方針を是認したものに，名古屋地判昭和50.4.14判タ320号131頁がある。そこでは，「特定の住宅地域または文教地区あるいはさらに狭く特定の学校その他の施設を中心として，その周辺」を指定する方式ではなく市町村を単位として指定する方式が採用されたことについて，「指定地域の外圏に，これを取り囲む形でモーテルが建設されることが予想され，従って当該地域の清浄な風俗環境の破壊を十分に防止し得ない虞れがあるばかりでなく，指定地域と非指定地域とが複雑に錯綜するため，法的安定性が確保されなくなる虞れが懸念された」からであるとされた。そして，人口密度（100人未満），都市計画地域の指定の有無，青少年関係施設の有無，都市からの行動圏（人口7万人以上の17市の各中心部から半径20キロメートル）を基準として指定すること，自然公園の全区域を禁止地域に指定することには，十分な合理性と必要性があると判断された。

13) 警察庁における改正法案の作成段階においては，構造・設備等について風営法独自の規制を設ける検討が為されていたが，厚生省との協議を経て，それらは政府提出法案からは削

と同様の問題が1972年改正後に生じており[14]，それに一定の解決を下したのは1984年風営法改正である。①「風俗関連営業」という包括的な概念が初めて登場し(法律で各種の営業を列挙することに加えて，政令である風営法施行令による追加を可能とする)，②公安委員会への届出が求められ，③ラブホテルは「風俗関連営業」の一つとして位置付けられた(その要件は施行令に委任される)。旅館業法等の公衆衛生法令との関係については，風営法は「子供の問題あるいは外回りの問題に対応」し，構造・設備については，風俗的な観点を若干含ませながらも，公衆衛生立法に委ねるという仕分けが行われた[15]。

3.「建築」規制の可能性

　類似ラブホテルという問題が生ずる制度的な一因は，規制権限の発動のタイミングが営業規制では建築規制より遅いことにある。都市計画法・建築基準法において規制されている建築物の用途について，建築が行われる時点で建築確認制度等によって権限は発動され得る。複数の用途で利用可能な建築物が建築されようとするとき，如何なる用途のために建築されるかを特定したうえで建

　除された。参照，本庄務(警察庁刑事局保安部長)の答弁(第68国会衆議院地方行政委員会会議録30号6頁〔1972年6月1日〕，参議院地方行政委員会会議録23号8頁〔6月8日〕)。他方，旅館業法に関して，加地夏雄(厚生省環境衛生局環境衛生課長)は次のように答弁する。「ただ問題は，密室の中で，密室の中にたとえばカセットであるとか，あるいはおそらくごらんになったと思いますが，回転ベットであるとかあるいは鏡間であるとか，そういった密室内の器具の問題が一つございます。これを構造設備上の条件として規制するかどうかという問題，実は私どもはかつて旅館業法の改正としても考えた例はあったんでございますけれども，実はこの問題は，密室内の設備問題の規制というものは非常にむずかしいということで，現実にそこまでの規制は実現しておらないわけでございます。」(参議院地方行政委員会会議録23号5頁〔6月8日〕)。同趣旨の答弁は衆議院地方行政委員会でも行われている(衆議院地方行政委員会会議録30号21頁〔6月1日〕)。

14) 古山剛「風俗営業等取締法の一部改正について」警察学論集37巻10号(1984年)8頁には，1973年〜83年のモーテル及び「類似モーテル」の営業所数の推移が掲載されている。それによれば，1983年当時，風営法の規制を受けるモーテルは7件である。風営法の規制を受けない「類似モーテル」は，1973年5,881件から一貫して増加しており，1983年には7,249件である。

15) 雄川一郎ほか「風俗営業等取締法の改正をめぐる諸問題」自治研究60巻11号(1984年)5頁〔鈴木良一(警察庁長官官房長)〕。なお，鈴木は同趣旨の内容を国会において答弁している(第51国会衆議院地方行政委員会会議録19号〔1984年6月28日〕12頁)。

築の許否が審査されることになる。風営法の規制を受けるラブホテルであれば都計法・建基法上も立地可能なエリアは限られるが[16]、風営法施行令の定めをかいくぐった設備・構造のホテルとして建築確認が交付されることで、住居系エリア内でも適法に類似ラブホテルの建築が可能になる。ある特定の用途に関して、建築を機に規制需要が発生しても、建築段階の規制でその全てに応えることはできず(特に設備)、利用に係る規制(例、宣伝・広告、営業時間)で対応せざるを得ない場合がある。類似ラブホテルの「建築」を市町村が独自に条例により規制するとき、風営法・旅館業法との関係や「建築の自由」からの限界のほか、建築規制ゆえの限界に直面する[17]。

---

16) 建築基準法上、現在、ホテル・旅館を用途とする建築は、用途地域のうち、第一種低層住居専用地域、第二種低層住居専用地域、第一種中高層住居専用地域、第二種中高層住居専用地域、第一種住居地域(但し3,000平方メートル以下は可能)、工業地域、工業専用地域を除いて許容されている。他方、個室付浴場や「専ら異性を同伴する客の休憩の用に供する施設……その他これらに類するもの」は、商業地域においてのみ許容される用途として定められている。

17) 市町村独自でラブホテル「建築」規制条例を制定することに対する障碍のうち、建築規制ゆえの限界はややテクニカルなものである。営業規制を定める風営法及び旅館業法との関係では、形式的には「建築」規制といえども、実質的に見て「法令に違反」する条例とならないか、問題となる(自治14条1項)。最大判昭和50.9.10刑集29巻8号489頁は法令との関係で条例制定権が制限されることに関して2つのテストを示した。法令先占論は部分的とはいえ否定され、法令と同一目的であっても地方公共団体独自で上乗せ条例を制定する途が認められた点は重要である。とはいえ、「地方の実情に応じて、別段の規制を施すことを容認する趣旨」が如何なる場合に法令から読み取り得るかを巡って、問題は残されている。①自主条例が制定されるというのは、通例、自治体行政から見て法令に不備がある場合であるが、各種の規制法令について地方自治保障の観点から厳しく審査されないならば、結局は法令の上乗せが認められる余地は乏しい。1984年改正に関しては、それまでの弥縫策ではない抜本的な法改正であることを重視する見解がある(参照、南川諦弘「特別意義論の検証」『「地方自治の本旨」と条例制定権』〔法律文化社、2012年、初出：1987年〕179-181頁)。「風俗関連営業」という包括概念が設けられ、性風俗に係る営業に関して行政警察が強化されたと言えよう。しかし、結果論ではあるが、風営法施行令の改正の歴史などを見る限り、この見解に説得力はないであろう。不備がありながらその落ち穂拾い的な自主条例の制定を許されない法令は地方自治の観点からはお節介なものである(参照、阿部泰隆「ラブホテル撃退策」法学セミナー430号〔1990年〕70頁)。②法律による規制に関して必ずしも審査は厳しくない反面、それを上回る自主条例による規制に関して厳しく審査するものがある(例えば、福岡高判昭和58.3.7行集31巻9号1920頁)。比例原則により条例を審査することは正当であるが、法令が規制上限法令として安易に審査のベースとされるところに問題がある。法令の不備を埋めるべく自主条例が制定される場合、法令に不

用途ではなく建築物の外観についても同様のことは妥当する。特に優れた景観を保護するだけでなく，生活環境のなかで良好な景観を保全・形成することが要請されるなか，景観保護のための建築規制の仕組みは強化されてきたので（市町村レベルで先行していたが2004年に「景観法」が制定されている），国法の上乗せに係る限界はクリアしやすいかもしれない。とはいえ，建物等の外観が奇異なものでないことが旅館業法上の設備・構造の基準を定める条例（都道府県・保健所設置市）のなかで従来から定められてきたが，そのような定性的な基準は実際上殆ど役に立たない[18]。何が優れた景観かと言われるときに各人の主観的な判断に委ねられる面があるからこそ，それぞれの地域における議論の積み重ねを踏まえて，地域固有の良い景観の形成を目指すことを保障する仕組みが景観保護のための建築規制には欠かせない。ラブホテルを規制することが何故に求められるかにもよるが，景観保護のための建築規制の仕組みをラブホテル規制に如何に用い得るかは，今後重要になろう[19]。

備が存するかを審査したうえで，法令の不備が認定されれば，直截に，自主条例の制定目的及び手段としての規制の必要性・合理性が問われるべきであろう。③風営法は都道府県，旅館業法は都道府県及び保健所設置市を，規制の主体としていることから，その他の市町村が出てくる余地はないという見解がある。1972年改正に際して，風営法がワンルーム・ワンガレージ構造のモーテルを規制に取り込むことで，市町村独自の建築条例による規制が出来なくなるおそれは，国会において議論されている。風営法について明確な答弁はない。本庄務は次のように答弁する。「個々の内容によりまして，新しい法律に吸収される場合もありましょうし，両方とも併存する場合もあると思います」（第68国会衆議院地方行政委員会会議録29号22頁［1972年5月30日］），「その都道府県条例を制定する際には，管内の既存の市町村条例との調整と申しますか，抵触をしないよう，両者が相談した上での条例をつくってもらう」（衆議院地方行政委員会会議録30号2頁［6月1日］），「現在制定されております市町村条例について……，規制の目的あるいは規制の対象あるいは規制の内容，いずれもが今回の法律に基づいて定められるであろうと思われる都道府県の条例と違っておりますから，この法律が制定され，この法律に基づいて都道府県条例が制定されても，直ちに無効となる市町村条例はない」（参議院地方行政委員会会議録23号15頁［6月8日］）。旅館業法については，「これ以上の規制はもちろんできないと思います」という加地夏雄（厚生省環境衛生局環境衛生課長）による答弁がある（衆議院地方行政委員会会議録30号22頁［6月1日］）。

18) 最近では，建築物の外観のうち色彩を規制するに際して数値化を図るものがある（例えば，横浜市旅館業法施行細則4条，大阪市旅館業の施設の構造設備の基準に関する条例施行規則4条）。

19) 2010年施行令改正に際して，風営法以外による対応の一つとして「景観法令に基づく規

4．風営法による規制の特徴——行政警察からの限界

　風俗営業の「許可」制と比較して，性風俗に係る営業に対する風営法による規制は厳しくないという批判が見られる[20]。その当否を考えるために，個室付浴場営業・興業場営業を取り込むときに警察庁職員が説いたところを見よう。

　「それ［個室付浴場業を指す。筆者］が個室において女子が裸体に近い姿態でサーヴィスをして入浴させるという態様のものであることから，これに対して風俗犯罪を未然に防止するための効果的な行政上の規制を加えること，およびその規制についての十分な監督ができるという保障が得られないのであり，それにもかかわらずこれを風俗営業の許可対象とする場合には，かくのごとき実態の営業を風俗警察的観点から公認したかのようなこととなる。風俗的見地からの的確な行政監督をするための有効な方法としては，立入りをしてその実態を検査する以外は考えられないが，入浴客が全裸になっている個室に警察官が立ち入ることは，人権上はもちろん警察運営上からも問題の存するところである。また，ヌード・スタジオおよびストリップ劇場については，これらの営業を風俗営業として許可の対象にしようとする場合には，風俗犯罪に当たらないその前段階の行為をとらえて，これについて行政上の規制を加え，その規制について監督をすることができるということでなければならないが，公然行われるヌードショーもしくはストリップショーについては，刑法所定の公然わいせつ罪に牴触しないその前段階の行為について行政上の規制を加えることは『表現の自由』というような観点から考えた場合に甚だ問題の存するところといわなければならない」[21]。

制」が取り上げられていた（風俗行政研究会「出会い系喫茶及び類似ラブホテルに対する規制の在り方に関する提言」〔2009年〕9頁）。https://www.npa.go.jp/safetylife/hoan3/090806_kenkyukaiteigen.pdf（2014年11月4日確認）なお，景観計画区域内における建築については景観行政団体の長への届出・勧告・命令が定められている（景観法16条，17条）。建築確認制度とは独立したもののため，勧告等が発せられる前に建築確認が行われ得ることから，両者を調整すべきことが説かれている（中井検裕＝小浦久子「景観法成立を受けて自治体が工夫すべきこと」日本建築学会編『景観法と景観まちづくり』〔学芸出版社，2005年〕18頁）。景観地区内における建築については市町村長の認定が定められている（62条以下）。これは，都市計画である景観地区に定められた建築物の形態意匠の制限に建築物が適合するか否かを判断するものであり，市町村長の認定を受けるまでは建築を開始することはできない（62条4項）。

20）例えば，「届出よりも『厳格』な許可」という表現（角田由紀子『性と法律』〔岩波新書，2013年〕220頁）。

21）渡辺・前掲注12）24頁。

ここでは，性風俗に係る営業について，刑法（売春防止法を含む）違反の発生手前で行政警察上の許可基準を設けて，その遵守を確保しようとする仕組みが採用されないことが説かれている[22]。それゆえに，風営法に盛り込まれたのは，①営業の態様そのものではない立地面の規制（禁止）と，②刑法等に違反する者の営業の停廃止命令権である。1984年改正では，①刑罰に直結しない「遵守事項」が若干定められ，②それを確保すべく，営業の停廃止の手前で公安委員会に「指示」権が与えられ（29条），③警察職員に立入権が認められた（37条2項。但し客の在室している個室は除外）。行政警察の創出・強化と言えるものの[23]，基本的な立法の態度が変わったとまでは言えないであろう。

性に関わる事柄で，刑法の手前で行政警察上の基準を設けることが全く出来ないわけではない（例えば青少年保護条例）。尤も，それが可能なときには，犯罪でないのに何故に警察による介入が許されるのかという問いが出てくる。規制の需要が風営法（行政警察）に向かうときには，警察機関が所管することによる取締の実効性強化への期待があるが，パターナリスティックな介入が起こり得ることへの覚悟が社会の側に求められる[24]。

性風俗に係る営業について行政上の（事前規制の）基準が結果的に設けられないゆえに，風俗犯罪が起きない限りこれらの営業が立地面を除いて放置される

---

22) なお，風俗犯罪の予防と風俗犯罪に対する司法警察との区別，後者について売春に係る刑事規制が別途整備されるべきことは，風営法制定時に前提とされていた。第2国会衆議院治安及び地方制度委員会における松澤兼人の質問と武藤文雄（国家地方警察本部警視）の答弁（委員会議録32号5頁〔1948年5月27日〕）。とはいえ，許可基準について，刑事法との関係は議論されていない。

23) 従業者名簿の備付の義務付け，報告・資料提出の要求権，立入権という「新たに警察が手に入れた権限が，営業停止権とドッキングすることにより，もし警察が眼をつけた場合には，当該営業のささいな義務違反をみつけ，最終的には営業停止を以て脅かすことが可能となったわけで，この点をみれば天皇制警察下の行政警察権に類似の権限を警察は持つことになった」という指摘がある（渡辺治「風俗営業等取締法改正と警察権の拡大」法学セミナー360号〔1984年〕20頁）。

24) 「少年非行の防止等々というその限りで切実な国民誰もが反対しない社会問題の解決をうたって」行政警察権の拡大が行われたことについて，「我々が例えば少年非行防止のための市民的方途を見つけだしていけない限り，現代警察のかかる形での肥大化にストップをかけることはできない……。そして市民社会の問題解決を警察に依存するやり方をとる限り，そのツケは必ず我々市民の側に回ってくる」という指摘がある（渡辺・前掲注23）22-23頁）。

に等しいのが現状である。刑事法的規制及び行政警察的規制の問題・限界を考えるならば，刑法及び風営法から離れて，ラブホテルは如何にあるべきかについて，様々な観点から基準を考え出し，警察以外の行政機関による執行とその方策を検討すべきであろう。ラブホテルについては，営業そのものが問題なのであれば旅館・ホテルの利用ルール[25]，営業そのものではなく施設が問題なのであれば設備・構造の基準を改善すべきである。公衆衛生立法としての限界に関して，旅館業法は目的から見直さねばならない。施設(建物の外観)に関して建築規制の仕組み(特に景観保護)を利用しやすくすることも必要である。

Ⅲ　いわゆる既得権

1．法的な根拠の曖昧さ

既に営まれている活動に立法者が規制を及ぼすことに対して法的な制約はどれほど存在するか。終わってしまった行為に対して刑罰を新たに設けることは憲法上許されないが，それ以外には如何なる制約があるか，必ずしも定かではない。刑罰ではなくとも，民事上・行政上の制裁を定める新たな法を制定して，それを制定前に終わっている行為に対して適用することが許されないことは通説といえよう(但し，何が民事上・行政上の制裁に当たるかは必ずしも一義的ではない)。更に，新たな法を適用すれば権利が発生しないが，新たな法の制定前に既に具体的な権利が成立していたという場合，そのような権利を否定することに対してハードルは高い(最大判昭和53.7.12民集32巻5号946頁)[26]。

---

25) 場合によっては消費者保護的な規制が考えられる。また，ラブホテルでは課題として意識されることは乏しいであろうが，個室付浴場業などでは従事者の保護(労働法的な規制)の徹底が望まれる。後者について，参照，角田・前掲注20)第6章。

26) 本件は，買収農地の旧所有者への売払いに関して，「売買契約に基づく権利」が未だ成立していない場合の旧所有者の権利が問題になった事案である。多数意見は，旧所有者の権利が新たな法により害されるとしても，「売払いを求める権利自体」の剥奪ではなく，売払いの対価が不利益に変更されるにとどまることから，新たな法の適用を違法としなかった。契約締結後・履行後であれば，たとえ新法制定により達成される公益性が認められるとしても許されないという趣旨が本判決から読み取ることができる。なお，本判決の多数意見の論理に対しては，「売買契約に基づく権利」とそれに至っていない段階の権利との間に法的に差異は乏しく，それゆえに新たな法の遡及適用として許されないという批判に

建築規制における許可は，適法に建築できる地位を保障するものか，適法に建築された建築物を建築時に特定された用途等の範囲内で使用できる地位も保障するものか，定かではない。現実には，建基法が広範に既存不適格制度を設け（3条2項），適法に建築が開始された建築物について将来にわたって使用を認めることで，憲法問題(特に財産権保障)は生じ難い[27]。これに対して，営業規制における許可では，財産権の問題なのか否かも問題になる。営業のために用いられる施設について，当該営業目的での使用が禁じられても，経済的に見て財産価値が損なわれることなく，他の用途での使用が可能である限り，財産権保障は問題にならない。営業用施設に限らず，営業のために投じられた様々なものを分解的に見たときに，投資が回収できないほどに価値が損なわれたかどうかが，問われよう[28]。その判断のためには営業を取り巻く諸制度に照らし

　　基づく少数意見がある一方，土地収用法上の旧所有者の買受権制度との比較において農地法上の買収農地の売払い制度における旧所有者の権利性は乏しいという批判に基づく少数意見もある。この判例の射程を考えるに当たり，権利の性質・内容の検討が必要である。買収農地の旧所有者であることに基づく権利・利益が憲法上財産権として保障されるものであるかは定かではないが，例えば行政財産の使用許可に基づく使用権と比べるならば（参照，最判昭和49.2.5民集28巻1号1頁），その起源及び私的な取引可能性ゆえに，私的財産的権利として保護されやすいと考えられる。財産の取得に係る本人の努力・貢献に顧慮することは個人の尊重から要請され(自己所有権論)，取引に馴染むものについては取引の安全を顧慮することが第三取得者の保護から要請されるからである。

27) 既存不適格の建築物について，いわゆる単体規定に適合しないことで「著しく保安上危険であり，又は著しく衛生上有害であると認める場合」，いわゆる集団規定に適合しないことで「公益上著しく支障があると認める場合」に除却・改築等が命じられ得るが，後者の場合には，通常生ずべき損失の補償が命じられる(10条，11条)。なお，規制の程度・要件に関して，いわゆる消極規制のなかでも，10条において1項と3項では要件に差異が設けられている。著しく危険・有害となるに至ってからでは手遅れとなる場合に備えて，人的な被害が大きくなる可能性のある建築物については，「損傷，腐食その他の劣化が進み，そのまま放置すれば著しく保安上危険となり，又は著しく衛生上有害となるおそれがあると認める場合」に除却等の勧告を行い(1項)，「特に必要があると認めるとき」勧告に係る措置を命ずることが認められている(2項)。建築規制において，自由・財産を侵害される者のみを考慮して制度が設けられるのではない。建築物の安全性に関する利害関係者の範囲に応じて，規制の程度(既存不適格建築物であっても除却等を無補償で受忍しなければならないための要件)が決められていることが分かる。

28) 投資のなかには人材開発的なものが含まれる。営業者本人及び従業者の人的な能力や信用などは，ある場所での営業が禁じられても，通例，その価値は損なわれない。場所を転じて同一の営業を営むときに発揮され得る。但し，立地規制などによって，近隣で新規に営

62

た検討が必要であり，ある時点における財産価値から一般的な結論を導き出さないために，財産権保障ではなく信頼保護として論ずるほうがよいように考えられる。

　現在の用途での財産の使用を禁ずる新たな法が制定・適用されること自体は合憲であっても，財産権保障或いは信頼保護から損失補償が命じられる場合があり得る。残されている用途（財産権者にとっての効用），それに対応する財産価値の大きさに着目する考え方が，比例原則を根拠として説かれ得るが，これまでの最高裁判例では，いわゆる消極規制について無補償であるためのハードルは高くない（最大判昭和38.6.26刑集17巻5号521頁〔奈良県ため池条例〕，最大判昭和43.11.27刑集22巻12号1402頁〔河川附近地制限令〕）。また，信頼保護の観点からは，新たな法が制定・適用されることへの予測可能性も着目され得るが，判例において重視されていない（最判昭和58.2.18民集37巻1号59頁〔ガソリンタンク離隔距離〕）。

2．風営法における相場

　立法者に対する制約として立法者が何を考えているかについて，風営法の立

業を行うことができないときには，営業用の各種施設の財産価値の塡補と併せて，営業のために築かれてきた人的な能力や信用の持つ価値について営業廃止補償が行われ得る。公共用地の取得に伴う損失補償基準要綱」31条1項1号では「免許を受けた営業等の営業の権利等が資産とは独立に取引される慣習があるものについては，その正常な取引価格」の補償が定められているが（用対連基準43条1項1号も同じ），新規営業ができないゆえに競争制限的ななかで営業しうることが「営業権」として補償されるべきかについて議論のあるところ，行政実務上否定的な態度が採られているようである。「取引の慣習がなく超過利潤が認められない」（用地補償実務研究会編著『改訂4版 明解営業補償の理論と実務』〔大成出版社，2014年〕332頁）。現実には，ラブホテルを経営する法人の売買が行われているが，①補償対象となる営業権とは，規制が厳しくなることの裏返しとして他の新規営業が困難になるという消極的な意味合いのものではなく，積極的なプラス指向のものであり，法的に保護されるべきものであること，②営業権に係る収入の良さとは，同業の企業間の比較で見受けられる超過利益であり，規制に伴う新規参入のない競争の無風状態にある業種としての利益の良さではないこと，③役員交代による取引事例があることは，営業権の売買というよりも経営権の売買であることが，否定論の論拠として挙げられている（参照，坂本聖二「風俗関連営業施設（モーテル）の営業廃止補償について」用地ジャーナル1993年9月号18頁）。

法過程での議論を見ておきたい[29]。

(1) 既得権営業が否定された立法例

　1972年風営法改正により，モーテルのなかでもワンルーム・ワンガレージ構造のものに限って規制対象に取り込まれた。①車庫と個室の接続を切り離すようなわずかな改造を施すことで風営法による規制を免れ得るものであり[30]，侵害の程度はそれほど強くはない。既得権営業は認められなかったが，②１年の猶予期間が設けられた。改造のために要する期間という性格に止まるであろう[31]。③規制により達成される公益として，「ワンルーム・ワンガレージ構造特有の密室性ないし秘匿性に基因する諸種の弊害を除去するためには，緊急に規制しなければならない必要性がある」ことを判示する裁判例がある（名古屋地判昭和50.4.14判タ320号131頁）。

　そのほかに否定された例として，1996年施行令改正によるアダルトショップ等の要件に係る物品の追加（CD-ROM）がある。①営業形態が広がったわけでは

---

29) 2010年施行令改正における検討作業のなかで「風営法改正における既得権に関する経過措置規定について」というペーパーが作成されている（風俗行政研究会・第２回・配付資料23頁以下）。https://www.npa.go.jp/safetylife/hoan1/material-2.pdf (2014年11月４日確認）なお，既存の営業に対する規制は風営法制定に際しても議論になった。1947年末に戦前の規制の根拠法令が失効し，風営法制定・施行までの間，規制の空白が生じ，営業を止めている者，空白期に営業を開始した者等の取扱いが問題になった。法案では猶予期間（30日）経過後の既得権営業は全て否定されていたが，修正により，「……庁府県令の規定により営業の許可を受けた者が……引続き営業を営んでいる場合」のみ既得権営業が認められた（附則第２項）。なお，参照，永井・前掲注４）80-82頁。

30) 1972年改正ではなく1984年改正に際して既得権営業を認める根拠の一つとして答弁のなかで挙げられている。「これを改造してその秘匿性を解消すれば異性同伴客のための営業も引き続き営業を営むことができる，また，その改造も通常は軽微なもので容易であろう」（鈴木良一による答弁。第101国会参議院地方行政委員会会議録19号26頁〔1984年７月24日〕）。但し，1984年改正における政府側答弁（鈴木良一）においては，「改造に軽易な費用でできるかできないかということが実は論点ではない」とも述べられている（衆議院地方行政委員会会議録18号19頁〔６月26日〕）。そして，「モーテルの場合には，ある意味では構造，設備を変更することによりまして，別の形で営業を続けるということができるということも考慮のうちにあった」とされる（同上・18頁〔６月26日〕）。

31) 参照，阿部泰隆「遡及立法・駆け込み対策（２・完）」自治研究68巻８号（1992年）17頁。なお，「既得の地位に相当の配慮をしたもの」であり，１年間の猶予期間を置く以上は，損失補償は憲法上命じられないという見解がある。参照，はやししうぞう「判批」時の法令1124号（1981年）56頁。

なく、②販売等される物品を増減させることで引き続き営業を行うことが可能であった。

(2)　既得権営業が肯定された立法例

1984年風営法改正で既得権営業が認められた理由として、①規制対象が「異性同伴客のための営業」に広がることで、規制から免れるべく改造することは容易ではないことが挙げられている[32]。②営業者の財産的な地位について、「セックス産業としての成り立ち得る範囲……のものの営業をそれなりに保障していくということがやはり憲法上も必要なこと」という答弁からは[33]、規制目的との関連で、社会的な反価値性というよりは有用性がある程度肯定されているように読むことができる。

そのほかに肯定された例として、2001年改正（いわゆるテレクラ）、2005年改正（いわゆるデリヘル受付）がある。他の店舗型性風俗特殊営業に対する規制とのバランスが考慮されたのであろう。店舗型性風俗特殊営業に該当しない営業である以上、店舗型性風俗特殊営業に対する規制に比して緩やかなものを選択せざるを得なかったものと思われる。

(3)　2010年施行令改正の検討

1984年改正に関して、1984年段階で既得権営業を認めた「前例には重みがあり、これを変えるためには明らかに変えなければならないという理由が必要である」という考え方が立法過程で重視されたようである[34]。

侵害の程度に関して、既存の類似ラブホテルの営業者により、改造に要する費用負担の大きさが立法過程において指摘されている[35]。ただ、公表されてい

---

32)「今度のモーテルを例にとりますと、異性同伴の客のための施設でも営業そのものを対象としておるということで、対象が現行法に比べて非常に広くなっておる。そこで、営業を禁止いたしますと、ほかの営業に切りかえなきゃいかぬ、あるいはその場所での営業ができなくなるというような問題になる」（鈴木良一による答弁。参議院地方行政委員会会議録19号26頁〔1984年7月24日〕）。

33) 鈴木良一による答弁。衆議院地方行政委員会会議録18号19頁（1984年6月26日）。

34) 風俗行政研究会・第4回・議事要旨2頁（2009年6月23日）。https://www.npa.go.jp/safetylife/hoan3/proceedings-4.pdf（2014年11月4日確認）

35) 風俗行政研究会・第3回・配付資料17頁以下（2009年5月22日）、第4回・配付資料1頁以下。https://www.npa.go.jp/safetylife/hoan1/material-3.pdf, https://www.npa.go.jp/safetylife/hoan3/material-4.pdf（2014年11月4日確認）

る資料を見る限り，例えば，実際の経営のなかで各種の高額な設備の減価償却がどのように行われているかは，明らかではない。

　従来の立法とは異なり，特に小学校周辺に限って既得権営業を否定すべきという考え方が立法過程で登場していた[36]。信頼保護を要求する法治国家の原則，法的安定性・予測可能性の確保の要請を凌駕するような公益が存在するか否かは，一般的・抽象的にではなく，個別的・具体的に判断されなければならないという考え方からすれば[37]，興味深いものであるが，採用されなかった。

Ⅳ　終わりに

　結論的に言えば，風営法による規制の対象を広げるとき，構造・設備等について違法な営業にならないような基準を設けてその遵守を確保するという規制の仕組みは，常に採用されてきたわけではない。風営法（行政警察）に馴染みにくいものについて，公衆衛生立法との棲み分けが実際には上手くいかない場合がある。制裁を定める法の遡及適用が禁じられることを除けば，既に行われてきた活動について将来にわたって規制を立法者が新たに設けることに対して，憲法レベルでは明確なルールはない。立法政策的に，憲法レベルの要請を上回る保護を行ってよいが，風営法改正の立法過程では，前例踏襲傾向が強い。政治的な事情もあろうが，立法目的を操作することでその傾向を打ち破ることができるかが重要であろう。また，学説としては信頼保護の要件の整理が課題になろう。

---

36)　風俗行政研究会・第 4 回・議事要旨 2 頁(2009年 6 月23日)。https://www.npa.go.jp/safetylife/hoan3/proceedings-4.pdf（2014年11月 4 日確認）

37)　参照，室井力「行政法令不遡及の原則」『行政の民主的統制と行政法』（日本評論社，1989年，初出：1986年)42-43頁。なお，Ⅲ 1 で述べたように，過度にアドホックな判断を避けるためには，営業を取り巻く諸制度のなかから小学校周辺での営業を禁止することが導き出されるかが，検討に際して不可欠であろう。

買春不処罰の立法史

宮川　基

Ⅰ　問題の所在

　日本の売春防止法は，売春が，「人としての尊厳を害し，性道徳に反し，社会の善良の風俗をみだすものである」（売春防止法１条）ことを根拠に，売春および買春を禁止している（売春防止法３条）が，売春を処罰していない。売春を不処罰にしていることから，買春も不処罰にしている。売春防止法が処罰している行為は，売春の勧誘行為（売春防止法５条）および売春を助長する行為（売春防止法６条ないし13条）である。

　ところで，売春を根絶する手段として最も有効なのは，売春の相手方となった者の処罰，すなわち買春行為の処罰である。売春防止法は，昭和31年（1956年）に成立したが，売春防止法が成立する以前の売春取締条例の中には，売春行為と並んで買春行為を処罰するものがあった。また，売春防止法案が国会に提出される以前に，売春等処罰法案が国会に提出されていたが，売春等処罰法案でも売春行為と並んで，買春行為が処罰されていた。そこで，売春防止法において，買春行為の処罰規定を置くことができなかった立法史について考察する。

Ⅱ　売春防止法の沿革

　昭和21年（1946年）1月21日，連合国最高司令官は，覚書第176号「日本における公娼制度廃止に関する件」[1]を発した。この覚書を遵守するため，政府は，昭和22年（1947年）1月14日，勅令第9号「婦女に売淫をさせた者等の処罰に関する勅令」[2]を公布施行し，婦女を困惑させて売淫をさせた者，婦女に売淫をさせることを内容とする契約を結んだ者は，すべて処罰されるようになった。勅令第9号は，昭和27年5月7日法律第137号「ポツダム宣言の受諾に伴い発する命令に関する件に基く法務府関係諸命令の措置に関する法律」により法律としての効力が認められ，昭和33年（1958年）4月1日まで効力を有した。また，政府は，昭和22年1月15日，内務省令第3号により，警察犯処罰令1条2号を「密売淫ヲ為シ又ハ其ノ媒合若ハ容止ヲ為シタル者」[3]から「売淫を為し，又

1）「日本における公娼制度廃止に関する件」
　　一　日本における公娼の存続はデモクラシーの理想に違背し，且全国民における個人の自由発達に相反するものなり。
　　二　日本政府は直ちに国内における公娼の存在を直接乃至間接に認め，もしくは許容せる一切の法律法令及びその他の法規を廃棄し，且無効ならしめ，且該諸法令の趣旨の下に如何なる婦人も直接乃至間接に売淫業務に契約し，もしくは拘束せる一切の契約並に合意を無効ならしむべし。
　　三　当覚書を遵守するために発令せらるる法規の最終準備完了と同時並にその公布前に該法規の英訳二通を当司令部に提出すべし。
2）昭和22年勅令第9号「婦女に売淫をさせた者等の処罰に関する勅令」
　　　［売淫をさせた者の罪］
　　第1条　暴行又は脅迫によらないで婦女を困惑させて売淫をさせた者は，これを3年以下の懲役又は1万円以下の罰金に処する。
　　　［売淫を内容とする契約をさせた者の罪］
　　第2条　婦女に売淫をさせることを内容とする契約をした者はこれを1年以下の懲役又は5千円以下の罰金に処する。
　　　［未遂罪］
　　第3条　前2条の未遂罪はこれを罰する。
3）「密売淫」とは，「官の許可を得ずして報酬を得る目的を以て任意に他人と交接する行為」（盬野季彦『改訂増補警察犯處罰令釋義〔改訂増補4版〕』〔巌翠堂書店，1933年〕10頁）をいう。「密売淫ノ媒合」とは，「周旋勧誘して人と人とを媒介結合し密売淫の実行に付き機会を作り與ふること」（同・12頁）をいう。「密売淫ノ容止」とは，「密売淫を為すの情を

はその媒合若しくは容止を為した者」に改正し，売春全般が処罰されることになったが，昭和23年5月1日法律第39号の軽犯罪法の施行に伴い，警察犯処罰令が廃止されたので，単純売春を処罰する規定がなくなった。

そこで，政府は，昭和23年（1948年）6月22日，第2回国会に売春等処罰法案を提出した。同法案2条1項は，売春をした者を，6月以下の懲役もしくは5千円以下の罰金または拘留もしくは科料で処罰するとともに，3条は，売春の相手方となった者をも，6月以下の懲役もしくは5千円以下の罰金または拘留もしくは科料で処罰していた[4]。同法案が，買春者をも処罰していた理由については，売春者のみを罰し，その相手方を処罰しないのは公平の観念に反するばかりでなく，予防的効果も薄弱であると説明されていた[5]。しかし，同法案は，昭和23年7月5日に国会が閉会したため審議未了で廃案となった。

第2回国会に提出された売春等処罰法案は廃案となったが，地方自治体において，売春取締条例が制定されていった[6]。それらの売春取締条例の中には，買春を処罰するものがあった。たとえば，最初の売春取締条例は，昭和23年7月6日に公布された宮城県条例第41号「売淫等の取締に関する条例」であるが，同条例2条1項は，「売淫をした者又はその相手方は，5千円以下の罰金又は拘留に処する。」と規定していた。昭和23年10月26日に公布された新潟県条例

知て売淫行為の為に場所を供給すること」（同・12頁）をいう。
4）「売春等処罰法案」（第2回国会提出）
　　第1条　この法律において，「売春」とは，報酬を受ける約束で不特定の相手方と性交をすることをいい，「しょう婦」とは，売春を業とする婦女子をいい，「しょう家」とは，営利の目的でしょう婦に対し主として売春の場所を提供するため経営される施設をいう。
　　第2条　売春をした者は，これを6月以下の懲役若しくは5千円以下の罰金又は拘留若しくは科料に処する。
　　2　常習として売春をした者は，これを2年以下の懲役又は1万円以下の罰金に処する。
　　第3条　売春の相手方となつた者は，前条第1項の例に同じ。
5）木内曾益政府委員「第2回国会衆議院治安及び地方制度委員会議録第46号昭和23年6月28日」6頁。
6）売春取締条例に関しては，椎名隆『第二十二特別国会売春問題』（洋々社，1955年）44頁以下（『編集復刻版　性暴力問題資料集成第9巻』〔不二出版，2005年〕所収），労働省婦人少年局『売春に関する法令』（1955年）13頁以下（『編集復刻版　性暴力問題資料集成第9巻』〔不二出版，2005年〕所収）を参照。

3号「新潟県売いん等処罰に関する条例」2条1項は,「売いんをした者又は
その相手方は,5千円以下の罰金又は拘留に処する。」と規定していた。さら
に,昭和24年(1949年)5月31日に公布された東京都条例第58号「売春等取締条
例」2条1項は,「売春をした者又はその相手方となつた者は,5千円以下の
罰金若しくは拘留に処する。」と規定していた。

　買春を処罰していた条例の特徴は3つある。第1は,売春とともに買春を処
罰していたことである。買春だけを処罰する条例はなかった。第2は,買春を
処罰していた条例の多数は,買春処罰の法定刑を単純売春のそれと同じに設定
し,「5千円以下の罰金若しくは拘留」であったことである[7]。第3は,売買
春の両方を処罰している条例の中では,常習売春に関しては加重処罰規定を置
いている条例が多かった一方で[8],常習買春に関して加重処罰規定を置いてい
た条例はわずかであった[9]。

---

7) 宮城県の「売淫等の取締に関する条例」(昭和23年7月6日,宮城県条例第41号),「新潟
県売いん等処罰に関する条例」(昭和23年10月26日,新潟県条例第35号),東京都の「売春
等取締条例」(昭和24年5月31日,東京都条例第58号),群馬県の「売いん等取締条例」
(昭和24年8月23日,群馬県条例第37号),香川県善通寺町の「売春取締条例」(昭和25年
11月1日,香川県善通寺町条例第1号),香川県端岡村の「売春取締条例」(昭和26年1月
1日,香川県端岡村条例第8号),「軽井沢町売春取締条例」(昭和26年7月1日,長野県
軽井沢町条例第16号),「小倉市風紀取締条例」(昭和26年7月16日,小倉市条例第28号),
「横浜市風紀取締条例」(昭和26年10月1日,横浜市条例第48号),市川市の「売春等取締
条例」(昭和27年12月4日,市川市条例第35号)。

8) 宮城県の「売淫等の取締に関する条例」(昭和23年7月6日,宮城県条例第41号),「新潟
県売いん等処罰に関する条例」(昭和23年10月26日,新潟県条例第35号),東京都の「売春
等取締条例」(昭和24年5月31日,東京都条例第58号),「横浜市風紀取締条例」(昭和26年
10月1日,横浜市条例第48号),香川県善通寺町の「売春取締条例」(昭和25年11月1日,
香川県善通寺町条例第1号),香川県端岡村の「売春取締条例」(昭和26年1月1日,香川
県端岡村条例第8号),「軽井沢町売春取締条例」(昭和26年7月1日,長野県軽井沢町条
例第16号),「小倉市風紀取締条例」(昭和26年7月16日,小倉市条例第28号),山梨県風俗
保安条例(昭和27年6月13日,山梨県条例第16号),市川市の「売春等取締条例」(昭和27
年12月4日,市川市条例第35号)。

9) 岐阜市の「街路等における売春に関する諸行為取締条例」(昭和26年10月18日,岐阜市条
例第46号)3条は,「道路その他公共の場所において売春をした者及びその相手方となつた
者は,3月以下の懲役又は5千万円以下の罰金若しくは拘留に処する。」として,単純買
春行為を処罰している。同条例6条1項は,「常習として第3条及び第4条の行為をした
者は6月以下の懲役又は1万円以下の罰金若しくは拘留に処する。」として,常習買春罪
を規定していた。

国会においても，議員立法として，売春等処罰法案が，第15回国会[10]，第19回国会[11]，第21回国会[12]，第22回国会[13]に提出された。これらの売春等処罰法

---

10)「売春等処罰法案」(第15回国会提出)
　　（目的）
　　第1条　この法律は，売春及び売春をさせる行為等に関する刑罰規定を定めることによつて，風紀のびん乱を防ぐとともに，婦女の基本的人権を擁護し，もつて，健全な社会秩序の維持に寄与することを目的とする。
　　（定義）
　　第2条　この法律で「売春」とは，婦女が報酬を受け又は受ける約束で不特定の相手方と性交することをいう。
　　（売春等）
　　第3条　売春をした者又はその相手方となつた者は，5千円以下の罰金又は拘留若しくは科料に処する。
　　2　常習として売春をした者は，6月以下の懲役又は1万円以下の罰金に処する。
11)「売春等処罰法案」(第19回国会提出)
　　（目的）
　　第1条　この法律は，売春及び売春をさせる行為等に関する刑罰規定を定めることによつて，風紀のびん乱を防ぐとともに，婦女の基本的人権を擁護し，もつて健全な社会秩序の維持に寄与することを目的とする。
　　（定義）
　　第2条　この法律で「売春」とは，婦女が対償を受ける目的で不特定の相手方と性交することをいう。
　　（売春等）
　　第3条　売春をした者又はその相手方となつた者は，5千円以下の罰金又は拘留若しくは科料に処する。
　　2　常習として売春をした者は，6箇月以下の懲役又は1万円の罰金に処する。
12) 第21回国会にも「売春等処罰法案」が提出された(「第21回国会衆議院法務委員会議録第1号昭和29年12月16日」1頁)。しかし，その条文は，確認できなかった。
13)「売春等処罰法案」(第22回国会提出)
　　（目的）
　　第1条　この法律は，売春及び売春をさせる行為等に関する刑罰規定を定めることによって，風紀のびん乱を防ぐとともに，婦女の基本的人権を擁護し，もって健全な社会秩序の維持に寄与することを目的とする。
　　（定義）
　　第2条　この法律で「売春」とは，婦女が対償を受け，又は受ける約束で不特定の相手方と性交することをいう。
　　（売春等）
　　第3条　売春をした者又はその相手方となった者は，1万円以下の罰金又は拘留若しくは科料に処する。
　　2　常習として売春をした者は，6箇月以下の懲役又は3万円以下の罰金に処する。

買春不処罰の立法史　　71

案は，売春だけでなく，買春をも処罰していた。売春等処罰法案は，売春をした女性を処罰していたことも一因となり，国会での審議は紛糾し，成立することはなかった。ところで，売春等処罰法案の審議の中で，買春行為を処罰することの当否も議論されていた。

買春の処罰を支持する立場からは，①男女両性の本質的平等を基本とする憲法の建前上，女性の人格を軽視する封建的思想を一掃するため，②買春が悪いことを男性に教えるため，③男性の不道徳を抑制するためには，買春を処罰することが必要であると主張されていた[14]。

これに対して，買春の処罰に反対する立場からは，①売春等処罰法案は，「売春」を「婦女が対償を受け，又は受ける約束で不特定の相手方と性交すること」と定義していたことから，「売春」に妾は含まれないので，買春を処罰すると，買春していた男性が妾を持つようになる[15]，②青年男子の性欲の処理

14）第19回国会衆議院法務委員会において，平林たい子参考人は，「売春の相手方を罰するということについて，これもなかなか議論のあるところで，あるいは修正されるのではないかと心配しているのでございますけれども，御承知のように日本の男性の間には売春婦を買うというようなことについて，何でもない日常茶飯事のように考えている思想が昔からあるのでございまして，これは悪いことだということを教えるためにも相手方を罰する。それはもちろん売る者があるから買う者があるのでありまして，売つた人と同じに罰しろとは申しませんけれども，とにかく売春婦を買うということもよくないことだと教えるためにある種の罰則は必要であろうと思うのでございます。」（「第19回国会衆議院法務委員会議録第64号昭和29年5月28日」3頁）と発言していた。第22回国会参議院法務委員会において，藤原道子委員は，「あの1万円以下の罰金は，私ども法の立案に当った者は，主として男に科したい，男性側を罰したいのです。今いろいろ法律がございますけれども，今の法律でいいじゃないかとおっしゃるのですけれども，松元事件のようなもの，あるいは最近起っております14才の子供を四百何十回売春させても，相手の男を罰する規定が今はないのでございます。従いまして，あの法案の趣旨は，女の方はなるべく保護をしていきたい，だけれども相手の男子を罰したい，それによって男性の不道徳を少しでも抑制したいというところにねらいがあるのでございます。」（「第22回国会参議院法務委員会会議録第18号昭和30年7月19日」11頁）と発言していた。

15）第22回国会衆議院法務委員会において，椎名隆委員は，「この法律［売春等処罰法案……筆者注］ができると，結局，今まで無理して遊び歩いたいわゆる淫売買いに行っておった連中が，法律ができたがために，処罰されてはつまらぬ，毎晩々々遊びに行くならば少しくらい無理してもめかけを持った方が得だというふうに考えになることはありませんか。」（「第22回国会衆議院法務委員会議録第31号昭和30年7月6日」4頁）という質問をしていた。

のために，買春する行為は罪悪とはいえない[16)]，③単純売春行為の取締りは非常に困難でありその立証が困難である[17)]として，買春を処罰することに反対し

---

16) 第22回国会衆議院法務委員会において，茂木正策参考人(全国料理飲食業者連合会準備委員)は，「なお[売春等処罰法案が……筆者注]即時実施されましたときにいかなる弊害がありましょうか。社会秩序は一そう混乱に陥るのではないか。これは現在の世相から見まして，一般に結婚難は多く増加しつつある。青年男子の本能，性の処理が果してこの理想通りに解決できるものでありましょうか。これがますます一そう凶悪なる性犯罪の横行の要素となるわけであります。」(「第22回国会衆議院法務委員会議録第32号昭和30年7月7日」1頁)と発言していた。この問題に関して，売春等処罰法案に賛成する立場からは，「独身者の性の解決について非常に大きな問題がここにございます。これはもちろん日本の現在の経済事情においては家庭が持てない，夫婦生活を営むだけの経済維持が困難である，しかし一方においては，性の解決をしなければならぬというせつない人間の要求でありまする重大な問題が伏在いたしております。伏在はいたしますけれども，過去のこうした問題の経験に徴しますと，やはり独身者がこういううちまたに出入りする弊害よりも，むしろ妻帯者が出入りすることの弊害が多いという統計から考えましても，私は，教育面において，また一方においては日本経済の復興する過程において，ある程度までこれは実施ができるのではないか，かように考えております」と発言がされていた(古屋貞雄「第22回国会衆議院法務委員会議録第31号昭和30年7月6日」6頁)。

17) 第22回国会衆議院法務委員会において，当時刑事局長であった井本臺吉政府委員もまた，単純売春行為および買春行為を処罰していた売春等処罰法案3条に関して，「本法3条の単純売春行為は，規定にあります通り，男と女が隠秘のうちに行う性交行為が処罰の対象となっております。取締り官といたしましても，かような行為の証拠をあげることが相当困難なものであるということはくどくど申し上げなくても想像がつくと考えるのでございます。従って私何ゆえにほかの国々で直接売春行為を取り締らずに，単純売春行為の回りに巣を食うものに対するいろいろな罰則規定を設けておるかというような点は，かような取締りが非常に困難であるという点からくるのではないかと思うのでございます。簡単に申し上げますと，対価を得て男と女が性交したということの証拠をあげるのは，土曜日の委員会におきましても申し上げましたが，おそらく現行犯ということはほとんどあり得ない。ほとんど関係者の供述だけが証拠になると思うのであります。関係者の供述は，これは憲法，刑事訴訟法によりまして，自分に不利益な供述はこれを強要されないということになっておりますから，黙秘すれば証拠はほとんどないというような実際の状況になってくるのではないかということを私は憂えるのであります。従いまして非常に善良な初犯の者が容易に自白をいたしまして，簡単に証拠があがる。常習者，悪質な者が黙秘戦術に出て証拠があがらぬということになって参りますと，この検挙の実際面を担当される方々におきましては相当困難が伴うということは，これは容易に想像し得るものと私は考えるのであります。ただ現在の状況よりもさらに法律制定によって場面が少しでもよくなるのではないかというような御議論がいろいろございまして，さような点につきましては私何とも申しかねますが，実際の取締りを行う立場におきましては第3条関係の処分というようなことは事務的には非常に困難であると私は考えるのでございます。」(「第22回国会衆議院法務委員会議録第39号昭和30年7月19日」2頁)と答弁していた。

ていた。

　第22回国会において，売春等処罰法案は否決された。そこで，政府は売春防止法案の作成の準備に入り，昭和31年（1956年）5月2日，第24回国会に売春防止法案を提出した[18]。同法案は，昭和31年5月21日に成立し，同月24日法律第118号として公布された。

　ところで，売春防止法案は，売春および買春を禁止していたが，売春等処罰法案とは異なり，売春および買春を処罰する規定を置かなかった。単純売春を処罰しないことについて，質問が相次いだ。政府は，その質問に対して，売春をした婦女を刑罰の対象とせずに，更生保護の対象とすることによって，婦女の更正をはかる道を開こうとしたこと[19]，および売春行為そのものの立証が難しく，捜査に際して人権侵害のおそれがある[20]と答弁していた。立案者は，売春が不処罰であるために，買春も不処罰であると考えていた[21]。もっとも，当

18）「売春防止法案」（第24回国会提出）
　　（目的）
　　　第1条　この法律は，売春が人としての尊厳を害し，性道徳に反し，社会の善良の風俗をみだすものであることにかんがみ，売春を助長する行為等を処罰するとともに，性行又は環境に照して売春を行うおそれのある女子に対する保護更生の措置を講ずることによつて，売春の防止を図ることを目的とする。
　　（定義）
　　　第2条　この法律で「売春」とは，対償を受け，又は受ける約束で，不特定の相手方と性交することをいう。
　　（売春の禁止）
　　　第3条　何人も，売春をし，又はその相手方となつてはならない。
19）松原一彦政府委員「第24回国会衆議院法務委員会議録第31号昭和31年5月9日」3頁。
20）松原一彦政府委員は，「なかなか売春行為そのものを，性行そのものを取り締まることにつきましては，挙証上の——証拠をあげる上における非常な困難があり，人権じゅうりん等の問題につきましても，これを引き起こすおそれもありますので，外に現われたる面から厳重に取り締って行っても，その行為の絶滅を期するという方針に進んでおりますのでございまするが，しかし決してこれでもって尽きたとは思いません。」（「第24回国会参議院会議録第45号昭和31年5月9日」661頁以下）と答弁していた。
21）第24回国会参議院法務委員会において，長戸寛美政府委員は，「相手方の処罰ということは，売春行為をした婦女そのものの処罰と関連いたします。従いまして相手方を罰するかいなかというふうな問題については，今回の法案におきまして売春行為を罰しないことにした理由と同じでございますので，この法案では相手方を処罰の対象外にいたしておるわけでございます。」（「第24回国会参議院法務委員会会議録第20号昭和31年5月17日」6頁）と答弁していた。

74

時，売春は不処罰とする一方で，買春は処罰するという考え方はあらわれていた。鈴木義男は，売春行為そのものを処罰すべきであるという意見の根拠として，「売春婦はともかくとして，売春の相手方となる者をまで容赦する必要はないこと」[22]があげられるとした上で，この考え方に対して，「逆の面からみれば，気紛れを越えてねらい打ち的な検挙が行われるおそれが一そう強い場合であるといえる。法律が事実上行われないという弊害は，まだ耐えることができるとしても，一般には黙認されている違反行為が，取締官の一存によっていつ検挙されるかも知れないという状態におかれるということは，もっとも恐ろしい人権圧迫に道を開くものである。この意味において，少くとも現段階においては，売春の相手方となることをも犯罪としないでおくのが妥当であろう。」[23]と批判していた。

売春防止法成立後，第38回国会に，単純売春行為および買春行為を処罰する規定を設けた「売春防止法の一部を改正する法律案」が提出された[24]。この法律案の趣旨について，発議者である赤松常子は，「いわゆる単純売春の処罰に関する改正でありまして，従来，売春をした者及びその相手方となった者に対しましては，単に，その行為の禁止を3条において宣言するのみで，これに対する処罰規定を設けていなかったのでありますが，この点を改め，新たにこれらの者に対する処罰規定を設けて，売春をした者またはその相手方となった者は，第5条に規定する売春の勧誘等を行なった者と同様に，6月以下の懲役または1万円以下の罰金に処することとし，社会悪であるところの売春の絶滅を期する法の態度を明確にし，また，相手方たる者の猛省を促すこととしたことでございます。」[25]と説明していた。しかし，この改正案においても，売春者の処罰を前提にして，買春者の処罰規定を置いていた。すなわち，この改正案の提出者も，買春処罰と売春処罰は一体ものであると認識していた。

---

22) 鈴木義男「売春防止法と刑事処分」法律時報30巻2号（1958年）13頁。

23) 鈴木・前掲注22）14頁。

24)「売春防止法の一部を改正する法律案」（第38回国会提出）

　　（売春等）

　　第4条　売春をした者又はその相手方となつた者は，6月以下の懲役又は1万円以下の罰金に処する。

25)「参議院法務委員会（第38回国会継続）会議録第1号昭和36年7月31日」1頁。

その後も,「売春防止法の一部を改正する法律案」が,第43回国会,第46回国会,第51回国会と提出された。しかし,これらの法律案においては,もはや単純売春および単純買春の処罰規定は設けられなかった。もっとも,現行の売春防止法5条は,勧誘等の行為を処罰しているが,これらの法律案はそれに応じた者を処罰する規定の追加を提案していた[26]。たとえば,第43回国会に提出された「売春防止法の一部を改正する法律案」は,5条に,2項として,「前項の行為をする者に対し,その行為に応じて,売春の相手方となることを承諾し,又は売春の相手方となる目的で売春をするように勧誘した者は,1万円以下の罰金に処する。」ことを追加することを提案していた。この改正の趣旨について,第43回国会に提出された改正案の発議者である山高しげりは,「現行法は,第5条で,売春をしようとする者が,公衆の目にふれるような方法で,売春の相手方となるように勧誘したり,客待ちをしたりする等の行為を処罰しておりますが,これらの勧誘等に応じてその相手方となることを承諾したり,相手方となるために勧誘したりする行為は,現在は処罰の対象となっていません。しかしながら,これらの行為は,売春をしようとする者の当該行為を助長するものでありますので,新たに処罰すべきものとし,1万円以下の罰金に処することといたしたのであります。」[27]と説明していた[28]。山高の説明においては,売春の勧誘に応じた者の処罰根拠として,買春の悪質性や,買春する男性の教育という指摘はなくなっており,売春の勧誘の助長行為であることが指摘されていた。

---

26) 第46回国会に,第43回国会に提出された「売春防止法の一部を改正する法律案」と同内容の改正案が,提出された。第51回国会に提出された「売春防止法の一部を改正する法律案」でも,現行売春防止法5条に,2項として,「前項の行為をする者に対しその行為に応じて,売春の相手方となることを承諾し,又は売春の相手方となる目的で売春をするように勧誘した者は,1万円以下の罰金に処する。」ことを追加することが提案されていた。

27)「第43回国会参議院法務委員会会議録第24号昭和38年7月6日」1頁。

28) 第46回国会においても,発議者である山高しげりは,売春の勧誘に応じた者等を処罰する規定を新設した趣旨について,第43回国会と同様の説明をしていた(「第46回国会参議院法務委員会会議録第35号昭和39年6月25日」1頁)。第51回国会においても,発議者である藤原道子は,同様の説明をしていた(「第51回国会参議院法務委員会会議録第13号昭和41年4月7日」1頁)。

Ⅲ　買春処罰規定を設けることができなかった原因

　売春防止法が成立した当時，確かに，売春は不処罰とする一方で，買春は処罰するという考え方はあらわれていた。しかし，買春処罰と売春処罰は一体のものであるとの認識が支配的であった。買春を処罰する前提条件として，売春の処罰が必要であると考えられていた。したがって，売春を処罰していた売春等処罰法案では，買春の処罰規定が置かれていたのに対して，売春の処罰規定を置かなかった売春防止法では，買春の処罰規定が置かれなかった。

　買春の処罰規定を設けていた売春等処罰法案の成立に積極的であった者は，男性の教育，男性の不道徳の抑制という観点から，買春の処罰を主張していたにもかかわらず，売春は不処罰とする一方で，買春は処罰するという主張にまでは至らなかった[29]。売春等処罰法案の成立に積極的であった者においても，売春処罰と買春処罰は一体のものと考えられていた。売春対策審議会が昭和31年（1956年）3月7日に総理府に設置されたが，同審議会は，昭和31年4月9日に，内閣総理大臣に対して答申第1号を提出した。その答申第1号は，売春行為自体は刑事処分の対象としないとする立場であった。ところで，この答申第1号には，売春行為自体を刑事処分の対象とする反対意見がついていた。この反対意見においても，「売春を処罰しない場合は，売春を買う男性も処罰を免れることとなって，性道徳は無視せられ，社会の常識に相反することとなる。」という考え方にとどまっており，売春処罰と買春処罰は一体のものと考えられていた。

　これは，買春をした男性こそが，売春をした女性の尊厳を侵害し，女性の人権を侵害しているという認識に至らなかったためであると推測される。買春を

---

29)　現行の売春防止法2条は，「売春」を「対償を受け，又は受ける約束で，不特定の相手方と性交すること」と定義しているので，売春の主体は，女性に限らず，男性も含まれる（土金賢三「売春防止法について(2)」警察研究27巻8号〔1956年〕54頁，売春対策審議会編『売春対策の現況　昭和43年3月』〔大蔵省印刷局，1968年〕29頁）。したがって，買春者は，男性に限らず，女性も含まれる。しかし，売春する者の圧倒的多数は女性であり，買春する者の圧倒的多数は男性である。売春防止法もそのことを前提に，婦人補導院，婦人相談所を規定している。

買春不処罰の立法史　　77

した男性こそが加害者であるという観点を打ち出すことができたならば，売春を不処罰にする一方で，買春を処罰するという考え方が主張されたはずである。なお，売春防止法成立後に，第38回国会に提出された「売春防止法の一部を改正する法律案」においても，売春処罰とともに，買春処罰が提案されており，買春のみを処罰するという提案には至らなかった。

IV　買春処罰のための理論的考察

　売春は不処罰にする一方で，買春を処罰しようとすると，児童買春[30]は別として，被害者の同意が問題になる。買春一般を処罰しようとするならば，「対償を受け，または受ける約束で，不特定の相手方と性交すること」[31]に同意する場合には，その同意を無効と解する必要がある。そのためには，①買春は，社会的法益を侵害すると解釈するか，あるいは②性的自由は個人的法益であっても，被害者の同意が無効になる場合があると解釈することが必要である[32]。

　買春が社会的法益を侵害するという解釈は，売春防止法1条と整合的である。売春防止法1条は，「売春が人としての尊厳を害し，性道徳に反し，社会の善良の風俗をみだすものである」と規定し，同法3条は「何人も，売春をし，又はその相手方となつてはならない。」として売買春を禁止している。すなわち，売春防止法1条によると，売買春禁止の保護法益は，①人の尊厳，②性道徳，および③社会の善良の風俗である。それゆえ，売春の相手方となる買春もまた，「人としての尊厳を害し，性道徳に反し，社会の善良の風俗をみだす」ものである。売春者が売春に同意したとしても，買春は，②性道徳および③社会の善良の風俗という社会的法益を侵害するので，売春者の同意は無効となり，買春

---

30) 児童買春，児童ポルノに係る行為等の規制及び処罰並びに児童の保護等に関する法律2条1項は，「この法律において『児童』とは，18歳に満たない者をいう。」と定義し，同法4条は，「児童買春をした者は，5年以下の懲役又は300万円以下の罰金に処する。」として，児童買春を処罰している。

31) 売春防止法2条は，「この法律で，『売春』とは，対償を受け，又は受ける約束で，不特定の相手方と性交することをいう。」と，売春を定義している。

32) 以下の記述に関しては，宮川基「売春禁止の根拠と売春を助長する行為等の罪の処罰根拠」東北学院法学75号（2014年）64頁以下参照。

一般を処罰できることになる。

これに対して，法と道徳との峻別を理由に②性道徳を，概念の不明確性を理由に②社会の善良の風俗を，売春防止法の保護法益に含めるべきでないとするならば，性的自由という個人的法益の観点から，買春処罰を説明する必要がある。

そこで，性的自由は個人では自由に処分できない法益であると解することが考えられる[33]。このように解するならば，買春一般を処罰することはできる。しかし，性的自由を個人では自由に処分できない法益と解することには問題がある。まず，売春防止法によると，売春とは，「対償を受け，又は受ける約束で，不特定の相手方と性交すること」（売春防止法2条）である。したがって，この見解によると，「対償を受け，又は受ける約束で，不特定の相手方」と自由意思で性交する場合には，その同意は無効であり，性的自由の侵害が肯定されるのに対して，対償を受けることなく，かつ受ける約束もなく，不特定の相手方と自由意思で性交する場合には，その同意は有効であり，性的自由の侵害は否定されると解することになる。しかし，一般論として，「対償を受け，又は受ける約束」がない場合には自由に処分できていた法益が，「対償を受け，又は受ける約束」があると，自由に処分できない法益へと変化すると解することはできないであろう。次に，「対償を受け，又は受ける約束で」性交する場合には，その同意は無効であると解すると，「対償を受け，又は受ける約束で」特定の相手方と性交する場合も，その同意を無効と解さざるを得ない。しかし，「対償を受け，又は受ける約束で」特定の相手方と性交する場合は，売春防止法の「売春」には該当しないと解するのが支配的であり[34]，このような支配的な見解との整合性が問題になる。

ところで，判例は，同意傷害に関して，「被害者が身体傷害を承諾したばあいに傷害罪が成立するか否かは，単に承諾が存在するという事実だけでなく，

---

33) 角田由紀子『性差別と暴力』（有斐閣，2001年）138頁以下，若尾典子「性の自己決定権と性業者・買春者」浅倉むつ子＝戒能民江＝若尾典子『フェミニズム法学』（明石書店，2004年）359頁以下，中里見博『ポルノグラフィと性暴力』（明石書店，2007年）227頁。

34) 澤新＝松浦恂＝飛田清弘「売春防止法」西原春夫＝宮澤浩一＝阿部純二＝板倉宏＝大谷實＝芝原邦爾『判例刑法研究8 特別刑法の罪』（有斐閣，1981年）152頁頁以下

右承諾を得た動機，目的，身体傷害の手段，方法，損傷の部位，程度など諸般の事情を照らし合せて決すべきものである」[35]という立場をとり，一定の場合には，合理的な判断能力を有する被害者の任意かつ真意な同意があっても，同意を無効とし，傷害罪の成立を肯定している。したがって，性的自由を個人で自由に処分できる法益だと解しつつ，「対償を受け，又は受ける約束で，不特定の相手方」と自由意思で性交する場合には，その同意は無効であると解することができる。その実質的根拠については，売春は，歴史的に見て，婦女の重大な基本的人権侵害を伴うものであったことから，「対償を受け，又は受ける約束で，不特定の相手方と性交する」場合には，婦女の基本的人権を侵害する抽象的危険が認められる点に求めることができる[36]。

　売春を処罰しない一方で，買春を処罰しようとすると，売春不処罰との整合性が問題になる。この点に関しては，必要的共犯によって理論的に説明できる。必要的共犯とは，「刑法各則の規定またはその他の刑罰法規上，2人以上の者の共同の犯行を予定して定められた犯罪」[37]のことである。この場合に，関与者の一部だけを処罰している場合がある。たとえば，わいせつ物頒布等罪(刑法175条1項)において，わいせつ物を頒布等した者は処罰しているが，わいせつ物の頒布等の相手方は処罰していない。わいせつ物の頒布等の相手方が処罰されない根拠に関しては，特に処罰規定がないから処罰されないという形式的根拠も指摘されている[38]が，実質的な根拠は，頒布等の相手方はわいせつ物頒布等罪によって保護される立場，すなわち被害者である点に求められる[39]。売買春において，売春者が，任意かつ真意に基づき売春に合意したとしても，売春者は保護の対象であると考えるならば，売春の不処罰を説明することができる。

　ところで，買春一般を処罰しようとすると，どのような理論構成であれ，被害者の同意との関係や売春不処罰との整合性が問題になる。そこで，これらの

---

35) 最決昭和55.11.13刑集34巻6号396頁。

36) 宮川・前掲注32)69頁。

37) 大塚仁『刑法概説(総論)〔第4版〕』(有斐閣，2008年)275頁。

38) 大塚仁『刑法概説(各論)〔第3版増補版〕』(有斐閣，2005年)523頁注12。

39) 西田典之『刑法総論〔第2版〕』(弘文堂，2010年)377頁。

問題を回避しようとするならば，第43回国会に提出された「売春防止法の一部を改正する法律案」のように，売春防止法5条に，2項として，「前項の行為をする者に対し，その行為に応じて，売春の相手方となることを承諾し，又は売春の相手方となる目的で売春をするように勧誘した者は，1万円以下の罰金に処する。」ことを追加することが考えられる。これによると，①売春の勧誘に応じて，売春の相手方となることを承諾した行為，および②売春の相手方となる目的で売春をするように勧誘する行為が，処罰されることになる。これらは，買春それ自体を処罰するのではなく，買春の予備段階にある行為を処罰することになる。

　①売春の勧誘に応じて，売春の相手方となることを承諾した行為の処罰根拠は，現行の売春防止法5条の勧誘等の罪の処罰根拠と同様に解することができる。現行の売春防止法5条の勧誘等の罪の処罰根拠は，社会の風紀を害し，一般市民に迷惑をおよぼすことに求められている[40]。したがって，売春の勧誘に応じて，売春の相手方となることを承諾した者もまた，社会の風紀を害し，一般市民に迷惑をおよぼすことに関与したことを，その処罰根拠と解することができる。これに対して，②売春の相手方となる目的で売春をするように勧誘する行為は，売春をそそのかす行為であるので，その処罰根拠は売春の助長性にある。したがって，両行為の処罰根拠は異なることになる。

Ⅴ　結語

　本稿では，売春を禁止することが望ましいという認識を前提に，買春不処罰の立法史について考察した。しかし，売春を禁止することは不可能であり，売春を合法化した上で，売春者の権利を保障する施策をおこなうべきであるという考え方もあり得る。売春合法化の問題については，今後の検討課題とする。

〔附記〕　本稿は，2014年度法哲学会（京都大学・吉田キャンパス）ワークショップ「性風俗と法秩序」の報告原稿に加筆修正を加えたものである。

40）佐藤文哉「売春防止法」平野龍一＝佐々木史朗＝藤永幸治『注解特別刑法7　風俗・軽犯罪編〔第2版〕』（青林書院，1988年）32頁。

性風俗営業と人間の尊厳

玉蟲由樹

I　はじめに

　ドイツの基本法1条1項は「人間の尊厳は不可侵である。これを尊重し，か
つ保護することは，すべての国家権力の責務である」と定め，人間の尊厳原理
を宣言する。この人間の尊厳の保障は，ナチスによる暴力，差別などの非人道
的行為に対する反省として基本法に取り入れられると同時に，基本法上の諸基
本権の根拠として，さらには国家活動に対する指導的理念として憲法上高い位
置価値を獲得してきた[1]。

　しかし，その一方で，人間の尊厳はその概念的不明確性ゆえに，その本質的
な保障内容，主体，保障のあり方などをめぐってさまざまな解釈論上の問題を
も内包していることが指摘される。ドイツの判例・学説においては，人間の尊
厳条項の本質的内容について，それが「人間の本質的平等」を内容とするのか，
それとも「個人という多様な存在の主体性」を内容とするのかが争われ，主体
についても「人間」とはどこまでの存在を射程とするのかが対立を生み出し，
また，保障のあり方についても「尊重」と「保護」とのアンビバレントな関係

---

1) その現れは，ドイツにおける支配的見解が，人間の尊厳保障は優越する公益による制約
　を一切受け付けないと解し，ここに含まれる事柄は絶対的な保障を受けるとしてきたこと
　にも看取できる。

82

が問題とされてきた[2]。

　本稿のテーマである，「性風俗営業と人間の尊厳」という問題もまた，人間の尊厳条項の解釈をめぐる争いの一場面を形成しており，先に述べた問題のうち，人間の尊厳の本質的内容は何かという問題と，人間の尊厳を尊重し，保護するとはいったい何を意味するのかという問題に深くかかわっている。ドイツにおいては裁判所における性風俗営業関連の判断の蓄積が日本に比べて多く存在し，そのなかでは人間の尊厳との関係が明示的に述べられているものも多い。本稿では，これらの裁判所判断を整理しつつ，人間の尊厳と性風俗営業との関係について論じることとしたい。

　なお，本稿で問題となる法的構造図式について概観しておく。以下に挙げる判決の多くは，営業法(Gewerbeordnung)や飲食・旅館業法(Gaststättengesetz)における「良俗(gute Sitten)」規定を根拠とした行政庁による不許可処分を争ったものである。とりわけ問題となったのは，法律の規定そのものというよりも，行政庁が良俗違反の解釈にあたって憲法上の人間の尊厳条項に依拠したことであった[3]。行政庁による営業主体への不許可処分はそれだけを見ればあくまで行政(V)と私人(P_1)との二者間の問題である[4]が，ここでVがP_1による他の私人(とりわけ売春婦やショーの出演者：P_2)の人間の尊厳への侵害を根拠として不許可処分を下すことになれば，構造はいわゆる法的三極関係を形作る。すなわち，VはP$_1$による人間の尊厳侵害からP_2を保護するためにP_1に対して営業の不許可処分を下すのである。この図式の下では，人間の尊厳条項が行政庁に営業不許可(＝営業主体の職業の自由に対する制約)を正当化する根拠を提供するの

2）これらの問題については，玉蟲由樹『人間の尊厳保障の法理——人間の尊厳条項の規範的意義と動態』(尚学社，2013年)の参照を乞いたい。

3）ただし，以下で紹介する裁判所判決のなかには，行政庁はそれを主張しないものの(あくまで良俗違反のみを主張するにとどまる)，裁判所が独自に人間の尊厳侵害を認定したものも見られる。

4）このことは，処分の根拠法令が第三者の権利利益の保護を目的としている場合であっても変わらない。この場合，第三者の保護を履行しているのは直接的には立法者であり，法的三極関係も立法者との関係で論じられるべきであろう。本稿で問題とするのは，すぐ後で触れるように，根拠法令が第三者の権利利益の保護を目的としていないか，あるいは保護される権利利益の範囲が不明である場合に，行政庁が解釈によって第三者保護を履行するケースである。

性風俗営業と人間の尊厳　　83

かが問題となる。もちろん，ごく一般的にいえば，人間の尊厳侵害が職業の自由に対する制約を正当化することは明らかである。しかし，行政庁が法令解釈のレベルで人間の尊厳条項に依拠し，不利益処分の根拠を作り出すことが正当であるかは問題となろう。少なくとも，良俗規定のような抽象度の高い規範についてであっても（あるいは抽象度が高いからこそ），人間の尊厳侵害が生じていることについての十分な論証が求められるはずである。したがって，かかる場面においては，誰の，いかなる意味での人間の尊厳が，どのようなロジックの下で不許可処分の根拠となりうるのかを慎重に見極める必要がある。

II　人間の尊厳侵害＝良俗違反という図式

　性風俗営業をめぐるドイツの裁判所判決において顕著な特徴を示すのは，性風俗営業に対する不許可処分やそこでの契約の無効などを根拠づけるにあたって，直接には「良俗違反(sittenwidrig)」との評価を示し，さらにその具体的内容として人間の尊厳侵害を論証する，という手法である。少なくともこれは，後述する連邦行政裁判所のピープショー判決をひとつの頂点として，それ以降1990年代後半までは支配的な論証手法であった。

　良俗違反と人間の尊厳侵害とを結びつける論証手法を早い段階で明確に打ち出したのは，1976年の連邦通常裁判所判決[5]（以下では「1976年 BGH 判決」とする）であった。1976年 BGH 判決は，売春婦が交通事故によって負傷し，加害者に対して逸失利益の賠償を求めた事案に対して判断したものであり，判断の前提として売春行為の良俗違反性を論じている。連邦通常裁判所によれば，性風俗に関する世間の価値判断は一部変わりつつあるが，「売春に関する無価値判断は感情的に根拠づけられた『偏見』ではなく，社会的かつ憲法的な価値秩序に基礎をおくもの」であって，たとえ時代が変わろうとも，「金銭支払いに対する営業類似の性的サービスは，……人格のもっとも狭い核心と結びついた内密(性的)領域を侮辱的な方法で商品化するという非難」は，なおも正当なものだとされる[6]。それゆえ，売春行為における「自らの人格の辱めはきわめて明

---

5) BGH, NJW 1976, 1883.

6) BGH, NJW 1976, 1883 (1884 f.).

白」であり，「主体的意思にかかわりなく社会の重要な関心事である人格の尊厳の放棄不可能性」からすれば，倫理的非難は当然だというのである[7]。

　この判決において連邦通常裁判所が，売春行為の良俗違反性を根拠づけるために，「人格の尊厳」を持ち出し，憲法上の人間の尊厳による議論の正当化を図っている。いわば，売春行為はその形態や影響とは無関係に，そもそも内密領域[8]を商品化するものであって人間の尊厳に反するものだから，それ自体当然に良俗違反だ，との理解であろう。つまり，ここでは「売春行為＝人間の尊厳侵害＝良俗違反」という推移関係が成り立っている。

　1976年 BGH 判決がこのように良俗違反の解釈において人間の尊厳侵害を強調したことの背景には，この前年に出された連邦行政裁判所判決が良俗違反の理解についてきわめてリベラルな方向性を打ち出したことが影響を及ぼしていると思われる。そもそも，1976年までの段階では，性風俗営業が人間の尊厳との関係で論じられることはほとんどなかったといってよい。むしろ，性風俗営業が，社会的倫理観に照らして，民法や行政法領域において定められた「良俗」に反するか否かということのみが，裁判所判断における中心的な論点であった。従来，連邦通常裁判所などは，売春行為が社会的倫理観との関係で良俗違反であるということを前提に多くの売春契約の無効判決を下してきた。その意味では，どちらかといえば，「売春行為＝倫理違反＝良俗違反」との立場が優勢であったし，また，それゆえにこの場面で憲法上の概念である人間の尊厳に依拠する必要もなかったといえる。

　しかし，ホテルでの未成年者を含む売春行為のあっせんに関して連邦行政裁

---

7) BGH, NJW 1976, 1883 (1885).

8) ドイツにおいては，人間の性的な関係が憲法上どのような保障の下にあるかという問題は，主に私的領域の保護という議論との関連で語られてきた。そこで展開されるいわゆる「領域理論(Sphärentheorie)」は，人間の行為空間を，侵害に対する保護を基本的に受けない社会公共領域(Öffentlichkeitssphäre)と保護を受ける私的領域とに大別し，その上で私的領域をさらに狭義の私的領域(Privatsphäre)と内密領域(Intimsphäre)とに分類してきた。内密領域は，人間の尊厳条項の直接的な適用がある領域であり，公権力によるいかなる干渉も受けない絶対的不可侵領域とされる。Vgl. Rupert Scholz, Das Grundrecht der Freien Entfaltung der Persönlichkeit in der Rechtssprechung des Bundesverfassungsgerichts, AöR 100 (1975), S. 265 ff.

性風俗営業と人間の尊厳　　85

判所が1975年に下した判決[9]（以下では「1975年 BVerwG 判決」とする）では，売春行為と良俗違反との関係についてきわめてリベラルな姿勢が示された。それによると，「良俗違反の概念は，社会のなかで支配的な性的領域での良俗やモラルに関する見解に依拠するものではなく，それゆえモラル概念あるいは倫理的要請として理解されるべきではない」[10]とされ，良俗違反の判断とモラルとの関係性が切り離されている。その上で，「［営業許可の拒否を根拠づける］飲食・旅館業法4条1項1号などは，秩序法規定として，その活動が社会関連的であり，外部に生じ，かつ公共の福祉を侵害しうる限りにおいて，人間の共同生活を秩序づけるものである。それ以外の場合には，良俗をそれ自体として保護したり，人間に最低限の良俗を命じたり，あるいはこれを営業法上の監視手段をもって実現したりすることは，この規定の目的ではない」[11]（［　］内は玉蟲）と述べて，他者に対して損害を生じない性風俗営業に対する営業の不許可処分は原則認められないとの立場を示している。連邦行政裁判所によれば，「性的生活と密接な関係をもつ行為や状態は，とりわけそれが外部に示され，これによって若年者の性的領域における健全な発達が危うくされうるとき，あるいはこれらのことから距離を置きたいと考える他の個人が重大な損害を受けるときに，公共の利益を侵害する」[12]のであり，このようなケースに該当しない限り，売春行為といえども，必ずしも良俗違反との評価を受けるべきではないとされる。

　この1975年 BVerwG 判決での連邦行政裁判所の立場は，売春行為そのものを良俗違反とはせず，あくまでその営業形態や社会的影響の観点から良俗違反が認定されるにすぎないという理解を示したものであった点で，それまでの判例の立場に比べて，かなりリベラルな立場を示したものといえる[13]。しかし，このようなリベラルな売春理解が，明らかに連邦通常裁判所の立場と対立するものであったことは間違いない。結果的に，このことが売春行為を人間の尊厳との関係で問題視するという1976年 BGH 判決の流れへとつながったと思われ

9）BVerwGE 49, 160.

10）BVerwGE 49, 160 (162 f.).

11）BVerwGE 49, 160 (163).

12）BVerwGE 49, 160 (163).

13）ただし，結論においては，未成年者を含む売春あっせんは良俗違反とされている（BVerwGE 49, 160 (164 ff.)）。

る。

　こうした連邦通常裁判所の強い抵抗に屈したのか，1980年には連邦行政裁判所も，売春行為を理由とした外国人の国外退去処分が争われた判決において，人身売買禁止条約(1949年)に依拠しながら，売春そのものが良俗違反であり，かつ人間の尊厳に違反するという立場を採用している[14]。

　こうして，良俗違反の判断は，社会倫理的な価値判断によって基礎づけられるのではなく，より上位の憲法秩序，とりわけ人間の尊厳との衝突によって基礎づけられるものとなった。もちろん，このような議論そのものは必ずしも不当とはいえない。人間の尊厳を侵害する行為は，それ自体国家社会において禁止される事柄であり，これを法規制などを通じてコントロールすることは，人間の尊厳の保護という観点において重要な作用でもある。したがって，人間の尊厳侵害＝良俗違反との図式そのものは理論的に間違っているわけではないし，このことを理由として営業不許可処分が下されることも正当化できる。たとえば人身売買や奴隷的拘束を内容の一部にもつ営業[15]などがあったとして，これに対して人間の尊厳侵害を理由とした良俗違反の評価が与えられることは十分に考えられる。この意味では，人間の尊厳条項はある種の自由制約的な規範としての役割を演じうるし，それを実現するために国家的規制が行われうる。

　しかし，むしろ，ここで問題なのは，第1に，人間の尊厳による自由の制約が誰に対して行われるかであり，第2に，そこで持ち出される人間の尊厳の本質的内容が何であるのか，である。前述したように，1976年BGH判決は「内密(性的)領域の商品化」が「人格の尊厳」を侵害するとの理解を示しているが，ここで性を商品化しているのは，個人営業の形態で売春行為を行っている売春

---

14) BVerwGE 60, 284：「職業売春は，たとえそれが禁止されておらず可罰性がないとしても，良俗違反で，かつさまざまな観点で反社会的な行為である。人身売買及び他人の売春からの搾取の禁止に関する条約の前文は，『売春及びこれに伴う悪弊である売春を目的とする人身売買は，人としての尊厳及び価値に反するものであり，かつ，個人，家族及び社会の福祉をそこなう』ことを強調する。このような人間の尊厳と一致しない所得は，自明のことであるが，ヨーロッパ経済共同体がその調和的発展および拡大のために設立された経済政策の対象や経済生活の一部ではない。職業売春は，それを危険や損害からの公共の保護のために阻止する目的をもった秩序法あるいは刑法上の規律の対象でありうる」(289)。

15) ここでは，人身売買や奴隷的拘束を，私人間の不対等な力関係を前提として，一方の他方に対する強制をともなった形態のものと理解する。

性風俗営業と人間の尊厳　　87

婦その人であり，尊厳を侵害される人格は売春婦自身の人格である。そうだとすれば，人間の尊厳侵害を理由として自由を制約されるのは売春婦その人ということになる。ここでは，はたして人は自分自身の行動によって自らの人間の尊厳を侵害しうるのか，そしてそれを理由として自らの行動を制約されうるのかという問題が生じよう。また，このことからは，国家はこうした制約を人間の尊厳の「保護」の名の下で貫徹できるのか，が問われねばなるまい。先に挙げた人身売買や奴隷的拘束の例であれば，第三者による人間の尊厳侵害を想定しうるため，このような問題は生じないが，こと売春やその他の性風俗営業が個人によって自律的な選択行動として行われているときには，これらを同一平面上で扱うことができないだろう。ここにおいて「人間の尊厳侵害＝良俗違反」という等号関係が本当に成り立つのかは，やはり問題とされなければならない[16]。

　また，このような場合，人間の尊厳がその本質的な内容をどのように構成されるかも問題である。「主体的意思にかかわりなく社会の重要な関心事」であるとされ，「放棄不可能」とされる人間の尊厳とは人のいかなる事項を保障するものであるのか。このとき侵害される人間の尊厳は個人的な概念なのか，それとも社会的な概念なのか。言い換えれば，主観的概念なのか，客観的概念なのか。

　売春が社会に悪影響を与えるという漠然とした非難は，しばしば耳にする倫理的非難のひとつであるが，このような抽象的な印象論を人間の尊厳という概念の下で把握するのがはたして正しい解釈態度といえるのかは疑問の余地がある。だとすれば，ここでの人間の尊厳の本質的内容は何かが，より具体的なレベルで論じられねばならないはずである。少なくとも，1976年 BGH 判決は，これらの問題に十分な答えを示していない。結果的に，良俗違反という評価と人間の尊厳侵害との結合は，一方で良俗解釈を上位の価値秩序と結びつけた点でより強固にしたとも見えるが，他方では解釈の迷宮へと迷い込むものでもあったように思われる。

---

16) Christian Kirchberg, Zur Sittenwidrigkeit von Verwaltungsakten, NVwZ 1983, S. 142.

Ⅲ 「自分自身からの尊厳保護」?

　先に示した第1の問題，すなわち，人間の尊厳による自由の制約が誰に対して行われるかという問題は，一般に「自分自身からの尊厳保護(Würdeschutz gegen sich selbst)」を認めるか否か，という問題として理解される。この問題が憲法上の議論として取り扱われることになるきっかけは，1981年の連邦行政裁判所のいわゆる「ピープショー判決」[17]であった。この判決においては，1976年 BGH 判決が明確にしなかった人間の尊厳侵害の問題がかなり詳細に取り扱われている。

　ここでは，判断内容にもかかわるため，本件で問題とされたピープショーの営業形態を述べておく。直径5mの回転する円形舞台上で，女性が音楽に合わせて踊りながら，舞台を取り囲む21の個室にいる観客に裸体を見せる。舞台に面した個室の窓は，金銭投入後に一定時間開くブラインドで遮蔽されており，舞台からは個室内が見えないようにされたガラスが取り付けられている，というのがピープショーの具体的な営業形態である。

　このようなピープショー興行に対して営業法上の良俗違反を理由として行政庁が下した営業不許可処分の取消を争った事案において，連邦行政裁判所は以下のような判断を下している。

　まず，良俗違反と人間の尊厳侵害との関連性については，連邦通常裁判所と同様の理解から出発する。すなわち，「基本法に根ざした価値観念に反する行為は，良俗にも反する」のであって，このとき，人間の尊厳の尊重と保護は基本法の主要構成原理であるから，これに反する催事もやはり良俗違反となる。そして，このような場合，営業に対する不許可処分は，「基本法1条1項2文にもとづく保護義務を公官庁が履行する手段」でもあって，ピープショーは，「鑑賞される(zur Schau gestellt)女性の尊厳を侵害する」ため，良俗違反を理由とした営業不許可処分は正当であるとされる[18]。

　ここで注目すべきは，営業の不許可処分が，行政庁による人間の尊厳保護義

---

17) BVerwGE 64, 274. 本判決については，玉蟲・前掲注2）117頁以下も参照。

18) BVerwGE 64, 274 (277).

務の履行手段と位置づけられていることである。このことを説明するために，連邦行政裁判所は，これに続けて，連邦憲法裁判所が人間の尊厳侵害を判定するために示した基準である「客体定式(Objektformel)」について言及するとともに，それにもとづく私人間での人間の尊厳侵害と国家の保護について，次のように述べる。「基本法1条1項は人間の個人的固有価値を保護している。人間の尊厳が侵害されるのは，個々の人間が客体へと貶められているときである。この際，人間の尊厳を侵害する攻撃は，本件でのように，私人によっても生じうる。憲法上の保護義務にもとづいて，国家はこのような場合に，こうした攻撃に対する防御のために法適用によって与えられた手段を尽くすべく義務づけられている」[19]。

　そして，このことを前提として，ピープショーの人間の尊厳侵害性がより詳細に認定される。それによれば，単に女性が裸体を見せることは，その女性の人格的主体性が損なわれない限りにおいて，人間の尊厳を侵害するものではなく，それゆえ通常のストリップ興行は人間の尊厳侵害の観点で原則として異議を唱えられることはないが，「これに対して，ピープショーの場合には，出演する女性に尊厳なき(entwürdigend)客体としての役割が与えられている」という[20]。ここでは，ピープショーの出演女性が自動販売機で買われる「物」のように扱われ，一方的な視線にさらされる商品化された孤立状況に置かれているなどの具体的状況がその根拠とされる。それゆえ，ピープショーの手法が鑑賞される女性の尊厳を貶め，これによって彼女の人間の尊厳を侵害しているという判断は正当なものである，とされるのである。

　しかも，連邦行政裁判所によれば，「この人間の尊厳侵害は，ピープショーに出演している女性が自発的に行っているということによって除去される，あるいは正当化されるというものではない。人間の尊厳は，その尊重を個々人が有効に放棄することのできない，客観的で，処分不可能な価値」であって，「当該個人の同意が人間の尊厳侵害を排除しうるのは，問題となっている行為あるいは不作為に対する当該個人の同意が欠如していることによって人間の尊

---

19) BVerwGE 64, 274 (278).
20) BVerwGE 64, 274 (278).

厳侵害が根拠づけられる場合のみに限られる」[21]。しかし，本件では，出演女性の人間の尊厳が興行に特有の鑑賞方法によってすでに侵害されているため，このケースには該当しない。それゆえ，本件では，「人間の尊厳はその個々人を超えた意義により，人間の尊厳の客観的価値から逸脱する主観的な考えを貫徹しようとする当該個人の意図に対抗してでも守られねばならない」との理解が示される[22]。

この判決での中心的な論点は，行政庁は人間の尊厳を侵害するような営業に対して，営業不許可処分をもって対抗しうるのか，という点にあり，それゆえに連邦行政裁判所は，いわゆる法的三極関係の下での人間の尊厳の保護という図式を描いている。すなわち，ピープショーの興行主や観客が出演女性を単なる客体として取り扱っており，これによって女性の人間の尊厳が侵害されているとみて，このような営業および人間の尊厳侵害行為から女性を保護し，その人間の尊厳を回復するために国家（行政庁）が営業の不許可という手段によって対抗している，というのが想定されている図式である。

これは，人身売買や奴隷的拘束のケースと同様の構図であり，その限りで女性の尊厳が興行主の営業行為に対する制約根拠となることは十分にありうるであろうし，また，こうした制約が人間の尊厳の保護という観点の下で国家に義務づけられている，と考えることもあながち不合理とはいえない。しかし，これはあくまで，興行主が出演女性に対して出演などを強制している場合に妥当する論理である。興行主による「人間の尊厳侵害」が前提されるからこそ，人間の尊厳保護の論理が貫徹可能なものとなる。

しかし，このロジックが出演女性が自律的にその興行に参加しているような場合にまであてはまるのかは疑問の余地があろう。興行主による強制がない場合には，そもそも「人間の尊厳侵害」という前提が失われるのであって，そこからの救済や保護という論理は根拠を失うはずではないのか，という疑問である。

しかし，これに対して連邦行政裁判所は，人間の尊厳の放棄不可能性およびその「客観的価値」を根拠として，女性の同意によっても人間の尊厳侵害は除

---

21) BVerwGE 64, 274 (279).

22) BVerwGE 64, 274 (279).

去できないとしている。つまり，ここでは，本来の法的三極関係における理解を超越して，女性自身の行為による自分自身の人間の尊厳侵害からの「保護」が国家によって行われることになる[23]。これが「自分自身からの尊厳保護」の問題である。第三者関係での問題を超えて，このような保護が憲法上容認されるかは，人間の尊厳の保護とはいったい何であるのかという，きわめて原理的な問題を提起する。

　このような連邦行政裁判所の理解に対しては，憲法学説の多くが批判的な見解を示した[24]。これらの多くは，そもそも人間の尊厳とは個人の自由を根拠づける理念であるのに対して，ここでは明らかに人間の尊厳が個人の義務を根拠づけるものへと作り変えられている，ということを問題としている。また，客体定式の理解の下では，他者の行為によってではなく，自ら自分自身を「客体化」することが可能なのか，さらにそれが可能であるとしても，そのことが人間の尊厳侵害となりうるのか，は問題とされねばならないであろう。これを連邦行政裁判所のように安易に認めるのであれば，国家は人間の尊厳を根拠としてパターナリスティックな制約を際限なく実現できることになる[25]。

　さらに，ここで示された自分自身からの尊厳保護の論理は，ピープショー営業の枠を超えて，自主的に行われる売春をも含めたあらゆる性風俗営業へも波及しうるものであった。たとえば，1983年には，トップレスでの泥んこプロレス興行が問題となったケースについて，この興行では出演女性が快楽の対象として見世物にされていることを前提に，興行による人間の尊厳侵害と良俗違反が認定されている[26]。このケースでは，そもそも出演女性の意思のあり方は問

---

23) ここでは，法的三極関係は意味を失い，むしろ国家と出演女性との間での二者間の関係に図式が書き換えられることにもなろう。

24) たとえば，vgl. Wolfram Höfling, Menschenwürde und gute Sitten, NJW 1983, S. 1582 ff.; Norbert Hoerster, Zur Bedeutung des Prinzips der Menschenwürde, Jus 1983, S. 96; Henning v. Olshausen, Menschenwürde im Grundgesetz: Wertabsolutismus oder Selbstbestimmung?, NJW 1982, S. 2222; Christoph Gusy, Sittenwidrigkeit im Gewerberecht, DVBl. 1982, S. 984 ff.

25) この点に関しては，玉蟲・前掲注2）138頁以下を参照。

26) VGH München, NVwZ 1984, 254：「興行に参加する女性には，むしろ観客の原始的本能の充足のための侮辱的な客体としての役割が与えられている。興行の全体的な付随状況の下では，シンボル的なものにとどまらない中傷が女性への侮辱であり，これは興行者および

題とされてもいない。また，テレフォンセックス営業についても，1998年の連邦通常裁判所判決は，ピープショー判決を参照しながら，テレフォンセックス営業では「内密領域が——売春やピープショーと同じように——商品化」されていると述べ，たとえ会話という本来は対等な関係性が女性と顧客との間にあるとしても，女性は顧客の要求に応えるだけの客体となっているとの判断が下されている[27]。さらには，カップルクラブと呼ばれる，カップルが自発的に施設内で全裸，または半裸で，ダンスをしたり，食事をするという施設の営業についてまで，他のカップルの性交渉が鑑賞可能という理由で人間の尊厳侵害が語られ，営業不許可処分が正当化されている[28]。

　これらの判決を見る限りでは，もはや性的な行為を営業として行う，あるいは営業の枠内において性的な行為を公然と行うことは，たとえそれが当該個人の自律的な行為にもとづくものであっても，性的な事柄であるというだけで人間の尊厳を侵害するものであるとの理解が一般化していたといえるだろう。しかも，ここでは領域理論における内密領域の不可侵という考えが曲解され，自分自身によってもコントロール不可能な領域へと変質させられている[29]。たと

　　出演女性の基本権の考慮の下でも，広範な憲法コンセンサスにおいて憲法・社会秩序の最上級の価値として人間の尊厳の尊重および保護を支持する法共同体によって，もはや単なる悪趣味として容認されるようなものではない」（254）。

27）BGH, NJW 1998, 2895：テレフォンセックス営業における「受話者[サービス嬢]は，直接の人間同士の出会いを欠いた状態で，通常は性的関係のなかで発せられる声や表現内容に限定された客体へと貶められている」（2896，[ ]内は玉蟲）。

28）VG München, Urt. v. 10. 10. 2000. この判決における人間の尊厳理解は，ピープショー判決でのそれをさらに客観的な方向へと推し進めているようにも見える：「人間の尊厳の基本権は客観的に規定された人間像の表現であり，社会共同体との人間のコミュニケーションの本質的領域において個人の人間の尊厳を濫用的に用いる自由の行使はこれと一致しない」（juris Rn. 79）。問題となった営業形態においては「いわゆるフランス風廊下の設置をもって性交渉の観察が可能とされるが，これはいわゆるピープショーでの鑑賞と同じであり，それゆえに人間の尊厳原則と対立する。このような客観的に人間の尊厳を侵害する行為は，……良俗違反とみなされるべきであり，それゆえに公行政庁はこの種の営業行為に対しては許認可を拒否しうる」（juris Rn. 86）。こうした判断の理由は，互いに鑑賞の対象となる客が自発的に入場しているという事情から，ピープショー以上に他者による侵害を想定できなかったためであろう。

29）内密領域および領域理論は，公権力や第三者による介入から私的事項や空間を保護するための論理だったはずである。「個々の市民には，私的生活形成の領域，すなわちあらゆる公権力の作用から免れる人間の自由の究極的に不可侵な領域が憲法上留保されている」と

えば，セックスライブショーについて，「男女間の性交渉が内密領域に含まれ，他者の目から遠ざけられるべきであり，公に披露されたり報酬に対する娯楽として提供されたりしてはならないというのは，依然として法共同体において支配的な見解と一致する」としたり[30]，カップルクラブでの自発的な性的事柄の他者への公開も人間の尊厳侵害だとする判断は，こうした内密・私的領域を限られた範囲内でも披露すること自体を否定しているものと考えられる。

　しかし，こうした判決の流れのなかにあって，一部の裁判所では，明らかにピープショー判決や1976年 BGH 判決に対抗する判断も示されている。たとえば，ピープショー判決同様にピープショー営業に対する営業不許可処分が問題となったケースにおいても，ピープショーに自由意思で出演する女性は，当該営業によってその人間の尊厳を侵害されることはないとしたシュトゥットガルト行政裁判所[31]やハンブルク上級行政裁判所[32]の判決が見られる。これらはむしろ憲法学説が強く主張した「自分自身からの尊厳保護」の否定に依拠したものであったといえる。また，テレフォンセックス営業についても，1995年のハム上級地方裁判所の判決は，テレフォンセックスの場合，対価的なサービスの提供者を単なる商品とするような侮辱的な要素は存在しないとの認識に立ち，テレフォンセックス営業が人間の尊厳に反するとはいえないとの判断を下している[33]。同様に，カップルクラブ営業についても，1983年のケルン行政裁判所判決は，自由意思でカップルクラブに出入りする顧客には，自分自身による尊厳侵害も，また第三者による人間の尊厳侵害も生じないとしている[34]。これらの判決は，性風俗営業そのものを一括りに人間の尊厳侵害とする流れを作り出したピープショー判決の射程を限定し，何が人間の尊厳に反する行為であるの

　　いうエルフェス判決での連邦憲法裁判所の言及が想起されるべきである。BVerfGE 6, 32 (41).

30) BVerwGE 64, 280 (282). ただし，この判決においては，良俗違反のみが問題とされており，性交渉の公然披露が当事者の人間の尊厳を侵害するかどうかについては判断しないとされた。

31) VG Stuttgart, GewArch 1986, 90.

32) OVG Hamburg, NVwZ 1985, 841.

33) OLG Hamm, NJW 1995, 2797.

34) VG Köln, NVwZ 1984, 263 (264).

かを真摯に見極めようとしている点で，評価に値する。

　そして，この反ピープショー判決の流れは，売春あっせん行為が問題となった2000年のベルリン行政裁判所判決[35]においてもっとも明確に表現されることとなった。この判決では，売春あっせんを理由とする飲食店の営業許可の撤回が争われているが，ここでベルリン行政裁判所は，売春行為が良俗違反であるとの理解そのものを否定している。さらに，その論証のなかでは，売春行為の人間の尊厳侵害という理解についても，これを明確に否定する。

　まず，ベルリン行政裁判所は，飲食・旅館業法における「良俗違反」規定の意味を，1975年BVerwG判決の理解に依拠しながら，この規定は，営業が「公共の福祉を侵害しうる限りにおいて，人間の共同生活を秩序づけるもの」だと解し，ホテルなどの施設内で行われる売春は公共の目にさらされるものではないことから，「売春行為によって公共が害されるということはほとんどありえない」と述べる[36]。その上で，1976年BGH判決以来の人間の尊厳理解について，人間の尊厳からは，「金銭支払いに対する営業類似の性的サービス」が「侮辱的な方法で内密領域を商品とする」ことであるとか，それゆえすでに「良俗違反」で，かつ飲食店においてあっせんがなされてはならない，とかいった一般的な結論が導かれるわけではない，と指摘する。むしろ，売春行為の多様性からすれば，売春行為に関する自律性の程度，人的・場所的な環境，顧客層や顧客との関係の具体的形成，および個別的なサービス形態についての考慮が必要になるというのである[37]。これは売春行為そのものを人間の尊厳侵害とする判断枠組みに対するアンチテーゼであり，1975年BVerwG判決の良俗違反解釈を人間の尊厳との関係でも徹底したものと見ることができる。

　これに続けて，ベルリン行政裁判所は，人間の尊厳の本質的な内容について次のように述べる。人間の尊厳は人間を存在そのものにおいて保護するものであるため，「『正しい』人間であることへの国家的義務づけは存在しない。人間の尊厳はむしろ，具体的な人間が自由な自己形成の可能性を自己侮辱のために

35）VG Berlin, NJW 2001, 983.

36）VG Berlin, NJW 2001, 983 (984 f.).

37）VG Berlin, NJW 2001, 983 (986).

性風俗営業と人間の尊厳　　95

濫用する場合にも存在する」[38]。人間の尊厳の保護は，（こうした尊厳に悖る行為を行う）自己決定の自由と対抗してはならず，「人間の尊厳の保護に関する国家の義務は，個人の自己決定への干渉を通じて個人を自分自身からも保護することのために濫用されてはならない」[39]。

ここでは，明らかにピープショー判決によって示された「自分自身からの尊厳保護」の枠組みが拒否されており，自律的な意思によって売春行為を行う個人に対して，国家が「保護」を隠れ蓑に介入することが拒否されているといってよいであろう[40]。

さらに，ベルリン行政裁判所は，これだけにとどまらず，従来の「売春＝人間の尊厳侵害」という判断枠組みが，かえって売春婦への不利益取扱いの温床となってきたと指摘し，自主的で，かつ犯罪的な付随的行為を行使しない売春は，倫理的な評価とは無関係に，もはや一般的には秩序法の意味において良俗違反とみなされるべきではない，と断じている[41]。これによって，売春行為は人間の尊厳侵害という評価と切り離されただけでなく，良俗違反という評価からも切り離されている。

IV 「主体性志向的」人間の尊厳と「価値志向的」人間の尊厳

2000年ベルリン行政裁判所判決では，「自分自身からの尊厳保護」という論理が否定されたことで，少なくとも個人の自律的な意思の下で行われる売春行為は，人間の尊厳侵害という評価，さらには良俗違反という評価をも免れている。こうした判断の根底には，そもそも人間の尊厳とは何であるかという問題について，ピープショー判決との間で大きな見解の相違が存在している。これは，先に示した第2の問題，すなわち人間の尊厳の本質的内容は何か，にかか

---

38) VG Berlin, NJW 2001, 983 (986).

39) VG Berlin, NJW 2001, 983 (986).

40) ベルリン行政裁判所は，このことの例外として，「真に自由な決定のための能力に深刻な疑念がある場合にのみ，……基本権主体の(明白な)意思に対抗してでも国家の保護義務が基本法1条1項から直接に考慮される」と述べる。VG Berlin, NJW 2001, 983 (986).

41) VG Berlin, NJW 2001, 983 (986).

わる。まずは両者の相違について整理してみよう。

2000年ベルリン行政裁判所判決が採用している人間の尊厳観は，次のような特徴をもつ。

第1に，人間の尊厳は，人間を存在そのものにおいて保障するものであるということである。これは，人間は人間であるというそのことだけで尊厳を有するし，個々の人間がそのまま保護の対象となっている，という理解であろう。

第2に，それゆえに，人間に対する「正しい人間であれ」との義務づけは，人間の尊厳からは生じない。このことから，人間の尊厳は自由を根拠づけるのみであって，義務を根拠づけることはないことになる。

第3に，むしろ，人間の尊厳は，個々人の主体的な決定を尊重・保護するものである。このなかには，他者から見れば「人間の尊厳に悖る」行為を行う自由も含まれる。

第4に，したがって，このような「人間の尊厳に悖る」行為を理由として，国家が「保護」の名の下で個人の行動に介入することは許されない。すなわち，「自分自身からの尊厳保護」は人間の尊厳の機能には含まれない。

こうした特徴をもつ人間の尊厳観は，あくまで個人およびその自律性を重視するものであり，尊厳が自己の主観的意思決定と結びつけられている点で，自己完結的ないし一元的な性格を有するものと評価できる。これを，「主体性志向的」な人間の尊厳観と言い換えることも許されるだろう。

これに対して，ピープショー判決において採用されていた人間の尊厳観は，以下のようなものである。

第1に，人間の尊厳は個々人を越えた意義をもつ，とされる。人間の尊厳による保障の対象は，個々人にとどまらず，それ以外のものをも含みうる，ということになるだろう。

第2に，人間の尊厳は，個々人を越える客観的価値によって，個々人の主観的意思を拘束する。すなわち，人間の尊厳からは，人間に対する一定の拘束ないし義務づけが生じうる。

第3に，この客観的な人間の尊厳は，個々人にとって放棄不可能な価値である。個々人は「人間の尊厳に悖る行為」によって，自らの人間の尊厳を放棄してはならない。

性風俗営業と人間の尊厳　　97

第4に，したがって，たとえ行為についての個々人の主観的同意があろうとも，国家には個々人を人間の尊厳侵害から「保護」する義務が生じる。このことからすれば，「自分自身からの尊厳保護」もまた人間の尊厳の「保護」機能に含まれることになる。

　このような人間の尊厳観は，人間の尊厳の客観性を強調し，客観的な人間の尊厳を主観的意思よりも重視する結果になる点で，客観的人間の尊厳と主観的人間の尊厳とを分離・対抗させることなる。ここでは，人間の尊厳は客観的なものと主観的なものとの二元的な構造をとるとともに，客観的なものが主観的なものに優越するという優劣構造をも生み出す。これは，とりわけ「価値志向的」な人間の尊厳観といってよいだろう。

　主体性志向的人間の尊厳観では，個々人の主観的意思およびそれにもとづく行為は，それが客観的にみて「善いもの」であるか，「善くないもの」であるかにかかわらず，原則として，その全体が人間の尊厳による保障を受けることになる。それゆえ，人間の尊厳そのものは外在的な(とりわけ倫理的な)評価を免れる。また，個人の人格や生が客観的な「善き(正しき)生」のコンセプトに取り込まれることもない。

　これに対して，価値志向的人間の尊厳観では，個々人の主観的意思や行為は，客観的な人間の尊厳に反しない限りにおいて，人間の尊厳による保障を受けるにとどまる。客観的な人間の尊厳に反する主観的意思および行為は，そもそも人間の尊厳の保障対象に含まれず，むしろ制約対象として認識されることになる[42]。したがって，個人の人格はとりわけ「善き生」によって抑えこまれることとなる。

　ピープショー判決の流れのなかでは，売春やピープショー営業といった行為は，まさに客観的な人間の尊厳に反する行為であり，それゆえに人間の尊厳にもとづく制約の対象とされた。したがって，このときに国家による保護の対象となっている人間の尊厳は，客観的なもののみであるといってよい。1976年BGH判決でもピープショー判決でも，保護されるべきとされているのは，売春婦や出演女性の「尊厳」とされているが，これは当人たちの主観的意思とは

---

42) この意味で，価値志向的人間の尊厳では，主体性志向的人間の尊厳と比べて，少なくとも個人との関係において保護領域の決定的な縮減がみられるということになろう。

完全に切り離された客観的な尊厳である。

　しかし，主体性志向的人間の尊厳観の下では，そもそもこうした切り分けができないので，売春であれピープショーであれ，それが個人の自由意思にもとづく行為であれば，それもまた人間の尊厳による保障を受け，それゆえに国家による「保護」が制約という手段をもって履行される余地はなくなる。

　以上のことからも明らかなように，人間の尊厳の「尊重」と「保護」との関係も，2つの人間の尊厳観の間では異なってくる。

　主体性志向的人間の尊厳観における人間の尊厳の「尊重」は，国家が自ら個々人の主観的意思やそれにもとづく行為に介入しないということであり，その「保護」は，第三者が個々人の主観的意思やそれにもとづく行為に介入しないように国家が配慮し，調整をするということである。ここでは国家は個々人の主観的意思や行為に介入する権限を人間の尊厳によっては付与されていないので，いかなる理由でも個々人の「主体性を……根本的に疑問視する」[43]取扱いは承認されない。たとえ，人間の尊厳「保護」の名の下でも，国家が個々人の主体性に対する根本的な介入を行えば，それは人間の尊厳「尊重」義務に反することになる[44]。

　これに対して，価値志向的人間の尊厳観においては「尊重」と「保護」とが複雑な関係において取り結ばれることになる。まず，「尊重」とは，国家が個々人の主観的意思やそれにもとづく行為に，それが客観的人間の尊厳に反しない限りで，介入しないことである。これに対して，「保護」とは，第三者が個々人の主観的意思やそれにもとづく行為に介入しないように配慮・調整するとともに，個々人が客観的人間の尊厳に反した行動をとらないように配慮・調整することでもある。ここでは，主体性が問題となる当該個人も客観的人間の尊厳保障にもとづく介入対象となるため，国家がこの個人に対しても介入権限をもつことになる。それゆえ，国家が客観的な人間の尊厳「保護」の名の下に

43）これは，後述する連邦憲法裁判所の盗聴判決において示された「客体定式」の核心部分である。

44）このことは，「自分自身からの尊厳保護」の文脈だけでなく，法的三極関係においても妥当する。国家が，第三者の尊厳保護を理由に，ある者の尊厳を侵害することは憲法上正当化されるものではない。このことを明言した判決としては，航空安全法判決（BVerfGE 115, 118）がある。本判決につき，玉蟲・前掲注2）110頁以下を参照。

性風俗営業と人間の尊厳　　99

個々人の主観的意思や行為に介入した場合，それが現実には個々人の主体性に対する根本的な介入であったとしても，「尊重」義務に反したことにはならないのである。

2つの人間の尊厳観を対比した場合，価値志向的人間の尊厳観には根本的な問題があるように思われる。最も問題となるのは，価値志向的人間の尊厳観が持ち出す「客観的な」人間の尊厳とはいったい何を意味し，どこに根拠をもつのか，である。

連邦憲法裁判所は盗聴判決において，人間の尊厳を侵害するのは，国家が人間を客体として取り扱うことであり，それゆえに国家には「人間の主体性，その権利主体としての地位を根本的に疑問視する」取扱いが禁じられると述べた[45]。このことから人間の尊厳保障の実質的内容は「人間の主体性，その権利主体としての地位」の尊重・保護であると理解されている。これは，主体性志向的人間の尊厳観と一致するものであり，人間の主体性を拘束する客観的な価値の存在はむしろ否定されているとみるべきであろう[46]。

ところが，価値志向的人間の尊厳論は人間の主体性と対抗する客観的な人間の尊厳の存在を説き，かつこれを人間の主体性の限界として理解している。このような客観的な人間の尊厳の内容は，行き着くところ，やはり倫理的な価値判断にならざるをえない。このことは，ザールラント上級行政裁判所が1997年に下したピープショー閉鎖命令についての判決で，ピープショーという営業形態そのものが内密(性的)領域を商品化している点で社会倫理に反するとした上で，ピープショーはエイズや出演女性への危害という問題を生じないとする原告の主張について，「良俗の概念は，［具体的な］営業行為が社会を害するかどうかという問題とは無関係に認識されるべきもの」(［　］内は玉蟲)としていることからもうかがい知れよう[47]。ここで良俗違反の決め手とされるのは，いわば「法共同体の社会倫理的確信」としての客観的人間の尊厳である。

---

45) BVerfGE 30, 1 (26). 盗聴判決で示された「客体定式」については，玉蟲・前掲注2）114頁以下，127頁以下を参照。

46) 客体定式は盗聴判決による「主体概念との連結」により，「客体・主体定式」となったと評されることもある。Vgl. Wolfram Höfling, in: Michael Sachs (Hrsg.), GG, 7. Aufl. 2014, Art. 1, Rn. 15.

47) OVG Saarland, Urt. v. 08. 12. 1997 (juris Rn. 30).

本来であれば，国家を拘束するはずの人間の尊厳条項が，個々人から独立した客観的人間の尊厳という概念によって国家の介入権限を生み出すというのは，たとえそれが人間の尊厳の保護というフェイズにかかわるものであるとしても行き過ぎではないだろうか。さらにいえば，介入されるのがやはり個人の自律にとって最も重要な要素である主体的決定であることからすれば，これに対する介入を正当化するためには抽象的な倫理観に訴えるだけでは不十分であるように思われる。

　また，このとき，「人間の尊厳侵害＝良俗違反」という図式についても，結果的に「人間の尊厳侵害→良俗違反」というベクトルのみならず，「良俗違反→（客観的）人間の尊厳侵害」というベクトルが生じうることが懸念される。人間の尊厳そのものが不明確であるがゆえに，良俗違反の解釈がそのまま，とりわけ客観的人間の尊厳の解釈へと逆流しうるのである。

　これらのことは，ある意味で，裁判所判決の流れをたどれば必然的な結論であるともいえよう。もともと「良俗違反」の判断は倫理的価値判断を根拠としていた。これが1975年 BVerwG 判決で否定され，その結果，1976年 BGH 判決は，倫理的価値判断に代わるものとして人間の尊厳を持ち出したのである。結局のところ，これは「良俗違反」を媒介として，倫理的価値判断と人間の尊厳とを互換的な概念として使用することを意味したにすぎなかった。その意味では，人間の尊厳侵害＝良俗違反という図式自体が，人間の尊厳を倫理的価値判断へと転化させ，個人の主体的意思と対抗させるきっかけを作り出していたとみるべきであろう。

　なお，2000年のベルリン行政裁判所判決以後の状況についても，簡単に述べておくこととしたい。この判決は，当時立法が検討されていた売春法（売春婦の法律関係の規律に関する法律）の制定を後押しすることとなり，2001年には同法が成立した（施行は2002年）。その１条では，「事前に合意した報酬に対する性的行為が行われた場合，この合意は法的に有効な債権を根拠づける」と定められ，売春契約が合法的なものとされることとなった。

　これを受け，裁判所判決も売春を含めた性風俗営業を良俗に反しないものとする立場へと転換している。たとえば，2007年の連邦通常裁判所判決は，これまで幾度となく良俗違反としてきたテレフォンセックス営業について，「古典

性風俗営業と人間の尊厳　　101

的」な売春行為について有効な支払債権が根拠づけられうるのであれば，このことはいわゆるテレフォンセックスやこの関連において提供される商品サービスや技術的サービスにももちろん妥当する，との見解を示し，契約の有効性を認めている[48]。

これと関連して，もはや2001年以降は，性風俗営業と人間の尊厳という議論が一般的な枠組みの下では論じられていないことも特徴的である。おそらく，自由意思の下で，自己の責任において行われる売春その他の性風俗営業は人間の尊厳に反しない（良俗にも反しない）という立場を売春法が示したと理解されているのであろう。ただし，この場合であっても，性風俗営業の個別的な形態が人間の尊厳との関係で問題となることはありうる。その後，性風俗営業と人間の尊厳との関係が問題となった例としては，いわゆる「フラットレート売春宿（Flatrate-Bordell）」がある。サービス内容にかかわらず均一料金という営業形態を売りにする売春宿が登場し，売春婦はどんなサービスをも事実上拒否できないスタイルが広まったのである。これについては，たとえば Hufen が，フラットレート売春宿の場合，提供される「サービス」が売春婦の意思の欠如のもとで決定されている点で人間の尊厳侵害を構成しうる，と考えているように[49]，売春宿の経営者による特定サービスの強要が人間の尊厳侵害とされることは考えられるであろう。しかし，これも売春行為による「自分自身への尊厳侵害」という図式で理解されているわけではないことに注意する必要がある。

とはいえ，性風俗営業を自分自身による人間の尊厳侵害と捉える考え方がまったく消滅したわけでもない。2011年にベルリン地方裁判所リヒテンベルク支部で下された判決は，テレフォンセックス営業を人間の尊厳侵害と認定しているが，ここでは明らかに「自分自身からの尊厳保護」の論理が採用されている。しかも，本判決では，売春法の解釈について，売春が良俗違反でないというのであれば，売春法１条は蛇足であるとの理解が示されており，売春は良俗に違反するが，支払債権についてのみ例外的に法的承認が行われたとの限定的な解

---

48) BGH, NJW 2008, 140 (141).

49) Friedhelm Hufen, Die Menschenwürde, Art. 1 I GG, JuS 2010, S. 10. 同様の立場を示すものとして，Jens-Torsten Lehmann, Zur gaststättenrechtlichen Bewertung sogenannter „Flatrate-Bordelle", GewArch 2010, S. 291 ff.

釈態度に立っている。その上で，テレフォンセックスで問題となるような高度
に人格的なものの商業化を行う法律行為は法的に拒否されねばならない，との
評価が導かれるのである[50]。本判決の評釈のなかにはこれを支持する見解もみ
られる[51]し，本判決の論理自体がある論文[52]からの借用であることから考える
と，こうした立場が根強く残っているものともいえよう[53]。

　なお，ドイツでは2013年頃から売春法制改革が政治的議論の対象となってき
たが，2016年10月21日に「売春営業の規制ならびに売春従事者の保護に関する
法律(Das Gesetz zur Regulierung des Prostitutionsgewerbes sowie zum Schutz von in
der Prostitution tätigen Personen)」[54]（以下では，「新法」とする）が成立したことに
より，一応の解決が図られた（施行は2017年7月1日）。新法では，すべての売春
従事者に医師の健康相談の証明を前提とした届出義務を定め（3条以下），また，
顧客と売春従事者の双方にコンドーム着用義務を課しており（32条），これに反
した客（売春従事者ではない）は過料を科せられることとなった（33条）。全体とし
て，行政官庁の監視体制を強化し，売春従事者が第三者からの強制によって売
春行為を開始・継続させられることのないように配慮するという観点が強調さ
れているのが新法の特徴である。かかる新法については，「立法者が性関連行
為の領域での価値判断をともなう国家主導の道徳観というコンセプトから距離
をとり，価値中立的で，純粋に危険防御法上の考え方に進もうとしていること
は明白」[55]だとされるように，より売春従事者の主体性を重視する傾向が見ら

50）AG Lichtenberg, MMR 2012, 66 (66).

51）Vgl. Florian Albrecht, jurisPR-ITR 2/2012, Anm. 5.

52）Christian Friedrich Majer, Sittenwidrigkeit und das Prostitutionsgesetz bei Vermarktung
　　und Vermittlung, NJW 2008, S. 1926 ff.

53）また，2015年1月8日アンスバッハ行政裁判所判決は，売春法によってもはや売春は良俗
　　違反とならないことに触れながら，セックスライブショーは主催者が多数の観客に見せ物
　　(Schauobjekt)を提供するものであり，このため出演者の人間の尊厳が侵害されていると
　　した。しかも，人間の尊厳が不可侵である以上は，出演者も侵害に同意したり，尊厳を放
　　棄したりすることはできないとされている。VG Ansbach, Beschl. v. 08. 01. 2015 (juris
　　Rn. 25).

54）BGBl. I, S. 2372.

55）Michael Öttinger, Gewerbe- und gaststättenrechtliche Sittlichkeitsklauseln im Wandel
　　der Zeit, GewArch 2016, S. 369. 新法にいたるまでの議論状況につき，vgl. Anja Schmidt,
　　Die Reform des Rechts der freiwilligen Prostitution, KJ 2015, S. 159 ff.

れる。

V　結びにかえて

　本稿は，性風俗営業を自由化せよとか，売春を職業と認めよ[56]といった主張を展開するものではない。ましてや，「性の商品化」を非難する社会の倫理観に異を唱えるものでもない。本稿が目指したのは，憲法上の人間の尊厳概念が性風俗営業の規制を正当化する十分な根拠たりうるのかを検証することである。言い換えれば，国家に人間の尊厳を根拠にして性風俗営業を規制する正当な権限があるかどうかを問うたのである。社会倫理的に非難されうることと国家が規制可能であるということとは問題の地平が異なる。

　少なくとも主体性志向的人間の尊厳観からはこうした規制の正当化が困難であり，これを可能にするためには価値志向的人間の尊厳観に依拠するほかないことは以上の検討からも明らかであろう。しかし，価値志向的人間の尊厳観は，「人間の尊厳は放棄しえない」との解釈を背景に，国家が特定の価値観と結びついた「善き（正しき）生」を個人に強制する契機を含む点で人間の尊厳の規範的意義を著しく低下させることになりかねない。十分に判断能力をもつ者の自律的な選択行動に対してまで本人利益のためと称して干渉を行うことは，過剰なパターナリズムである。ドゥウォーキンはこのようなパターナリズムを「批判的(critical)パターナリズム」と呼び，個人の倫理的確信にもとづく行為が他者に対して具体的危害を及ぼさない場合には干渉が正当化されないとした[57]。

　倫理的感情を抜きにすれば，性風俗営業についても同じことがいえるはずであり，当該営業が良俗違反とされるのは，それが他者の権利や公共の安全を害

56）なお，連邦憲法裁判所は，特定の区域での売春宿経営を禁じた禁止区域令の合憲性が問われた2009年4月28日決定において，禁止区域令の公布は「売春従事者にとっても，売春宿の周辺地域で職業活動を営むその他の個人にとっても，職業行使の規律である」と述べ，売春行為が職業行使に当たることを示唆している。Vgl. BVerfG, GewArch 2009, 306 (307).

57）ロナルド・ドゥウォーキン（小林公ほか訳）『平等とは何か』（木鐸社，2002年）364頁以下。ドゥウォーキンはそこで「性についての頑固者の行為は，自分が不道徳だと見る行動をとる者への配慮から出たものではなく，その者への憎悪から出ているのである」と断ずる。

する場合，具体的には，売春行為の強要や公衆衛生への危険，青少年への危険などがある場合に限られるべきである。おそらく，こうした危害可能性がないにもかかわらず，それでもなお性風俗営業を違法としたいと考えるときに，国家は「法共同体の社会倫理的確信」や客観的な人間の尊厳に依拠しようとするのである[58]。このことは，日本の売春防止法1条が「売春が人としての尊厳を害し，性道徳に反し，社会の善良の風俗をみだす」（強調は玉蟲）ことを売春防止の目的としていることからすれば，本稿で検討の対象としたドイツに特有の事象とはいえないだろう[59]。

　もちろん，誰しもが十分な判断能力の下で自律的に行動できるとは限らない。「人間は弱く，全ての拘束を決めつくすことは出来ない。人間の弱さを前提に議論する必要があるのであって，そこに救済の道を確保しなければならない。限定されたパターナリズムを承認するのである」とする議論[60]にも，一定の説得力がある。強者による搾取から弱者を保護することはいまや国家の正当な活動のひとつであろうし，そのための規制がある種のパターナリズムと機能的に同一のものとなることはありうる。しかし，同じロジックを自覚的・自律的に

---

58) この点で，性風俗営業について職業安定法や労働者派遣法上の規制が問題となった裁判所判決において，そこで行われるサービスについて「人格の無視」や「社会一般の倫理観への抵触」といった評価が与えられることがあることには疑問の余地がある。これらの規制や判断を積極的に評価するものとして，中里見博「性風俗営業の人権侵害性――『性交類似行為』をさせる営業等の違法性に関する諸判決」福島大学行政社会論集23巻3号（2011年）87頁以下。

59) 最判昭和36.7.14刑集15巻7号1097頁は，売春防止法の違憲性を争った事案につき，「売春を助長する行為を刑罰をもって禁止することは，結局人の尊厳を保ち，性道徳を維持し，社会を健全ならしめるために必要なことであって，公共の福祉に適う」との理由から憲法22条違反を認めなかった。売春をさせる業ないし場所の提供行為が問題となった事例ではあるが，公共の福祉の解釈に（おそらくは客観的な意味での）「人の尊厳」を読み込むことの是非についても問題とされるべきであろう。この点とも関連して，松井茂記「売春行為と憲法」阪本昌成先生古稀記念論文集『自由の法理』（成文堂，2015年）969頁（とりわけ989頁以下）を参照。

60) これは2002年の日本公法学会において「基本権の保護と私法の役割」というタイトルでの報告を行った山本敬三教授が，同報告のなかで「自分自身からの尊厳保護」に類似した論理を示したことについて，私が質疑において疑義を呈したことに対する山本教授の回答である。山本敬三「基本権の保護と私法の役割」公法研究65号（2003年）109頁以下および第1部会討論要旨（143頁以下）を参照。

行動を選び取っている者にまで拡大し，一方的にその行動を規制することがはたして適切か[61]。国家は，本人がよく考えた上での判断についてまで，「それは間違っているからこちらのいうことに従え」と強制する権限をもつのであろうか。人間の尊厳によってこれを正当化しようとするのは，人間の主体性への尊重を根底から覆しかねないだろう[62]。

　それゆえに本稿での結論は次のようなものである。少なくとも十分な判断能力をもつ個人が自律的に選択した行動が自己の人間の尊厳を侵害することはない。人間の尊厳概念は「自分自身からの尊厳保護」を根拠づけない。それは性風俗営業に従事する場合でも同様である。国家はこのとき人間の尊厳侵害を根拠に性風俗営業を規制する正当な権限をもたない。個人が自律的な判断で従事する性風俗営業を規制するのであれば，人間の尊厳侵害以外の理由にもとづかなければならない。

---

61) もちろん，性風俗営業への従事者が強制などによる者と自律的判断による者とに截然と区別できないことは確かである。経済的困窮やその他の理由から望まずにその職に従事する「グレーゾーン」があることは否定すべきではないだろう。しかし，「グレーゾーン」に対処するためには，性風俗営業の規制ではなく，むしろ社会保障の充実などを考えるべきではないか。

62) この点と関連して，本稿のもととなった報告を行った研究会の席上，参加者の1人から「たとえば，最低賃金を無視して労働する者についても，それが自律的・主体的決定にもとづくものであるならば認めなければならないということか」との質問を頂戴した。その際には，時間的な理由もあり，十分な回答ができなかったが，本稿の立場からは「その通りだ」と答えることとなる。雇用者と被用者との間に現実的な力の不均衡があることを前提に，雇用者が最低賃金を無視して被用者に労働をさせることは法的な規制によって解消されるべき問題であろうが，被用者が自ら望んでそうしている場合にまで人間の尊厳を根拠として国家が介入すべきではない。雇用者による被用者に対する権利侵害があってはじめて，国家には介入の正当化が生じると考えるべきであろう。ここで最低賃金に関するルールを被用者の主体的決定をも覆すものとみるのは，規制の本来の意味を見失い，広範なパターナリズムに道を開くものであると考える。

売春規制における「メイド・イン・カナダ」モデルと
憲法上の問題
——2013年ベッドフォード事件最高裁判所判決とその後の展開

手塚崇聡

I　はじめに

　カナダの売春規制は1892年にさかのぼり，浮浪者処罰法(Vagrancy Law)，勧誘処罰法(Solicitation Law)，伝達処罰法(Communicating Law)などによってなされてきた[1]。そして，その規制は主に刑法典[2]の改正によってなされ，同法は売春行為それ自体を合法であるとしつつも，「うろつき」や「勧誘」といった売春関連行為を規制し，売春は社会的な害悪であるとしてきた[3]。

　一方で売春の実態は，そのおよそ5から20%が路上での勧誘であるとされるが，それ以外の屋内での売春行為としては，マッサージ・パーラーやストリップ・クラブ，エスコート・サービスなどがあるとされ，さらに携帯電話やインターネットの普及に伴い，売春行為の態様は複雑化かつ拡大しているとい

---

1) James R. Robertson, *Prostitution* (2003), online: Government of Canada Publications <http://publications.gc.ca/Collection-R/LoPBdP/CIR/822-e.htm>, John Lowman, *Prostitution Law Reform in Canada*, online: <http://www.schoolforjohns.com/lowman.html>. なお，本稿におけるウェブサイトの最終訪問日はいずれも，2015年12月30日である。
2) *Criminal Code*, RSC 1985, c C-46.
3) なお，これらの点については，手塚崇聡「カナダにおける売春規制の歴史と現状」臨床政治研究4号(2012年)21頁を参照。

う[4]。また，売春従事者に関する実態調査[5]によれば，売春従事者の平均年間収入は39,500ドル，その平均年齢は34歳であり，そうした業務に従事する者の男女比では，77%が女性となっている。そして，89%の売春従事者はカナダ生まれであり，初めて売春行為を行う年齢は平均して26歳であるが，29%は19歳になる前に行っているとされている。これに対して，性的サービスを購入する(purchasing sexual services，以下，「買春」)側は，年間平均すると4回行っているとされ，65%がコールサービスを，55%がマッサージ・パーラーを，39%がアウトコールサービスを利用しているとされている。ただし，そのうち路上で買春を行う者は17%と，屋内の場合と比べてその数は少ない。さらに，カナダ政府が提供する統計では，上記の規制に基づく売春に関わる犯罪は，2003年には5,688件であったものが，2008年には3,820件，2013年には2,066件と減少傾向にあるということが分かる[6]。ただし，売春従事者に対する身体的暴力がなされる事例もあり，たとえば性的暴行や武器の使用，拉致や誘拐，走行中の車から放り出されるだけでなく，実際には殺人に至る事例や性感染症に罹患する事例などの調査報告がなされている[7]。

　こうした売春規制の歴史と実態に対して，大きな変革と影響をもたらしたのが，2013年にカナダ最高裁判所(以下，「最高裁」)で下されたベッドフォード事

---

4) Perrin, Benjamin, *Oldest Profession or Oldest Oppression?: Addressing Prostitution after the Supreme Court of Canada Decision in Canada v. Bedford* (2014), online: SSRN <http://ssrn.com/abstract=2387042>.

5) Cecilia Benoit, Chris Atchison, Lauren Casey, Mikael Jansson, Bill McCarthy, Rachel Phillips, Bill Reimer, Dan Reist & Frances M. Shaver, *A "working paper" prepared as background to Building on the Evidence: An International Symposium on the Sex Industry in Canada* (2014), online: Canadian Institute of Health Research-Institute of Gender & Health <http://www.understandingsexwork.com/sites/default/files/uploads/Team%20 Grant%20Working%20Paper%201%20CBenoit%20et%20al%20%20September%2018%20 2014.pdf> [*Working Paper*].

6) Statistics Canada, *Canada at a Glance 2015*, online: Statistics Canada <http://www. statcan.gc.ca/pub/12-581-x/12-581-x2015000-eng.pdf>

7) Kate Shannon, *Prevalence and structural correlates of gender based violence among a prospective cohort of female sex workers*, online: BMJ <http://www.bmj.com/ content/339/bmj.b2939> [*Shannon*].

件判決[8]と，それに対する連邦政府と連邦議会の対応である。同事件は，刑法
典が規定していた売春関連行為に対して，それが権利と自由に関するカナダ憲
章[9]（以下，「憲章」）が保障する「身体の安全」を侵害するとして，違憲と判断し
た。この判決を受けて，カナダ連邦政府と連邦議会はさまざまな議論を重ね[10]，
2014年11月に「コミュニティと搾取被害者保護法（Protection of Communities and
Exploited Persons Act[11]，以下，「PCEPA」）」が制定された。同法は，売春従事者
による売春行為自体は合法としつつ，カナダでは初めて「買春」を違法とし，
さらに，限定的ではあるが，売春関連行為の規制を行った。

　本稿では，こうした売春規制の歴史の中で，大きな変革をもたらし，また政
治部門に対して重要な問題を提起したベッドフォード事件最高裁判決を取り上
げ，その判決の具体的な内容を明らかにする。そして，そこでなされた問題提
起に対して，政治部門がどのように応答したのかということを明らかにした上
で，カナダ特有の売春規制の在り方とその問題点の考察を行いたい。

8）*Canada (AG) v. Bedford*, [2013] 3 S.C.R. 1101 [*Bedford*]. 本判決と日本の売春規制の問題
　を検討したものとして，松井茂記「売春行為と憲法」阪本昌成先生古稀記念論文集『自由
　の法理』（成文堂，2015年）969–1009頁を参照。同論文については，本稿執筆の最終段階で
　触れたが，カナダ最高裁の判断と買春規制につき，その問題提起がなされていることを紹
　介しながらも（同論文987頁），「日本にとって重要な示唆を与えている」として一定の評価
　がなされている（同論文1008頁）。ただし後述するように，カナダ議会が採用した「メイ
　ド・イン・カナダ」モデルには，売春婦の安全にとって問題が残されているのみならず，
　憲法上の問題が残されているように思われる。仮に，カナダ最高裁に対して「メイ
　ド・イン・カナダ」モデルを政府と議会が誠実に提案したとしても，カナダにおいては，
　買春規制が必ずしも売春婦の安全を擁護するための政策ではなく，また違憲の可能性を残
　したものであるように思われる。こうした「メイド・イン・カナダ」モデルの問題を掘り
　下げて検討することは，「売春婦の立場に立って，彼女たちの安全性をどうすれば確保で
　きるのか」（同論文1003頁）という点を検討するためにも，また「メイド・イン・カナダ」
　モデルを日本との文脈で比較する際にも有意義なものであると考える。

9）*Charter of human rights and freedoms*, Part 1 of the *Constitution Act, 1982*, being
　Schedule B to the *Canada Act,1982* (U.K.), 1982, c11.

10）Lyne Casavant and Dominique Valiquet, *Legislative Summary of Bill C-36: An Act to
　amend the Criminal Code in response to the Supreme Court of Canada decision in
　Attorney General of Canada v. Bedford and to make consequential amendments to other
　Acts*, online: Parliament of Canada <http://www.lop.parl.gc.ca/About/Parliament/
　LegislativeSummaries/bills_ls.asp?ls=c36&Parl=41&Ses=2> [*Legislative Summary*].

11）S.C. 2014, c. 25.

II　2013年ベッドフォード事件最高裁判決とその意義

1．事件の概要

　まずは2013年ベッドフォード事件最高裁判決を見てみたい。本件が提起された当時，前述のように，カナダでは売春そのものは禁止されていなかったものの，刑法典で「みだらな家」(bawdy-house[12])の経営(旧第210条[13])，売春の手引き(旧第212条1項j号[14])，そして公の場所での勧誘や客引き行為(旧第213条1項c号[15])など，売春に関わる多くの行為が禁止されていた。そのため，売春婦は路上で声をかけられた人についていくことしかできず，またボディー・ガード等を雇うこともできないことから，安全に売春活動を行うことができないとされていた。そこで，売春に従事してきたテリー・ジーン・ベッドフォード，ヴァレリー・スコット，エイミー・レボヴィッチ[16]は，オンタリオ州上級裁判

---

12) 本稿では，「bawdy-house」の訳語につき，売春目的の家(以下では，売春宿)との違いを明確にするために，「みだらな家」と訳す。

13) 旧刑法典第210条1項は「一般のみだらな家を保有(経営)している者は，犯罪者であり2年未満の罪とする」と規定する。また第2項は次のように規定する。「次のいずれかの者は，陪審によらない判決で処罰できる罪とする。(a)　公共の売春宿で働いている者。(b) 合法的な理由なく，売春宿で発見された者。(c)　経営者，所有者，地主，貸主，借主，占有者，その他貸し付けまたは管理するいかなる場所においても，その場所またはその一部を，公共の売春宿を営む目的で使用する，もしくは使用させることを，故意に認めた者」。また，刑法典第197条1項は，「『みだらな家』とは，売春または猥褻な行為を行う目的で，(a)　保有もしくは占拠され，(b)　1人以上の者が集まる場所のことをいう。また『売春従事者』とは，いずれかの性別の者と売春行為を行う者をいう。さらに『公の場所』とは，明示もしくは黙示による招待などによって，公衆がアクセスできるいかなる場所をも含むものである」と規定する。

14) 旧刑法典第212条1項は次のように規定する。「次のいずれかの者は，犯罪者であり10年未満の罪とする。(j)　完全にまたは部分的に，他人の売春の利益によって生活を行っている者」。

15) 旧刑法典第213条1条は次のように規定する。「公の場所，またはいかなる公に開かれた場所において，次のいずれかの行為を行った者は，陪審によらない判決で処罰できる罪とする。(c)　売春を行うもしくは性的サービスを得ることを目的として，通行人を止め，もしくはそれを試みた者，またはいかなる手法によっても他人とコミュニケーションをとった，もしくはそれを試みた者」。

16) いずれも路上での売春の経験があるが，その経歴などの詳細については，判決文中に記載

110

所に対して，刑法典の上記規定が憲章第７条[17]に違反し，また刑法典第213条
１項ｃ号が憲章第２条ｂ号[18]に違反するとして，民事訴訟規則第14.05条３項
ｇ.1号[19]を根拠に提訴した。これに対してオンタリオ州上級裁判所は，原告適
格を認め，これらの規定が憲章第７条の「身体の安全」を侵害し，それが基本
的正義の原則に違反すると判断し，違憲と結論付けた[20]。その後の上訴に対し
てオンタリオ州控訴裁判所は，憲章第７条が保障する売春従事者の安全の権利
を侵害し，「みだらな家」の規制と他人の売春で生計を立てるものに対する規
制については，過度に広範であり，均衡性を欠く規制であるとしたが，客引き
行為の規制については，恣意的でも不合理でもない正当な制限であるとし，刑
法典第210条，第212条１項ｊ号は憲章第７条に違反すると判断した[21]。これに
対して連邦政府側は，刑法典第210条，212条１項ｊ号を違憲とした判断に対し
て上訴（合憲と主張）し，ベッドフォード側は同法第213条１項ｃ号，第210条の
救済に関して反対上訴を行ったが，最高裁は全会一致で違憲と判断した。本判
決を執筆したのはマクラクリン（McLachlin）長官である。

２．カナダ最高裁判決

(1) 先例拘束性と社会的・立法事実認定への敬譲

　マクラクリンは，本件の主題である憲章第７条の検討を行う前に，その前提
となる問題として，先例拘束性と事実認定に対する敬譲の問題を検討した[22]。

　されている。*Bedford, supra* note 8 at paras. 7-15.

17) 憲章第７条は次のように規定する。「すべての人は，生命，自由及び身体の安全性ならび
にそれらを基本的な正義の諸原則に合致した形でなければ剥奪されないという権利を有す
る」。なお，訳語については，初宿正典＝辻村みよ子編『新解説世界憲法集〔第３版〕』（三
省堂，2014年）を参照した。

18) 憲章第２条ｂ号は，次のように規定する。「すべての人は以下の基本的諸自由を有する。
(b)思想，信念，意見及び表現の自由（これにはプレス及び他のコミュニケーションメディ
アの自由を含む）」。

19) *Rules of Civil Procedure,* R.R.O. 1990, Reg. 194. 同号は次のように規定する。「民事訴訟手
続は，以下のような手続の開始が許可される救済の要求や申請に基づいて，開始すること
ができる。(g.1)　憲章の下での救済のため」。

20) *Bedford v. Canada,* (2010) O.N.S.C. 4264.

21) *Canada (Attorney General) v. Bedford,* (2012) O.N.C.A. 186 [*Bedford Ontario*].

22) *Bedford, supra* note 8 at paras. 38-47

まず先例拘束性の問題，つまり1990年の売春照会事件の判断[23]に最高裁は拘束されるか否かという問題について，彼女は次のように述べた。「裁判官は，これまで提起されてこなかった憲章規定の問題(つまり新たな法的問題)を考察し決定することができる。同様に，新たな法的問題が法律の大幅な進展の結果として提起された場合，または根本的に議論の根拠を転換するような状況や証拠の変更があった場合には，従来の問題は再検討される可能性がある」として，先例拘束性を柔軟に解釈した[24]。もっとも彼女は，本件は売春照会事件のように表現の自由に基づく検討ではなく，憲章第7条に基づく判断で解決が可能であるため，先例に拘束される必要性は無いとした[25]。また一方で，事実認定については，明白かつ重大な欠陥が無い場合は下級審の判断を侵害すべきではない[26]が，カナダ最高裁は社会的事実や立法事実の認定について無敬譲基準をとらないとした[27]。

(2) 憲章第7条の分析

以上のように，憲章第7条の前提となる先例拘束性の問題を解消した上で，マクラクリンは，刑法典の諸規定の憲章第7条適合性を検討するに当たって，次の点を検討した。まず，①同条が保障する「身体の安全」を侵害しているかどうかという検討，そして，②刑法典の諸規定が害悪(harm)を生じさせないとする主張の検討，最後に，③「身体の安全」に対する制限が基本的正義の原則に反するかどうかの検討である。

(a) 「身体の安全」の侵害認定　　結論を先取りすると，マクラクリンはまず，刑法典による「みだらな家」の規制，売春の手引きの規制，客引き行為に

---

23) *Reference re ss. 193 & 195.1(1)(c) of Criminal Code (Canada)*, [1990] 1 S.C.R. 1123 [*Prostitution Reference*]. 本件は，1987年1月14日に，マニトバ州評議会で副総督が，刑法典第193条(ベッドフォード事件当時，第210条)，第195.1条1項c号(ベッドフォード事件当時，第213条)が憲章第2条b号，同7条に違反するか否かという問題について，裁判所に照会を行った事件である。最高裁は，刑法典第193条は憲章第2条b号が規定する表現の自由を侵害しないこと，また第195.1条1項c号は表現の自由を侵害するが，憲章第1条によって正当化されるとした。またさらに，両条は憲章第7条に違反しないとした。

24) *Bedford, supra* note 8 at para. 42.

25) *Ibid.* at para. 47.

26) *Housen v. Nikolaisen*, 2002 SCC 33, [2002] 2 S.C.R. 235.

27) *Bedford, supra* note 8 at paras. 48-56.

112

対する規制について，売春従事者を危険な状況に置き，売春に安全に従事することを法的に妨げているとした。その理由は次の通りである。

　まず，刑法典第210条が規定する「みだらな家」の意義について，カナダは売春自体を規制していないものの，売春目的で占拠等をしているいかなる「場所(place)」を用いることを禁止しているが，この「場所」の意義は広範であるとした[28]。つまり，実際に刑法典第210条によって合法となる売春としては「外への呼出(out-calls：顧客の家などに行くこと)」があり，また第213条１項ｃ号が規制する公の場所でのコミュニケーションに当たらなければ規制されないものの，「家への呼出(in-calls：売春婦の自宅への呼出)」は規制対象となっているとした。またそれ以外にも，「みだらな家」の規制をめぐっては，健康診断や健康対策予防が提供されていないこと，路上での売春をサポートするような安全な家を設けることが禁止されることから，「みだらな家」規制は憲章第７条の「身体の安全」を侵害するとした。次に売春の手引きの規制については，ボディー・ガードやドライバー，受付などセキュリティを強化するセーフガードを設けることにより売春従事者の安全を増進させることができるが，そうすることをも規制していることから，憲章第７条の「身体の安全」を侵害するとした[29]。最後に客引き行為については，刑法典第213条１項ｃ号は売春目的等での客引き行為を規制しているが，これらの規制は顧客を選抜し，コンドームや安全な住居の使用を妨害しており，これらによって危険に直面する可能性が増すことから，憲章第７条の「身体の安全」を侵害するとした[30]。

　(b)　売春従事者の直面する危険と法律との因果関係　もっともこうした侵害の認定について，上訴人である法務長官は，売春従事者の直面する危険と法律との因果関係が不十分であるとの主張を行ったが，マクラクリンはこれを退けた[31]。法務長官によれば，売春従事者は自ら危険のある行動を選んでいるのであり，法律に触れないような行動で危険を避けることは可能である(危害の発生は法律による規制によってではなく，売春従事者の選択や第三者の影響による)との

---

28)　*Ibid.* at paras. 61-65.
29)　*Ibid.* at paras. 66-67.
30)　*Ibid.* at paras. 68-72.
31)　*Ibid.* at paras. 74-78.

売春規制における「メイド・イン・カナダ」モデルと憲法上の問題　　113

主張を行った。これに対してマクラクリンは，まず売春従事者の選択は自由（経済的理由や理由のない選択もある）になされていること，売春自体が合法であること，ベッドフォードらは病気や暴力や死亡の危険を悪化させる立法の違憲性を争っていること（国家は売春従事者への暴力等を軽減させる役割がある）等により，法務長官の主張を否定した[32]。

（c）　基本的正義の原則の判断基準　　以上のようにマクラクリンによれば，刑法典の諸規定が，憲章第7条が保障する「身体の安全」を侵害すると判断した。そのためこのことが，同条が規定する基本的正義の原則との関係で正当化されるかという点について，「その恣意性，過度の広範性，全体の不均衡性を考慮する」とした[33]。その上で，次のように判示した。

　3つの原則はすべて……その法律に起因する権利侵害について，その効果ではなく，目的との比較検討を行う。つまり，目的達成の程度やどれだけの者がその法律による利益を享受し得るかという点を考慮しない。またそれらは一般大衆に対する補助的利益も考慮しない。さらに，これらの原則は消極的な影響を受ける人口の割合すらも基準としない。つまり，分析は定量的ではなく質的に判断するものである。憲章第7条の下での問題は，対象となった者の生命，自由または「身体の安全」が本質的な悪法によって否定されたかどうかの判断である。つまり，ある者に対して，ひどく不均衡であり，過度に広範であり，恣意的な効果を与える法律は憲章第7条の違反となる[34]。

すなわち，刑法典の諸規定が憲章第7条で保障される権利を侵害する場合，その侵害が同条で規定される基本的正義の原則の下で正当化されるためには，その侵害がひどく不均衡であり，過度に広範であり，恣意的な効果を与える規制であるかが判断されることになり，もしそうした規制である場合には憲章第7条違反となるとされた。なお，この点については後で検討する。

（d）　憲章第7条と第1条の関係　　もっとも，このようにある法律によって憲章上の権利が侵害された場合，その正当性については，憲章第7条の基本的正義の原則によって判断されるが，このような侵害に対する正当性の審査につ

---

32)　*Ibid*. at paras. 79-92.

33)　*Ibid*. at para. 96.

34)　*Ibid*. at para. 123.

いては，憲章第1条でも同様になされうる[35]。ただしマクラクリンは，「これらの類似点について，2つの条文間の決定的な違いを曖昧にすることは許されない」とした[36]。そして，「簡単に言えば，両者の内容は同様の概念に根差しているが，それらは分析的に区別される」[37]として，「憲章第7条に違反した法律が憲章第1条によって正当化されることはあまりない……。基本的正義の原則の重要性はこの考察を憲章第7条が支持することによって保護されている」[38]とした。すなわち，憲章第7条が保障する権利の侵害の正当性について，基本的正義の原則によって判断することと，憲章第1条によって判断することは区別される必要があるが，少なくとも憲章第7条が問題とされている文脈においては，基本的正義の原則による同条侵害の正当性審査が重要であり，一方で憲章第1条による分析も第7条における判断を支持することがあるとした。

　(e)　基本的正義の原則に反するか　　こうして憲章第7条における基本的正義の原則による正当性審査の重要性を検討した上で，前述のように刑法典における3つの規定が「身体の安全」を害することから，マクラクリンは最後に，これらの侵害が基本的正義の原則に反するか否かについて検討した。まず「みだらな家」について，当該規定の目的は，近隣の混乱や無秩序を除去しようと努めること，また公衆衛生と安全を保護することであったが，それによって発生する害悪(harm)はひどくその目的との均衡性を逸しており，また議会は，ニューサンスを規制する権限を持っているが，売春従事者の健康，安全，そして生活を犠牲にしているとした[39]。次に売春の手引きについて，当該規定の目的は，売春の周旋や寄生的(parasitic)で搾取的な行為を標的としたものであるが，当該規定は，売春従事者を搾取する者とその安全性を高める者(たとえば，正当なドライバー，マネージャー，ボディー・ガードなど)を区別せずに規制しており(さらに，会計や受付などのように売春ビジネスに関わった者まで含んでおり)，売春によ

---

35)　憲章第1条は次のように規定する。「カナダの権利及び自由の憲章がその中で保障する権利及び自由は，法によって定められた，自由で民主的な社会において正当化されるものと証明されうるような合理的な制限にのみ服する。」

36)　*Bedford, supra* note 8 at para. 124.

37)　*Ibid.* at para. 128.

38)　*Ibid.* at para. 129.

39)　*Ibid.* at paras. 130-136.

売春規制における「メイド・イン・カナダ」モデルと憲法上の問題　　115

る搾取を防止するという目的とは関係ないいくつかの行為を含んでいることから，当該規定はあまりにも広範であるとした[40]。最後に客引き行為について，これを規制する目的は，路上での売春を排除するためではなく，その要因となるようなニューサンスを防止するために，「売春を街やパブリックビューから排除する」ためであったとし，路上での売春の安全や生活に消極的な影響を与える本規定は，路上での売春によるニューサンスの可能性に対して著しく不均衡なものであるとした[41]。

　なお，客引き規制が憲章第2条b号で保障される表現の自由を侵害するかという問題について，マクラクリンは「この問題を検討する必要は無い」とした[42]。また憲章第1条の分析において，問題となった刑法典の諸規定は憲章第1条によっても正当化されず，売春の手引きに関する規定は最小限規制ではなく，またその効果において搾取的な関係から売春従事者を保護することができないなどの理由から，本規定は正当化されないとした[43]。そして最後に，刑法典第210条，第212条1項j号，第213条1項c号は憲章に違反すると結論付けたが，その無効宣言を1年間中断するべきであるとした[44]。

3．最高裁判決の意義——憲章第7条の問題

(1)　最高裁判決の整理

　ここで，最高裁判決で問題となった論点の整理とその意義を確認してみたい。まず，刑法典による「みだらな家」の規制，売春の手引きの規制，さらに売春目的での客引き行為の規制については，売春従事者に対して安全に売春に従事することを妨げていることから，憲章第7条の「身体の安全」を侵害するとした。つまり，①「みだらな家」の規制については，そもそも規制の範囲が広範であり，また健康や安全を保障するための施設を設けることが規制されていること，②売春の手引きの規制については，ボディー・ガードなどを雇うことを

---

40) *Ibid.* at paras. 137-145.

41) *Ibid.* at paras. 146-159.

42) *Ibid.* at para. 160.

43) *Ibid.* at paras. 161-163.

44) *Ibid.* at paras. 164-169.

妨げていること，③客引き行為の規制については，顧客の選抜など安全な状況や住居での売春行為を行うことを妨害していることから，憲章第7条の「身体の安全」を侵害するとした。もっとも最高裁によれば，売春行為自体は実質的な害悪を発生させるものではなく，法律の規制が害悪を生じさせているという視点に立っている。この点で，法務長官側は立法目的を重視したが，最高裁は売春従事者側に起こる害悪を重視している。そしてその上で，そうした「身体の安全」の侵害が基本的正義の原則に反するか否かという問題について，3つの規制すべてを違憲と結論付けた。まず①「みだらな家」の規制による害悪が立法目的との均衡性を逸していることや売春従事者の健康や安全などを犠牲にしているとし，また②売春の手引きについては，売春による搾取防止という立法目的とは関係のない行為を規制していることから過度に広範であるとし，最後に③客引き行為の規制については，ニューサンスの防止という立法目的から判断しても著しく不均衡なものであるとして，最終的にこれらの規制すべてを憲章第7条違反とした。

(2) 基本的正義の原則のもとでの正当性判断

このように，上記の3つの規制に対する憲章第7条の判断については，まずその侵害（「身体の安全」の侵害）の認定の判断が行われ，その後，その侵害が基本的正義の原則に適うものであるかという判断がなされた[45]。そして，基本的正義の原則のもとでの正当性判断に当たっては，「その恣意性，過度の広範性，全体の不均衡性を考慮する」として，その3つの点を考慮対象とすることを明示している[46]。またその分析に当たっては，質的な判断が必要とされ，売春規制の対象となった者の「身体の安全」が「本質的な悪法」により否定されたかどうかを審査するものとされた。しかしこうした憲章第7条の判断は，なぜ売春規制に妥当するのであろうか。最高裁の判断では，憲章第2条b号の審査は必要とされておらず，すべての判断が憲章第7条の下でなされている。

---

45) 特に憲章第7条と第1条に関する分析の関係性について，最高裁は明示的にそれらを区別することを求めているが，この点に関する分析として，Hamish Stewart, "Bedford and the Structure of Section 7" (2015) 60:3 McGill L.J. 575.

46) 本件で行われた均衡性の審査と先例との関係について分析したものとして，Alexander Sculthorpe, "A Second Chance for the Harm Principle in Section 7? Gross Disproportionality Post-Bedford" (2015) 20 Appeal 71.

(3) 先例拘束性および売春規制と第7条の関係

　そもそもオンタリオ州控訴裁判所は，憲章第2条b号の問題，すなわち表現の自由との問題については，先例拘束性の原則から再審査の必要がないとしている[47]。ここでいう先例とは，1990年の売春照会事件における最高裁の判断のことを指している。なお，カナダの最高裁に照会がなされ，最高裁が行った判断はその照会を行った政府に対する勧告的意見として示される[48]。そして，この判断は法的には先例拘束性を有しないものとされているが，マクラクリンは，「根本的に議論の根拠を転換するような状況や証拠の変更があった場合には，従来の問題は再検討される可能性」があるとして，最高裁の勧告的意見に一定の先例拘束性を認めつつ，ただしそれに完全に縛られることはないという判断を下した[49]。

　さらに，こうした先例拘束性を前提とし，売春照会事件によって憲章第2条b号の合憲性は立証されていることから，売春規制に関する審査を憲章第7条に限定した点が注目される。また，売春照会事件でも第7条の判断がなされているが，本件では，憲章第7条が保障する「生命，自由及び身体の安全」のうち，「身体の安全」のみを問題としているため，先例との矛盾はないとしている。以上のことから明らかになることは，売春規制についていえば，表現の自由と個人の生命及び自由の問題については合憲，「身体の安全」の問題については違憲といった判断が，最高裁において下されたということになる。

　なお，本件で最高裁は，刑法典に規定されている売春規制は，憲章第7条の「身体の安全」を侵害し，さらにそうした侵害は，基本的正義の原則と適合しない形でなされていることから，憲章違反であると判断したが，その効力を一時的に中断する宣言を行っている。本件では，こうした救済手法[50]を用いるこ

---

47) *Bedford Ontario, supra* note 21 at paras. 83-85.

48) 照会制度を含む違憲審査制度の特徴については，佐々木雅寿『現代における違憲審査権の性格』（有斐閣，1995年）を参照。

49) 伝統的な先例拘束性を検討しつつ，ベッドフォード事件における先例拘束性に関する2つの例外を分析するものとして，Michael Adams, 'Escaping the "Straitjacket": Canada (Attorney General) v. Bedford and the Doctrine of Stare Decisis' (2015) 78 Sask. L. Rev. 325を参照。

50) また，このほかの救済手法については，佐々木雅寿「カナダ憲法上の救済方法(1)〜(4)」

とにより，刑法典上の売春規制を一定期間有効としつつ，もしそれ以降改正などがなされない場合には無効とすると宣言したが，政府と議会はそれに対してさまざまな検討を行うことになる。

III 「メイド・イン・カナダ」モデルの採用

1．ベッドフォード事件最高裁判決後の議論

2014年3月17日に司法省調査統計局が行った世論調査[51]によれば，約30,000名の回答があり，次のような結果が出ている。まず「買春を犯罪とするべきか」という質問事項に対しては，賛成が56％であり，反対44％であったのに対して，「売春を犯罪とするべきか」という質問に対しては，賛成が34％であり，反対が66％であった。また「売春従事者から利益を得ることは犯罪とするべきか」といった質問事項については，賛成が62％であり，反対が38％であった。なお，「買春もしくは売春を支援する場合，その行為を行うことを可能にするためには，どのような場所や方法で制限されるべきか」という具体的な質問事項に対しては，健康への配慮に対する回答が最も多く，性感染症への対策を講じるべきとする回答が6,431件ほど寄せられた[52]。

2014年6月，連邦議会はベッドフォード事件最高裁判決を受け，またこうした国民の意見を踏まえながら，刑法典の改正のための議論を始めた。そこで当時の政権を握っていた保守党は，議会に新たな法案を提案した。司法省大臣であり法務長官であったピーター・マッケイ(Peter MacKay)は同年6月4日，同法案を提出するに当たって，次のように述べた。

　　私たち政府は，売春を求めようとする根本的な問題を厳しく取り締まることによっ

　　大阪市立大學法學雑誌44巻2号(1998年)208頁，44巻3号(1998年)371頁，44巻4号(1998年)535頁，45巻3・4号(1999年)431頁を参照。

51) Department of Justice, *Online Public Consultation on Prostitution-Related Offences in Canada -Final Results* (2014), online: Department of Justice
<http://www.justice.gc.ca/eng/rp-pr/other-autre/rr14_09/p1.html>.

52) その他には，課税やライセンス制の導入(3,693件)，道・学校・住宅街での制限(3,637件)などの回答がなされている

て，安全な街や地域社会を維持することを約束する。現在，私たち政府は，カナダ最高裁がベッドフォード事件において確認したことについての応答を試みている。すなわち，カナダの法や刑事司法制度が，カナダのコミュニティを保護しつつ，売春の連鎖や脆弱な人々を生むような重大な害悪に対処し続けるための応答である。

PCEPA は，「メイド・イン・カナダ」モデルであり，こうした危険な活動を求める者を直接ターゲットにしたものである。同法は，売春周旋業者(pimps and johns)を取り締まるための強固な権限を導入する。そして売春を通じた搾取に対抗するために，初めて買春行為を，厳しい罰則が伴う刑事処罰の対象とした。同法はまた，特定の女性や子供のコミュニティのセーフガードや保護となり，また売春に引き込まれる危険や暴力，薬物関連犯罪，組織犯罪などの売春に関連した危険からの保護として機能するであろう[53]。

こうした措置を行うために政府は2,000万ドルを導入することを決めた。そして，売春はカナダ人のコミュニティや最も脆弱なカナダ人を傷つけるため，子供が存在する可能性のある公共の場所またはその近辺で，売春に関わる表現活動を行うことに対しても規制をするなどの提案がなされた。カナダ連邦議会では2014年の6月から議論が開始され，その後審議を経て，PCEPA は2014年11月6日に裁可を受け同年12月6日に施行された。

2．PCEPA の目的とその概要

⑴　立法目的

それでは，PCEPA は具体的にどのような内容を規定するものであろうか。まずはその立法目的を分析するために，前文を見てみたい。PCEPA の前文には，次のようなことが規定されている。まず，①カナダ議会は売春に固有の搾取や，それに従事する者への暴力の危険に対する重大な関心を持ち，人体の客体化や性行為の商品化によって引き起こされる社会的害悪を認識していること，そして，②女性や子供に悪影響を与える売春行為をやめさせることで人間の尊

---

53) Department of Justice, *Statement by the Minister of Justice Regarding Legislation in Response to the Supreme Court of Canada Ruling in Attorney General of Canada v. Bedford et al* (2014), online: Department of Justice <http://news.gc.ca/web/article-en.do?nid=853709>.

厳とすべてのカナダ人の平等を保護すること，売春の需要を生むため買春を非
難し禁止すること，他人の売春を搾取することで経済的利益を得ることや売春
目的の周旋を非難し禁止することが重要であること，さらに，③カナダ議会は
売春に従事する者に対して，暴力事件の報告や売春から手を引くことを奨励す
ることを願い，売春に関連する害悪からコミュニティを保護しようとしている
こと，である。旧刑法典第210条，第211条そして第213条は，最高裁が示した
ように，ニューサンスの防止を目的としていたが，PCEPAでは新たにコミュ
ニティの保護，売春に従事している者の保護，そして売春による被害の軽減が
加えられた。

　こうした立法目的は，政府によって示された調査結果により裏付けされてい
る[54]。すなわち，売春を行うほとんどが女性か少女であり，さらにアボリジニ
などのような疎外されたグループに属する女性がその多くを占めていること[55]，
売春の世界に入りそこに依存し続けている人々は，貧困，弱者，教育の欠如，
児童の性的虐待など，社会経済的なさまざまな影響を受けていること[56]，売春
は暴力的，心理的危害の危険性が非常に高い活動であること[57]，売春はお金と
権力により得ることができるというメッセージを送信することで社会的に害悪
を与えること，女性や少女の尊厳を損なうこと，売春は人身売買や麻薬関連犯
罪などの多くの要因を介して悪影響を社会に与えていることなど[58]である。

---

54) Department of Justice, *Technical Paper: Bill C-36, Protection of Communities and Exploited Persons Act* (2015), online: Department of Justice <http://www.justice.gc.ca/eng/rp-pr/other-autre/protect/p1.html>.

55) Subcommittee on Solicitation Laws, *The Challenge of Change: A Study of Canada's Criminal Prostitution Laws* (2006), online: House of Commons <http://www.parl.gc.ca/content/hoc/Committee/391/JUST/Reports/RP2599932/justrp06/sslrrp06-e.pdf> at 10-13 [*Subcommittee on Solicitation Laws*].

56) *Ibid.* at 11-12.

57) *Ibid.* at 19-21.

58) Janine Benedet, *For the Sake of Equality: Arguments for Adapting the Nordic Model of Prostitution Law to Canada* (2014), prepared for: Women's Coalition for the Abolition of Prostitution, online: Vancouver Rape Relief & Women's Shelter <http://www.rapereliefshelter.bc.ca/learn/resources/sake-equality-arguments-adapting-nordic-model-prostitution-law-canada>.

(2) PCEPA の概要

それでは具体的に PCEPA はどういった行為の規制を行っているのであろうか。PCEPA により規制される行為は，刑法典の改正による形で行われており，次の行為が規制対象とされた。①いかなる場所においても買春を行い，またはその目的でコミュニケーションを行うこと（第286.1条）[59]，②①の犯罪に従事することから派生する利益を受領すること（第286.2条）[60]，③性的サービスを目的とした広告を行うこと（第286.4条）[61]，④性的サービスを目的とした周旋を行うこと（第286.3条）[62]，⑤性的サービスを販売する目的で，公共空間で，または公に開かれた場所において，その他，学校のグラウンドや遊び場，保育所においてコミュニケーションを行うこと[63]，など[64]である[65]。

またベッドフォード事件最高裁判決で違憲と判断された条文については，次のように規定されている[66]。まず「一般のみだらな家」の保有を禁じる第210条については削除せず，その代わりに，第197条 1 項の「一般のみだらな家」の定義から「売春」目的を除外したことで，売春宿は違法ではなくなった。また，売春の手引きをする者に対する規制を規定していた第212条は，全面的に廃止されたが，その代わりに，同条の内容は新設された第281.1条から第286.3

---

59) 違反者には，陪審によらない判決の場合18か月，起訴による場合は 5 年以下の禁固，初犯は500ドル，陪審によらない判決の場合は1000ドルの刑罰が科せられる。なお，犯罪が公の場所で行われた場合，罰金額は 2 倍になるとされている。

60) 違反者には，最高で10年の禁固とされているが，非搾取的な関係は例外とされている。

61) 違反者には，陪審によらない判決の場合18か月，起訴による場合は 5 年以下の禁固の刑罰が科せられる。なお，PCEPA では「性的サービス（sexual service）」という用語が用いられているが，同サービスの定義があいまいであるとの批判もあり，売春および買春との違いを明確に定義することができないため，本稿ではそのまま「性的サービス」とした。

62) 違反者には，最高で14年の禁固刑が科せられる。これらの行為には，勧誘し，拘束し，隠し，匿い，移動を制限し，指示し，影響を与えることにより周旋する行為が含まれる。

63) これらの行為は第213条 1 項および1.1項に規定されている。後掲注68を参照。

64) その他にも，児童買春や子供の人身売買を行うなどをすることや，武器を設計などが規定されている。

65) このうち，PCEPA の制定により新たな犯罪とされたのは，①性的サービスの購入と②金銭や利益の授受，③性的サービスの販売広告，④公の場所において性的サービスを売る目的でコミュニケーションを行うことである。既存の売春関連犯罪を再定式化したものは，①売春婦の周旋，②児童買春，③子供の人身売買である。

66) 法律の分類および新旧対照表については，*Legislative Summary, supra* note 10を参照。

条までの規定に切り替えられた。特に第286.2条は、買春等に従事することから派生する利益を受領することを禁じているが、その例外として、性的サービスを行う者がその受領者と合法的に共同生活を行っている場合、受領者の法的または道徳的義務の結果である場合、一般市民に提供されるのと同じ条件や事柄でのサービスや財の対価である場合、一般市民に提供するものではないが、性的サービスを依頼させるまたは勧めることなく、サービスや財の価値と均衡する利益であり、受領者から提供されるサービスや財の対価である場合が挙げられている[67]。このことから、基本的に売春に関与している人との正当な関係を有する者、たとえば、共同テナントや子供、扶養者をはじめ、受付、ドライバー、ボディー・ガードなどの従業員、または、インターネット・サービス・プロバイダーなどのような特定の企業などは、除外されることになる。最後に第213条1項は、「公の場所、またはいかなる公に開かれた場所において、性的サービスを提供、申出、または得ることを目的として、次のいずれかの行為を行った者は、陪審によらない判決で処罰できる罪とする。」（圏点、筆者）と改正された[68]。

　なお、自らの性的サービスの広告やそれによって得られた利益については処罰対象とされず、また自らの性的サービスを提供する場合に、前述の第286.1条から第286.4条までの犯罪を支援し、教唆し、共謀し、または企てる行為は犯罪とされず、性的サービスを行う売春従事者に対する適用除外も規定されている（第286.5条）。

67）なお、受領者が暴力や脅迫、強制し、信頼、権力関係を濫用し、薬物やアルコールを提供した場合などは除外される。
68）さらに、第213条1.1項を追加して、「公に開かれた場所であり、学校のグラウンドや遊び場、保育所やその近隣で、性的サービスを提供、申出、または得ることを目的として、コミュニケーションを行った者は、陪審によらない判決で処罰できる罪とする。」と規定している。

Ⅳ 「メイド・イン・カナダ」モデルの検討と憲法上の問題

1．PCEPA に対する評価

(1) 「メイド・イン・カナダ」モデルの意義

　これまで見てきたように，従来カナダでは，売春関連行為に関しては規制がなされたものの，売春も買春も法的に規制はされてこなかった。しかし，ベッドフォード事件最高裁判決が，①「みだらな家」の規制，②売春の手引きの規制，③客引き行為の規制を違憲としたことを受けて，政府と連邦議会はPCEPA を新たに制定し，買春に対する規制を導入することになった。政府はその際に，前述した「メイド・イン・カナダ」モデル[69]を採用したとするが，その内実は，性的サービスを売る者を搾取から保護すること，売春によって引き起こされる危害からコミュニティを保護すること，性的サービスに対する需要を減少させることを目的とするものであった。このことから，カナダでは売春従事者を搾取から保護しつつ，買春行為規制とコミュニティに対する危害への規制などを導入したことになる。裏返せば，売春行為は合法であり，また売春従事者は規制対象である買春の対象となったとしても罰せられず，さらに売春従事者は安全な方法で性的サービスを行うことを妨げられないことになる。また，ここでいう安全な方法とは，売春行為を独立または共同で行うことや，屋内での行為，搾取を行わない正当なボディー・ガードを雇うこと，学校のグラウンドや遊び場，保育所から離れた公の場所で安全な条件で売春の勧誘を行うことを意味している[70]。このように PCEPA については，買春行為が規制さ

---

69) Department of Justice Canada, *Protection of Communities and Exploited Persons Act* (2014), online: Department of Justice Canada <http://news.gc.ca/web/article-en. do?mthd=tp&crtr.page=1&nid=853729&crtr.tp1D=930>.

70) 詳細については，司法省のウェブサイトに掲載されている Q&A を参照。Department of Justice Canada, *Qs & As Prostitution Criminal Law Reform: Bill C-36, the Protection of Communities and Exploited Persons Act In force as of December 6, 2014* (2014), online: Department of Justice Canada <http://www.justice.gc.ca/eng/rp-pr/other-autre/c36faq/ c36faq_eng.pdf>.

れていることから，「北欧モデル」を模したものであるとの指摘[71]がなされている。それでは，この「メイド・イン・カナダ」モデルは，「北欧モデル」と同義なのであろうか。また，そこには問題はないのであろうか。

(2) 「北欧モデル」との比較

「北欧モデル」の原型は，スウェーデンの行った政策にある。1999年にスウェーデンは，世界で初めて買春を違法化し，「金銭の支払いと引き換えに，偶発的な(casual)性的関係を得ること」を違法とした[72]。またその他にも，セックスワークを促進または金銭的な搾取の目的で行うことや，性産業に女性を周旋する行為，性的サービスのためにある施設の使用を許可する行為を違法とした。このように，スウェーデンでは，買春の他にも(本人以外が)売春宿を営むことや，そこから利益を得ることが規制されたことにより，ほとんどの屋内での売春行為が規制され，多くの売春従事者が仕事を失い，刑事訴追を免れるために，自ら部屋を借り，高額な家賃を払うこととなったことが指摘されている[73]。こうした違法化の背景には，売春行為そのものを根絶するべきことや，買春を行う者(特に男性)が加害者であり，その対象となる者(特に女性)は，家父長制的な抑圧や男性の暴力，性的搾取からの被害者であり，処罰の対象とはならないとみなされていることなどがある[74]。またこの法律の施行後，路上での

---

71) Lauren Sampson, "'The Obscenities of this Country': Canada v. Bedford and the Reform of Canadian Prostitution Laws" (2014) 22 Duke Journal of Gender Law & Policy Volume 137 at 139 [*Sampson*].

72) *Penal Code*, S.F.S. 1962: 700 at Ch 6, s 11. なお，これらの犯罪に対しては，最長で1年の禁固刑が科される。

73) Sandra Ka Hon Chu & Rebecca Glass, "Sex Work Law Reform in Canada: Considering Problems with the Nordic Model" (2013) 51:1 Alta L Rev 101 at para. 3-4 [*Chu & Glass*].

74) なお，北欧モデルの紹介とその分析については，*Sampson, supra* note 71 at 153, Jay Levy & Pye Jakobsson, *Sweden's abolitionist discourse and law: Effects on the dynamics of Swedish sex work and on the lives of Sweden's sex workers*, online: <http://lastradainternational.org/lsidocs/3049-Levy%20Sweden.pdf>, *Chu & Glass, supra* note 73, *Subcommittee on Solicitation Laws, supra* note 55 at 71-76などを参照。またスウェーデン政府の英文の報告書として，Swedish Institute, *Selected extracts of the Swedish government report SOU 2010:49 : —The Ban against the Purchase of Sexual Services. An evaluation 1999-2008* (2010), online: Government Offices of Sweden <http://www.government.se/contentassets/8f0c2ccaa84e455f8bd2b7e9c557ff3e/english-translation-of-chapter-4-and-5-in-sou-2010-49.pdf> [*Swedish Institute*].

売春は明らかに減少したとされている[75]。

このように「北欧モデル」を概観してみると，PCEPA で採用されたモデルは，「北欧モデル」に極めて近いと考えられる。たとえば，当時の保守党政府の政策として，売春の根絶を目指しつつ，PCEPA が性的搾取から女性を保護することを立法目的の 1 つとして，具体的に買春行為を規制し，他人の売春により経済的利益を得ることなどについて規制を行っている点は，まさに「北欧モデル」を採用したと評価することができるであろう。ただし，「北欧モデル」との違いもある。PCEPA はその目的として，売春に関連する害悪からコミュニティを保護することを掲げている。同法は，公の場所における売春関連のコミュニケーションを規制することにより，特定の女性や子供のコミュニティのセーフガードとなること，より具体的には，売春に引き込まれる危険や暴力，薬物関連犯罪，組織犯罪などの危険からの保護をも目的としている。

PCEPA の前文によれば，従来その目的とされてきた売春に関わる行為がニューサンスや害悪を生み出すものであることに加えて，それが「女性や子供に悪影響を与える性的搾取の対象」であることが追加された[76]。これは，新たに搾取の対象となり得る女性の保護を規制の根拠としつつも，ニューサンスを規制目的とすることは維持し，そのニューサンスからの保護対象を具体化することで，売春の根絶を目指すものであると考えられる。こうした点から，純粋な「北欧モデル」だけではなく，売春により引き起こされる社会的害悪を認識し，「身体の安全」の保護とコミュニティの保護を盛り込んだ点が，「メイド・イン・カナダ」モデルということになろう。

(3) 「メイド・イン・カナダ」モデルの問題

しかし，「北欧モデル」には 3 つの問題が指摘されている。まず 1 つ目は「暴力」である。スウェーデンでは買春規制がなされたことにより，売春を求める客が逮捕を恐れ，インターネットや屋内での性交渉を求めるようになったため，売春従事者が人気のない路上で，さらに逮捕を恐れ，売春交渉を急ぐよ

---

75) *Swedish Institute, supra* note 74 at 20.

76) ただし，ベッドフォード事件最高裁判決によれば，売春の手引きの規制には搾取的な行為を規制する目的があるとされたため，従来の規制目的にも搾取からの保護は含まれていたが，売春規制全体の目的としては PCEPA により新たに追加されたものと考えられる。

うになり，交渉相手を慎重に選択できなくなることから，結果的に暴力の危険性が増したという[77]。また，2つ目の問題は「警察権の濫用と抑圧」であり，売春従事者は買春客を逮捕するために警察の質問や取締り，嫌がらせなどを受け，また売春を求める客を訴追する証拠として持ち物が没収されることもあるという[78]。最後に3つ目は，「HIV予防と健康」であり，買春を取り締まることで客が少なくなり，その交渉が困難になった売春従事者は，安価で交渉をはじめ，無防備な性交渉には値段を上げる交渉をすること，また警察により売春の証拠としてコンドームを押収されることを恐れるあまり，それを持たない傾向にあること，そしてその結果として売春従事者の健康状態がエイズなどの危機にさらされているという[79]。こうした問題は，買春規制を行っているカナダにおいても，当然のように起こり得る問題であろう。

　このようにこれらの問題は，「北欧モデル」と類似する「メイド・イン・カナダ」モデルについても指摘されうるが，果たしてこの「メイド・イン・カナダ」モデルには憲法上どのような問題があり得るのであろうか。次に同モデルの憲章上の問題点について検討を行う。

2．「メイド・イン・カナダ」モデルとベッドフォード事件最高裁判決との相反

(1) 「目に見えない」活動と「身体の安全」

　前述のように，ベッドフォード事件最高裁判決は，売春宿の規制，売春の手引きの規制，客引き行為の規制について違憲と判断し，これに対して連邦議会は，売春従事者が安全に売春に従事するために「身体の安全」を侵害しないようPCEPAを制定した。ただし，これらの規制は，「目に見える」活動の規制であり，実際には「目に見えない」場面で売春従事者に対しての危険があるとの指摘がある。つまり，「目に見える」売春従事者やその活動は減少したとしても，その客が（逮捕を恐れるなどの理由から）存在しないため，潜在的な客を勧

---

77) *Chu & Glass, supra* note 73 at paras. 7-8.

78) *Ibid.* at paras. 9-10.

79) *Ibid.* at paras. 11-13.

誘するために「目に見えない」場面での売春が行われる可能性があり[80]，その場面で暴力などの危険に遭遇する可能性がある[81]。また，暴力の危険のみならず，性感染症の危険性も指摘されている[82]。そのため，こうした「目に見える」活動に対する規制が，「目に見えない」活動を生み，そのことによって売春従事者の「身体の安全」を侵害するかが問題となる。

　ここで，ベッドフォード事件最高裁判決に立ち戻ると，同判決は売春宿の規制，売春の手引きの規制，客引き行為の規制が，売春従事者が安全に売春に従事することを妨げているため，憲章第7条が保障する「身体の安全」を侵害するとした。これをPCEPAに当てはめると，少なくとも指摘されうる場面において，同法は憲章第7条が保障する「身体の安全」を侵害する可能性がある。なぜなら，買春規制やコミュニティの保護のための規制が，売春従事者が安全に売春に従事することを妨げる，つまり危険な状況での売春行為を余儀なくされることになる可能性があるためである[83]。ベッドフォード事件最高裁判決は，その侵害について，目的との不均衡と，過度の広範性を理由に違憲と判断している。これをPCEPAとその規制により起こり得る問題に当てはめると，同法が搾取からの保護とコミュニティの保護，性的サービスに対する需要の減少を立法目的としていることに鑑みれば，その目的と前述した危険との関係で，その目的との均衡性を著しく逸脱しているかどうかが問題となるであろう[84]。

(2)　PCEPAと憲章上のその他の課題

　PCEPAに提起されている憲章上の問題は，憲章第7条の「身体の安全」をめぐる問題だけではない。たとえば，新たに導入された性的サービスの販売広告，性的サービスを売る目的でのコミュニケーションに対する規制を行うこと

---

80) 実際にカナダ，特にウィニペグで発生したこのような事例を取り上げ分析したものとしては，次のものを参照。Maya Seshia, "Naming Systemic Violence in Winnipeg's Street Sex Trade" (2010) 19 Canadian J. URB. RES. 1.

81) *Sampson, supra* note 71 at 155-157.

82) Canadian Public Health Association, *Sex Work in Canada: A Public Health Perspective* (2014), online: Canadian Public Health Association <http://www.cpha.ca/uploads/policy/sex-work_e.pdf>.

83) あくまでも可能性ではあるが，「目に見えない」場面での売春行為には危険が伴うことが指摘されている。*Shannon, supra* note 7.

84) *Bedford, supra* note 8 at paras. 130-159.

については，第7条だけではなく，憲章第2条b号が保障する表現の自由との問題も出てくる。

　もっともベッドフォード事件最高裁判決では，こうした先例拘束性を前提とし，売春照会事件によって憲章第2条b号に関わる合憲性は立証されていることから，売春規制に関する審査は，憲章第7条に基づく解決によって行われるとした[85]。そのため，売春規制に関わる表現の自由の議論は，すでに最高裁で決着を見たようにも思える。しかし，広告やコミュニケーション規制は，PCEPAによって新たに導入されたものでもあることから，表現の自由が問題となる余地もある。憲章第2条b号は，暴力やそうした表現以外の「意味を伝えまたは伝えようとする」行為をその保障内容としている[86]。そのため，幅広い表現がその保障範囲に含まれるが，もし憲章第1条に基づく立法目的と手段の審査により，憲章が保障する表現に対する規制(ここでは性的サービスの販売広告，性的サービスを売る目的でコミュニケーション規制)が正当化されなければ，その規制は違憲となる。この点で売春照会事件は，公の場所での客引きを憲章第2条b号が保障する表現の自由に含まれる表現であるとし，その規制については，社会的害悪(街路の混雑，騒音，通行人や見物人，特に子供に対するハラスメントなど)を根絶することが，表現の自由の制限を正当化する上で十分重要な政府の目的を有し，またその制限も合理的であるとして合憲と判断している[87]。これをPCEPAの新たな規制に当てはめると，性的サービスの販売広告と性的サービスを売る目的でのコミュニケーションは，それが暴力的なものを含まない限り，いずれも表現の自由の保障範囲に含まれうるが，その規制については，憲章第1条による判断が行われると考えられる。ただしその際には，その立法目的がその規制を正当化する上で十分重要な目的を有するものであるか，そして，その制限が差し迫ったものであり，目的と均衡しているかという点が判断されることになるであろう。

---

85) *Bedford, supra* note 8 at para. 47.

86) *Irwin Toy Ltd. v. Quebec*, [1989] 1 S.C.R. 927.

87) *Prostitution Reference, supra* note 23 at paras. 2-10.

V おわりに

　以上のように，2013年のベッドフォード事件最高裁判決は，売春宿の規制，売春の手引きの規制，客引き行為の規制を違憲と判断し，その後の2014年に連邦議会により搾取からの保護とコミュニティの保護，性的サービスに対する需要の減少を立法目的とする PCEPA が制定され，買春と公の場所でのコミュニケーションなどの規制がなされている。そして，この PCEPA については，憲章第7条だけではなく憲章第2条 b 号の問題点も残されているが，いずれにしても立法目的との均衡性などがその判断要素になることを指摘した。

　ただし PCEPA に関しては，本稿で検討した以外にもさまざまな問題がある。憲法論としては，対話理論[88]との関係で，最高裁違憲判決と連邦議会の関係をどのように理解するかという問題も出てくるであろうが，前述のように，ベッドフォード事件最高裁判決に対して連邦議会が正確な応答をしたかという点については疑問が残る。今後も，PCEPA に対する訴訟もあり得るであろうが，ベッドフォード事件最高裁判決で示されたように，裁判所が立法目的との均衡性の基準で判断することになるとすれば，「身体の安全」の侵害が認められる可能性もありうる。すなわち，裁判所の認定した立法目的と PCEPA との関係では，前述のように，均衡性を逸したとの判断が下される可能性があり得る。他方で，本稿では立ち入ることができなかったが，政策的な問題としては，売春の根絶ではなく非犯罪化することを求める議論[89]や，「ハーム・リダクション」政策[90]

---

88) カナダの対話理論については，佐々木雅寿『対話的違憲審査の理論』(三省堂，2013年)，高木康一「カナダ憲法学における『対話』理論──司法審査をめぐる議会と裁判所の関係」専修法学論集101巻(2007年)51頁などを参照。

89) たとえば，次のものを参照。Maria Nengeh Mensah & Cris Bruckert, *10 Reasons to Fight for the Decriminalization of Sex Work* (2012), online: < http://maggiestoronto.ca/uploads/File/10reasons.pdf >.

90) カナダでは1998年の「カナダ薬物戦略」から「ハーム・リダクション」政策を実施しており，公営の施設(INSITE)内で違法薬物を摂取することを合法化し，人体への悪影響の低減をはかる方策をとっている。Laura Barnett, Tanya Dupuis, Cynthia Kirkby, Robin MacKay, Julia Nicol, Julie Béchard, *Legislative Summary of Bill C-10: 4 Amendments to the Controlled Drugs and Substances Act [Bill C-10, Part 2, Clauses 32-33, 39-48 and*

についての検討[91]などがなされており，カナダにおける売春規制をめぐる議論はPCEPAの制定以降も活発になされている。また2015年10月19日の総選挙により，PCEPAを提案した保守党が破れ自由党が政権を担当しており，大幅な改正もありうる。売春をめぐる同法に対する議論については，今後の展開を見守る必要があるであろう。

50-51 (Former Bill S-10)] (2012), online: Parliament of Canada <http://www.lop.parl.gc.ca/About/Parliament/LegislativeSummaries/bills_ls.asp?ls=c10-04&Parl=41&Ses=1>. 特にカナダでは，「ハーム・リダクション」を擁護する最高裁判例がある。*Canada (Attorney General) v. PHS Community Services Society*, 2011 SCC 44, [2011] 3 S.C.R. 134.

91) Maria Powell, "Moving Beyond the Prostitution Reference: Bedford v Canada" (2013) 64 U.N.B.L.J. 187 at paras.39-43.

売春規制と自己決定
——アメリカにおける売春規制の理由

大林啓吾

「アメリカが，これだけ性に対する法律を次々に導入しなくてはならなかったのは，裏を返せば，それだけヴィクトリアニズムのマナー・コードに対する違反が横行していたことを示している。中でも性をめぐる建て前と本音の落差が象徴的に表れていたのは，売春である。」（鈴木透『性と暴力のアメリカ』〔中公新書，2006年〕35-36頁）

序

　売春はなぜ規制されるのか。この問いが提起される理由は保護法益の曖昧性または薄弱性に他ならない。売春はしばしば「被害者のいない犯罪(victimless crime)」と呼ばれる[1]。その意味で，この問題はわいせつ物規制に通じるところがある。売春規制もわいせつ物規制と同様，個人の保護法益に還元しえない余地を抱えているからである。他方で，売春は女性一般の尊厳を貶めるものであって，男性優位の社会に根付く構造的性差別の一環であるとの見解もある[2]。かかる観点からすれば，売春の犠牲者たる女性を保護するために売春業者を規

---

1) Katie Beran, *Revisiting the Prostitution Debate: Uniting Liberal and Radical Feminism in Pursuit of Policy Reform*, 30 LAW & INEQ. 19, 28 (2012).

2) Catherine A. MacKinnon, *Trafficking, Prostitution and Inequality*, 46 HARV. C.R.-C.L. L. REV. 271 (2011).

制すべきこととなり，売春規制の保護法益は売春婦ということになる。また，売春規制は売春を行った者を規制することもあれば，売春業者を規制することもあり，規制態様に応じた保護法益が提示されなければならない。

他面，売春は世界最古の専門職であると指摘されることもあり[3]，それを規制することは何らかの憲法上の自由を制約する可能性がある[4]。また，同意に基づいて自宅内で売春が行われる場合，それはプライベートエリアの問題ともなりうる。そうなると，そうした行為を規制することはプライバシー権を制約することになってこよう。

ともあれ，売春やわいせつ物が古来より物議をかもしてきたテーマである以上，その対応は国々の法文化に大きく左右される。アメリカの連邦最高裁がわいせつ物規制の合憲性の判断に現代コミュニティの基準[5]を用いてきたことに表されているように，性道徳の問題は時代や社会によって対応が異なりうるのである。

ゆえに，売春規制の憲法問題を考える場合には，判例法理のみならず，その国の歴史的経緯や議論状況を分析する必要がある。そこで本稿では，売春の是非をめぐる裁判例や議論が活発なアメリカを取り上げ，その特徴を明らかにしたい。具体的には，規制の歴史的経緯を概観した上で，その合憲性に関する判例法理の動向を考察し，憲法上の権利との関係や保護法益をめぐる議論について若干の検討を行う。

---

3) See, e.g., Jessica Drexler, *Governments' Role in Turning Tricks: The World's Oldest Profession in the Netherlands and the United States*, 15 DICK. J. INT'L L. 201 (1996).

4) これまで，売春規制の合憲性については十分検討されてこなかったが，最近では売春や風俗規制の憲法問題についても分析されるようになっている。その例として，中島徹「古典的自由主義の憲法哲学と風俗規制」阪本昌成先生古稀記念論文集『自由の法理』（成文堂，2015年）906頁や松井茂記「売春行為と憲法」同上『自由の法理』969頁が挙げられる。

5) わいせつ物該当性の判断につき，その時代のコミュニティの基準に照らしてその作品が好色的興味を喚起しているかどうかを一要素として判断することをいう。See Roth v. United States, 354 U.S. 476 (1957).

I　売春規制の歴史的沿革

1．赤線地帯

　売春の起源はメソポタミア文明やハムラビ法典にまで遡ることができるとも
いわれるが，「売春(prostitute)」という言葉自体はローマ時代にラテン語とし
て登場した概念とされており，ラテン語では「世間に明らかにする，販売のた
めにさらす」という意味があったと指摘されている[6]。販売のためにさらすと
いう意味が長じて体を売る行為という意味となり，その後，現在のように対価
と引き換えに性交を行うことを売春というようになったと推測される。もっと
も，売春の態様は様々であり，売春宿で行われることもあれば個人単位で行わ
れることもあり，また合法とされることもあれば違法とされることもあった。
以下では，アメリカにおける売春態様や規制方法を概観する。

　アメリカでは，植民地時代から売春行為自体は見られたが，田舎ではあまり
見かけることがなく，都市の一部に見られる程度であった[7]。しかし，19世紀
に入ると，労働移民が増え，もともと男性の人口が多かった状況に拍車をかけ
ることとなった。他方で，仕事にあぶれた移民の女性や未婚の女性は働き口を
探していた。こうして，ある種の需要と供給が一致し，売春業が拡大するよう
になった。

　その後，売春は商業化されるようになり，ますます拡大していった[8]。売春
宿が開かれたり，新聞で売春関連の広告が出されたり，街娼がみられたりする
ようになった。実際，多くの街に赤線地帯(red light districts)があった。サンフ
ランシスコ市のバーバリーコースト，ニューオーリンズ市のストーリービルな
どがその代表例として挙げられる。赤線地帯の売春は警察や一般市民から黙認
されていたのである。

　当時，売春婦は，貧しさにあえいでいたり病気を患っていたりするみじめな

---

6) Tesla Carrasquillo, *Understanding Prostitution and the Need for Reform*, 30 Touro L. Rev. 697, 698-702 (2014).

7) *Id.* at 702.

8) *Id.* at 703-704.

女(fallen woman)とみなされ，さげすまれていたとされる[9]。そのため，赤線地帯は堕落した女性とそうでない女性とを切り分ける境界線であった。他方で，売春婦は必要悪(necessary evil)であり，それがなければ道徳的な市民社会に潜むおそろしい闇の部分が解き放たれてしまうと考えられていた[10]。

しかし，その後，売春は，感染症蔓延の防止やうろつき防止の一環として，規制対象とされるようになった。たとえば，セントルイス市では，1870年に社会的害悪対策条例(Social Evil Ordinance)が制定され，内科医に売春婦の医療ケアを行うようにチームを作らせたり，性病に感染した女性を治療する病院を開設したりした[11]。

2. 白人奴隷の噂

こうして，徐々に売春は規制されるようになったが，赤線地帯が廃止されるきっかけとなったのは，白人奴隷(white slavery)の噂であった。19世紀末〜20世紀初頭に，アメリカの白人女性をかどわかして売春婦にする国際犯罪があるという疑惑が持ち上がったからである[12]。19世紀末に広まったこの噂は，女性が強制的に外国に売り飛ばされているという内容として広がり，一気に「売春＝犯罪」というイメージが社会に根づいていった。

この噂が広がりやすかったのは，アメリカのみならず，ヨーロッパにおいても同様の噂があったからであると推測される。実際，この噂はヨーロッパで大きな関心を集め，国際協定が締結された[13]。1904年には婦女売買取締に関する国際協定(International Agreement for the Suppression of the "White Slave Traffic")，1910年には婦女売買禁止に関する国際条約(International Convention for the Suppression of the White Slave Traffic)が締結されている。

---

9) Peter C. Hennigan, *Property War: Prostitution, Red-Light Districts, and the Transformation of Public Nuisance Law in the Progressive Era*, 16 YALE J.L. & HUMAN. 123, 153 (2004).

10) *Id.* at 155.

11) Carrasquillo, *supra* note 6, at 703.

12) Hennigan, *supra* note 9, at 157.

13) Elizabeth Warner, *Behind the Wedding Veil: Child Marriage as a Form of Trafficking in Girls*, 12 AM. U. J. GENDER SOC. POL'Y & L. 233, 258 (2004).

また，こうした噂がアメリカ国内でまことしやかに語られたのは，「奴隷」という言葉が放つインパクトが強かったからである。19世紀末のアメリカでは，南北戦争と再建期を経て奴隷禁止という社会秩序が不完全とはいえ一応の建前として存在していた。ゆえに，連邦法は，1875年に売春目的で女性をアメリカに入国させることを禁止し[14]，1903年の修正ではそうした行為を重罪とした[15]。また，1907年には，売春や不道徳な目的で外国人女性を入国させることを重罪としている[16]。これらの法律は，奴隷として働かせるために外国人を入国させることを禁止するものであり，その一環として売春も奴隷的行為に当たるとみなされていたといえる。

　このように，売春も奴隷と同じく強制労働の一種とみなされる傾向にあり，白人女性が売春させられているかもしれないという噂はその真偽を確かめるまでもなく「白人奴隷」という衝撃的な表現によって社会に大きな影響を与えたのである。

3．マン法の成立

　白人奴隷の噂により，市民は社会秩序や社会道徳を維持するために売春規制が必要であると考えるようになった。売春婦は被害者であるという認識が広まり，保護されるべき対象になったのである[17]。

　こうして制定されたのが，1910年の婦女人身売買禁止法(White Slave Traffic Act)[18]であった。当初，下院の移民帰化委員会(House Committee on Immigration and Naturalization)で外国との人身売買を禁止する一環として売春規制の強化をはかることが審議されていたが，下院の州際及び外国通商委員会(House Committee on Interstate and Foreign Commerce)がこれを引き継ぎ，売春などの不道徳な目的で外国人女性を外国に移動させたり州と州の間を移動させたりす

---

14)　18 Stat. 477 (1875).

15)　32 Stat. 1213 (1903).

16)　34 Stat. 898 (1907).

17)　Laura Elizabeth Brown, *Regulating the Marrying Kind: The Constitutionality of Federal Regulation of Polygamy Under the Mann Act*, 39 McGEORGE L. REV. 267, 277 (2008).

18)　Act of Congress of June 25, 1910, c. 395, 36 Stat. 825 (codified as amended at 18 U.S.C. §§2421-2424).

ることを禁止する法案(HR 12315)を提出した[19]。その後, 外国人女性に限らず, すべての女性を対象にすることになり, 売春などの不道徳な目的で女性を別の州や外国に連れていくことが重罪とされた。こうして成立した同法は, 下院議員マン(James Robert Mann)が草案を提出したことから, マン法(Mann Act)と呼ばれている。

マン法は8条からなっており, 州際通商や国際通商上の移動にかかる形で女性に売春をさせることを禁止している。たとえば, 同法2条は, 州際通商, 国際通商, コロンビア特別地区内で故意に売春, 放蕩(debauchery), その他不道徳な目的(any other immoral purpose)のために女性または少女を移動させることを重罪とし, 5千ドル以下の罰金もしくは5年以下の懲役, または併科を科すとした[20]。また, 同法3条は, 女性や少女に売春等を強制したりそそのかしたり説得したりして州の間等を移動させた場合も重罪とし, 2条と同様の罰則を設けている[21]。

法案審議の記録によれば, 強制売春は奴隷と同様であり, それを行わせた者を罰する必要があることがマン法の目的と考えられていた[22]。ただし, 売春を強要されていた女性がどのくらい存在していたのかは検討されていない[23]。つまり, 白人奴隷の噂が引き起こしたモラルパニックを発端として制定されたことから, 実際に強制売春が存在していたかどうかは不明だったのである。そのため, 害悪の実態が不明であるにもかかわらず, 連邦政府が道徳的目的によって売春規制を行うことができるかという問題があった。なぜなら, アメリカの連邦制の下では州が第一次的な規制権限を有しているため, 連邦政府が規制することができるのは憲法によって認められた事項に限られており, 連邦政府が売春規制を行うことができるかという問題が生じるからである。つまり, 売春規制自体の合憲性の問題以前に, 連邦制の問題として, 連邦政府が売春規制を行うことができるか否かという問題が浮上したのである。

---

19) White Slave Traffic Act, H.R. Rep. 47, 61st Cong., 2d Sess., at 1 (1909).

20) Section 2 of c. 395, 36 Stat. 825.

21) Section 3 of c. 395, 36 Stat. 826.

22) Michael Conant, *Federalism, the Mann Act, and the Imperative to Decriminalize Prostitution*, 5 CORNELL J.L. & PUB. POL'Y 99, 109 (1996).

23) *Id.*

1913年の Hoke v. United States 連邦最高裁判決[24]では，まさにマン法が連邦政府の権限を逸脱しているかどうかが争われた。他州に行って売春をするように誘引した疑いで起訴された被告人は，マン法が連邦議会の権限を逸脱しているのではないかとしてその合憲性を争った。これについて連邦最高裁は，合衆国憲法は州際通商条項[25]により，州と州との間をまたぐ通商問題について，連邦政府に規制権限を付与しているので，マン法が州際通商条項の範囲を逸脱していないかという問題を検討した。連邦最高裁は，州政府が道徳的理由で売春を規制することができるとした上で，連邦政府も公共の福祉や道徳維持のために規制する権限を有するとし，連邦議会は州際移動に関する規制に付随する形で警察的規制を行うことができるとしてマン法の合憲性を認めた。

こうして，連邦議会が州際移動を伴う売春を規制できることが認められたため，その後はマン法の適用範囲の問題が争われるようになった。

1915年の United States v. Holte 連邦最高裁判決[26]では，女性が別の被告人と共謀して売春目的で州を移動することも規制対象になるとし，その女性自身も共犯になるとした。

また，1917年の Caminetti v. United States 連邦最高裁判決[27]では，売春に当たらない不道徳な行為を規制することが問題となった。ここでは 3 つの事件が併合的に審理されたが，主に女性を不道徳な目的で他の州に移動させたりそれを援助したりすることが問題となった。連邦最高裁は，連邦議会が不道徳な行為を規制対象としたのは売春に類似した行為を取り締まろうとしたからであるとし，女性を商品として扱うなどの目的はそれに当たるとした。単に不道徳な目的を抱いて州際移動を行う場合にはこれを規制することはできないが，売春類似行為という不道徳な行為については規制可能であるとしたのである。

しかし，これに対してマッケナ(Joseph McKenna)裁判官は，不道徳な行為という文言は包括的な言葉であり，同法の目的を超えて適用される危険性がある

---

24) Hoke v. United States, 227 U.S. 308 (1913).

25) 合衆国憲法 1 条 8 節 3 項は，連邦議会の権限として，「外国との通商，州際通商及びインディアン部族との通商を規制すること」を認めている。

26) United States v. Holte, 236 U.S. 140 (1915).

27) Caminetti v. United States, 242 U.S. 470 (1917).

という反対意見を執筆している[28]。

　売春以外の目的であっても，それが不道徳な目的である場合には規制対象になることが示されたため，マン法の適用が広範囲に及ぶこととなった。たとえば，一夫多妻制を採用するモルモン教徒が複数の妻を連れて他州に移動したこともマン法違反で起訴されるケースも出てきた。この問題が争われた1946年のCleveland v. United States 連邦最高裁判決[29]では，マン法の適用は営利目的の性交に限定されず，一夫多妻における性交も不道徳な目的に含まれるとして有罪判決を下した。

　このように，マン法の合憲性については主に連邦議会の通商権限の問題として争われ，その適用範囲も含め，連邦政府の権限の範囲内であることが示された。

4．パブリックニューサンス

　マン法が州際移動や外国移動に限って規制しているのは，本法が連邦法だからである。そのため，実質的な売春規制は州がその主体となる。20世紀初頭のアメリカでは，アルコールの取締りと連動するかのように，売春に対する取締りの要望が強まり，各地で赤線禁止法が制定されるようになった。1909年のアイオワ州の赤線禁止法[30]を皮切りに，1919年までには41の州で赤線禁止法が制定された[31]。アイオワ州の赤線禁止法は，売春宿をパブリックニューサンス（Public Nuisance）とし，公務員に限らず個人も売春宿の所有者や運営者に対してその差止めを求めて裁判所に訴えることを可能にした[32]。

　このように，売春がパブリックニューサンスと位置付けられたのには理由がある[33]。パブリックニューサンスとは，公共に共通する権利に対する侵害のことをいう[34]。パブリックニューサンスに対する救済は，刑事訴追によって行わ

28）*Id*. at 496-503 (McKenna, J., dissenting).

29）Cleveland v. United States, 329 U.S. 14 (1946).

30）1909 Iowa Acts ch. 214.

31）Hennigan, *supra* note 9, at 127.

32）*Id*. at 167.

33）*Id*. at 129-130.

34）なお，英米法辞典によれば，つぎのように定義されている。「公共一般に共通の権利に対

れた。このようにパブリックニューサンスは刑事訴追の対象になることから，それは国王の平穏を侵害するものとみなされた。その後，19世紀末になると，アルコールがパブリックニューサンスの対象とされるようになった。このように，アルコールが社会的害悪としてパブリックニューサンスの対象になっていたことは，当時の進歩派や道徳派の動きと重なる形で，売春(宿)をパブリックニューサンスとみなすことにつながったといえる。そのため，アイオワ州が他州に先駆けて赤線禁止法を制定することができたのは，すでにアルコール禁止法が存在していたことから社会秩序立法として売春規制を行いやすくなっていたことがその理由に挙げられている[35]。

　このように，売春をパブリックニューサンスとみなす理由は社会秩序というかなり抽象的な利益に基づくものであり，なぜ売春が社会秩序を乱すのかはわかりにくい。ただし，具体的な被害が生じているケースもあり，それがパブリックニューサンスの拡大に寄与したとされる事案もある[36]。シカゴの売春宿(Bawdyhouse)が問題となった Otis v. Bireley 事件[37]では，売春宿をパブリックニューサンスと位置付けようと試みられた。イリノイ州では，見た目と音による被害がなければ，パブリックニューサンスとして認められないことになっていた。そこで原告側が売春宿の隣の建物の所有者を説得して，同建物からは深夜でも明るい部屋でみだらな行為が行われている光景が見えてしまうとし，それがパブリックニューサンスに当たるとして訴えを提起した。裁判では，被告側が出廷しなかったため，その売春宿の差止めが認められる結果となった。

　この事件では具体的な損害が生じているわけであるが，こうした事案が積み重なって，売春宿の存在自体が社会秩序にとって害悪であるとみなされ，パブリックニューサンスとなっていった側面があったといえよう。

　する不当な侵害をいう」。田中英夫編『英米法辞典』(東京大学出版会，1991年)683頁。

35)　Hennigan, *supra* note 9, at 167.

36)　*Id.* at 164-166.

37)　Otis v. Bireley (Ill. Cir. Ct. 1912).

5．限定的に売春を認めている州

　現在，一定の要件の下で売春を合法としている州が1つある[38]。ネバダ州である[39]。もっとも，ネバダ州はすべての地域で売春を認めているわけではなく，一部地域の売春宿における売春しか認めていない。なお，ネバダ州はカジノで有名なラスベガスを抱える州であるが，ラスベガスでは売春は違法となっており，地域によって認められる娯楽・風俗産業を分けているところが特徴でもある。

　ネバダ州は山と砂漠が多くを占めており，古くから鉱業が盛んな地域で有名である。かつては金や銀を掘りに来る人が多数押し寄せ，19世紀はそうした人々で賑わった。それに伴い，ギャンブルや売春などの娯楽・風俗業も盛んであった[40]。しかし，金の産出量が減り始めると賑わいも薄れるようになり，娯楽・風俗産業を認めるインセンティブが弱くなった。そのため，19世紀末にはギャンブルや売春が規制されるようになった。この時期は，他州でも売春規制の動きがみられた時期でもあり，そうした状況もネバダ州を売春規制に向かわせる要因となった。1881年，ネバダ州議会は各郡に非商業地区における売春宿の規制権限を付与した。その後，主要街路や学校から100ヤード以内のエリアで売春宿を営むことが禁止された。

　1937年には，州の保険局（Board of Health）が売春宿に対して毎週の淋病検査と毎月の梅毒検査を課すようになった[41]。1979年，州議会は売春宿の広告を禁止する法律を制定し[42]，1987年には売春宿以外での売春を違法とした[43]。

　こうした州法の動きに対し，郡では赤線地帯を設けて売春を認めているとこ

38）Alysa Castro, *Better in Theory: The Road to Prostitution Reform in Pennsylvania*, 9 RUTGERS J.L. & PUB. POL'Y 37, 45 (2012).

39）Daria Snadowsky, *The Best Little Whorehouse is Not in Texas: How Nevada's Prostitution Laws Serve Public Policy, and How Those Laws May Be Improved*, 6 NEV. L.J. 217 (2005). 以下のネバダ州の売春規制の概観については，この文献に依拠している。

40）James R. Stout & Thomas S. Tanana, *Could California Reduce AIDS by Modeling Nevada Prostitution Law?*, 2 SAN DIEGO JUSTICE J. 491 (1994).

41）Nev. Admin. Code ch. 441A, 800.

42）Nev. Rev. Stat. 201.430-40.

43）Nev. Rev. Stat. 201.354.

ろがあった[44]。16区(16 Block)と呼ばれるラスベガスの赤線地帯が有名である。しかし，その後，クラーク郡コミッショナー委員会(Board of Commissioners of Clark County)は16区をパブリックニューサンスとみなし，閉鎖するように命じた。これについて売春宿の所有者は委員会にそのような権限はないとして当該命令の差止を求めて訴訟を提起した。Kelley v. Clark City ネバダ州最高裁判決[45]は，売春宿のような不衛生施設をパブリックニューサンスとして規制することはネバダ州法[46]の権限の範囲内であるとして，閉鎖命令を認めた。

また，Cunningham v. Washoe County ネバダ州最高裁判決[47]でも，州法に基づき，郡が売春宿を規制することができるか否かが問題となった。この事件では，ワショー郡がネバダ州法のパブリックニューサンス規制に基づき，郡内の売春宿に対して使用を禁止するために裁判所命令を請求したところ，それに対して所有者が州法はそのような権限を付与していないと反論して裁判になったケースである。所有者は，州法の定める売春宿規制は公立学校や教会から400ヤード以内を規制しているのであって[48]，本件建物はそれに該当しないのであるから合法であると主張した。これについて州最高裁は，州は州法2043条に基づき，9051条に定めるパブリックニューサンスを規制することができるとし[49]，本件使用禁止命令の合法性を認めた。

もっとも，第2次世界大戦が終了して衛生面での問題が解消されていくと，徐々に田舎の地域を中心に売春宿の許可が再び下りるようになった。ネバダ州は，田舎に限定して売春宿を認める政策に舵をきり，1971年には20万人以上の人口を抱える郡で売春宿の許可を与えることを禁止した[50]。その後，1980年までには，ライオン(Lyon)，チャーチル(Churchill)，ミネラル(Mineral)，ランダー(Lander)，エスメラルダ(Esmeralda)，ナイ(Nye)などの郡で売春宿の許可が

---

44) なお，州法により，郡の許可委員会(license board of the county)が売春宿の許可権限を有している。*See* Nev. Rev. Stat. Ann. § 244.345.

45) Kelley v. Clark County, 127 P.2d 221 (Nev. 1942).

46) Nev. Comp. Laws 2043.

47) Cunningham v. Washoe County, 203 P.2d 611 (Nev. 1949).

48) Nev. Comp. Laws 10193, 10194.

49) Nev. Comp. Laws 2043, 9051.

50) Nev. Rev. Stat. Ann. § 244.345. 現在は70万人となっている。

下りるようになった。

ただし，先例が示すように突如として売春宿がパブリックニューサンスとして認められなくなるおそれがあり，実際閉鎖を命じられるケースが登場し，再び裁判になった。郡の委員会がパブリックニューサンスに当たるとして売春宿を排除しようとした事件において，Nye County v. Plankinton ネバダ州最高裁判決[51]は，1971年州法によって人口要件を満たす地域に売春宿が認められるようになったのは，売春宿がパブリックニューサンスに当たらないとしたものであるとして，委員会の請求を認めなった原審の判断を認容した。

とはいえ，郡独自の売春規制が許されなくなったわけではない。1971年法が売春宿をパブリックニューサンスではないとしても，具体的な規制態様は地域レベルに委ねられた可能性があるからである。Kuban v. McGimsey ネバダ州最高裁判決[52]ではまさにこの点が争われた。リンカーン郡行政院会(Lincoln County Board of Commissioners)は売春宿の数を規制する条例を制定したことから，売春宿閉鎖によって職を失うことになる売春婦らがデュープロセス侵害であるとして条例無効の宣言と差止を求めて訴えた。州最高裁は，まず，本件条例は売春宿をパブリックニューサンスとするものではないとして Nye County v. Plankinton 判決との区別をはかった上で，1971年法は売春宿規制を先占したわけではなく，むしろその規制内容は地方に任せられているとした。つぎにデュープロセス違反については，本件条例が公の道徳，安全，福祉を守るための正当な警察権限(police power)の規制であり，そのために売春宿の数を減らすことは合理性があるとし，売春婦の財産を不合理に奪っているわけではないとした。

なお，ネバダ州同様，2009年まで一定の売春行為を認めていた州があった。ロードアイランド州である。ロードアイランド州では，屋外や車での売春及び勧誘行為を除き，売春を認めていた[53]。つまり，屋内での売春や一定の売春宿での売春は合法とされていたのである。しかし，2009年，それを改める法律が

---

51) Nye County v. Plankinton, 587 P.2d 421 (Nev. 1978).

52) Kuban v. McGimsey, 605 P.2d 623, 627 (Nev. 1980).

53) Lauren M. Davis, *Prostitution*, 7 GEO. J. GENDER & L. 835, 836-837 (2006).

制定されたことから，現在では売春が違法とされている[54]。

2009年改正前のロードアイランド州の売春制度は，屋内での売春を認めていた点が興味深い。屋内での売春を認めていたのは，ある意味，プライベートエリアの性的事項について政府が干渉しないことを示していたようにも受け止められるからである。

II 売春規制とプライバシー権の対立をめぐる裁判

以上のように，売春については連邦と州の両方において規制されており，連邦法による売春規制の合憲性については連邦議会の適切な権限行使であるとして合憲とされている。もっとも，売春規制が憲法上の権利を侵害しないかどうかについてはまだ判断されておらず，その後，連邦最高裁が実体的権利の保障や編入理論などを活用していくようになると，権利侵害の問題として裁判になった。

1．Texas v. Lawrence 判決の射程
売春規制の合憲性を直接判断した連邦最高裁の判断は存在しないが，下級審レベルでは存在する。その際，売春が修正14条によって保護された私的行為といえるかどうかが主な争点となるが，それを判断するにあたり，2003年のTexas v. Lawrence 連邦最高裁判決[55]の射程をどのように捉えるかという問題が必ずといっていいほど取り上げられている。そこで，まずは，Lawrence 判決の内容を確認しておく。

この事件では，同性同士のソドミー行為を犯罪とするテキサス州法の合憲性が争われた。連邦最高裁は，テキサス州法によって規制されている行為は多くの国で自由とされているものであるとし，ソドミー禁止法を合憲とした

---

54) Rhode Island: New Prostitution Law, N.Y. Times, Nov. 3, 2009, *available at* http://www.nytimes.com/2009/11/04/us/04brfs-NEWPROSTITUT_BRF.html
55) Lawrence v. Texas, 539 U.S. 558 (2003).

Bowers v. Hardwick 連邦最高裁判決[56]を覆した[57]。その上で，テキサス州の規制は刑事罰を含んでいるのでスティグマを押し付けることになり[58]，私的領域を侵害することを正当化するだけの合理性があるとはいえないとして違憲であるとした[59]。

このうち，売春規制の合憲性との関係で問題になるのは，本件が認めた自由の射程である。これをどのように理解するかは判断が分かれるところなので，より忠実に検討するために関連する部分を抜粋する。

> 「本件は未成年者に関係するものではない。本件は損害を受けたり強制されたりしている可能性のある者や容易には同意を断れない状況にある関係におかれた者にも関係しない。本件は公の場での行為や売春にも関係しない。本件は政府が同性愛者の求める関係に対して正式な承認を与えなければならないかどうかにも関係しない。本件は，完全にお互いの同意の下に，同性愛というライフスタイルにおいて一般にみられる性行為を行った2人の成人に関するものである。請求人らは自分たちの私的な生活が尊重される資格があると主張している。州は彼らの私的な性行為を犯罪にすることで彼らの存在を貶めたり彼らの尊厳を統制したりすることはできない。彼らのデュープロセス条項に基づく自由の権利は政府の介入なく自分たちの行為を行うのに十分な権利を与えている。"政府が入ってはならない個人的な自由の領域があることは憲法の約束するところである"(Casey, supra, at 847, 120 L Ed 2d 674, 112 S Ct 2791.)。テキサス州法は個人的で私的な個人の生活への介入を正当化する正当な州の利益を促進するものではない」[60]。

要約すれば，本件は，成人が相互の同意の下に同性愛行為を行うことは私的な自由に該当するものであり，それに刑事罰を科すテキサス州法は正当性がないとしたのである。ここでは，①成人が，②同意に基づき，③私的な性行為をすることが認められているが，それが一般論として認められるとしたのか，それとも同性愛行為に限定して認められたのかは定かではない。しかも，刑事罰

---

56) Bowers v. Hardwick, 478 U.S. 186 (1986).
57) 539 U.S. at 577-578.
58) *Id.* at 575.
59) *Id.* at 578.
60) *Id.* at 578.

売春規制と自己決定　　145

を科すことが認められなかったとみることもでき，その射程をめぐっては争いがある。

売春との関係で問題になるのは，「本件は公の場での行為や売春にも関係しない（It does not involve public conduct or prostitution）」と述べた部分である。これだけをみると，売春は別問題であり，本件でいうところの私的な自由には当たらないように見える。他方で，本件が私的行為であることを重視していること，そして同じく本件と関係ないとされた同性婚については2015年のObergefell v. Hodges 連邦最高裁判決[61]によって認められていることからすると，売春についてもプライバシーの射程に入る余地がありそうである。

このように本件の射程の読み方は難しいところがあるものの，売春規制の合憲性を判断する際には欠かせない先例であり，下級審は本件に触れながら売春規制の合憲性を判断する傾向にある。

2．州裁判所の判断

州裁判所のケースでは，イリノイ州とハワイ州の判決が Lawrence 判決との関係に言及しながら売春規制の合憲性を判断している。

まずは，2004年のイリノイ州で問題となった People v. Williams イリノイ州控訴裁判所判決[62]からみてみる。2001年，潜入捜査官が街を歩いていたウィリアムズ（Dona L. Williams）に声をかけ，車に乗るように誘ったところ，車の中でウィリアムズは捜査官に30ドルでオーラルセックスを持ちかけた。そのため，ウィリアムズはイリノイ州刑法11-14（a）違反で逮捕された[63]。事実審でウィリアムズは４年の懲役刑の判決を受けた。そこでウィリアムズが，州が禁止している行為は修正14条で保護された行為であり，該当規制は違憲であるとして控訴した。

イリノイ州控訴裁判所は，まず，「本件のように，立法が基本的権利や疑わしい分類に影響を与えていない場合，裁判所は合理性のテストに基づいて法律を審査する。デュープロセスの問題について合理性の審査を耐えるためには，

61）Obergefell v. Hodges, 135 S. Ct. 2584 (2015).
62）People v. Williams, 349 Ill. App. 3d 273 (2004).
63）720 ILCS5/11-14(a). 本法は，売春関連行為を持ちかける行為も売春に当たるとしている。

問題となっている法律は正当な立法目的との合理的関連性を証明し，恣意的でも差別的でもないことを示せばよい」[64]とした。

そして，People v. Johnson, 60 Ill. App. 3d 183 (1978) を引用し，先例がどのような判断を行ったのかを確認する。Johnson 判決は，売春規制の合憲性について合理性のテストを適用し，売春規制は人々の安全，衛生，福祉を守るという正当な目的に仕えるものであるとして，合憲であると判示したものである。

イリノイ州控訴裁判所は，Johnson 判決の判断結果は本件でも採用できるものであるとしながらも，「イリノイ州は法律で定義された行為を規制する正当な政府利益を有する。なぜなら本法は州が公の福祉を守ろうとする有効なものであり，それはウィリアムズの憲法上の権利を侵害しないからである」[65]と判断した。

このようにイリノイ州控訴裁判所は，州の売春規制が公の福祉を守るものであることから，ウィリアムズの権利を侵害することにはならないとしたわけであるが，これに対してウィリアムズは，Lawrence 判決が合意に基づく家庭内のソドミー行為を処罰するテキサス州法を違憲としたことを持ち出し，売春も憲法上保護されていると反論した。そのため，イリノイ州控訴裁判所はLawrence 判決との関係についても言及した。

イリノイ州控訴裁判所は，「ウィリアムズの Lawrence 判決に依拠した主張には誤りがある。ウィリアムズは自らの行為を成人間の同意に基づく私的な性行為であるとする。しかし，州が主張するように，ウィリアムズの行為は性の営利的販売といっても差支えないものである。Lawrence 判決は，売春行為を検討対象から外した(本件は公の場での行為や売春に関係するものではない123 S. Ct. at 2484)。さらに，イリノイ州法の起草者は，立法の主な関心事項である性の商業的販売と私的で非営利的な行為とを区別するために法律の文言を注意深く設定した」[66]とし，本法を合憲とした。

つまり，Lawrence 判決が保護したのは私的で非営利的な性行為であって，売春のような営利的性行為を保護したわけではなく，売春は憲法上保護された

---

64) 349 Ill. App. 3d at 274.

65) *Id.* at 275.

66) *Id.* at 275-276.

ものではないとしたのである。

つぎに，売春に限らずマリファナや同性婚など様々な事柄がプライバシー権の問題として裁判で争われやすいハワイ州のケースをみてみよう[67]。ハワイ州最高裁が最初に売春規制の合憲性を判断したのが，1983年の State v. Mueller ハワイ州最高裁判決[68]であった。ハワイ州では，「何人も他者に見返りを伴う性行為をし，又はそれに同意し若しくはそれを行うことを申し出た場合，売春罪に処する」[69]として，売春行為を禁止している。この事件では自ら売春を申し出ていないものの自宅で売春を行ったことで起訴された被告人が本件起訴はプライバシー権を侵害するものであると主張し，その合憲性が争われた。ハワイ州最高裁は，プライバシー権を保障するハワイ州憲法1条6項[70]の制定過程[71]を振り返りながらそれが個人の自由な選択を保障するものであることを確認した上で，売春を犯罪にする強い理由は見当たらないとしながらも，プライバシー権は売春行為を保護していないとした。その結果，合理性のテストを適用してその合憲性を認めた。この事件は，Lawrence 判決が登場する前の事件だったこともあり，主としてハワイ州憲法のプライバシー権条項との関係で判断されたが，Lawrence 判決が下された後の事件では，再度，売春規制とプライバシー権との関係について判断されることとなった。

それが2007年の State v. Romano ハワイ州最高裁判所判決[72]である。2003年1月18日，ハワイ州の警察官タリオン（Jeffrey Tallion）は，ワイキキエリアで売春の捜査をしていた。タリオンは，マッサージ広告を見つけ，電話をかけて出張マッサージを予約した。タリオンはロマノ（Pam Ann Mary Leilani Romano）（被告人）とホテルの前で待ち合わせ，タリオンの部屋に移動した。タリオンは出

---

67) Jon M. Van Dyke & Melissa Uhl, *The Moon Court ERA: Hawaii's Right to Privacy*, 33 HAWAII L. REV. 669 (2011).

68) State v. Mueller, 66 Haw. 616 (1983).

69) HRS § 712-1200.

70) Article I, Section 6 of the Hawaii Constitution. 同条は，やむにやまれぬ利益がなければプライバシー権を侵害することができないと規定している。

71) Quoting Comm. of the Whole Rep. No. 15, in 1 Proceedings of the Constitutional Convention of Hawaii of 1978, at 1024 (1980).

72) State v. Romano, 114 Haw. 1 (2007).

張マッサージ代が100ドルであることを確認し，他に何かできないかと被告人に尋ねた。被告人が何を望んでいるのかをタリオンに聞いたところ，タリオンは「性行為(blowjob)」と答えた。被告人が「手でならできるよ(No, hands only)」と答えたため，タリオンが値段を聞いたところ，プラス20ドルで可能だと答えた。タリオンは仲間の警官に連絡し，被告人を売春容疑で逮捕した[73]。

　裁判において被告人は，Lawrence 判決が婚姻者と未婚者の間の肉体関係が修正14条において認められた自由であるとし，同意に基づく私的な性行為に対して刑事罰を科してはならないとしたはずであると主張した[74]。

　これに対して多数意見は，売春のような営利的な性行為は Lawrence 判決において自由の利益として認められなかったとする[75]。多数意見によれば，Lawrence 判決はソドミーのような特定の性行為に対して刑事罰を科すことが正当な政府の利益を逸脱しているとしたのであって，営利的な性行為をその対象に含んだわけではないという。そのため，Lawrence 判決をもって売春行為が憲法上保護されたとみなすのは誤りであるとした。

　これに対してレビンソン(Steven Levinson)判事は反対意見を執筆した[76]。反対意見は，Lawrence 判決が私的な行為を重視していたとし，政府が私的な場面に介入できないことを示したものであるとする[77]。その上で，Lawrence 判決が売春行為を保護の射程から外したとみなす側の根拠としてしばしば引用される部分を取り上げる。その部分とは，「本件は未成年者に関係するものではない。本件は損害を受けたり強制されたりしている可能性のある者や容易には同意を断れない状況にある関係におかれた者にも関係しない。本件は公の場での行為や売春にも関係しない」[78]と述べた箇所である。反対意見によれば，Lawrence 判決のこの部分は，成人間の同意に基づく私的な性行為を保護の対象とすることを述べた箇所であるという。だからこそ，Lawrence 判決は公に

73）HRS 712-1200; 707-700. ハワイ州法は，性行為のみならず，性交類似行為をすることも売春行為としている。

74）114 Haw. at 8-9.

75）*Id*. at 9-10.

76）*Id*. at 14-23 (Levinson, J., dissenting).

77）*Id*. at 17-18.

78）*Lawrence*, 539 U.S. at 578.

行われる売春を保護の対象から外したというのである。したがって，Lawrence 判決は営利の有無は関係なく，同意に基づく私的な性行為を保護しているとし，被告人の行為は憲法上保護された行為であるとする。

　また，反対意見は，私的な売春を認めたからといって，公的な場での規制ができなくなるわけではなく，街娼などを規制することは憲法に反することにはならないとし，私的な売春を認めることの影響力は大きくないと述べている[79]。

3．連邦裁判所の判断──United States v. Sun Cha Thompson

　また，連邦法違反の事件において，憲法上の権利が問題となった事件がある。2006年の United States v. Sun Cha Thompson 連邦地裁判決[80]では，ソープランド（massage parlor）の運営をしていたトンプソン（Sun Cha Thompson）（被告人）が州をまたがって女性に売春させていた罪[81]で逮捕・起訴された。

　被告人は，まず，Lawrence 判決によって売春は合法化されたはずであり，それを規制する連邦法はデュープロセスに反して違憲であると主張した。これに対して連邦地裁は，Lawrence 判決は同性愛行為に刑罰を科すことを違憲としたものであり，売春規制の合憲性をも対象としたものではないとして被告人の主張を退けた。連邦地裁によれば，「連邦最高裁の法廷意見は，営利的な性行為に対する政府の規制について判断したとも関心を持っていたともいえない。売春という営利的行為を規制する法が自宅で成人が同意の上に行う私的な性行為を規制する法と同じ結果になるとはいえないことは明らかである。さらに，Lawrence 判決は，『成人が同意に基づいて行うあらゆる性行為が憲法によって保障された基本的権利である』と述べたわけではない。こうした理解に基づく限り，Lawrence 判決が連邦法2422条を含む売春規制法を必然的に違憲にする（又はそれを含意している）と考えることはできない」[82]とした。つまり，Lawrence 判決は同性愛行為を処罰することだけを違憲としたものであって，同意ある性行為全般が憲法上保護されたといっているわけではなく，とりわけ

79）114 Haw. at 23.

80）United States v. Sun Cha Thompson, 458 F. Supp. 2d 730 (2006).

81）18 U.S.C. § 2422.

82）458 F. Supp. 2d at 732.

営利的な性行為が憲法上保護されたとはいえないとしたのである。

つぎに被告人は、売春規制は表現の自由を侵害するものであると主張した。売春行為はポルノの描写に類似したものであり、これを規制することは表現の自由の問題を惹起するというのである。これについて連邦地裁は、被告人はそうした行為が表現の自由によって保護されたものであるという証明をしておらず、売春行為が修正1条によって保護された行為であるとはいえないとした。

最後に、被告人は平等保護の問題を持ち出した。非アジア系のモグリのソープランドが存在するにもかかわらず、アジア系ソープランドのみを起訴することは平等違反であると主張したのである。連邦地裁は、もし売春規制が基本的権利を制限していたり疑わしい区分に該当する規制だったりすれば、この問題が生じる可能性があるが、本件はそれらに該当せず、しかも被告人は当該規制が正当な利益を促進することにはならないことを証明していないので、平等違反の主張は失当であるとした。

このように、本件では、売春行為をあっせんした者が売春規制はデュープロセス違反、修正1条違反、平等違反になると主張したが、いずれも退けられる結果となった。ここでも、裁判所は、Lawrence 判決は営利的な性行為をも保護対象にしたわけではないとした点が他の判決と共通しているといえる。

III　プライバシー権と保護法益

1．裁判例の問題

このように、裁判所はいずれも売春をプライバシー権の1つとして認めない傾向にある。これに対し、政府が私的な性行為に刑罰を科すことで尊厳を貶めることはできないとしたのが Lawrence 判決の骨子であって、売春を犯罪とすることは Lawrence 判決の趣旨にそぐわないとの批判もある。ガルシア（Belkys Garcia）は、Lawrence 判決を踏まえて少なくとも売春規制の合理性につき、州の利益を明らかにし、売春を規制することとの間に合理的な関連性があるかどうかを審査すべきであるとしている[83]。ガルシアが主張するように、

---

83) Belkys Garcia, *Reimaging the Right to Commercial Sex: The Impact of Lawrence v. Texas on Prostitution Statutes*, 9 N.Y. City L. Rev. 161 (2005).

売春規制と自己決定　　151

Lawrence 判決の判断に従うのであれば，規制利益及び合理性の審査が必要になるといえるが，先述した裁判例は，売春行為は私的な性行為というよりも営利的行為であってそもそもプライバシー権の保護対象に入らないとしているので，かかる審査場面に到達していない。だが，営利性があるからといってただちにプライバシー権の射程から外されるわけではなく，Lawrence 判決の判断内容からすれば，私的な性行為はプライバシー権の範囲に入ると考えるのが素直であろう。そのため，他者加害を伴わない自宅で行う性行為を犯罪とする場合，プライバシー権を侵害する可能性がある。

そうであるとすれば，自宅内における営利性を伴う性行為を犯罪とすることにつき，正当な規制利益があるのかどうかを審査する必要がある。以下では，売春を規制することの利益について，若干の考察を試みることにしたい。

2．自由と尊厳をめぐる対立

先述したように，これまで売春の規制理由は主にパブリックニューサンスの取締りという点に求められてきたが，近年，女性に照射しながらその保護法益を考えるフェミニズムの議論が盛んである。これまで，売春の是非についてはリベラル，リバタリアン，保守など，様々な立場がそれぞれの観点から議論を展開してきたが，そうした中，この問題をめぐって近時もっとも熱い議論を展開しているのがフェミニズムなのである。

もっとも，フェミニズムの間ですら，その回答は異なる。フェヒナー(Holly B. Fechner)は，リベラルフェミニズム(liberal feminism)，ソーシャルフェミニズム(social feminism)，ラディカルフェミニズム(radical feminism)の3つの立場があるという[84]。

リベラルフェミニズムは，女性の自由な意思決定を重視することから，女性が自発的に売春を仕事として選んだ場合にはそれを尊重すべきであるという。フェヒナーによれば，オランダの売春擁護団体であるレッドスレッド(Red Thread)がリベラルフェミニズムの代表格であるという[85]。レッドスレッドは

---

84) Holly B. Fechner, *Three Stories of Prostitution in the West: Prostitutes' Groups, Law and Feminist "Truth"*, 4 COLUM. J. GENDER & L. 26 (1994).

85) *Id.* at 37-42.

1985年に設立された団体で，売春を行っている女性の権利の向上を提唱している。レッドスレッドは，女性が自由な意思に基づいて売春を行う場合にはそれを尊重すべきであるとし，自発的意思に基づく売春を合法化すべきであると説く。レッドスレッドは，売春を仕事と考え，売春労働条件の改善や女性の選択の尊重を重視し，一般社会において売春に関する教育を行って売春に対する社会的スティグマをなくしていこうと試みている。

　ソーシャルフェミニズムは，1975年に設立されたイギリスの売春組合(English Collective of Prostitutes)がその典型とされる[86]。同組合は，売春をたどっていくと貧困問題にいきつくと考える。貧困に陥った女性は売春をせざるをえなくなり，貧困が女性を性産業に従事させる要因となっている。そして，売春を行う女性が貧困から抜け出せないのは，売春が非合法とされているがゆえに金銭が支払われなかったりするからである。そのため，女性が貧困から抜け出すために売春を合法化し，経済的収入を得る機会を保障すれば貧困にあえぐ女性が少なくなり，売春も減っていくとする。このような改善を行うためには，政府が売春を合法化するだけでなく，そこで働く者に対して適切な社会保障を施さなければならない。合法化する場合，売春を公営にする方法を選ぶと売春を制度化してしまい社会的疎外を解消できないので，公営による合法化は不適切である。また，社会保障については，住居や賃金を確保させることで，貧困から抜け出せる仕組みを整備すべきであるとする。

　ラディカルフェミニズムは，ウィスパー(Women Hurt In Systems of Prostitution: WHISPER)に代表される立場である[87]。ウィスパーは，女性が売春の被害者になっているというスタンスに立ち，売春を行う女性を規制するのではなく，売春を営業する者を規制すべきであるとする。なぜなら，売春は女性を搾取するものであり，女性は被害者にすぎないことからこれを罰するべきではなく，元凶である営業者を規制する必要があるからである。ウィスパーによれば，売春は女性を性の道具として扱うものであり，男性と女性を主従関係におくものであるという。ゆえに，売春は女性を貶めるものであり，そこでは女性は被害者となるのである。

---

86) *Id.* at 42-47.
87) *Id.* at 47-53.

また，女性の保護という部分に照射する場合でも，マッキノン（Catharine A. MacKinnon）のように女性に対する構造的差別があるという指摘[88]や，さらには女性の中でも人種的な構造差別があるという指摘もある[89]。男性優位の社会では，女性が収入を得るために売春を行うのは自己決定であると考えられがちであるが，それは他にも十分な選択肢がある場合に当てはまることである。経済的理由で売春を行うことは他に選択肢がなく，事実上の強制に基づいて行っているのであり，それは自己決定とはいえない。したがって，売春を認めることは男性優位の社会を肯定することであり，そこには構造的差別があるというのである。

3．保護法益の問題

以上のフェミニズムの議論のうち，リベラルフェミニズムとラディカルフェミニズムはスティグマをめぐって対立している。リベラルフェミニズムは売春を犯罪とすることが女性の自己決定の否定につながり，売春婦にスティグマを押し付けているとする。他方，ラディカルフェミニズムは売春行為自体が女性の尊厳を貶めるものであり，売春を認めることがスティグマにつながると考える。

このように自己決定を重視するか，売春行為の実態に着目するかによって，スティグマのベクトルも変わってくるのであるが，Lawrence 判決との整合性だけを考慮するのであれば，リベラルフェミニズムの方が親和的だといえるだろう。しかし，売春を合法化しても，貧困状況が改善されなければスティグマが消えない可能性がある。そこで，ソーシャルフェミニズムは売春を合法化しつつ環境改善に努めるべきとの案を提示するわけである。

これに対して，ラディカルフェミニズムは売春の合法化自体が女性の尊厳を傷つけると考えるので，女性の自己決定を尊重しつつ環境改善をはかろうとする案であっても，受け入れられない。しかし，ラディカルフェミニズムは女性に焦点を絞るあまり，男性の売春についての問題に対応できない。たしかに，

---

88) MacKinnon, *supra* note 2, at 294.
89) Cheryl Nelson Butler, *A Critical Race Feminist Perspective on Prostitution and Sex Trafficking in America*, 27 YALE J.L. & FEMINISM 95 (2015).

売春の多くは女性が行っているという実態があるが，それでも男性の売春も一定数存在する以上，男女の従属関係だけで売春が尊厳を貶めると言い切るのは難しくなってこよう。そのため，売春が尊厳を貶めるとするのであれば，男女含めて，売春行為が尊厳を傷つけるものであると提唱する必要がある。

　以上の点を踏まえると，売春規制については，自己決定の制約をどのように正当化するかが重要な課題となることがわかる。これについては，売春婦の安全からの正当化と道徳的観点からの正当化が考えられる。前者はリベラルフェミニズムに対する正当化理由であり，後者はラディカルフェミニズムの観点からの正当化理由である。前者はパターナリスティックな理由であり，かつてイギリスのウォルフェンデン報告をめぐって物議をかもした問題である。これについては成人女性に対してそうしたパターナリスティックな理由で自己決定権を制約することができるかどうかという問題が残る。また，女性の安全という理由については，アムネスティが売春を合法化することで売春業を地下に潜らせないようにして女性の安全を確保していくという方針を打ち出したように[90]，逆に売春合法化の根拠として用いられることもある。実際，カリフォルニア州では，2004年に売春婦の安全を守るために売春を合法化するという内容のイニシアティブ(Angel Initiative)が提案された[91]。この発案は否決されてしまったが，売春婦の立場からみた売春の合法化という問題を喚起する狙いで発案されたとも指摘されている[92]。

　後者は，前述したように，男女含め，売春がいかなる意味で尊厳を貶めるのかを説明し，それがたとえ自宅内における行為であっても規制されるべき利益があることを提示する必要があろう。

---

90) AMNESTY INTERNATIONAL, *Global movement votes to adopt policy to protect human rights of sex workers*, 11 August 2015, https://www.amnesty.org/en/latest/news/2015/08/global-movement-votes-to-adopt-policy-to-protect-human-rights-of-sex-workers/ (last visited Dec. 1, 2015).

91) Bid to Decriminalize Prostitution in Berkeley, N.Y. TIMES, Sept. 14, 2004, *available at* http://www.nytimes.com/2004/09/14/national/14porn.html?_r=0

92) Davis, *supra* note 53, at 844.

4．折衷案としての公私区分

以上のように売春規制の保護法益は女性の保護を唱えるフェミニズム的アプローチが盛んになりつつあるが，しかし，フェミニズムの中で議論が分かれていることに加え，女性の保護を掲げた場合，女性の安全のために売春を合法化するなどの議論もある。また，売春業者を介さない場合にも規制することは女性の自己決定権との関連で問題となり，それをパターナリズムや道徳論で正当化できるかという問題がある。

もともと，アメリカでは売春がパブリックニューサンスの問題として扱われてきた歴史的経緯からすると，私的に行われる売春に対する規制はその範囲から外れる可能性がある。Lawrence 判決をはじめとする連邦最高裁のプライバシー権の保護傾向をかんがみると，自宅内で個人的に行われる売春を規制するためにはそれを正当化する理由がなければならない[93]。

この点，かつてのロードアイランド州のように，パブリックエリアで行われる売春を規制し，プライベートエリアでの売春を認めるという区分方式は売春のパブリックニューサンス的性格や Lawrence 判決に親和的といえる[94]。実際，ハワイ州などではプライベートエリアでの売春を合法化する法案が提出されている[95]。

少なくともパブリックニューサンスを根拠にして売春を規制するのであれば，自宅での売春を規制する理由にはならない可能性が高い。そうなると，もし自宅内での売春を規制するのであれば，売春そのものが尊厳を貶めるものであるという理由や暴力などの被害にあいやすいという理由などを提示する必要があろう。

---

93) Marissa H.I. Luning, *Prostitution: Protected in Paradise?*, 30 HAWAII L. REV. 193, 206 (2007).

94) Dannia Altemimei, *Prostitution and the Rights to Privacy: A Comparative Analysis of Current Law in the United States and Canada*, 2013 U. ILL. L. REV. 625.

95) *See* 153 H.B. 982, 24th Leg., Reg. Sess. (Haw. 2007). なお，成立には至っていない。

後序

　アメリカにおける売春規制は，白人奴隷の噂にあおられる形で，パブリックニューサンスとして規制されたという特殊な経緯がある。そこでは，売春業者のみならず，売春婦も規制対象とされた。しかし，最近の判例法理を踏まえると，自宅における売春を規制することはプライバシー権を侵害する可能性があり，少なくともパブリックニューサンスを理由として規制することは難しい状況にある。そのため，自宅における売春を規制するのであれば，パブリックニューサンスに代わる正当化理由を提示する必要に迫られているといえる。

　このように，売春をパブリックニューサンスとみなしたり，それとは反対にプライバシー権の射程の中に売春を入れようと試みたりすることはすることは，特殊アメリカ的であるともいえる。そのため，アメリカにおける状況がただちに参考になるわけではないが，それは，売春規制の憲法問題を考える場合，何が保護法益でいかなる憲法上の権利を制約することになるのかを考える際の参考になろう。その際，売春とはいかなる行為として認識すべきか，また売春規制を行う場合に売春業者，売春者，買春者の誰を規制すべきかという問題もあり[96]，近時のフェミニズムの議論はそうした問題を考える際に有益であると思われる。

---

96) *See, e.g.,* Elizabeth M. Johnson, *Buyers Without Remorse: Ending the Discriminatory Enforcement of Prostitution Laws*, 92 Tex. L. Rev. 717 (2014).

修正1条の空隙
──アメリカにおけるわいせつ表現の規制根拠

菅谷麻衣

I　Roth 判決の《……》

　アメリカにおいて，わいせつ表現(obscenity)は，しばしば「言論(speech)ではない」といわれる[1]。言論の自由を保障するアメリカ合衆国憲法修正1条は，その規定の文言上，同条で保護される「言論(speech)」の種類をあらかじめ限定していない[2]。それにもかかわらず，1957年の Roth v. United States 事件連邦最高裁判決[3]以降，わいせつ表現は「憲法の保護する言論(constitutionally

---

1) *See, e.g.*, R.A.V. v. City of St. Paul, 505 U.S. 377, 383 (1992); Genevieve Lakier, *The Invention of Low-Value Speech*, 128 HARV. L. REV. 2166, 2197 (2015); Frederick Schauer, *Speech and "Speech"- Obscenity and "Obscenity": An Exercise in the Interpretation of Constitutional Language*, 67 GEO. L.J. 899, 899 (1979).

2) アメリカ合衆国憲法修正1条(U.S. Const. amend. I)は，「連邦議会は，国教を樹立し，または宗教上の行為を自由に行うことを禁止する法律，言論(speech)または出版の自由を制限する法律，並びに，人民が平穏に集会する権利，及び苦情の処理を求めて政府に対し請願する権利を侵害する法律を制定することはできない。」と規定している。この規定の文言にもかかわらず，修正1条は，あらゆる「言論(speech)」を絶対的に保障しているとの解釈を導く者は少ない。*See, e.g.*, THOMAS I. EMERSON, TOWARD A GENERAL THEORY OF THE FIRST AMENDMENT 56 n.14 (1966).

3) Roth v. United States, 354 U.S. 476 (1957).

protected speech)」[4]ではないと判断されてきた[5]。

　一体，なぜわいせつ表現は「憲法上保護される言論及び出版の範囲(the area of constitutionally protected speech and press)」[6]から排除されてきたのだろうか。

　この問題を考える上で，手掛かりとなるのが，1942年の Chaplinsky v. New Hampshire 事件連邦最高裁判決[7]である。この事件では，街頭で警察署長(the City Marshal)を「いまいましいゆすり屋」「ファシストの畜生」などと罵倒した被告人が，公共の場所で，他者に向かって，人を不快にさせる言葉を発することを禁じるニュー・ハンプシャー州法[8]違反で起訴された。したがって，Chaplinsky 判決は，いわゆる「喧嘩言葉(fighting words)」の先例として理解されている[9]。しかし同時に，Chaplinsky 判決は，その傍論の中で，喧嘩言葉と同様に修正1条の保護の外におかれる他の言論類型について言及したため[10]，いわゆる「保護されない言論(unprotected speech)」[11]の法理の先例としても避けては通れないものとなっている[12]。

　先述した1957年の Roth v. United States 事件連邦最高裁判決[13]は，アメリカ連邦最高裁がわいせつ表現規制の合憲性について初めて判断を下したランドマーク・ケースであるが，ブレナン判事(William J. Brennan, Jr.)によって執筆された同判決は，わいせつ表現が修正1条の保護範囲から一律に排除されること

4）*Id.* at 485. なお，本稿では判決文に付された判決引用や脚注は全て割愛してある。

5）*E.g.*, Miller v. California, 413 U.S. 15, 23 (1973); New York v. Ferber, 458 U.S. 747, 754 (1982); *R.A.V.*, 505 U.S. at 383; United States v. Stevens, 559 U.S. 460, 468-69 (2010).

6）*Roth*, 354 U.S. at 485.

7）Chaplinsky v. New Hampshire, 315 U.S. 568 (1942).

8）N.H. Pub. Laws, ch. 378, § 2.

9）*E.g.*, ERWIN CHEMERINSKY, CONSTITUTIONAL LAW 1338-41 (4th ed. 2013); GEOFFREY R. STONE ET AL., CONSTITUTIONAL LAW 1091-96 (7th ed. 2013).

10）*Chaplinsky*, 315 U.S. at 572.

11）当該言論類型は一般に「保護されない言論(unprotected speech)」(*e.g.*, CHEMERINSKY, *supra* note 9, at 1304-05; DANIEL A. FARBER, THE FIRST AMENDMENT 15 (4th ed. 2014))ないし「低価値言論(low value speech)」(*e.g.*, STONE ET AL., *supra* note 9, at 1134-35; Cass R. Sunstein, Commentaries, *Low Value Speech Revisited*, 83 Nw. U. L. REV. 555, 555 (1989))と呼ばれる。ただし，後述のIV参照。

12）*See, e.g.*, Beauharnais v. Illinois, 343 U.S. 250, 255-57 (1952); *Roth*, 354 U.S. at 485; Harry Kalven, Jr., *The Metaphysics of the Law of Obscenity*, SUP. CT. REV. 1, 10 (1960).

13）354 U.S. 476.

修正1条の空隙　　159

を論証する過程で，Chaplinsky 判例を引用している[14]。こうして重要先例となった Chaplinsky 判決は，なぜわいせつ表現は言論の自由の保障を受けないのか，言い換えれば，なぜわいせつ表現の規制は憲法上許容されるのか，を考える上で重要な素材を提供してくれるため，やや冗長になるが，該当する判示部分を以下にそのまま引用する。

修正14条の文言及び目的を広範に認めたとしても，言論の自由の権利がいつでも，どのような状況でも，完全に保障されるのではないことはよく理解されている。特定の明確に定義され，厳格に制限された言論の類型の規制は，いかなる憲法問題も提起しないと考えられてきた。それらは，下品かつわいせつな言葉，冒瀆的言葉，名誉毀損的言葉，侮辱的又は"喧嘩"言葉——それらはまさに発話されることによって，害を負わせ，又は，即座に治安紊乱を引き起こす傾向をもつ——である。そのような発話がアイディアの表明にとって本質的な部分を成さず，真理への接近という社会的価値をほとんど有しないがゆえに，そこから得られるいかなる便益も秩序や道徳に関する社会的利益より明らかに劣位にたつ，と頻繁に捉えられてきた。(These include the lewd and obscene, the profane, the libelous, and the insulting or "fighting" words – those which by their very utterance inflict injury or tend to incite an immediate breach of the peace. It has been well observed that such utterances are no essential part of any exposition of ideas, and are of such slight social value as a step to truth that any benefit that may be derived from them is clearly outweighed by the social interest in order and morality.)[15]（圏点筆者）

　上記引用箇所からは，わいせつ表現を含むいくつかの言論類型の実質的な規制根拠を少なくとも２つ読み取ることができる。１つが言論類型の侵害的・治安侵犯的性格であり，もう１つが言論類型の低価値性である[16]。このように，ここで引用した判示部分は，わいせつ表現に代表される「保護されない言論」の存在を明示するだけでなく，その規制根拠をも示すものと解し得るため，上記の言論リストに新たなカテゴリーを付加しようとするケースで先例として

---

14) *Id.* at 485 (quoting *Chaplinsky*, 315 U.S. at 571-72).

15) *Chaplinsky*, 315 U.S. at 571-72.

16) 詳しくは，菅谷麻衣「言語と行為の臨界——米国におけるポルノグラフィー規制条例違憲論の帰趨」法学政治学論究103号（2014年）78-80頁参照。

度々引用されてきた[17]。

　問題は，この2つの規制根拠がどのような関係に立つのか，という点にある[18]。つまり，言論の有害性と低価値性のうち，果たしてどちらが実質的な規制根拠なのか，あるいは，この両者の性質が揃ったときにはじめて規制が可能となるのか，それとも，直接的な規制根拠は有害性だけであり，真実発見などの社会的価値が秩序・道徳の維持という制約利益を上回ったときに修正1条の保護が回復されるのか[19]，といったことを明確にする必要がある。

　それでは，わいせつ表現のリーディング・ケースたる Roth 判決では，Chaplinsky 判決の当該判示部分の記述は，どのように引用されているのだろうか。そこで今度は，Roth 判決の問題の箇所を以下に掲げる。

　以上の判断は，Chaplinsky v. New Hampshire 事件連邦最高裁判決において，最高裁によって下された判示と全く同様のものである。

　「……特定の明確に定義され，厳格に制限された言論の類型の規制は，いかなる憲

---

17) *E.g., Beauharnais*, 343 U.S. at 255-57（集団名誉毀損）；*Ferber*, 458 U.S. at 754（チャイルド・ポルノ）；American Booksellers Ass'n v. Hudnut, 598 F. Supp. 1316, 1331 n.1 (S.D. Ind. 1984)（ポルノグラフィー）；*Stevens*, 559 U.S. at 472（動物虐待表現）.

18) 阪口正二郎教授も，Chaplinsky 判決に列挙される言論類型の規制根拠として，当該言論類型の低価値性と有害性の二つを挙げるが，いずれが実質的な根拠なのかに関しては「実は，もともとの Chaplinsky 判決が，この点に関して立場を明確にはしていない」という（阪口正二郎「表現の自由——表現の内容に基づく規制と定義づけ衡量の関係を中心に」法学教室357号〔2010年〕29頁）。この2つの根拠の関係は，本国アメリカでも明示的には主題化されてこなかったが，本稿ではあえてこれに焦点をあてる。なお，同判決の前審（91 N.H. 310 (1941)）では，冒瀆的言葉，わいせつな言葉，脅迫的言葉，そして本件で争われた喧嘩言葉が治安侵犯的性格をもつと捉えられてきたと指摘されるが（*id.* at 321），当該言論類型の低価値性については明確に言及されていない。

19) 駒村圭吾教授は Chaplinsky 判決を次のように分析する。「［Chaplinsky］判決を厳密に読解すると，猥褻の直接的な規制根拠となっているのは，その『侵害』的性格である。『真実発見などの社会的価値』は，社会・道徳の維持という制約利益と衡量される対抗的利用（ママ）と位置付けられている。それが制約利益を outweigh すれば第1修正の保護が回復されるということであろう。」（［　］内筆者）（なお，上記引用部分のうち「対抗的利用」は「対抗的利益」の誤記であった旨，駒村教授に確認が取れている）（駒村圭吾「ロレンスからサドへ——あるいは，文学裁判から憲法裁判へ」阪本昌成先生古稀記念論文集『自由の法理』〔成文堂，2015年〕794頁注51）。

修正1条の空隙　　161

法問題も提起しないと考えられてきた。それらは，下品かつわいせつな言葉……である。そのような発話がアイディアの表明にとって本質的な部分を成さず，真理への接近という社会的価値をほとんど有しないがゆえに，そこから得られるいかなる便益も秩序や道徳に関する社会的利益より明らかに劣位にたつ，と頻繁に捉えられてきた。……（*These include the lewd and obscene . . . . It has been well observed that such utterances are no essential part of any exposition of ideas, and are of such slight social value as a step to truth that any benefit that may be derived from them is clearly outweighed by the social interest in order and morality. . . .*）」[20]（訳文における下線部は原文においてイタリックで強調されている箇所である。また，「……」も全て原文のままである。）

先に引用した Chaplinsky 判決と比較すれば明らかなように，Roth 判決では，「害を負わせ，又は，即座に治安紊乱を引き起こす傾向をもつ」という言論の有害性に関する記述が≪……≫と省略処理されて一切削除されている。

一体，これはなぜなのだろうか。

通常，論旨と無関係な記述が，省略処理されることに照らせば，この有害性の記述も，Roth 判決を下す上での余事記載であったので削除された，と解するのが最も素直であろう。仮に，1957年の Roth 判決当時，わいせつ表現の実質的な規制根拠はその低価値性にあるという見解が判例・学説上通説であったのならば，あるいは，Roth 判決の当事者がわいせつ表現が惹起する社会的害悪の存否を争点としていなかったのであれば，かかる記述は余事記載として削除されよう。

とはいえ，Roth 判決が，Chaplinsky 判決の判示部分のごく一部——わいせつ表現に関連すると思われる記述——だけを巧妙に引用し，しかも，そこに強調を付していることからすると，この省略処理に関しては，何の含意もない，というのも，やや腑に落ちない。仮に，この Roth 判決以前に，わいせつ表現の実質的な規制根拠が判例・学説上確定していなかったのであれば，その根拠と目される2つのうちの1つの削除によって作出された≪……≫は，残された低価値性がその根拠として選択されたことを含意するのではなかろうか。

---

20) *Roth*, 354 U.S. at 485 (quoting *Chaplinsky*, 315 U.S. at 571-72).

果たして，この削除が生み出した空隙≪……≫は一体どのような意味をもつのだろうか。本稿では，この空隙の意味を探究することで，わいせつ表現規制の実質的な規制根拠について考察したい。

Ⅱ　Chaplinsky 判決に対する理解——Roth 判決以前

1．Chaplinsky 判決に対する当初の理解

1942年に Chaplinsky 判決が下されてから1957年に Roth 判決が下されるまでの間，Chaplinsky 判決は，「保護されない言論」の法理を提示したものとの理解が定着していった[21]。しかし，この新しい法理が誕生した当初は当該法理が後の判例に及ぼす重大な影響は十分理解されておらず[22]，一体，なぜ「保護されない言論」類型が修正１条の保護範囲から排除されるのか，という根本的な問いが提起されることはなかった。例えば，1942年のコロンビア・ロー・レヴュー[23]に寄せられた当該法理に対する解説では，修正１条の保護を受けない言論類型が存在することを自明の前提として，その規制根拠について，次のように簡略に説明するにとどめている。

> 特定の言論類型は常に規制される。なぜなら，それらの自由な表現から得られる社会的善(social good)は，その言論の制約利益に決して優越されないほどにわずかなものだからである。[24]

上記の引用箇所では，Chaplinsky 判決で用いられた「社会的利益(social interest)」という文言が「社会的善(social good)」にパラフレーズされているものの，同判決が示唆する侵害性・治安侵犯性と低価値性の２つの規制根拠から，当然のように，低価値性のみをくくり出している。つまり，一体，なぜ

---

21) *See* Henry M. Kittleson & J. Allen Smith, *Free Speech (1949-1952): Slogans v. States' Rights*, 5 U. Fla. L. Rev. 227, 233 (1952).

22) *See e.g.*, John F. Wirenius, *The Road not Taken: The Curse of Chaplinsky*, 24 Cap. U. L. Rev. 331, 339 (1995); 三島聡『性表現の刑事規制』（有斐閣，2008年）116頁。

23) Recent Decisions, 42 Colum. L. Rev. 853 (1942).

24) *Id.* at 864.

修正１条の空隙　　163

Chaplinsky 判決に列挙された言論類型から修正 1 条の保護が剥奪されるのか——「保護されない言論」類型の実質的な規制根拠は何なのか——を改めて問う必要性が，ここでは認識されていないのである。しかも，19世紀の旧い判例にさかのぼると，わいせつ表現の処罰根拠は「道徳の破壊(the corruption of morals)」[25]にあると言及されており，上述の 2 つの規制根拠とはまた異質の根拠が存在していたことに鑑みれば，Chaplinsky 判決が下された1940年代初頭に，「保護されない言論」類型の実質的な規制根拠は何なのか，という問いが改めて俎上にのせられても不思議ではなかった。

　しかし実際に，この問いが連邦最高裁に提起されたのは，1952年の Beauharnais v. Illinois 事件連邦最高裁判決[26]の中であった。この Beauharnais 事件では，白人優先思想団体代表の被告人が，シカゴ市長及び議会に対し，白人と黒人を分離するための法整備を行うよう請願するために，「白人種が黒人によって混血化されることを防止すべきという信念と必要性の下でわれわれが団結しないのであれば，黒人による強姦，強盗，ナイフ，マリファナ……といった攻撃によって，われわれは団結せざるを得なくなる」[27]などと記載したチラシを作製・配布し，集団名誉毀損(group libel)を処罰するイリノイ州刑法[28]違反で，起訴されたものである。そこで，被告人は，同法が修正14条を通じて州に適用される言論及び出版の自由に反すると主張したのである[29]。しかし，

---

25) Commonwealth v. Sharpless, 2 Serg & Rawle 91, 102 (Pa. 1815).

26) Beauharnais v. Illinois, 343 U.S. 250 (1952). この判決に関する代表的な邦語文献として，松井茂記『表現の自由と名誉毀損』（有斐閣，2013年）60-62頁，小谷順子「Hate Speech 規制をめぐる憲法論の展開 ——1970年代までのアメリカにおける議論」静岡大学法政研究14巻 1 号（2009年）7-14頁，榎透「米国におけるヘイト・スピーチ規制の背景」専修法学論集 96号（2006年）71-77頁など。

27) *Beauharnais*, 343 U.S. at 252.

28) Beauharnais 事件では，イリノイ州刑法典(The Illinois Criminal Code)の次の規定の合憲性が争われた。「特定の人種，皮膚の色，信条もしくは宗教に属する市民階層の堕落性，犯罪性，不貞ないし美徳の欠如を描写する発表や展示のうち，特定の人種，皮膚の色，信条もしくは宗教に属する市民を侮辱，嘲笑，誹謗したり，治安紊乱や暴動を引き起こしたりする石版画，映画，演劇，芝居もしくはスケッチを販売，宣伝，出版の目的で製造，販売，提供し，又は，州内の公共の場所において，上演ないし展示することは，あらゆる個人，企業，団体において違法とする。」（§ 224a）。

29) *Beauharnais*, 343 U.S. at 251-52.

仮に同法で規制される集団名誉毀損が，Chaplinsky 判決の「保護されない言論」類型に該当するのであれば，その規制が正当化される余地がある。後述するように，この点に対する解釈が Beauharnais 判決の担当裁判官の間で対立することとなった。そして，本判決と前後して，一体，なぜ「保護されない言論」類型は，修正1条の保護が剝奪されるのか——Chaplinsky 判決の有害性・低価値性の記述の関係をいかに解すべきか——という問いが，学説においても次第に論じられるようになる[30]。そこで，次に Beauharnais 事件に対する司法判断をみてみたい。

2．Beauharnais 判決における Chaplinsky 判決の継承

Beauharnais 判決の法廷意見は，フランクファーター判事（Felix Frankfurter）が執筆した。その法廷意見の最大の特徴は，Chaplinsky 判決の「保護されない言論」の法理（以下，Chaplinsky 法理と呼ぶ）を集団名誉毀損にも拡張し，本件言論を修正1条の保護範囲の外に放逐した点にある。

では，フランクファーター判事は，いかにして Chaplinsky 法理を集団名誉毀損に拡張したのだろうか。この点について，まず彼は，I で紹介した Chaplinsky 判決の有名な記述を用いて，個人に対する名誉毀損がコモン・ロー上の確立された犯罪であることを確認する。Chaplinsky 判決における問題の判示部分については既に紹介したところではあるが，他の判決がこの箇所をどのように引用し，そこからいかなる帰結——実質的な規制根拠——を導出しているのか，という点に本稿の問題関心があるので，重複する箇所もあるが，Beauharnais 判決の該当引用箇所を以下にそのまま掲げる。

　「特定の明確に定義され，厳格に制限された言論の類型の規制は，いかなる憲法問題も提起しないと考えられてきた。それらは，下品かつわいせつな言葉，冒瀆的言葉，名誉毀損的言葉，侮辱的又は "喧嘩" 言葉——それらはまさに発話されることによっ

---

30) 1950年前後の論攷には当該言論類型の実質的な規制根拠を問うものが散見される。*See, e.g.,* Chester J. Antieau, *The Task of Delimiting Fundamental Freedoms*, 22 TEMP. L.Q. 413, 419 (1949); Joseph Tanenhaus, *Group Libel*, 35 CORNELL L.Q. 261, 277-78 (1950); Edward E. Kallgren, Comment, *Group Libel*, 41 CAL. L. REV. 290, 297-98 (1953); Notes, *Crime Comics and the Constitution*, 7 STAN. L. REV. 237, 240 (1955).

て，害を負わせ，又は，即座に治安紊乱を引き起こす傾向をもつ――である。そのような発話がアイディアの表明にとって本質的な部分を成さず，真理への接近という社会的価値をほとんど有しないがゆえに，そこから得られるいかなる便益も秩序や道徳に関する社会的利益より明らかに劣位にたつ，と頻繁に捉えられてきた。『口汚い言葉をぶつけ，あるいは，人身攻撃を行うことは，いかなる適切な意味においても，憲法によって保障される情報や意見の流通（communication of information or opinion）ではなく，そうした方法の下で，犯罪行為としてそれを処罰することは，どのような問題も提起しない。』（Cantwell v. Connecticut 事件連邦最高裁判決）」かかる見解は Chaplinsky v. New Hampshire 事件連邦最高裁判決の全員一致の法廷意見である。[31]

　ここから明らかなように，フランクファーター判事が，Chaplinsky 判決の記述に全く手を加えずに，同判決を丸々引用していることがわかる。かかる引用は，Roth 判決における引用――Chaplinsky 判決が示唆する 2 つの排除根拠のうち，有害性に関する記述を削除し，同判決のごく一部だけを用いる引用――とは異なる。つまり，ここでの引用をみる限り，特定言論の類型的排除の根拠として有害性が除外されず依然として残存していたわけである。したがって，Roth 判決で生じることになる空隙を埋め，Chaplinsky 判決の再解釈をする余地が十分あったはずである。しかしながら，以下でみるように，Beauharnais 判決でそのような機会が活かされることはなかった。
　上記のように Chaplinsky 判決を引用することで，"the libelous" に対する規制が憲法上伝統的に許容されてきたことを確認したのち，次に，フランクファーター判事は，かかる伝統的な名誉毀損の類型を利用して，集団名誉毀損を処罰することができるのか否かの検討に入る。彼は，個人に対する伝統的な刑事名誉毀損の延長として，集団に対する刑事名誉毀損を正当化できると考えたのである。もっとも，かかる検討を行うのであれば，個人に対する刑事名誉毀損と集団に対する刑事名誉毀損の共通点ないし相違点を明らかにし，なぜ両者を同一視できるのかを明確にしなければならない。この点，伝統的な刑事名誉毀損の拡張の可否を問題にしているものの，「歴史や実践（history and practice）」[32] に依拠して，この論点を解決すべきではない，と彼は指摘する。

---

31) *Beauharnais*, 343 U.S. at 255–57 (quoting *Chaplinsky*, 315 U.S. at 571–72).
32) *Id.* at 258.

では，何に依拠して解決すべきなのか。この論点の解決に用いられたのが，両方の名誉毀損の共約という方法であった。彼は，「仮に個人に対する発話が刑罰の対象となるのであれば，その規制が州の平和や福利に無関係で，作為的で，また無益な規制であるといえない限り，集団に向けられた同種の発話を処罰する州権力を否定することはできない。」[33]（圏点筆者）と述べ，個人に対する名誉毀損と集団名誉毀損の類似性によって，後者の規制を正当化した。しかし，Chaplinsky 判決によって規制が正当化される前者は兎も角，後者の規制を正当化するためには，抽象的に両者が類似しているというだけではなく，より具体的に両者のどのような性質が類似し，かかる性質によって，なぜ両者が修正1条の保護範囲からはじき出されるのか，を明らかにする必要が，あったのではなかろうか（この点，3(1)で後述するブラック反対意見を参照）。しかし先に言及したように，この問いに挑戦する機会を得ながら，彼がそれに取り組むことはなかったのである。

　他方で，たとえ集団名誉毀損が Chaplinsky 判決の言論リストに付加されるとしても，当該言論に対して，「明白かつ現在の危険（clear and present danger）」の法理が必ずしも当然に適用されなくなるわけではない。なぜなら，Beauharnais 判決と同時期に下された「わいせつ表現」をめぐる下級審判決では，まさにこの点が争われていたからである。詳しくはⅢ2(1)で述べるが，例えば，1949年の Commonwealth v. Gordon 事件ペンシルヴァニア州フィラデルフィア郡一般訴訟裁[34]判決[35]で，ボク判事（W. Curtis Bok）は，Chaplinsky 法理の代表的適用対象である，わいせつ表現の実質的な規制根拠を有害性と捉え，「明白かつ現在の危険」を生むほどの極めて有害なわいせつ表現に限り，その規制を正当化することができる，と判示している[36]。さらに，この判示は，Gordon 判決につづく Roth 事件をめぐる一連の判決にも影響を及ぼしている[37]。以上の状況からすれば，当時の裁判官にとって，Chaplinsky 判決に列

---

33) *Id.*

34) Common Pleas Court of Philadelphia County, Pennsylvania.

35) Commonwealth v. Gordon, 66 Pa. D. & C. 101 (Phila. Cnty. Ct. 1949).

36) *Id.* at 146-47 .

37) *See* United States v. Roth, 237 F.2d 796, 806, 826 (2d Cir. 1956) (Frank, J., concurring); *Roth*, 354 U.S. at 487 n.18.

挙された言論類型に「明白かつ現在の危険」の法理が適用されるのか否かは，1つの検討すべき論点であり，故に最高裁が明示的に解決すべき課題だったように思われる[38]。

　この論点の検討にあたっては，まず前提として，Chaplinsky 法理の実質的な規制根拠を明らかにする必要があるが，ここでもまた，フランクファーター判事はこの問いに取組むことなく，事案の解決を図った。そのことを端的に表すのが次の箇所である。

　　名誉毀損的発言は，憲法によって保護された言論の範囲に属しないので，「明白かつ
　　現在の危険」の文言にまつわる諸問題を考慮することは，当裁判所にとっても州裁判
　　所にとっても必要ではない。例えば，わいせつな言論がそのような状況の証明があっ
　　たときにのみ処罰され得ると主張する者は誰もいまい。名誉毀損は既にみたように同
　　じ種類の言論である。[39]

　つまり，「保護されない言論」類型に対しては「明白かつ現在の危険」の法理が適用されない以上，集団名誉毀損によって惹起される害悪の存否・大小，さらには，本件行為とその害悪との連関ないし距離（時間的近接性）は問題とならず，本件行為を処罰するイリノイ州刑法は合憲である，と判断されたのである。

　以上みてきたように，フランクファーター法廷意見では，Chaplinsky 判決を先例として利用したという点において，同判決のある種の継承が行われているといえる。かかる継承によって，保護の排除される言論類型に集団名誉毀損を含めることに彼は成功した。しかし他面において，当該言論類型の排除がChaplinsky 判決の示唆する 2 つの規制根拠とどのような連関をもって正当化されるのか，そして，かかる言論類型になぜ「明白かつ現在の危険」の法理が適用されないのか，という問いと真の意味で向き合うことはなかったのである。

38）ただし，1959年に伊藤正己判事は，アメリカの判例は自然法やコモン・ロー上の犯罪ない
　　し不法行為を構成する言論に対しては「『明白にして現在の危険』の基準」を適用しない
　　と指摘し，その代表例として Chaplinsky 判決を挙げている。伊藤正己『言論・出版の自
　　由』（岩波書店，1959年）293-94頁。
39）*Beauharnais*, 343 U.S. at 266.

168

こうした姿勢は，いくつかの課題を後世に残すことになった。

3．Beauharnais 判決の残した課題

⑴　ブラック反対意見

　フランクファーター判事は，Chaplinsky 法理の拡張によって——根拠づけ
が曖昧なままでさしたる説明もなく——事案を解決した。しかし，
Beauharnais 判決には，この点に真っ向から対立する反対意見が存在する。そ
れが，ブラック判事(Hugo L. Black)の反対意見[40]である。

　フランクファーター判事が，Chaplinsky 判決を長々と引用するだけで，
Chaplinsky 法理を集団名誉毀損にまで拡張したのに対し，ブラック判事は，
事案の異同に着目することで，同法理の射程を厳格に限定しようと試みた。そ
こで，やや冗長になってしまうが，Chaplinsky 判決に対するブラック判事の
分析を以下にそのまま掲げる。

　　法廷意見が Chaplinsky v. New Hampshire 事件連邦最高裁判決に依拠するのもまた間
　違いである。ニュー・ハンプシャー州には，公道で，個人(*an individual*)に向けた侮
　辱的言葉(insulting words)を違法とする州法が存在した。チャプリンスキーは「面と
　向かって」ある男性を下品な名称で呼ぶことによって当該州法に違反した。その文脈
　で，われわれはそのような "喧嘩" 言葉の使用は，アイディアの表明にとって本質的
　な部分を成さない，と指摘した。こうした状況を考慮して，本件で使用された言葉が，
　[Chaplinsky 判決と]同様の意味において "喧嘩" 言葉であるか否かについては疑いが
　あるが，いずれにせよ，それらは個人(*individuals*)に向けられたものでないし，また，
　個人(*individuals*)に関するものでもない。さらに，本件で使用されたリーフレットは，
　[被告人らの]グループが州法制定を目指す彼らの努力に対する人々の関心を集めるた
　めに採用した手段でもある。そして，[本件の]喧嘩言葉は，広範な公的利益や重要性
　をめぐる問題に関する主張の一部でしかなかった。「集団名誉毀損」罪に問われる 2，
　3 のきわどい言葉を指摘し，すべての社説，言論，説教，もしくは，他の印刷物を非
　常に注意深く吟味するとなると，請願，集会，言論及び出版の自由は大いに縮減され
　ることになる。Chaplinsky 判決は修正 1 条の自由に対するそのような広範な侵入をも
　たらさない。当該事件，あるいは，他のあらゆる事件を扱う裁判所に向けてマーフィ

---

40) *Id.* at 267 (Black, J., dissenting).

修正 1 条の空隙　　169

ー判事が執筆した法廷意見は，そのような推論を正当化しない[41]。（訳文における下線部は原文においてイタリックで強調されている箇所である。なお，［　］内は筆者による。）

　上記の引用からもわかるように，ブラック判事は本件行為を喧嘩言葉の文脈で捉えようとしており，名誉毀損としてそれを捉えようとするフランクファーター判事とは異なる[42]。が，ブラック判事の論旨の核心は，本件で使用された言葉が"喧嘩"言葉に該当するか否かにかかわらず，Chaplinsky 事件の事案が特定個人に向けられた暴力的言論を問題にしていたことに着目し，同判決の法理を，個人を対象とした行為に限定しようとする点にある。したがって，個人ではなく，集団に向けられた本件行為は Chaplinsky 事件とは区別されるべきである，となるわけである。そして，その含意は，本件行為は修正１条の保護が類型的に排除されず，同条の保護が及ぶということになるだろう。

　他方で，上記ブラック反対意見にはもう１つ重要なことが示唆されている。「本件で使用されたリーフレットは，［被告人らの］グループが州法制定を目指す彼らの努力に対する人々の関心を集めるために採用した手段でもある」とあるように，ブラック判事が本件行為を立法政策に対する批判的な意義をもつ一種の公的言論と理解している点である。そうなると，本件行為は，修正１条の保護を受けるだけでなく，公的言論である以上，より一層厚い保護を受けることになるはずであり，ブラック反対意見もそれを示唆しているように解される。が，この点，上記の引用にもあるように，ブラック判事は本件で使用された言葉が「"喧嘩"言葉であるか否かについては疑いがあるが，いずれにせよ」といい，また，（たとえそれが喧嘩言葉に該当するとしても）「［本件の］喧嘩言葉は，広範な公的利益や重要性をめぐる問題に関する主張の一部でしかなかった」とい

---

41)　*Id.* at 272-73.

42)　フランクファーター判事は，Chaplinsky 判決が "the libelous" の名宛人を（個人とも集団とも）特定していないことを奇貨として，本件州法を合憲とした。この点に関しては学説から，法廷意見は Chaplinsky 判決のセンテンス（「アイディアの表明にとって本質的な部分を成さず」，及び，「真理への接近という社会的価値をほとんど有しないがゆえに……」）を適切に考慮しておらず，ただ単に "the libelous" という単語を文字通りに解釈しているに過ぎない，と批判される（Kallgren, *supra* note 30, at 297-98）。

っていることからもわかるように、本件行為が喧嘩言葉の類型に該当するにしても（つまり Chaplinsky 法理の適用を受けるとしても）、それは行為の全体的文脈から見れば、本件行為の政治的・公的言論としての性格の方が上回る、という見方も含意していると解される。そうなると、仮に Chaplinsky 法理の対象となる言論行為であっても、公的言論である場合は、修正1条の保護が回復される（あるいは同条の保護が縮減されることはない）という論理を含むものと理解する余地がある。

Roth 判決の≪……≫を埋めるという本稿の関心からすると、この最後の示唆が重要である。つまり、Chaplinsky 法理の適用を受ける言論行為でも、自動的・機械的に低価値性が認められるわけではなく、それを上回る公共的価値がある場合には、修正1条の保護をなお受け続けるという思考が、Beauharnais 判決の段階では存在していたということになる。

(2)　ジャクソン反対意見

さて、既に若干触れたところであるが、法廷意見においては、Chaplinsky 判決で列挙される言論の排除的類型に「明白かつ現在の危険」の法理が適用できるか否かも、忘れてはならない論点であった。この論点について、法廷意見と対照的な立場を採るのが、ジャクソン判事（Robert H. Jackson）の反対意見[43]である。

先にみた 2 人の裁判官と同様に、ジャクソン判事も、Chaplinsky 判決を議論のベースラインとする。もっとも、前二者と異なり、ジャクソン判事は本件で争われる集団名誉毀損に対しても「明白かつ現在の危険」の法理を適用できると明言する。かかる理解は、Chaplinsky 判決に対する彼独自の再解釈を前提とするものであるため、それが顕著に表れている箇所を次に引用する。

1942年というごく最近、全会一致の法廷意見は州権力について次のように述べている。「害を負わせ、又は、即座に治安紊乱を引き起こす傾向をもつ」名誉毀損的言葉（libelous words）の処罰は、いかなる憲法問題も提起しないと考えられてきた。[44]

---

43) *Beauharnais*, 343 U.S. at 287 (Jackson, J., dissenting).
44) *Id.* at 292 (quoting *Chaplinsky*, 315 U.S. at 572).

修正1条の空隙　　171

上記の箇所では，Chaplinsky 判決の規制根拠に関する著名な記述のうち，有害性に関する記述だけが「名誉毀損的言葉」にかけて引用されている。この引用から，ジャクソン判事が Chaplinsky 判決に列挙される名誉毀損的言葉の実質的な規制根拠を有害性であると解していることがわかる。かかる解釈を前提に，「明白かつ現在の危険」を生む，極めて有害な名誉毀損的言葉に対する規制のみ，その規制を正当化することができる，と判示された。その判示部分が，以下の箇所である。

> 治安紊乱を引き起こす，又は，諸個人や諸集団に害を負わせる<u>傾向</u>を理由とした文書規制は，わたくしの意見では，かかる犯罪が「明白かつ現在の危険」のテストをパスした場合にのみ，正当化することができる。[45]（訳文における下線部は原文においてイタリックで強調されている箇所である。）

　上記引用箇所から，ジャクソン判事が，個人に対する名誉毀損も集団名誉毀損も Chaplinsky 判決の "the libelous" に含まれると解していることが理解できる。かかる解釈は，フランクファーター判事のそれと共通する。もっとも，フランクファーター判事が，名誉毀損の実質的な規制根拠を示さず，いたずらにその概念を拡張したのとは異なり，ジャクソン判事は，有害性と「明白かつ現在の危険」のセットで規制根拠を理解する枠組みを示すことで，名誉毀損の拡張が許される限界を示している。この意味において，ジャクソン反対意見は，法廷意見と対照をなすものであるが，その対照をフランクファーター判事は，既に2で引用したように，彼自身「明白かつ現在の危険」というターミノロジーを使っている以上，十分意識はしていたはずであるが，しかし，結局，実質的に応答することをしなかったのである。

(3)　小括

　1942年の時点では Chaplinsky 判決に対する関心はさほど高いものではなかったが，1952年の Beauharnais 判決で Chaplinsky 判決に関する３つの論点（(a)本件言論行為は Chaplinsky 判決に列挙される言論類型のうちのいずれの言論類型に関わる問題なのか，(b)当該言論類型の規制根拠は何なのか，(c)当該言論類型に対して「明

---

45) *Id.* at 303.

白かつ現在の危険」の法理を適用することはできるのか）をめぐって，3人の裁判官が対立したことで，同判決の再解釈がにわかに争点化されることになった。しかし，フランクファーター法廷意見はこれらの論点に深く立ち入ることなく，事案を解決したため，実質的な意味で Chaplinsky 判決の再解釈が最高裁レベルで行われることはなかった。このことによって，Roth 判決の《……》に関して，以下の2つの課題が残されてしまったものと思われる。

　第1の課題は「保護されない言論」類型の規制根拠に関するものである((b))。本件では集団名誉毀損に Chaplinsky 法理が適用されるのか否かが争点となったが，その前提として，同法理の適用対象となる言論行為の規制根拠を明らかにする必要性が生じた。この点，ブラック判事は本件行為を（同法理の適用対象である）喧嘩言葉の問題であると捉え，喧嘩言葉の規制根拠を低価値性にあると解したのに対し，ジャクソン判事は本件行為を（喧嘩言葉と同様に，同法理の適用対象である）名誉毀損の問題と捉え，名誉毀損の規制根拠を有害性であると解した。つまり，2つの反対意見では，本件言論行為は Chaplinsky 判決に列挙される言論類型のうちのいずれの言論類型に関わる問題なのか((a))，当該言論類型の規制根拠は何なのか((b))という2つの論点において異なる結論をとっていた。こうした対立があるならば，本来，法廷意見は何らかの応答を行い，解決の方向性くらいは示しておくことが望ましいはずである。が，フランクファーター判事はいずれの論点に対してもさしたる検討を加えずに（(a)に関してはジャクソン判事と同様の結論をとったが，その理由については説明がなく，(b)に至っては一切検討しなかった），集団名誉毀損に Chaplinsky 法理を拡張・適用してしまった。ここで論点(b)を黙殺したことによって，法廷意見は，一体，なぜ「保護されない言論」類型は修正1条の保護範囲から排除されるのか，という厄介な問いと直面せずに済んだものの，この問いに取り組むという課題をのちの最高裁に残すことになった。

　他方で，このフランクファーター法廷意見によって，Chaplinsky 法理の射程が広がる可能性が開かれたという側面もある[46]。しかし，その拡張の論拠，換言すれば，その射程の限界が示されなかったため，結局，どこまでその拡張

46）後年のアメリカ司法でも，Chaplinsky 法理の拡張を盛んに試み，新たな「保護されない言論」類型を創設しようとする動きがみられる（*see supra* note 17）。

修正1条の空隙　　173

が許されるのかは，ad hoc な事件ごとの解決を待たざるを得なくなった[47]。

　これに対し，第2の課題は，「明白かつ現在の危険」の法理の適用に関するものである((c))。ジャクソン反対意見では，Chaplinsky 判決における有害性に対する言及と「明白かつ現在の危険」の法理[48]をセットにして，名誉毀損の規制根拠を理解する枠組みが提示されたが，これは結果的に，言論に対する保護を類型論的に割り切るのではなく，害悪論の観点から捉えようとする，ある意味で自由主義の古典的理解に立つものである。しかしながら，ジャクソン反対意見は，名誉毀損に一応の保護を与えると明言しているわけではなく，また類型論からの離脱を明言するものでもない。その点は，「明白かつ現在の危険」の法理に形ばかりに言及しつつも，集団名誉毀損にその適用を拒絶したフランクファーター法廷意見の方が，論旨が明確である（なお，ブラック反対意見には，この論点(c)に関する言及がない）。いずれにしても，この時期，最高裁において，言論が惹起する害悪の問題に真摯に向き合うことによって，類型論を乗り越えようとする試みが（不十分ながらも）存在したことは注目に値しよう。

　こうして Beauharnais 判決で浮き彫りとなった，Chaplisnky 判決をめぐる諸課題は，のちの最高裁に引き継がれることになる。

III　≪……≫の意味

1．Roth 事件連邦最高裁判決

　連邦最高裁が，Beauharnais 判決が残した課題に応答する機会は，I でも紹介した，わいせつ表現に関する著名判例である[49]，1957年の Roth v. United

---

47) 連邦最高裁によって新しく「保護されない言論」類型に迎え入れられた言論類型の代表例としては，本件で争われた集団名誉毀損と1982年の New York v. Ferber 事件（458 U.S. 747）で争われたチャイルド・ポルノを挙げることができるが，このような「保護されない言論」類型の拡張はそれらを貫く一貫した規制根拠を示すことなく進められていると思われる。

48) 奥平康弘教授によると，従来，「明白かつ現在の危険」の法理は政治的言論の文脈で適用されてきた（奥平康弘『表現の自由 I』〔有斐閣，1983年〕125頁）。本件被告人の表現は黒人に対する誹謗ではあるが，それが発せられたのはシカゴ市長及び議会に対して請願を求めるという政治的文脈であった。

49) Roth 判決に関する代表的な邦語文献として，時國康夫「アメリカにおける猥褻な書籍に

States 事件連邦最高裁判決[50]で訪れた。奇しくも，両判決は，ともに「保護されない言論」類型に対する規制が争われた，同時期の判決として，同じ課題に直面することになったのである。Roth 判決については，既に I で若干紹介したが，ここで改めて検討してみたい。

　Roth 事件は，被告人がわいせつなちらし(obscene circulars and advertising)などを郵送し，わいせつ表現の郵送を禁じる連邦法の規定[51]に違反し，起訴されたものである。下級審で有罪と判断された被告人が上告した際，法廷意見を執筆したのはブレナン判事であった。

　最初にブレナン判事は，わいせつ表現が修正 1 条の保護範囲に含まれるのか否かが，本件の争点であることを確認する[52]。つまり，ブレナン判事は，はじめから，修正 1 条によって「保護されない言論」が存在することを前提とするのである。しかし，そうであるのならば，先例を所与としない限り，特定の言論に対して修正 1 条の保護が排除される理由を明らかにしなければならない。そこで，ブレナン判事は，修正 1 条の保護範囲について「言論及び出版に与えられる憲法の保護は，人々の望む政治的，社会的変革の達成に資するアイディアの交換を保障するためのものである」[53]と述べて，その画定の理論を提示した。では，かかる分析に照らしたとき，わいせつ表現は「保護される言論」に

関する法と判例(二・完)」法律時報29巻 9 号(1957年)98-99頁，津田正良「猥褻文書の近代的考察」法曹時報11巻 4 号(1959年)35-36頁，奥平康弘『表現の自由 II』(有斐閣，1984年)53-56頁，田中久智「文芸裁判と猥褻の概念——猥褻概念の歴史的・社会的考察」刑法雑誌16巻 1 号(1968年)124-26頁，阪本昌成「わいせつ物規制に関する日米の比較法的考察」判例タイムズ422号(1980年)15頁(同『情報公開と表現の自由』〔成文堂，1983年〕所収，79-80頁)，木下毅「『四畳半襖の下張』事件控訴審判決と合衆国憲法判例の動向」判例時報931号(1979年)141頁，萩原滋「アメリカ合衆国におけるわいせつ規制(一)」早稲田大学大学院法研論集27号(1982年)177-180頁，武田誠「猥褻概念の再検討——主に米連邦最高裁判決を素材にして」関西大学法学論集31巻 5 号(1982年)22-25頁(同『わいせつ規制の限界』〔成文堂，1995年〕所収，4-6頁)，駒村圭吾「『法解釈の技術』と『文化現象の真実』——続『ロレンスからサドへ』」法律時報88巻10号(2016年)85-87頁など。

50) Roth v. United States; Alberts v. California, 354 U.S. 476 (1957). Roth 判決では，ともにわいせつ表現規制の合憲性が争われた Roth v. United States 事件と Alberts v. California 事件が併合審理された。

51) 18 U.S.C. § 1461.

52) *Roth*, 354 U.S. at 481.

53) *Id*. at 484.

該当するのだろうか。この点について，ブレナン判事は次のように判断する。

　埋め合わせする社会的重要性(social importance)をわずかでも有するアイディア——異端のアイディア，物議をかもすアイディア，時の世論に対し，敵対的なアイディアでさえ——は，より重要な諸利益に関する限定された領域を侵害しない限り，完全に保護される。しかし，修正１条の歴史の中に暗示されてきたのは，わいせつ表現が埋め合わせする社会的重要性の全くないものとして，[その保護を]拒絶されてきた，ということである。[54]([　]内，圏点共に筆者)

　つまり，上記の圏点で示したように，わいせつ表現は「埋め合わせする社会的重要性の全くない」ものであるため，修正１条の保護から排除される，とブレナン判事は断じるのである。さらに返す刀で，かかる判断は，Chaplinsky判決で下された判断と「全く同様のものである」[55](圏点筆者)と述べ，Ⅰでみたような空隙≪……≫を用いて——Chaplinsky判決に列挙される言論の排除根拠を示唆する２つの記述のうち，低価値性の記述だけを残存させた形で——同判決を引用するのである[56]。
　しかしながら，さしものブレナン判事も，「明白かつ現在の危険」の法理の適用の有無というBeauharnais判決で残されたもう１つの課題に対しては，切れ味が鈍かった。というのも，ブレナン判事は，かかる論点の実質的な検討を行わず，「わいせつ表現は保護される言論ではないという当裁判所の判断において，かかる論点に対する完全な解答は，Beauharnais事件連邦最高裁判決である。」[57]と述べただけだからである。もっとも，これは，必ずしも，かかる論点が些末であることを意味しない。なぜなら，わいせつ表現がもたらす害悪は，「淫らな思想(thoughts)」に過ぎず，「明白な反社会的行為(overt ansocial conduct)」が発生しない限り，その規制は違憲である，という主張が"活発になされていること"を，ブレナン判事自身が法廷意見の中で指摘しているから

---

54) *Id.*

55) *Id.* at 485.

56) *Id.* at 484-85 (quoting *Chaplinsky*, 315 U.S. at 571-72).

57) *Id.* at 486.

である[58]。しかし，かかる活発な主張に対して実質的な分析が行われることは
なく，ただ脚注18・19でその提唱者と先例の名が示されるだけであった[59]（そ
れらについては次項で触れる）。

　以上の判断の後，ブレナン判事は「わいせつ表現」を判定する適切な基準と
して，「通常人にとって，現代のコミュニティーの基準を適用した場合，当該
作品の支配的テーマが全体として，好色的興味に訴えるようなものであるか否
か」[60]という基準[61]を提示し，当該基準に基づいて判断された原審を是認した。

　さて，これまで Beauharnais 判決・Roth 判決と検討してきたが，両者は
Chaplinsky 判決を継承するという点において共通するが，Beauharnais 判決が
本質的な意味で同判決の再解釈に応じなかったのに対し，Roth 判決はそれに
応じたという点で異なる。Roth 判決は，わいせつ表現の実質的な規制根拠に
ついて「埋め合わせする社会的重要性の全くない」ことにあると判示し，
Chaplinsky 判決の有害性の記述だけを削除しているが，このことは，同判決
に列挙される言論類型のうち，少なくともわいせつ表現に関しては，その実質
的な規制根拠を再解釈したことを意味する。当然，その空隙≪……≫も，単な
る余事記載の削除の結果ではなく，規制根拠としての低価値性（無価値性）の選
択を含意するが，この根拠がわいせつ表現以外の Chaplinsky 判決に列挙され
た言論類型に及ぶかまでは定かではなく，Chaplinsky 法理の射程の限界は判
然としない[62]。

　他方で，Beauharnais 判決と同様に，Roth 判決でも「明白かつ現在の危険」

58）*Id.* at 486-87.

59）*Id.* at 487 n.18, 19.

60）*Id.* at 489.

61）1996年の Memoirs v. Massachusetts 事件連邦最高裁判決（383 U.S. 413）で提示された基準
　　と併せて Roth＝Memoirs テストなどと呼ばれるが（FARBER, *supra* note 11, at 137; 阪本・
　　前掲注49）15頁），1973年の Miller v. California 事件連邦最高裁判決（413 U.S. 15）で Miller
　　テストが提示さたことでのちに刷新される（*Id.* at 20-25）。

62）当該言論類型が「低価値言論（low value speech）」と呼称されている点を鑑みれば，
　　Chaplinsky 法理の射程の限界は言論の低価値性にあると思われるが（*see supra* note 11），
　　高橋和之教授は「低価値言論という場合，むしろ表現内容がもたらす社会的害悪に着目し
　　ていることが多い。」と指摘しており，その射程の限界については更なる検討が必要であ
　　る（高橋和之『立憲主義と日本国憲法〔第3版〕』〔有斐閣，2013年〕210頁）。

修正1条の空隙　　177

の法理の適用の有無に関しては，本格的な議論がされず，その適用の妥当性や理論構成が再び課題として残されることとなった。

　そこで，Roth 判決に残された手掛かり——脚注18・19で示された，わいせつ表現に「明白かつ現在の危険」の法理を適用した２つの先例——を基に後者の課題について考察を続けたい。

２．Roth 判決の脚注18・19——わいせつ表現と「明白かつ現在の危険」

(1)　Gordon 事件フィラデルフィア郡一般訴訟裁判決

　Roth 判決の脚注18で，先例として紹介されるのが，1949年のCommonwealth v. Gordon 事件フィラデルフィア郡一般訴訟裁判決[63]である。同事件は，被告人が強姦などの性描写を含む本を販売目的で所持し，わいせつな本の販売目的等の所持を禁じるペンシルヴァニア州刑法[64]違反で起訴されたものである。この Gordon 判決を執筆したボク判事の名は，わいせつ表現に「明白かつ現在の危険」の法理を適用するという手法の代表的な提唱者として，Roth 判決の脚注18に明記されている。

　Gordon 判決において，ボク判事は，まず，ジェファーソン(Thomas Jefferson)，ホームズ判事(Oliver Wendell Holmes, Jr.)並びにブランダイス判事(Louis D. Brandeis)といったアメリカ憲法理論の礎を築いた者達を例に挙げ，「言論の自由」の保障の下，立法者が刑罰として処罰できるのは，「明白かつ現在の危険」を生む「犯罪行為(criminal act)」だけである，と彼らは考えてきたと指摘する[65]。この先人たちの見解を基にボク判事はわいせつ表現規制を次のように分析した。すなわち，従来，わいせつ表現の処罰根拠とされてきた「違法行為(illegal acts)の惹起」や「コミュニティーの道徳の破壊」はわいせつ表現との因果関係が希薄であり，その規制を正当化するためには，「明白かつ現在の危険」を生む「犯罪行為」として「わいせつ表現」を析出することが必要である，と[66]。もっとも，わいせつ表現規制に傍論で言及する当時の連邦最高

---

63)　*Gordon*, 66 Pa. D. & C. 101.

64)　Pa. Penal Code, § 524.

65)　*Gordon*, 66 Pa. D. & C. at 139-44.

66)　*Id*. at 144.

裁の先例では，かかる表現に対する「明白かつ現在の危険」の法理の適用は認められず，ただ，わいせつ表現がわいせつ表現であるという理由だけでその規制が正当化されていた[67]。が，これに対してボク判事は，曖昧でミステリアスな「わいせつ(obscene)」概念自体を「明白かつ現在の危険」によって限定する必要がある，と反論した[68]。

こうして，わいせつ表現に「明白かつ現在の危険」の法理を適用するという解釈が提示されたわけだが，そこでやはり障害となり得るのが，Chaplinsky判決である。そのためボク判事は，当該言論に「明白かつ現在の危険」を適用することを勧告した直後に，Chaplinsky判決を引用し，同判決を再解釈することで，自身の解釈の正当化を試みる。

しかしながら，Chaplinsky v. New Hampshire事件連邦最高裁判決において，マーフィー判事は次のように述べる。

「特定の明確に定義され，厳格に制限された言論の類型の規制は，いかなる憲法問題も提起しないと考えられてきた。それらは，下品かつわいせつな言葉，冒瀆的言葉，名誉毀損的言葉，侮辱的又は"喧嘩"言葉——それらはまさに発話されることによって，害を負わせ，又は，即座に治安紊乱を引き起こす傾向をもつ——である。」

文学的なわいせつ表現の適切なケースに直面したときに，どのような言葉が，それがまさに発話されることによって，害を負わせるのか，または，いかにしてそのような害悪を負わせるのか，ということは私にはわからないし，最高裁にとってもまた明確でないだろうと私は主張したい。即座に治安紊乱を引き起こす傾向をもつわいせつ本の概念についていえば，強調されるべき適切な要点は治安紊乱にある。これは，わいせつ表現は自動的に治安紊乱を引き起こすという主張とは異なる。なぜなら，この主張は現実性に欠けるからだ[69]。

上記引用箇所の前半部分では，Chaplinsky判決の有害性の記述のみが切り

---

67) *Id.* at 145-46.

68) *Id.* at 146.

69) *Id.* at 146-47 (quoting *Chaplinsky*, 315 U.S. at 571-72). 判決文には Chaplinsky 判決の571頁引用とあるが，当該引用部分は Chaplinsky 判決の571-72頁に相当する。

修正1条の空隙　　179

出されて引用されており，ボク判事が，同判決の言論類型の実質的な規制根拠を有害性であると再解釈していることがうかがえる。この再解釈によって，ボク判事は，かかる言論類型が惹起する具体的害悪を問う「明白かつ現在の危険」の法理を適用するための素地を整える。その上で，上記引用箇所の後半部分で，具体的害悪を生む「犯罪行為」として析出された「わいせつ表現」だけが処罰可能であるという見解を Chaplinsky 判決の文脈において再定式化した。この再定式化の背後には，まさにわいせつ表現は純粋な「思想」に過ぎず，「犯罪行為」を伴わない限り，その規制を正当化することはできない，というジェファーソンらを意識した思考が巡らされているものと思われる。

　以上のボク判事の Chaplinsky 判決の引用は，Roth 判決でみた同判決の引用と対照的である。それだけでなく，両者はわいせつ表現の実質的な排除根拠，そして，「明白かつ現在の危険」の法理の適用の有無についても対照的な結論をとる。このことから，有害性の記述と「明白かつ現在の危険」の法理は一対のセットになっているとの予測ができるが，その妥当性や理論構成も含め，この点については別稿で言及する予定である。とはいえ，Roth 判決に残されたもう一方の手掛かりも続けてここで確認したい。

(2)　Roth 事件連邦控訴審判決のフランク同意意見

　Roth 判決の脚注19で，紹介されているのが，1956年の United States v. Roth 事件連邦控訴審判決のフランク判事（Jerome N. Frank）の同意意見[70]である。これは，Ⅲ1で紹介した Roth 事件上告審判決の前審で示されたものである。

　フランク判事は，先にみたボク判事の見解によって，わいせつ表現規制の合憲性に疑問をもつようになったと述べており[71]，基本的に彼の見解に賛同する[72]。両者の違いは，わいせつ表現規制を正当化するために要求する危険性の程度にある。つまり，ボク判事が「明白かつ現在の危険」を要求するのに対し，フランク判事は，1951年の Dennis v. United States 事件連邦最高裁判決[73]によって，「明白かつ現在の危険」の法理で要求される危険の時間的な切迫性が

---

70) United States v. Roth, 237 F.2d 796, 801 (2d Cir. 1956) (Frank, J., concurring).

71) Id. at 806.

72) Id. at 826.

73) Dennis v. United States, 341 U.S. 494 (1951).

緩和されたことを理由に、「明白かつありうべき危険」で足りるとするのである[74]。

このようにボク判事を経由してフランク判事がRoth事件についても、緩和された「明白かつ現在の危険」の法理を導入しようとしたわけであるが、かかる控訴審判決を前提として上告審判決をみた場合、Roth事件上告審判決のブレナン法廷意見における空隙≪……≫の意味について、1つの推論がもたらされる。すなわち、Roth判決の≪……≫は、わいせつ表現の実質的な規制根拠が低価値性であるという選択を示し、かつ、当該言論に「明白かつ現在の危険」の法理が適用される余地を残さないために作出されたものである、という推論である。

と同時に、かかる≪……≫は、名誉毀損やわいせつ表現が惹起する害悪の存否・大小、そして、当該言論類型とその害悪の連関ないし距離（時間的近接性）を論ずるためにジャクソン判事やボク判事の試みの根拠となってきた判決テクスト——Chaplinsky判決の有害性の記述——が失われたことを意味する。カルヴァン（Harry Kalven, Jr.）は、Chaplinsky判決からBeauharnais判決を経て、Roth判決で確立された、修正1条によって「保護される言論」と「保護されない言論」を「社会的有用性（social utility）」の観点から区分する判例法理を「二層理論（the two-level theory）」と呼び、批判したことで有名であるが[75]、彼の批判の主眼は後者に分類される言論行為の処理にあった。というのも、この二層理論の下では、（社会的有用性が認められるが故に）前者に分類された言論行為に対しては、当該言論行為が惹起する害悪の「明白さと（時間的）近接性（clarity and proximity）」[76]が検討されるのに対し、（社会的有用性が認められず）後者に分類された言論行為は、具体的な害悪の発生を待つことなく、その規制が正当化されることになるからだ。このように、害悪論の観点から二層理論を批判した

---

74) *Roth*, 237 F.2d at 826.

75) Kalven, *supra* note 12, at 10-11; STONE ET AL., *supra* note 9, at 1093. また、邦語文献として、阪本・前掲注49）15頁、山口いつ子「表現の自由論のメタモルフォーゼ ——アメリカ合衆国憲法第1修正における構造変化とその価値原理」東京大学社会情報研究所紀要 67巻（2004年）32頁（同『情報法の構造』〔東京大学出版会、2010年〕所収、53-54頁）など参照。

76) Kalven, *supra* note 12, at 11.

修正1条の空隙　　181

カルヴァンは，先に紹介したボク判事とフランク判事を高く評価している[77]。なぜなら，両裁判官は，問題となる言論行為がわいせつ表現に分類されるというだけで思考を停止せず，わいせつ表現が惹起する具体的害悪は何なのかを改めて問おうとしたからである。しかし皮肉なことに，ボク判事が害悪論を展開するために使った，（そして，恐らく害悪論を展開するために必要な）判決テクストが削除され，その争点化が封じられることによって，二層理論はその地位を確固たるものにした。つまり，Roth判決の≪……≫によって，二層理論の完成がもたらされたのである。

ところで，実は，Roth判決の当事者は，わいせつ表現が惹起する社会的害悪の存否について争っていなかったので，単なる余事記載の削除として≪……≫が作出された，という可能性も捨てきれない。そこで，最後にRoth判決の口頭弁論の議論を眺めることによってこの点を確認したい。

3．Roth判決の口頭弁論における議論

Ⅲ1でみたように，Roth事件連邦最高裁判決では，Chaplinsky判決の核心的判示部分を≪……≫，つまり空隙にし，かつ，Beauharnais判決を「論点に対する完全な解答」として簡略に引用することで，あっけなく「明白かつ現在の危険」の法理の適用が否定されたため，わいせつ表現が惹起する社会的害悪に関してほとんど何も論じられていない。ところが，それとは対照的に，Roth判決の口頭弁論では，かかる論点に対して活発な議論の応酬がなされている。

本件口頭弁論では，この論点に関して両当事者が対立しており，フィシャー検事(Roger Fisher)は，「明白かつ現在の危険」とまでいい切らないまでも，わいせつ表現は道徳を破壊する危険を有し，その自宅への送付は自宅におけるプライヴァシー侵害(とりわけ当該物品の受領を望まない囚われの聴衆に対する心理的な害悪〔psychological harm〕)をもたらすと主張した[78]。これに対し，ロッゲ弁護

---

77) *Id.* at 2, 4, 8, 19; Harry Kalven, Jr., Book Reviews, 24 U. CHI. L. REV. 769, 769, 773 (1957).

78) OBSCENITY: THE COMPLETE ORAL ARGUMENTS BEFORE THE SUPREME COURT IN THE MAJOR OBSCENITY CASES (REVISED, AND UPDATED) 25 (Leon Friedman ed. rev. ed. 1983). 口頭弁論の公式記録を入手できなかったため，本稿ではわいせつ表現の主要判例の口頭弁論の記録を

士(O. John Rogge)は，1951年の Dennis v. United States 事件連邦最高裁判決[79]で緩和された「明白かつ現在の危険」の法理に照らしても，本件郵便物が「実体的な害悪(substantive evil)」を生むという証拠はないし，出版物が人の心理にいかなる影響を与え，その結果どのように行為に作用するのかに関しては未だ解明されていないと反論した[80]。

　もっとも，かかる論点が本件口頭弁論で最初に登場したのはフィシャー検事の陳述の中であるため，この論点に対する担当裁判官からの質問は彼に集中した。しかし，かかる陳述においても Chaplinsky 法理が適用される言論行為に対する「明白かつ現在の危険」の法理をめぐる諸課題に関して説明不足だったため，この点に対するフランクファーター判事の執拗な追及を招いた。特に，フィシャー検事が提示した害悪は本当に「明白かつ現在の危険」といえるのか，また，名誉毀損やわいせつ表現はあらかじめ修正１条の保護範囲の外に置かれるのか，という点に対しては何度も確認がなされた[81]。恐らく，この論点と再度相対することになったフランクファーター判事としては，かかる質疑を通じて，ボク判事＝フランク判事，そして，何よりジャクソン判事が提示した解釈を成立させるための理論構成の難しさを明らかにし，改めてかかる解釈を否定したかったものと思われる。しかし，かかる猛攻にもめげず，フィシャー検事は次のように述べて一矢報いる。「わいせつ表現は常に憲法の外にあると考えられてきた，つまり，それは修正１条の諸問題を発生させないということで片が付いている，と主張することは簡単だった，全く簡単なことだった。が，われわれはそうしない——われわれはそこに熟慮されるべき諸問題があると考える(We don't—we think that there are problems that must be considered)。」[82]と。彼は検察官という立場ながら，わいせつ表現規制に対する伝統的な理解に疑義を抱いており，わいせつ表現を修正１条の保護範囲に入れた上で，その規制を正当化しようと試みたのである。しかし，最終的に彼はフランクファーター判

　　　集めた上記の著作を参照する。

79) *Dennis*, 341 U.S. 494.

80) Obscenity, *supra* note 78, at 34-35.

81) *Id.* at 24-29.

82) *Id.* at 29.

修正１条の空隙　　183

事らから，検察官の務め(duty)はわいせつ表現規制の合憲性を前提に，本件被告人の有罪を論証することにあると説得されたため，わいせつ表現規制に対するこの根源的問いがこれ以上論議されることはなかった。

以上のフランクファーター判事の対応によって，彼は本件口頭弁論の「最も目立った質問者(the most prominent questioner)」[83]と評されるが，そうであるならば，なぜ彼が法廷意見を執筆しなかったのか，また，なぜ口頭弁論中の「明白かつ現在の危険」の法理をめぐる活発な議論がブレナン法廷意見に反映されなかったのかに関しては疑問が残る。

唯一，本件口頭弁論に関して明確にいえることは，両当事者はわいせつ表現が惹起する社会的害悪の存否について争っていた，ということであろう。つまり，法廷意見における有害性の記述の削除は，口頭弁論時点では存在していた論点を意図的に割愛したのであって，単なる余剰記載の削除ではないのである。

IV　今後の課題

以上本稿では，Roth 事件連邦最高裁判決が生み出した空隙≪……≫の意味を探究することで，わいせつ表現の実質的な規制根拠について考察してきた。1952年の Beauharnais 判決で残された課題から，57年の Roth 事件連邦最高裁判決を照射し，49年の Gordon 事件フィラデルフィア郡一般訴訟裁判決と56年の Roth 事件連邦控訴審判決を経て，Roth 事件連邦最高裁判決の口頭弁論に辿り着く過程で，いくつかの示唆を得ることができたが，ここで暫定的な結論を述べたい。

本稿の冒頭で，Roth 判決の≪……≫は，当時の連邦最高裁によるわいせつ表現の実質的な規制根拠の選択——有害性ではなく，低価値性——を含意する可能性があると指摘した。それを明らかにすべく，Chaplinsky 判決から Roth 判決までの間，Chaplinsky 判決の言論類型の実質的な規制根拠を示唆する，有害性・低価値性の記述がどのように解釈されてきたのかを検討したが，その結果，Beauharnais 判決はかかる根拠を明示的に分析しておらず，Roth 判決

---

83) *Id.* at xx.

184

が初めてわいせつ表現の実質的な根拠を「埋め合わせする社会的重要性の全くない」ことにあると判示したことがわかった。当該判示部分を Chaplinsky 判決の文脈で再定式化すれば、低価値性の記述に該当するものと思われるが、かかる判示部分と有害性の記述が削除されたことを併せて勘案すれば、少なくとも Roth 判決の水準では、≪……≫はわいせつ表現の実質的な規制根拠として低価値性が選択されたことを含意するものといえよう。

同時に、かかる空隙は、わいせつ表現に「明白かつ現在の危険」の法理が適用される可能性が排除されたことも意味する。本稿の検討を通じ、「明白かつ現在の危険」の法理によって類型論を乗り越えようとした裁判官(ジャクソン判事、ボク判事)は、相異なる両理論を架橋するための媒介として、Chaplinsky 判決の有害性の記述を利用していることが明らかとなったからである。Roth 判決における削除が、「明白かつ現在の危険」の法理の適用を否定するために敢えて行われたということを明示する資料こそ発見できなかったものの[84]、本件口頭弁論と法廷意見の議論状況の対比、あるいは、その適用を肯定する論者や先例の名が判決文の脚注において明示されている点を鑑みると、かかる削除は意図的に行われたものと思われる。

こうした害悪論の封印によって、類型論が確立されたものと思われるが、実は、Roth 判決が選択した低価値論も不安定性を潜在させている。Beauharnais 判決において、ブラック判事は Chaplinsky 法理の適用を受ける言論行為に対しても、自動的・機械的に低価値性が認められるわけではないという思考を見せたが、かかる思考は当該言論行為の低価値性を所与のものとする類型的アプローチとは一線を画すものである。したがって、害悪論を隠蔽したことで、一先ず類型論を確立したからといって、全てが安泰というわけではない。

この Roth 判決以降、わいせつ表現とその害悪(harm)の連関をめぐる議論は、アメリカ司法の中で、大きく後退していくことになるが[85]、その淵源に、

---

84) 本件口頭弁論で、Chaplinsky 判決の再解釈は直接争点となっていない(*see* Obscenity, *supra* note 78, at 9-35)。

85) *See, e.g., Miller*, 413 U.S. 15. また、「ロス判決以降のわいせつ法の物語は定義の物語である」と評される(Wirenius, *supra* note 22, at 361)。

Roth 判決によってもたらされた空隙の存在があることは間違いないだろう[86]。しかし，常々その存在が疑わしいとされる，わいせつ表現とその害悪の連関[87]を修正1条の議論の外に置いてもよいのだろうか[88]。また，Roth 判決は規制根拠としての低価値性についてわいせつ表現とそれの連関について十分説得的な説明を提供できているのだろうか。これまで本稿では，Roth 判決の空隙≪……≫の意味を埋めるべく，その意味を探求してきたが，ここにきてまた新たな「空隙」と出会うこととなる。

もっとも，「保護されない言論」類型自体，保護されない領域があることをさしたる説明をせずに前提とできる便利な道具として利用されてきたに過ぎず[89]，その中身や論拠を問うことは無益なことなのかもしれない。

しかしこの点に関して，のちの判例・学説に新たな動向がみられる。例えば，1991年の R.A.V. v. City of St. Paul 事件連邦最高裁判決[90]では，「保護されない

---

86) ポルノ規制条例の合憲性が争われた著名事案に対する，1984年の American Booksellers Ass'n v. Hudnut 事件連邦地裁判決(598 F. Supp 1316)の被告は，Chaplinsky 判決の有害性の記述を利用し，ポルノグラフィーの害悪こそが問われるべきであると主張しており (*id.* at 1331 n.1)，Roth 判決以降のわいせつ表現の判例動向に挑戦しているものと評価できる。

87) 近年，様々な視点・手法から性表現物が惹起する害悪が再検証されている。例えば，ヌスバウム(Martha Craven Nussbaum)の議論を手掛かりに，嫌悪感・羞恥心という視点からわが国のわいせつ表現規制を検討する文献として，陶久利彦「『わいせつ』概念と嫌悪感・羞恥心」東北学院法学75号(2014年)21頁以下，エスノメソロジーの手法によってポルノグラフィーの害悪を批判的に検討する文献として，小宮友根『実践の中のジェンダー』(新曜社，2011年)245-84頁。また，虐待的な性表現が惹起する害悪に関して，長谷部恭男ほか「日本国憲法研究〔第20回〕芸術の自由」論究ジュリスト19号(2016年)179-183頁〔駒村発言，志田発言〕参照。

88) *Cf.* Frederick Schauer, *Response: Pornography and the First Amendment*, 40 U. PITT. L. REV. 605, 610 (1979).

89) 駒村圭吾「Mode of Speech——R.A.V. v. City of St. Paul 事件判決におけるスカリア法廷意見の可能性」小谷順子ほか編『現代アメリカの司法と憲法』(尚学社，2013年)23頁。

90) R.A.V. v. City of St. Paul, 505 U.S. 377 (1992). この判決に関する近時の邦語文献として，駒村・前掲注89)22頁以下，小谷順子「連邦最高裁における法廷意見の形成過程——憎悪表現規制に関する R.A.V. v. City of St. Paul 事件判決」小谷ほか編・前掲注89) 2頁以下，金原宏明「過小包摂な規制と厳格審査の基準の下での目的審査のあり方について——EMA 事件判決におけるスカリア裁判官法廷意見を素材として」関西大学法学論集65巻3号(2015年)193-203頁など。

言論」類型は，その名称通り，あらかじめ修正１条の保護範囲の外に置かれるのでなく，「規制されるべき内容(*their constitutionally proscribed content*)」[91]（訳文における下線部は原文においてイタリックで強調されている箇所である）があるから規制されるのだと判示されており，当該言論類型とその規制根拠の連関を再び問い得る可能性を示唆している。また学説でも，ファーバー(Daniel A. Farber)が，「保護されない言論」類型の多くが，あらかじめ修正１条の保護範囲の外に置かれるのではなく，厳格審査をショートカットして適用した結果を示したものとして理解できるとの見解を示しており[92]，R.A.V. 判決の精緻化を試みているものと思われるが，いずれにせよ，「保護されない(unprotected)」というターミノロジーがもつ意味を再検証する必要がありそうである[93]。こうした動向が何を意味するのかについての検討は別稿に譲りたい。

　ここで指摘しておきたいことは，連邦最高裁が長期にわたって残存させてきた「空隙」を埋めようとする胎動が存在するということである。そして，筆者個人の課題としては，かかる空隙を埋めること，あるいは，なぜ埋まらないのかを明らかにすることにあると考えている。この課題の検討を通じ，「『それは言論であるのか否か("Is it speech or isn't?")』」という修正１条の「始まりにして終わり(the beginning and the end)」[94]の問いに取り組みたい。

---

91) *R.A.V.*, 505 U.S. at 383.

92) Daniel A. Farber, *The Categorical Approach to Protecting Speech in American Constitutional Law*, 84 IND. L.J. 917, 919-20 (2009). かかる見解を紹介する邦語文献として，大林啓吾「表現の自由とバーチャル児童ポルノ規制」大沢秀介ほか編『アメリカ憲法判例の物語』（成文堂，2014年）124頁，横大道聡『現代国家における表現の自由』（弘文堂，2013年）228頁注32など。

93) ファーバーが提示する枠組みの下でも，わいせつ表現とコマーシャル・スピーチは例外的な取扱いを受けるとされるため(Farber, *supra* note 92, at 931)，この２つの言論類型に対しては特に慎重な検討が必要であると思われる。

94) CATHARINE A. MACKINNON, *The Sexual Politics of the First Amendment, in* FEMINISM UNMODIFIED 208 (1987). かかる言説は，ポルノ規制条例の起草者の１人である，マッキノン(Catharine A. MacKinnon)が，わいせつ表現やポルノに対する憲法的保護を肯定する者を修正１条絶対主義者(First Amendment absolutist)と呼び，批判した文脈で寄せられたものである。つまり彼女は，絶対主義者にとっては，問題となる言論行為が惹起する害悪よりも，「それは言論であるのか否か」の方が重要なのだ，と批判したのである。しかし，ここでのマッキノンの意図にもかかわらず，彼女が析出した問題設定は，およそ修正１条の問題を考究する上で，「始まりにして終わり」のものであるように思われる。マッ

〔附記〕　本研究の一部について，平成27年度日本学術振興会科学研究費助成事業(13J02339)の助成を受けている。

　キノン自身は，害悪論の観点から言論に対する保護を捉えようと試みているが，こうした試みも，修正１条によって保護される「言論」とは何か，という問いと切り離して議論することはできない。筆者はマッキノンが析出した問題設定を以上のように理解し，旧稿（菅谷・前掲注16)）及び本稿を通じ，この問いに取り組んだつもりである。

売春犯罪化批判論にみる Martha C. Nussbaum の政治的リベラリズム

佐々木くみ

I　政治的リベラリズムと売春

　現代アメリカを代表する哲学者の1人とされる Martha C. Nussbaum は[1]，合意に基づく売春を犯罪として処罰することを批判する。一般に，売春を巡る議論は，売春が尊厳を傷つけるとして売春を犯罪化して規制する立場と，売春を個人の自己決定の問題として売春犯罪化に反対する立場とに大別できる。しかし，Nussbaum は，売春によって売春婦[2]の尊厳が傷つけられることを問題視しつつ売春犯罪化には反対しており，これらのいずれの立場にも収斂されない議論を展開している。Nussbaum は自らの思想を，Charles Larmore と John Rawls に代表される政治的リベラリズムに位置づけているが[3]，Nussbaum の売春犯罪化批判論はその政治的リベラリズムに関連しており，売春を巡る議論にとどまらない問題を含んでいるのである。本稿は，Nussbaum

---

1）Nussbaum については，神島裕子『マーサ・ヌスバウム――人間性涵養の哲学』（中央公論新社，2013年）。

2）売春に従事する者は女性に限られないが，Nussbaum による売春犯罪化批判論はもっぱら売春婦（女性）を念頭に置いたものであるため，以下，本稿の対象も売春婦に限定する。

3）MARTHA C. NUSSBAUM, HIDING FROM HUMANITY 60, 340 (2004) ［マーサ・ヌスバウム（河野哲也監訳）『感情と法――現代アメリカ社会の政治的リベラリズム』（慶應義塾大学出版会，2010年）74頁，431頁］.

の売春犯罪化批判論を，政治的リベラリズムとの関係に焦点をあて，限られた視角から検討する試みである。

Nussbaum の政治的リベラリズムの出発点は，実践理性(practical reason)を用いて選択するという人間の基本的な能力(capacities)故に，人間は平等な価値を持っているという考えであり，Nussbaum は個人の自由や選択を重視する。しかし，政府に求められるのは単純に選択肢の数を増やすことではない。自由は「平等な価値と尊重」と密接なつながりのあるものとして理解されなければならないのであり，政治的リベラリズムに求められているのは，人格の発展にとって意義ある選択の保障であると Nussbaum は述べる。ここから，政治的リベラリズムは，社会の不正やヒエラルキーから人々を救おうとする場合には，より積極的に善について人々に語ることが求められる。但し，政治的リベラリズムが目指すのは，望ましい善に向かって人々を導くことでは決してなく，実践理性を有した尊厳ある主体(agency)としての個人がそのような善を望んだときに，その選択を可能とする環境を整備することにとどまる。個人を尊厳ある主体として尊重するために政府に求められるのは，あくまで，人々が自律的に行動できるような枠組みの構築に限られるのである[4]。

さて，このような政治的リベラリズムのもとで政治的正義(political justice)が実現されるには，その社会のすべての市民が社会的合意(social consensus)を形成しなければならない政治的原理がある[5]。人生についての理にかなった見解の多元性に対する寛容である。例えば，Nussbaum によれば，宗教は人間の理性を尊重しなければならないといったリベラルが宗教に対して抱く見解は，すべての市民に強制されるべき原理ではないが，リベラルではない宗教を信仰する者も，他者から干渉されることなく自身の宗教的実践を可能にするために，宗教的寛容というリベラルな原理は受け入れる必要がある。そして，この政治的原理を強制するためであれば，法を用いることもできる[6]。そこで，政治的

---

4) MARTHA C. NUSSBAUM, SEX AND SOCIAL JUSTICE 10-11 (1999).

5) NUSSBAUM, *supra* note 4, at 21. なお，Nussbaum は，このような政治的リベラリズムを，ロールズ・タイプの政治的リベラルと位置づける(NUSSBAUM, *supra* note 3, at 328-329[邦訳413頁])。

6) NUSSBAUM, *supra* note 3, at 76[邦訳97頁].

リベラリズムは，理にかなった意見の不一致がある領域で，問題となっている価値が，すべての市民による社会的合意が求められる政治的原理であるか否かについて判断を迫られる。しかし，個人の自由と選択を重視するリベラリズムが，社会に反対者がいるリベラルな見解を公共的な政治文化(public political culture)としてどこまで主張できるかは難問である。リベラリズムが対峙するこの難問は，「性」に関わる領域でも生じる[7]。性について様々な意見の相違があるリベラルな社会において，性道徳に関わる見解は，どの程度まで性に対する法規制の根拠たりうるのか。どのような性的選択であれば，不道徳であるとしても法規制に従わないことが許されるのか。

Nussbaum は，この問題の答えは，リベラリストの1人である John Stuart Mill の他者加害原理に基づき導かれるべきであるとし，同意(consent)していない他者に危害(harm)を及ぼす行為であることが，行為に対する法規制の必要条件であるとする。他者加害原理によれば，レイプや幼児虐待，セクハラといった行為を犯罪として処罰することには十分な理由がある。他方で，成人の同意の上での行為に対する法規制は，その行為がどれ程不道徳であっても，不道徳であるというだけでは正当化することはできない。大多数の人々にとって不快ではあっても，レイプのような危害を不同意の者に与える行為でさえなければ，そのような行為に対する法規制は，何が正しいかの判断能力の欠如を理由とする法規制であることを暗に示しており，個人を尊厳ある主体とみなすことと矛盾するからである。

但し，Nussbaum によれば，他者加害原理だけでは見過ごされがちな重大な問題があり，その点からの検討が不可欠なのが，売春である。売春は，同意と危害という2点に関し，他者加害原理が見逃しがちな問題を孕んでいると，Nussbaum は指摘する。それ故に，売春をめぐる対応の中には，Mill のリベラリズムや Rawls 等の政治的リベラリズムからは区別される Nussbaum の政治的リベラリズムの特徴が浮かび上がることになる。

---

7) NUSSBAUM, *supra* note 4, at 20-22.

II　同意——自律性

　他者加害原理によれば，同意のもとでの売春は自律的な選択として尊重されるべきであって，それが不同意の者に明白な危害を加えるものでない限り，法規制の対象とされるべきではない。Nussbaum はこの他者加害原理から導かれる帰結に同意する。しかし，売春に従事することを選択する際にも，また売春に従事している間も，売春婦の行動は他者にコントロールされ自律性（autonomy）が十分に保障されていないことが多いとされることから[8]，そのような状況下での同意が真に自律的な決定といえるのか，Nussbaum はさらに検討を加える[9]。

　売春に従事する契約（bargain）が結ばれていたとしても，誘拐やレイプ，ゆすりといった違法な行為によって売春に従事させられた場合には，これらの行為を犯罪として処罰することが他者加害原理によっても正当化される。また，売春に従事している間の売春婦の自律性に対する侵害とされる，売春婦への虐待，斡旋業者による売春の稼ぎの巻き上げ，売春における暴力や詐欺の蔓延といった事態の改善のための法的介入は，売春自体への同意がある場合でもこれらの行為への同意はないといえることから，他者加害原理とも矛盾せず，むしろ売春婦に法の下の平等が保障されるような法的介入が求められる[10]。子どもによる同意の上での売春についても，そもそも Mill は子どもについては他者加害原理の例外と位置づけており，Nussbaum も自律的な選択とはみなしていない。

　問題は，成人女性が，生きていくためには他に仕事が無いとか他の仕事よりましであるといった経済的理由で売春を選んだ場合である。他者加害原理によ

---

8)　*Id.* at 23. 例えば，Elizabeth Anderson は，売春の際の売春婦の行動は売春婦自身の判断ではなく買春者の意思を表しているとして売春を批判する（ELIZABETH ANDERSON, VALUE IN ETHICS AND ECONOMICS 156 (1995)）。

9)　NUSSBAUM, *supra* note 4, at 288-297.

10)　但し，目的にかなった（sensible）法的介入は個人の自由と両立するが，売春が犯罪化されていることで警察等によるさらなる暴力の被害を受けることも多く，売春それ自体を犯罪化するという形での法的介入は事態を悪化させるだけである点に注意が必要であると Nussbaum は指摘する（*Id.* at 289）。

れば，このような環境下でも，彼女たちは何をすべきか熟考し，売春しないという選択を行うことができるから，自律の内的条件は満たされており，売春婦の同意は存在し，売春への法的介入を正当化する理由はないということになる。しかし，このような売春婦がおかれている状況は，Joseph Raz が自律性について説明する際に架空の例としてあげる，孤島で人喰いの化け物に常に追いつめられている女性がおかれている状況[11]にあたると Nussbaum は述べる[12]。

　Raz によれば，この女性が自律的な生活を謳歌しているとはいえないのと同じ意味で，多くの貧しい女性の人生もまた，自律的とはいえない。自律的な選択と言えるには，自ら熟考するという自律の内的条件が満たされているだけでなく，様々な選択肢があり，生存のためという必要性に縛られない選択が可能でなければならない。生きるためには１つの選択肢しか残されていないといった状況では，自律的な人生を謳歌しているとはいえないのである[13]。その上で，Raz は，このような意味で自律的とはいえない状況を放置しておくことも他者加害原理における危害にあたるとし，自律的選択が可能となるような十分な選択肢を政府が与えることは他者加害原理と矛盾しないと主張する[14]。

　Nussbaum も，Raz 同様に，暴力や貧困といった生きるための障害と闘わざるをえない個人は，主体として行動できる機会を奪われており，最低限の生活のための社会的なサポートの提供も，人々が自律的に行動できるような枠組みの一環として，政府に課された当然の義務であるとする[15]。Nussbaum は，どこまでの社会的な支援が必要かということはそれぞれの社会が答えを出す問題であるとしつつも，この問題は，保護の問題ではなく，人を尊厳ある主体として尊重するための枠組みに関わる問題であると強調するのである。

　Nussbaum によれば，あらゆる問題を１人で解決できる主体など存在せず，貧困等を改善するための経済的支援という形での法的介入は，恐喝や詐欺とい

---

11) JOSEPH RAZ, THE MORALITY OF FREEDOM, 374 (1986).

12) NUSSBAUM, *supra* note 4, at 296.

13) RAZ, *Supra* note 11, at 373-378.

14) *Id*. at 412-429.

15) 但し，Nussbaum は，Raz のリベラリズムをパーフェクショニスト・リベラリズムと規定し，自身の政治的リベラリズムから区別している（Martha C. Nussbaum, *Perfectionist Liberalism and Political Liberalism*, 39 PHILOSOPHY & PUBLIC AFFAIRS 3-45 (2011)）。

った犯罪から人々を守るための法規制と同様に,「保護の対象(victim)」として
ではなく尊厳ある主体として個人を尊重することと矛盾しない[16]。Nussbaum
の政治的リベラリズムが前提とする個人は,暴力や貧困といった困難に自ら立
ち向かっていく個人というよりもむしろ,程度の違いこそあれ脆弱な
(vulnerable)個人であり[17],売春婦だけを特別扱いせずに,売春の問題を「女
性」が社会で一般的におかれている経済状況の中で論じ,女性のより良い選択
を可能とするための教育や経済的援助を提供し,労働組合や低賃金の女性労働
者の孤立を解消し自尊心を高めるためのグループを創設することが重要にな
る[18]。

　Nussbaumはさらに,このような政治的リベラリズムに適合的な人権論とし
て,ケイパビリティ・アプローチを展開する[19]。ケイパビリティとは,人間の
尊厳に相応しい生活を送るために必要な中心的機能を支援するものであり[20],
人々にケイパビリティを保障することが政府には求められる[21]。ケイパビリテ
ィ・アプローチは,人々が有する権原に本質的な重要性を認め,また権原を多
元的で通約不能なもので根源的正義(basic justice)にとって欠くことのできない
ものとする点で,人権論の一種と位置づけられるが,人権を保障するというこ
とはその機能を実際に選択できることまで保障するものであるとする点に,ケ
イパビリティ・アプローチの大きな特徴がある。そのため,ケイパビリティ・
アプローチの下では,すべての人権に経済的・物質的側面があることが明らか
になり,また,国家からの消極的自由と国家による積極的自由の二分論に依拠

---

16) 多くの人が脆弱である領域で人を守る働きが法にはあると,Nussbaumは指摘している
　　(Nussbaum, *supra* note 3, at 11[邦訳13頁])。
17) Nussbaumの政治的リベラリズムでは,完全性の支配を否定し,人間の脆弱性を認めるこ
　　とが求められている(*Id.* at 318-319, 341[邦訳399頁,430頁])。
18) Nussbaum, *supra* note 4, at 296-297.
19) Martha C. Nussbaum, *Women's Bodies: Violence, Security, Capabilities*, 6 Journal of
　　Human Development 175-177 (2005).
20) 神島裕子『ポスト・ロールズの正義論』(ミネルヴァ書房,2015年)194頁。
21) ケイパビリティの中で特に重要なのは,真に人間らしい生活に不可欠な連帯と実践理性の
　　2つとされるが,Nussbaumは,身体の健康も重要であり,身体の健康を守るために実践
　　理性が制限されることも認めており,Nussbaumが唱えるケイパビリティは相互に複雑に
　　関連している(マーサ・C・ヌスバウム〔池本幸生=田口さつき=坪井ひろみ訳〕『女性と人
　　間開発』〔岩波書店,2005年〕96-97頁,108頁)。

せずに済む。人々が尊厳ある個人として尊重されるには，各個人が実際に何か
をなし何者かになれる状況にあることが重要なのであり，政府の介入の有無は
問題ではないということを，ケイパビリティ・アプローチは明確にするのであ
る。そのようなケイパビリティの1つとして，Nussbaum は，実践理性をもち
自分自身の道を決定する自由が保障されなければならないとし，ケイパビリテ
ィのリストに，「性的満足の機会をもつこと」をあげるのであるが，このよう
なケイパビリティ・アプローチの特徴からも，女性のより良い選択を可能とす
るための支援を政府の当然の義務とする Nussbaum の政治的リベラリズムの
特徴が確認できる[22]。

Ⅲ　危害

　売春について一般に指摘される危害には，売春婦の身体への危害と社会の性
道徳の崩壊とがある。前者について，暴力や詐欺などによって女性が強制的に
売春に従事させられることが，健康へのリスクと暴力の危険を高めていること
は確かであり，このようないわば不同意の者への危害に対する法規制は，Ⅱで
も述べた通り，他者加害原理からも正当化されうる[23]。Nussbaum の政治的リ
ベラリズムの特徴があらわれるのは，後者への対応においてである。
　先に述べたように，他者加害原理を貫くならば，成人の同意の上での行為は，
その行為がどれ程不道徳であっても，不道徳であるということだけを理由に処
罰することは正当化されない。Mill にとっての「危害」とは，単なる「不快な
こと(offense)」からは区別される限定的な概念であり，不道徳な行為は不快な
ことではあってもレイプのような危害とは区別されなければならないからであ
る。しかし，政治的リベラリズムによれば，法による強制も許される，すべて
の市民が社会的合意を形成しなければならない政治的原理は存在する。また，
リベラルな伝統を有する欧米法の歴史を見ると，不同意の他者に Mill が言う

---

22)　この点では，Nussbaum の立場は，ソーシャル・フェミニズムの立場に近い。
23)　自身の身体へのリスクについて同意がある場合については，売春以外にもリスクを伴う職
　　業は数多く存在しており，それらがすべて処罰されている訳ではないと Nussbaum は指
　　摘している(Nussbaum, *supra* note 4. at 288-289)。

意味での危害を与えない行為についても，不道徳であることを理由に犯罪とすることは，必ずしも否定されてはこなかった。そこで，Nussbaum は，道徳的主張を法規制の正当化根拠としておよそ認めないという立場には立たずに，道徳的主張の中でも，ある行為を犯罪とする根拠となりうるものとそうでないものとを見極める必要があると強調する[24]。

Nussbaum は，まず，道徳的主張を，理にかなったものと理にかなったものとはいえない嫌悪感に基づくものとに区別し[25]，売春処罰の根拠とされる道徳的主張[26]のうち，①売春は売春婦を性的客体化・モノ化・物象化(Sexual objectification)するものであるという主張と，②売春は男性による女性支配によって形作られ，また，その存続に寄与しているという主張とを，嫌悪感とは無関係な理にかなった道徳として認める[27]。但し，これらの主張が道徳的には理にかなった重要な主張であったとしても，売春を処罰の対象とする根拠になるかといえば，それは別問題である。ある行為について道徳的に論争することが適切であるかどうかと，その行為を法規制の対象とするかどうかとは全く別の問題であり[28]，②は法規制の根拠になり得ても，①はなり得ないと Nussbaum は評価する。

Nussbaum によれば，一般に，性的客体化・モノ化・物象化という考えには，道具性(instrumentality)，自律の否定，不活性(inertness)，代替可能性，侵害可

---

24) NUSSBAUM, *supra* note 4, at 240-242. 関連して，Nussbaum は，法の世界で感情が果たす役割を一切排除しようとすることは誤りであるとし，理にかなった感情とそうではない感情とを区別しようと試みる(NUSSBAUM, *supra* note 3, at 5-18[邦訳6-21頁])。

25) NUSSBAUM, *supra* note 3, at 141-146[邦訳 181-187頁].

26) Nussbaum は，売春処罰を求める様々な主張を分析しており，その分析対象には複数の道徳的主張が含まれている。複数の道徳的主張の中から，Nussbaum が理にかなったものと認めるのが，本文で紹介した①②の主張である(NUSSBAUM, *supra* note 4, at 22-23, 278-280, 288-297)。

27) NUSSBAUM, *supra* note 3, at 145-146[邦訳187頁]. Nussbaum がこれらの主張を道徳的に重要な問題と認めるのは，厳密には売春に関してではなく，ポルノグラフィと女性の裸の覗き見ショーに関する文脈においてである。但し，Nussbaum は，売春の処罰を求める根拠としてもこれらの主張が展開されることを指摘している(NUSSBAUM, *supra* note 4, at 288-297)。

28) NUSSBAUM, *supra* note 3, at 269-270[邦訳341頁].

能性，所有，主体性の否定の7つの特徴が見られるが[29]，①の主張のもっとも重要な要素を占めるのは自律の否定である[30]。ひとたび人を買ったり売ったりできるモノとして扱ってしまうと，人を自分の目的を果たすための道具とみなすようになり，伝統的にリベラリズムが重視してきた価値である自律性を否定してしまう[31]。

　これに対し Nussbaum は，売春婦は自身の性的能力(sexuality)を顧客との関係を離れて自分自身のために用いたり，さらには売春をやめることもできるから，自身が提供するサービスについての独占権を誰かに譲り渡しているわけではないと反論する[32]。また，売春婦が代替可能なものと化していることを①の主張が批判しているのであれば，それは端的に誤っている。売春婦はファゴット奏者ほどではないにしても，完全に代替可能なものというわけではない。売春婦が個人として遇されていないということはありえるが，我々はすべての人と深く理解した上で関わっているわけではなく，特別な無二の存在の個人として接しないことはありふれたことであり，このこと自体は売春処罰の根拠とすべきではないし不道徳ですらない。その人の人間性を尊重するという背景なしに道具として扱うことは，道徳的な問題を孕んでいるが，人間は複雑であり，互いが尊重し合いおおよそ社会的に平等で同意があるのであれば，性的客体化・モノ化・物象化は必ずしも悪とはいえず，性的客体化・モノ化・物象化という特徴の中に，常に道徳的に問題であるといえるものはない[33]。さらに，売春婦の商品化(commodification)という，売春婦が性的サービスを提供することで対価を得ていることへの批判に対しても，大学教員や歌手のように，自身が提供するパフォーマンスに対して対価が支払われている職業は多く存在しており，サービスの提供によって対価を得ること自体は悪ではなく，金銭で評価されることで芸術作品やパフォーマンスがその本質を喪失するとも限らないと Nussbaum は主張する[34]。Nussbaum によれば，性道徳について見解の相違が

29）Nussbaum, *supra* note 4, at 218.

30）*Id.* at 220-221.

31）*Id.* at 238.

32）*Id.* at 291.

33）*Id.* at 238-239.

34）Nussbaum によれば，性を金銭に換えることに対する評価は文化によって異なる。性を金

ある社会で求められるのは，むしろ異なる性道徳観への寛容なのである。

　一方，②の従属の問題について，Nussbaum は，フェミニズムが指摘するように，男性による女性支配の制度という側面が売春にはあるとし[35]，従属の問題は，市民の平等性という，政治的リベラリズムが社会的合意の形成を求める政治的原理に関わると述べる[36]。但し，Nussbaum によれば，女性の従属の問題を改善するために売春それ自体を犯罪化することは，リベラルな社会では過度に自由を制約することになるだけでなく[37]，売春婦の尊厳や自尊心を傷つけ，平等を実現する上でむしろ大きな支障となる。ジェンダー・ヒエラルキーに基づく女性の男性への従属を体現するものとして売春を批判する主張には，売春婦を敵視する傾向が一般にみられるからである。女性の従属を根拠に売春の犯

銭に換えることが欧米であまり好まれない理由として，Nussbaum は，性行為が絵画などよりも比較的短時間で完結する傾向があることや，西欧におけるロマンティシズムの影響をあげ，ロマンティシズムの影響については功罪両面あると述べている(*Id.* at 292-293)。なお，ロマンティシズムの１例として，Nussbaum は，売春は親密な関係や献身的な関係の構築を困難にするという Elizabeth Anderson の主張について検討している。Nussbaum は，この主張の真偽に疑問を呈した上で，仮に売春を処罰することで女性が親密な関係や献身的な関係を築けるようになるとしても，売春の犯罪化によってスティグマが押され，あるいは職業が見つからずに貧困にあえぐ売春婦が人間的な関係を築けるようになるとは思われず，そうであれば，中流の生活レベルの女性の恋愛のために，貧しい女性から収入を得る機会を奪い貧困を押しつける不快な提案であると，この主張を非難する。そもそも，この主張は，親密な関係や献身的な関係を築くことを理想化するものであり，法が文化に優劣をつけることにもつながりかねない点で，政治的リベラリズムと緊張関係に立つ。但し，Nussbaum は，一定の範囲で特定の文化に助成することは否定しない点で，自身の立場が Rawls とは異なると留保している(*Id.* at 292-293, 444)。

35) *Id.* at 293-294.

36) Nussbaum, *supra* note 3, at 146[邦訳187頁]．但し，Nussbaum は，女性の従属の表象とされる，売春婦の虐待，斡旋業者による稼ぎの巻き上げ，暴力や詐欺の蔓延は，違法薬物の卸売業のように犯罪化された産業に伴う帰結ともいえ，売春が孕むこれらの問題を「男性による女性支配」によるものとしてどの程度説明できるかは疑わしいとする(Nussbaum, *supra* note 4, at 289)。

37) Nussbaum は，父系所有や外婚，インド等で行われている，結婚の際に女性が相手の男性に多額の持参金を渡す「持参金制度(dowry)」にも男性による女性支配の影響が見られるとし，中でも持参金制度は，制度の改革なしに女性の経済的・物理的状況を改善することはほぼ無理である程に，多くの女性に影響を与え，その人生を左右しているとしながらも，これらの制度についてすら，立憲主義的伝統の下では，犯罪として処罰することは過度に自由を侵害するものであるとする。Nussbaum は，売春が社会に与える影響はこれらの制度よりも小さいものにとどまっていると評価する(Nussbaum, *supra* note 4, at 294-295)。

罪化を求める声には，女性の隔離や，ベールや割礼の強制と同様に，結局は女
性の性を悪とし売春を不道徳とする性道徳観がその背後にあると Nussbaum
は分析する[38]。

　他方で，Nussbaum は，ジェンダー・ヒエラルキーと結びつく売春を不正な
システムとみなして憤り，システムの犠牲者である売春婦を思いやる感情は，
リベラルな社会に不可欠であるとし，従属の問題に対する法的不介入だけでは，
伝統的にリベラリズムが見逃してきた重要な問題を同様に見逃すことになると
指摘する[39]。というのも，売春婦は，売春それ自体が犯罪化される以前に，社
会の中で尊厳と自尊心を持つことができずにおり，Nussbaum によれば，この
ことこそが，自律性の制約と並んで売春婦が受ける真の損害(injury)だからで
ある[40]。

Ⅳ　スティグマ

　売春婦はなぜ社会の中で尊厳と自尊心を持つことができずにいるのか。
Nussbaum は，売春に押されたスティグマをその原因にあげ，Mill のリベラリ
ズムでも Rawls の政治的リベラリズムでも，このスティグマの問題が未解決
のままにされてきたと批判する[41]。

　例えば，売春は身体的プライバシーの放棄であると非難されることがあるが，
身体の深奥への侵襲という点で売春と売春以外の性行為とで異なる点がある訳
ではない。また，売春より身体へのリスクが高いボクシングについて，その処
罰を叫ぶ声はほとんど聞かれない。自律性の否定された職業に従事することの
問題性も，工場労働者や家政婦などに共通する問題であって，低学歴で選択肢
の限られた人々が就く職業における自発的な働き方を可能にする方法が検討さ
れるべきであるにもかかわらず，売春だけが様々な肉体労働から区別され，売

---

38) NUSSBAUM, *supra* note 4, at 287.

39) Nussbaum は，あらゆる感情を法の基礎として認めるわけではないが，「怒り」や「同
　　情」は Nussbaum がリベラルな社会における必須の感情とするものの一つである
　　（NUSSBAUM, *supra* note 3, at 345-347 [邦訳435-438頁]）。

40) NUSSBAUM, *supra* note 4, at 288.

41) NUSSBAUM, *supra* note 3, at 311-312, 340-342 [邦訳390-391頁，428-431頁].

春それ自体の犯罪化が求められる[42]。Nussbaum によれば，このように売春が同様の問題を抱えている他の行為から区別されるのは，売春にスティグマが押されているからである。そして，売春にスティグマが押されているからこそ，売春婦は身体への危害が存在しない場合にも，その尊厳が傷つけられる[43]。これが，Nussbaum が強調する，自律性に並ぶ売春の問題である。

　ではなぜ売春はスティグマが押されるのか。Nussbaum は，売春が広く不道徳とみなされていることをその要因としてあげる。売春を不道徳とみなすのは，特に婚姻外の出産に結びつかない性行為を多くの人が不道徳と考えるからである。この考えの背後には，女性の性を危険な悪とみなす嫌悪感が隠れている[44]。Nussbaum によれば，人は誰しも自分の脆弱性(vulnerability)に「原初的羞恥心」をもっており，自分の脆弱性を想起させるものに嫌悪感をもよおすようになる[45]。その自身の脆弱性をいくらかでもましなものと感じられるようにするために，「正常」な大多数と同じように振る舞わない人に，不名誉な者，悪しきものとしてスティグマを押すのである[46]。

　しかし，このような道徳観を根拠に売春を犯罪化するのであれば，婚姻外の性行為を一律に犯罪としなければならないし[47]，それ以前に，このような道徳観の背後にある嫌悪感や羞恥心といった感情を公共的な信念として受けいれることはできない。なぜなら，嫌悪感とは，嫌悪の対象に，私たちと同種ではなくその社会の構成員ではないというレッテルをはり，その対象との間に境界線を引くことであり[48]，嫌悪感も羞恥心も，個人の「平等な価値と尊重」を重要

---

42) Nussbaum, *supra* note 4, at 288-290.

43) *Id.* at 297-298.

44) *Id.* at 285-288.

45) Nussbaum, *supra* note 3, at 92-94, 137[邦訳118-119頁，176頁]. なお，羞恥心と嫌悪感の関係について簡略に説明したものとして，Martha C. Nussbaum, Not for Profit: Why Democracy Needs the Humanities 27-37 (2010)［マーサ・C・ヌスバウム（小沢自然＝小野正嗣訳）『経済成長がすべてか？——デモクラシーが人文学を必要とする理由』（岩波書店，2013年）37-48頁］。

46) Nussbaum, *supra* note 3, at 218-221, 336-337[邦訳278-282頁，423-424頁].

47) Nussbaum は，出産を目的としない特に婚姻外の性行為はふしだらであるとする性道徳についても，売春以外のそのような性行為も一律に禁止するというのでなければ，公的理由(public reason)とはいえないと評価する(Nussbaum, *supra* note 4, at 286)。

48) Nussbaum, *supra* note 3, at 166[邦訳211頁].

なものとみなす政治的リベラリズムとは相反する，社会のヒエラルキーや，人々の等しい価値を否定するような公共的文化に密接に結びつくからである[49]。

　それでは，売春にスティグマが押されているために売春婦の尊厳が傷つけられている現状を，どのように改善していけば良いのか。スティグマを押された者は人間性を剥奪されるのであって，人間の等しい尊重を前提とする社会では，法的介入によって，スティグマの弊害を最小限にとどめる義務がある。法は社会的なスティグマに対して無力ではあるが，法が社会的なスティグマに加担することがあってはならないし，より積極的に，スティグマから売春婦の尊厳を守る方法を見出す必要がある。Nussbaum によれば，売春を犯罪化しても，売春に既に押されているスティグマをより濃くすることはあっても，この現状を改善することはない。むしろ，社会的なスティグマ故に女性の尊厳が侵害されるという問題への対応策として求められるのは，経済的な自律性と自尊心とを高める方向での法的介入である。売春婦に法の下の平等が保障されるような法的介入により，売春婦に深い尊厳を与え自身のコントロールを可能にし，男性による女性支配という認識と現実を変える必要があると Nussbaum は述べる[50]。

　売春婦の尊厳を高めるために Nussbaum が提案する具体策は，広い教育と雇用の機会を与えるというものであるが，Nussbaum はここでも注意深く，このような法的介入が売春婦の自律的行動を可能にする枠組みを構築するためのものでなければならず，売春婦をもっぱら「保護の対象」とみなすものであってはならないと述べている。したがって，施される教育も，売春は不道徳であると教化するのではなく，あくまで自律的選択を可能とするための教育でなければならないし[51]，これらの施策の対象も，スティグマ故に尊厳が傷つけられ

49）*Id.* at 339-340［邦訳428頁］.

50）Nussbaum, *supra* note 4, at 297-298.

51）Nussbaum によれば，このような法的介入は，個人の選択を可能にする環境の整備にとどまり，各人の自己決定の内容には踏み込んでいないから，パターナリズムではない。他方で，Nussbaum はケイパビリティ・アプローチに基づき割礼に反対するが（ヌスバウム・前掲注21）103頁），割礼の禁止は，自己決定への介入という側面を有しており，パターナリズムと言えなくもない。しかし，Nussbaum によれば，これは各人の選択の自由といった中心的価値を保障するために行われるパターナリズムであって，このような意味でのパ

る売春婦に限定するのではなく，スティグマの程度が売春よりは薄いと思われる低賃金労働者に広げられている[52]。

V　脆弱性

　Nussbaum の政治的リベラリズムの特徴は，人間の完全性の否定，言い換えるならば，人間の脆弱性の受諾にある[53]。この人間の脆弱性を前提とした個人像が，Nussbaum の政治的リベラリズムの主張を，Mill のリベラリズムからも Rawls の政治的リベラリズムからも別つポイントになっている。Nussbaum によれば，伝統的にリベラリズムは，人を独立した成人としておおよそ似通った能力をもつものとして描写するが，この認識は，そのような能力を持たない者にスティグマを付与する傾向を助長する。また，そのような能力を持たない者は，補足的に「保護の対象」とされることはあっても，平等な尊重に値する主体としては存在することができなくなる[54]。Nussbaum の政治的リベラリズムは，伝統的にリベラリズムが前提としてきた個人像に代えて，人は誰しも脆弱であるということを出発点とすることで，すべての者が尊厳ある平等な尊重に値する市民として存在しうるように[55]，脆弱な相異なる多くの市民が尊厳と相

　　ターナリズムを支持することは十分ありうるとされる（同63頁）。

52)　売春婦が単なる「保護の対象」とみなされてはならないのは，「保護の対象」としてスティグマが押されるのを防ぐためである。なお，先述の通り，Nussbaum のケイパビリティ・アプローチでは，経済的な自律性などの環境の保障が，尊厳ある者として扱われていることの当然の帰結とされている（Nussbaum, *supra* note 4, at 8-20）。

53)　Nussbaum, *supra* note 3, at 318-319［邦訳399頁］.

54)　*Id.* at 311-312, 340-342［邦訳390-391頁，429-430頁］.

55)　Nussbaum のリベラリズムは人間の尊厳を前提とするが，Nussbaum による人間の尊厳の基礎づけは別途検討を要する課題である。一般に，売春によって侵害される尊厳については，人を尊厳の「所有者」とみなし，所有者である個人の選択を尊重する，尊厳を自律性と関連付ける見解（尊厳 a）と，人を尊厳の「入れ物」とみなし，入れ物である人には中身である実質価値の「尊厳」を保護する義務が課されるとして，尊厳を本人の意思によっても譲り渡すことのできない実質価値と結びつける見解（尊厳 b）とがある（Stéphanie Hennette-Vauchez, *A Human Dignitas? The Contemporary Principle of Human Dignity as a Mere Reappraisal of an Ancient Legal Concept*, EUI Working Papers Law No. 2008/18 (2008)）。しかし，Nussbaum の念頭にある尊厳は，これら 2 つの尊厳概念を包摂するものとなっている。Nussbaum によれば，尊厳は確固たる理論根拠となるような明快

互尊重とを保ちともに生きることができる「促進的環境」を生み出し，スティグマの問題の解決に寄与することを政府に求めるのである[56]。

　Nussbaum は，Mill が『自由論』で行おうとしたのは，その行動が大多数の人々にとって明らかに不快ではあるが，不同意の者に危害を与えてはいない，売春婦のような人々の擁護であったとする[57]。Mill は，主流をなす社会規範から逸脱した人々に対し主流派がスティグマを押す社会的専制を問題にしていた。しかし，Nussbaum によれば，Mill のリベラリズムも含め，伝統的にリベラリズムは，能力のある独立した成人としての市民という個人像を前提にしたために，単に社会規範に反するということだけで法規制の対象とすべきではないという形で，社会規範からの自由を個人に保障するにとどまり，売春婦が今なお苦しむスティグマの問題を可視化できずにきた。スティグマの付与は個人の脆弱性に由来する社会に深く根ざした振る舞いであり，いたるところに遍在するにもかかわらず[58]，伝統的にリベラリズムは，能力のある独立した成人として

　　な概念ではないが，その起源は合理性だけでなく感覚や身体の健康，愛情(affection)の中にも見いだされ，また，尊厳は，決して堅固なものではなくむしろ脆弱であって，選択の自由が奪われたときだけでなく，心身の健康が害されたときにも深く傷つく(Rosalind Dixon & Martha C. Nussbaum, *Abortion, Dignity and a Capabilities Aproach*, CHI. PUB. L. & LEGAL THEORY WORKING PAPERS No. 345, at 1 (2011))。尊厳概念はケイパビリティの説明の中にも登場する。Nussbaum が尊厳に言及するのは，自律性に関連する実践理性(尊厳 a)やそれ自体実質価値とも言える身体の健康(尊厳 b)といったケイパビリティにおいてではなく，「他者とともにそして他者に向かって生きることができる」という「連帯(affiliation)」というケイパビリティの定義においてである。「連帯」は，「自尊の社会的基盤と屈辱を受けない社会的基盤を持つこと。真価が他者と等しい尊厳のある存在者として扱われること」と定義され，この文脈でも，Nussbaum が尊厳を，尊厳 a でも尊厳 b でもなく，他者との関係性の問題として捉えていることがわかる。この関係性的な尊厳概念は，売春にスティグマが押されているがゆえに侵害される尊厳概念とも符合する。

56) 但し，Nussbaum は，Rawls 等の政治的リベラリズムが採用する契約主義的なアプローチが「誰が法や原理をつくるのか」という問題と「誰のために法や原理はつくられるのか」という問題とを融合することを批判しており(MARTHA C. NUSSBAUM, FRONTIERS OF JUSTICE: DISABILITY, NATIONALITY, SPECIES MEMBERSHIP (2006)［マーサ・C・ヌスバウム(神島裕子訳)『正義のフロンティア——障碍者・外国人・動物という境界を越えて』(法政大学出版局，2012年)］)，Nussbaum が主張する，人間の脆弱性を前提とした個人像が機能する次元については，別途検討を要する。

57) NUSSBAUM, *supra* note 3, at 65［邦訳80頁］.

58) *Id.* at 337［邦訳424頁］.

の市民という個人像を前提とすることで，この個人像から外れる，独立できずに正常な市民の範疇から外れる人を区別しスティグマを押す傾向をむしろ促進してきたのである。それ故，売春を不可罰とし個人に対しスティグマを押さないよう期待するだけの対応では，リベラリズムもまた，スティグマを促進する売春犯罪化同様に，売春の問題を解決することができないことになる。

　これに対して Nussbaum の政治的リベラリズムでは，不完全で脆弱な個人が前提とされていることから，単に法的に自由であるという状態の保障だけでなく，真に自律的な選択が可能といえるような援助までをも，自律的な存在として個人を尊重するリベラルな社会における政府に課された義務と構成することが可能となる。リベラルな社会には，相互依存の関係を享受し，自他における不完全性を承認する能力を育むと同時に，自律的選択を可能にするための援助が求められるのである。

　Nussbaum は次のように述べる[59]。

　私が求めているのは，実際には，私たちがいつか十全に達成できると期待できないような何かである。すなわち，私が求めているのは，自分自身の人間性を認識し，その人間性から目を背けることもなく，また私たちの前からそれを隠すこともない社会である。そうした社会とは，自分が貧困で脆弱であることを認める市民たちの社会である。それは，公的にも私的にも，とても多くの人間の苦悩の中にあり続けてきた全能性と完全性への夜郎自大な希求を放棄する市民たちの社会である。……そうした社会はなかなか理解しづらい。というのは，不完全さは恐ろしいものであるし，完全性への夜郎自大なフィクションは心休まるものだからである。……もし私たちがそうした社会に完全に到達できないとしても，私たちは，少なくともそうした社会を理想として目指して，私たちの法がそうした社会の法であるべきであり，それ以外の社会の法であってはいけないことを確信できるのである。

　売春の問題を考察する際にも必要なのは，このような，脆弱な個人であるという点で売春婦と自身とを区別しない視角であることを，Nussbaum の政治的リベラリズムは示している。

---

59) *Id.* at 17-18［邦訳20-21頁］.

モダンガールの百貨店的主体性

吉良貴之

　本稿では，アメリカのフェミニスト法哲学者ドゥルシラ・コーネル（Drucilla Cornell）の「イマジナリーな領域への権利」をめぐる議論を参照しながら，リベラルな権利主体が静態的な法的資格としてだけでなく，動態的な運動のもとに生成していく過程に着目する。そして，近年のコーネルが特に注目した「植民地近代」的な主体性の可能性をさらに具体的に考えるために，1920～30年代の日本統治下の京城（現・ソウル）での「モダンガール」のあり方を論じた力作である，徐智瑛『京城のモダンガール』（原著2013年）の議論を批判的に検討する。植民地近代における商品資本主義の発達は，その後発性ゆえにさまざまな社会的関係を生み出し，その各種の関係の結節点として「モダンガール」という女性主体像が生成していった。商品資本主義社会において女性たちは〈消費する主体〉であるとともに〈消費される対象〉でもあるという二重性を生きる存在であるが，同書はそうした二重性をもたらすものとしての「視線」のあり方に着目している。本稿後半ではそうした議論を踏まえ，「モダンガール」の主体像を形作る，植民地近代において何重にも飛び交う視線のあり方を考察していく。

　植民地近代の「モダンガール」はさまざまな権力的視線——宗主国からの，家父長制的前近代からの，経済的上位層からの，そして「モダンボーイ」たちからの——によって抑圧的に対象化され，ときに断片化される存在であるが，同時に商品資本主義の発達してきた都市に出現した百貨店に並ぶ商品を視覚的

に消費することによって，いわば消費者としての主体性を獲得していく。この複雑な視線の運動を著者の徐智瑛は「メビウスの輪」と表現しているが，本稿では，そのメビウスの輪は本当に閉じているのか？という点を問題にすることで，こうした主体性論の両面性を考察してまとめとする。

I　リベラルな主体像を論じるために

1．リベラル・コミュニタリアン論争以後の主体性論の可能性

　本稿ではまず，アメリカのフェミニスト法・政治哲学者ドゥルシラ・コーネルの議論を参照しながら，近代的な権利主体の生成過程に着目する。

　諸々の権利主体性の束としての主体(agency)は，1980年代の「リベラル・コミュニタリアン論争」において「負荷なき自我」と批判されたような空虚な根無し草ではありえず，絶えず社会的関係の網の目のなかで組み替えられていく存在である。それは日本の代表的リベラリストである井上達夫が「自己解釈的存在」と呼ぶように[1]，他者との暴力的な出会いを通じながら，ときに積極的かつ自律的に，ときに受動的かつ他律的に，その両者が混じり合った形で，つねに自身の主体性を反省的に解釈し直しながら作り上げられていくものであるだろう。リベラリズムが想定する権利主体性は，ただ法的な静態的資格としてあるのではなく，現実に生きる場面においては当然ながらそうした動態的な運動のなかにある。だとすると，後者を重視したコミュニタリアニズムの諸思想は結局のところ，リベラリズムの主体性論を，少なくとも記述的には補完するものであって，両者の論争は多分に「すれ違い」であったという面も否定できない——たとえば，渡辺幹雄はそれを「バブル」という言葉のもとにそっけなく総括している[2]。むろん，だからといって両者の論争が無意味だったというわけではなく，リベラリズムが必ずしも前景化してこなかった主体像の動態的なあり方について，その生成過程や，そのための望ましい条件などを考察することには十分な意味がある。むしろ，そうした考察の可能性を——かつてのマ

1）井上達夫『他者への自由』（創文社，1999年）第5章。
2）渡辺幹雄「『バブル』としてのリベラル－コミュニタリアン論争」山口經濟學雜誌54巻2号（2005年）。

ルクス主義とはまた異なった形で——開いたものとして「リベラル・コミュニタリアン論争」は積極的に捉え直されるべきでもあるだろう。

2. 現代フェミニズムの困難

　そうした主体性を形作る社会的関係にはさまざまなものがありうるが，いわゆる第二波以降のフェミニズム諸思想のうち，ジュディス・バトラー(Judith Butler)の『ジェンダー・トラブル(*Gender Trouble*)』(原著1990年)は，とりわけジェンダー／セクシュアリティに関わる言説実践によって遂行的に形成されるものとしての主体性に着目したことによって画期をなすものであった。本稿で中心的に取り上げるドゥルシラ・コーネルも主に1990年代以降，ジャック・デリダ(Jacques Derrida)の「脱構築としての正義」論やジャック・ラカン(Jacques Lacan)の精神分析理論を援用しつつ，バトラー以降のフェミニズムによって精緻化された社会構築主義(social constructivism)的な議論を批判的に発展させた論者の一人である。

　ただ，バトラーを代表とする，ポストモダン・フェミニズムの論者の多くは，社会構築主義と裏表をなす反－本質主義あるいは反－普遍主義的な発想を徹底させた結果，限りなく差異志向的な方向に議論を進め，結果的に実現可能な社会制度構想のうちに主体性論を位置づけることを困難にしてしまった感は否めない。ここには，批判理論としてラディカルであればあるほど積極的な制度構想を語りにくくなり，結果的に現実政治のうちに保守化してしまうという困難があった。その一方，キャサリン・マッキノン(Catharine MacKinnon)やアンドレア・ドゥオーキン(Andrea Dworkin)といった，本質主義的傾向をもった論者は法制度による社会改革を重視するあまり，ジェンダー／セクシュアリティ領域への「道徳的警察国家」的介入を招きかねない危険と隣り合わせであった[3]。それに対し，コーネルの議論はそうした論者たちの基本的な発想を批判的に受け継ぎつつも，リベラルな政治哲学との接合可能性を主体性論において意識することで，両者の「あいだ」を模索していることに特徴があるといえる。それはバトラー的社会構築主義とマッキノン＝ドゥオーキン的本質主義の不毛な二

3）井上達夫『普遍の再生』(岩波書店，2003年)222頁以下。

項対立を避けるため，「イマジナリーな領域への権利」という，「権利の言説」
に主体性論を乗せることによって進められるものである。

3．権利主体性を形作る領域

　コーネルは人々が「性に関わる存在(sexuate being)」であるという認識から，
セクシュアリティに関わるきわめて具体的な問題(たとえば人工妊娠中絶やポルノ
グラフィ，セクシュアル・ハラスメントについて)を取り上げ，リベラルな主体性の
条件を探求している。コーネルの最重要概念である「イマジナリーな領域
(imaginary domain)」は，ジャック・ラカンの精神分析理論から着想を得て独自
に発展させたものだが，そこにおいて人々は自身の主体性を，他者との豊かな
関係のもとに絶えず〈再－想像／創造〉しながら組み替えていくものとされる。
それはコーネル自身の定義によれば，「心(heart)の問題について深く思い悩ん
でいる，性に関わる存在としての私たちが，自らが誰であるかを判定し，表象
することが許される心的・道徳的空間」である[4]。ラカンの「象徴界
(le symbolique)」は言語的秩序であり，そのなかに普遍性や平等といった概念
によって特徴付けられる「法」の領域があるが，それに対し「想像界
(l'imaginaire)」は言語化されざるイメージが絶えず組み替えられる領域である。
コーネルはこの両者の関係をリベラルな自律的権利主体性と，その主体性その
ものが形作られる場として捉え直している。

　リベラルな世界においてはまず，この「イマジナリーな領域」において自由
に・自律的に主体性を作り上げる権利が保障されなければならない。それはリ
ベラリズムが想定する自律的な権利主体像の前段階に位置づけられるものであ
り，そこでは，必ずしも性的なものに限られず，あらゆる道徳的要素について
他者から「格下げ(degrade)」されないだけの自由と平等の保障が要求される。
コーネルのこうした議論は，リベラリズムが想定する自律的な権利主体像を欺
瞞的なものとしてただ批判するのではなく，そうした権利主体像の自由な形成
過程への権利保障を重視することによって，リベラルな主体性論の補強を試み
ているといえる。そうした問題意識のもと，たとえば現代リベラリズムの代表

---

4) DRUCILLA CORNELL, AT THE HEART OF FREEDOM (1998) [ドゥルシラ・コーネル(仲正昌樹ほ
　　か訳)『自由のハートで』(情況出版，2001年) 8頁].

的論客であるジョン・ロールズ(John Rawls)の「社会的基本財の平等」といった分配的正義の原理は，自己尊重(self-respect)の基盤として，「多様性や差異という領域において，諸人格間の比較の基礎として役に立ち，それによって私たちが——各人が正当に熱意を持って追求し得るし，追求するであろう——善についてのさまざまな概念にとって十分な空間とは何であるのかを決定することを可能にする」[5]ものとして再定位されることになる。

4．限界の自覚と「権利を持つ権利」

こうしたコーネルの議論の根本にあるのは，人間は認知的につねに限界を抱えた存在であるという捉え方である。人々が道徳規範について何らかの全体性や本質といったものを観念し，それが現実に生きられるものであると傲慢にも錯覚されたとき，数多くの悲劇が生まれるとされる。コーネルの最近の著書『自由の道徳的イメージ(*The Moral Images of Freedom*)』（原著2007年），『新しい人間性のためのシンボル形式(*Symbolic Forms for a New Humanity*)』（未邦訳・2011年），『南アフリカの法と革命(*Law and Revolution in South Africa*)』（未邦訳・2014年)といった著作で精力的に論じられている植民地主義の暴力は，そうした悲劇の例である。

コーネルの表現を借りれば，人々が「人間としての分をわきまえること(becoming more human)」[6]から目を閉ざすとき，主体の〈再－想像／創造〉は硬直化し，イマジナリーな領域に豊かな出会いをもたらしてくれるはずの他者——先のラカンの用語法では「現実界(le Réel)」にあたる——が格下げ(degrade)あるいは不可視化されてしまう。そうした悲劇を避けるため，自律的な主体性のように見えるものの外につねに排除される他者，すなわち，まさに排除されることによってそうした主体性そのものを成り立たせる構成的外部としての他者を歓待するという，デリダ的な意味での〈脱構築＝正義〉がここで要求される。

---

5) DRUCILLA CORNELL, THE IMAGINARY DOMAIN: ABORTION, PORNOGRAPHY & SEXUAL HARASSMENT (1995) ［ドゥルシラ・コーネル(仲正昌樹監訳)『イマジナリーな領域——中絶，ポルノグラフィ，セクシュアル・ハラスメント』（御茶の水書房，2006年)256-257頁].

6) DRUCILLA CORNELL, CLINT EASTWOOD AND ISSUES OF AMERICAN MASCULINITY (2009) ［ドゥルシラ・コーネル(吉良貴之＝仲正昌樹監訳)『イーストウッドの男たち』（御茶の水書房，2010年)212頁].

モダンガールの百貨店的主体性　　209

そうした正義の実践は，自分自身の主体性がイマジナリーな領域での他者接遇において絶えず〈再−想像／創造〉されている，限界づけられた存在であることが自覚されて初めて可能になるというのがコーネルの議論の筋道である。こうした見方は，自律的な権利主体性になるための「イマジナリーな領域への権利」，ハンナ・アーレント風の言い方をすれば「権利を持つ権利」といったものの保障を自身が必要とする以上，それは同様に他者にも反転されなければならないという正義の義務として表現されることになる。

5．植民地主義の暴力と視線

　コーネルは近著『自由の道徳的イメージ』では，以上の議論の具体的な展開として，植民地主義の暴力を扱っている。コーネルはここで植民者が被植民者に対して向ける視線のあり方に注意を喚起している。コーネルによれば，我々は世界について少なくとも3つの視点を有しているという。すなわち，「見る次元，見られる次元，そして他人によって見られることを意識する次元」[7]である。植民者と被植民者（ここでの例はアフリカにおける白人と黒人）は単に物理的な暴力による支配関係にあるのではなく，象徴的な次元での格下げによって不可視化されているのである。「そこにおいて彼／彼女らは，自由のために闘ったり，世界に価値をもたらしたりするような主体性の内面を欠く者として現れているのである」[8]。ここでは主体性を持った「他人によって見られることを意識する次元」が欠けていることになるが，コーネルが強調するのは，そうした「近視眼的な無知に陥ったままであるとき，私たち全員が人間性を喪失してしまっている」[9]ということである。ここでいう人間性の喪失とは，「植民地化という全体化の衝動を限界づける人間であるという，十分に実存主義的な意味における大文字の他者」[10]（強調は引用者）を欠いている状態であり，それは他者に対して不可視化という格下げがなされているのみならず，自分自身の主体

---

7) Drucilla Cornell, Moral Images of Freedom: A Future for Critical Theory (2007) ［ドゥルシラ・コーネル（吉良貴之・仲正昌樹監訳）『自由の道徳的イメージ』（御茶の水書房，2015年）176頁］.

8) コーネル・前掲注7)172頁。

9) コーネル・前掲注7)172頁。

10) コーネル・前掲注7)175頁。

性の〈再－想像／創造〉の条件そのものが失われている状態にほかならない。

Ⅱ　モダンガールの主体性

　ここまで，ドゥルシラ・コーネルによる「イマジナリーな領域への権利」論，そして主体性論と他者論のつながりを見てきた。ここからはコーネルによって示された理論枠組や道具立てを用いながら，徐智瑛『京城のモダンガール――消費・労働・女性から見た植民地近代』[11]（原著2013年，以下，単にページ数だけを示す引用は同書のもの）に描き出された，植民地期朝鮮におけるモダンガールの主体性，特にそれを成立させる視線の複雑なあり方に着目した考察を行いたい。なぜここで同書を取り上げるかというと，同書には後に検討するポルノグラフィ論のようにコーネル的な〈視線と主体性〉をめぐる問題意識の共鳴が随所に見られることと，植民地期朝鮮の中心都市である京城の「モダンガール」たちの何重にも入り組んだ視線と主体性のあり方は，コーネルの議論の適用範囲を見定めるうえで格好の素材となりうると考えるからである。ここで検討される問題群は，あくまでポストコロニアルな現代におけるコーネル＝デリダ的な正義の可能性を問うものである。

　「モダンガール」は都市の消費社会を象徴する存在として，そして既成の性規範から逸脱する存在として，1920～30年代に世界各地に現れた新しい近代的女性主体であるとされる[12]。たとえば海野弘『モダンガールの肖像――1920年代を彩った女たち』[13]では，マン・レイらによって写された世界各地のモダンガールが紹介されており，髪を短く切ってきらびやかなファッションに身を包む女性たちの姿は驚くほどに似通っている。このように資本主義の発展と商品経済のグローバル化，そしてそれにともなう都市化に応じて，一定の共通性をもった「消費的主体性」が同時に形作られることはありうるだろう。しかし，

11）徐智瑛（姜信子＝高橋梓訳）『京城のモダンガール――消費・労働・女性から見た植民地近代』（みすず書房，2016年）。
12）伊藤るり＝坂元ひろ子＝タニ・E・バーロウ編『モダンガールと植民地的近代――東アジアにおける帝国・資本・ジェンダー』（岩波書店，2010年）3頁。
13）海野弘『モダンガールの肖像――1920年代を彩った女たち』（文化出版局，1985年）。

モダンガールの百貨店的主体性　　211

本稿ではそうした世界的共通性に着目するのではなく，『京城のモダンガール』に描き出される，植民地都市・京城のモダンガールと，比較の必要に応じて日本（特に東京）のモダンガールに議論の素材を限定する。これは伊藤ほか編『モダンガールと植民地的近代』が端的に題名に掲げているように，「植民地的近代」という特殊な近代のあり方が，そこに生きる「モダンガール」たちの主体性のあり方にさらなる複雑さをもたらしており，仮にそれがポストコロニアルな現代の世界の正義の可能性を論じるコーネルの議論と接続されるならば，それは1920〜30年代の京城という時間的・地理的範囲を超えてすぐれて現代的な問題として再構成されうるからである。

1．植民地的近代の視覚レジーム

　モダンガールの視覚表象を分析するヴェラ・マッキーは，そこに宗主国と植民地との関係のなかで「ジェンダー化され，階層化され，エスニック化されたさまざまな存在を捉え，分類するまなざしを通して形成された」「宗主国のまなざし（metropolitan gaze）」を「植民地的近代の視覚レジーム」として論じている[14]。これは単に宗主国日本から植民地朝鮮に一方的に向けられる視線というだけではなく，宗主国・植民地の内部の権力勾配に応じてさまざまな方向に向けられる。それは「宗主国の社会とその彼方に広がる植民地の世界を差異化し秩序立てるのであり，構成的力をも」ち，また「啓蒙的・帝国主義的・教育的装置として作動」することになる[15]。

　そして，この時代のモダンガールたちがもっぱら視覚によって表象されたことは偶然ではない。それは先のコーネルの視点の3分類「見る次元，見られる次元，そして他人によって見られることを意識する次元」によるならば，分類する視点はあくまで一方的であり，分類される側から見返されることを意識する必要はない。徐が述べるところ「近代的男性主体が持ちつづけてきた観察と視線の特権は，自律的で合理的な精神と理性の領域であったが，女性の身体はその反対側の，依存的で不完全な肉体と感性の領域に位置づけられてきた」

14）ヴェラ・マッキー（管沼勝彦訳）「宗主国のまなざし——視覚文化に見られるモダンガール」伊藤＝坂元＝バーロウ編・前掲注12）91頁。

15）伊藤＝坂元＝バーロウ編・前掲注12）3頁。

（45）。そしてさらに重要なのは，こうした非対称的な位置づけは単に男性から女性に対してなされるのではなく，たとえば宗主国男性から植民地男性へ，都市の女性から地方の女性へ，といった具合に，男性・女性の内部においても別の権力勾配によってなされることであり，また，上位者から受動的な位置付けがなされた側が，別の下位者に対しては位置付けをする側に回ることもあるという視点相対性である。実際，日本の銀座の女性たちからは京城のモダンガールは朝鮮民族のステレオタイプを脱し得ないように見られるのに対し，京城のモダンガールにとって地方で働く女工たちは同様に不可視化された存在であった。このように視点の対称性が失われること，見られる側の見返す視点が不可視化されることは，コーネルのいう「植民地化という全体化」の1つの現れであり，植民地的近代においてそれは誰もが巻き込まれざるをえない，重層的な視点相対性によって特徴づけられるものである。

2．「あいだ」を生きるモダンガールと「メビウスの輪」

『京城のモダンガール』は植民地期朝鮮の中心都市・京城に登場した新しい女性たち「モダンガール」を生き生きと描き出すものであるが，彼女たちはさまざまに異なった二項対立的要素の「あいだ」に浮かび上がるものとして特徴づけられている。たとえばそれは，都市／農村（地理的差異），宗主国／植民地（権力的差異），家父長制／自由恋愛（性規範的差異），家産制経済／自由主義経済（経済様式の差異），生産／消費（経済行動の差異），コスモポリタン市民性／民族性（主体的差異）……といったような，位相を異にする多くの差異であり，京城のモダンガールはそれらの結節点としてはかなく浮かび上がる。

　同書はそうしたモダンガールの主体性の構成過程を視線のダイナミズムとして描き出す。それは〈見ることによる主体化・対象化〉と〈見られることによる主体化・対象化〉がさまざまな主体のなかで，そしてときに同じ主体のなかで併存しながら，ひとつの主体性を作り上げていく過程である。徐はそのような場を「メビウスの輪のようにつながっている地点」（137）と表現するのだが，果たしてこうした見方は妥当だろうか。

3. 「京城のモダンガール」の中途半端さ

　まず，日本において「モダンガール」はどのように捉えられたか。モダンガールは関東大震災(1923年)後，経済的な好況とともに都市に現れた，髪を短く切り，西洋風のファッションに身をつつんだ「職業女性」たちを指し，モダンボーイ(モボ)とともに「モボ・モガ」として流行語となったものである。彼女たちは，①都市で職業を得ていることによる経済的独立性，②家父長的支配から逃れた性的主体性といったものによって特徴づけられる。「京城のモダンガール」たちが帝国日本との従属関係において浮かび上がる存在でもあるという同書の文脈を踏まえるならば，日本のモダンガールたちにとっての「モダン」が何よりも西洋近代であったことも付け加えるべきだろう。

　家父長的支配からの女性の解放および性的主体性の確立は，モダンガールの登場に先立って，平塚らいてうや伊藤野枝が中心となった雑誌『青踏』(1911～16年)が広めた主張であるが，それはたとえばジャーナリスト清沢洌の目には，経済問題への認識を欠くがゆえに地に足の着いた運動になっていないものと映ったという[16]。つまり，日本のモダンガールの登場は，震災復興とともに進んだ都市化と，そこでの「職業婦人」の経済的主体性の確立を待たなければならなかったことになる。

　一方，植民地朝鮮の中心都市・京城のモダンガールたちはどのように登場したか。著者が述べるには，「物質的な豊かさにもとづいて量産された日本の『文化』とは異なり，植民地朝鮮における文化とは，物質的土台が微弱な仮想的な概念に近かった」(23)ということである。1930年代の京城の急速すぎる都市化はむしろ，都市と地方，植民者と被植民者，新興中産層と貧民たちの格差をまざまざと見せつけることになった。それはたとえば，小説家・仇甫に見られるような「植民地の都市の窮乏と悲哀に陥没させられまいという自意識」(35)を生み出すことにもつながった。ここには肥大化した自意識という「上部構造」が相対的に自律させられてしまう悲劇がある。京城のモダンガールたちは，一方で都市化による経済的な恩恵と独立を享受しつつ，他方で，周囲を少し見渡せばその経済的基盤があまりにも脆弱であることを痛感せざるをえない

---

16) 山本義彦「清沢洌の女性論──『モダンガール』に見る」静岡大学法経研究44巻3号(1995年)。

214

存在であった。そして，彼女たちの視線はそうした現実から逃れようとするかのように都市にあふれる商品に向けられていく。

　徐はジョナサン・クレーリー（Jonathan Crary）やヴァルター・ベンヤミン（Walter Benjamin）を引きながら，都市における「視覚の浮上とその効果は『観察する主体』という新たな主体性を生み出す」(10)と述べる。こうした「観察する主体」としての「散策者」の視線の行き先は，ベンヤミンの述べるところ，世界のさまざまな文物が次々と移り変わる幻影灯（phantasmagoria）のように展示される百貨店であった。百貨店に並ぶ商品を見つめる視線は「『消費市民（citizen of consumer society）』としての近代的アイデンティティ」(44)を創出させるが，徐はそこにさらに「視線と欲望をめぐる都市のジェンダー政治学の非対称的な権力関係」(45)を見出そうとする。

　日本のモダンガールたちは「事務員・店員・電話交換手など，大都市の新種サービス業」(103)に従事する「職業婦人」であり，新しい経済勢力として認知されるものであった。一方，そうした経済的基盤を持たない「朝鮮のモダンガールは，女学生のようなエリート女性から，女学生出身のカフェの女給，妓生に至るまで，異質な女性たちの集合体」(104)であった。そうした多様な女性たちは男性の性的視線によって，百貨店に並んでは消えていく商品のように無定型の「幻影（phantom）」として（非）対象化される。いわば，植民地都市のさまざまなゆがみによって引き裂かれた「モダンガール」たちの無定形なあり方は，男性散策者によって百貨店に並ぶ商品と同様に視覚的に，幻影のままに消費されることで，統合されることなく浮遊することになる。

　もっとも，足立眞理子が述べるところ，日本の後発資本主義のもとでも，さまざまなファッションやアクセサリー，化粧品といったものを消費するモダンガールは現実に存在するというよりも資本側の欲望を投影した像であり，現実には多様である女性たちに「未来への約束」として憧憬とともに受容されたものだったという[17]。朝鮮に対する宗主国たる日本のモダンガールでさえそうであるならば，さらに格差によって引き裂かれ，また明確なモダンガール像を提供するだけの資本も未発達な朝鮮において，モダンガールの視覚表象が茫洋と

17）足立眞理子「華奢と資本とモダンガール──資生堂と香料石鹸」伊藤＝坂元＝バーロウ編・前掲注12）。

モダンガールの百貨店的主体性　　215

したものにとどまらざるをえなかったのも不思議ではない。実際，徐のモダンガール分析にも，視覚的な語彙が多く用いられていながら，その分析の素材として用いられているのは男性知識人による小説などの文章が多く，映画や写真，ポスターといった視覚表象を直接に分析している箇所はそれほどない。つまり，男性知識人による偏見と美化の入り混じった視線による文学的表現からモダンガールの視覚的な像を抽出するという，いくぶんねじれた方法を採用せざるをえないところにも，植民地朝鮮のモダンガールの特異な性格が現れているといえる。ここでは，モダンガールの「見返してくる視線」は初めから何重にも消失してしまっているのである。

4．女性身体の断片化，あるいはポルノグラフィ

　都市の男性散策者にとってモダンガールの身体表象はそのように茫洋としたものであり，そこでは特定の身体部位が切り離され，あるいは極端に強調された形で表象され，性的に消費されることもある。ここでの男性の視線は，女性身体を百貨店に並ぶ商品のように性的に消費する。こうした身体の断片化・ステレオタイプ化はポルノグラフィに特徴的なものであるが，キャサリン・マッキノンらがポルノグラフィを男性の性暴力を誘発するものとして批判するのに対し，コーネルは「まなざしの強制を通じて女性に対してなされる不正」のほうを問題にする[18]。というのも，そうして断片化・ステレオタイプ化された身体イメージを見るのは女性にとって「心的空間と身体的統合性への侵害」[19]であり，それは自身の主体性を〈再－想像／創造〉する場である「イマジナリーな領域」への権利の侵害と捉えられることになる。そして，植民地的近代における一方向的な視線の相対性は，マッキノン的本質主義が想定するよりももしかしたら罪深い形で，男女問わずあらゆる権力勾配においてこうした権利侵害が起こりうることを示している。

5．モダンガールの百貨店的主体性

　他方，そこで描かれている京城のモダンガールたちはただ男性の視線によっ

18）コーネル・前掲注5）142頁。
19）コーネル・前掲注5）143頁。

て「心的空間と身体的統合性」を脅かされるだけの存在ではない。自ら都市を散策し，現実の百貨店に並ぶ多くの商品を視覚的に消費し，物質的欲望を満足させることで，〈消費する主体〉あるいは〈欲望する主体〉としての主体性を獲得する。さらにショーウィンドウに映る彼女たちの全身の鏡像は，男性散策者の性的視線によって断片化された身体を再び統合することにもなるだろう。いわば，ここでの女性は男性から百貨店の商品のように身体を断片的に見られることによってその統合性を脅かされつつ，その一方，自分自身は現実の百貨店の商品を視覚的に消費し，またそこに映る身体を見ることによって自身の主体性を〈再－想像／創造〉する。ここには，女性の身体を無定形化・断片化しようとする男性散策者の性的視線と，百貨店の商品を視覚的に消費することによって自身の主体性と身体的統合性を取り戻そうとする女性の視線のせめぎあいがある。それは植民地都市に生きる女性の身体における「視線と欲望をめぐる都市のジェンダー政治学」の現れ方の1つである。

6．メビウスの輪は閉じているか？

さて，徐はこうした視線と主体化／対象化(さらにいえばそこにおける相対性)をめぐるダイナミズムを「メビウスの輪」と表現する。先の例を考えれば，男性散策者たちは女性の身体を視覚的に消費することによって，女性散策者たちは百貨店の商品を視覚的に消費することによって，それぞれの「消費市民」的主体性を獲得している。その意味で一定の循環的構造があることは確かである。しかし，百貨店に並ぶ商品は決してこちらを見返してくることはない。視線そのものはつねに一方向的なものである。そうすると，同書で明示的に語られている箇所は必ずしも多くないものの，むしろ対象を断片化しつつ自身を主体化する一方向的な視線が，決して交わることなくあちこちに向けられている状況こそが「植民地的近代の視覚レジーム」の特徴といえるかもしれない。「京城のモダンガール」たちが地方の女工たちに向けていた視線はどのようなものだったのか。それが権力的，あるいは経済的な勾配そのままに一方向的なものにとどまっているとすれば，事態は陰鬱である。もし，そうした勾配に逆らうだけの，相対的に自律させられてしまう自意識の可能性がここで救いとなるとすれば，それもまた後発資本主義の遅れに苦しむ植民地都市の悲哀の1つである。

Ⅲ　まとめ

　本稿ではドゥルシラ・コーネルによる「イマジナリーな領域への権利」論，
およびそこにおける主体性論を理論的な手がかりとしつつ，徐智瑛によって描
き出された「京城のモダンガール」の植民地的近代性のあり方を見てきた。そ
こでの主体性をときに形作り，ときに断片化する視線は単に宗主国から植民地
へ，男性から女性へと向けられるものではなく，それぞれの内部で，そして同
じ主体のなかでも相手によって向ける側になったり向けられる側になったり，
さらには不可視化されたりもする相対的なものであることを確認した。これは
1920～30年代の京城という特定の都市に限定されるものではなく，現代のポス
トコロニアルな状況における主体性のあり方を考えるうえでも一定の手がかり
になるものと考える。

売買春の法的規制と根拠づけ

陶久利彦

I　はじめに

　性を巡る問題は，人々の関心を常に引いている。異なった身体的特徴を単純に比較する幼児期に始まり，性的に成熟しつつある年齢から灰に至るまで，人は人間という抽象的存在ではなく，性的心身をもつ個人としてこの世に在る。そのことは，社会的存在としての人のあり方を深く刻印づける。いや抑も性への関心が人から失われてしまうならば，家族や地域社会引いては人類全体が後継者を得ることができず，滅亡に至るしかない。それ故，性への関心は，地域的・社会的にお膳立てされた両性の出会いを介したり，ほどほどの遊びの中で許容されつつ，最終的には結婚という法的制度内へ飼い慣らされることもある。しかし，その枠を超えて暴力や種々の権力と結びつき，性を一種の業として市場に提供する仕組みも作り出してきた。

　もとより，「歴史上最も古い職業」とも言われる売春は，時代や社会的背景によってその位置づけを変えている。売春婦は，男性にとっての必要性から一定の地位を許容されるようでありながら，実は服装や居住地，聖なる場所への立ち入りなどの点で大きな制限を受けていたこともある。そうかと思うと，そのような制限が小さくなる代わりに厳格な警察・保健衛生行政の管理下に置かれるようにもなる。特に，近代の工業化と都市化が進展して以来，支配的道徳

219

観念は，むしろ彼女たちを社会的にも法的にも一層低い地位におとしめる。国や時代によっては，売春行為は犯罪として糾弾されたようにさえなったのである[1]。またある時は，貞淑な婦女子を男性の性暴力から守る盾として，売春婦が位置づけられることもあった[2]。現在でも，売春は大部分の国で「まともな職業」として認知されてはいない。それだけに闇の部分が多く，わが国では売春が「公知」のものとされている一方で，その現状が正確に把握されているわけでもない。

　では，このような曖昧な現状把握を前にして，広義の法学は性に関わる問題特に売買春をどのように取り扱うべきなのだろうか。ここで戦後わが国法学者の議論へと目を向けるならば，ごく一部の例外を除いて，それほど活発な議論が展開されてきたとは言い難い[3]。総じて，法や法秩序を語る人々にとって性を巡る問題群は，潜在的に関心の片隅にはあるけれども，どちらかといえば紳

1）ドイツの売買春に関する法的規制の歴史的考察として，Sabine Gleß, Die Reglementierung von Prostitution in Deutschland, 1999; Ilya Hartmann, Prostitution, Kuppelei, Zuhälterei, 2006がある。Rahel Gugel, Das Spannungsverhältnis zwischen Prostitutionsgesetz und Art. 3 II Grundgesetz, 2010, S. 24 ff. によれば，犯罪化の動きが顕著になる要因は，ルター以降の厳格なプロテスタント道徳と性病の蔓延であった。

　　尚，近時のドイツの売春状況に関する簡単な実態レポート風のものとして，Hendrick Bartos, Prostitution: Ursachen und Situation in Deutschland, 2013がある。

2）田代国次郎「戦後日本の売春問題(1)——広島県内の売春問題を中心に」行政社会論集3巻2号(1991頁)1-34頁参照。

3）ジェンダー法学こそは性に関する諸問題を扱ってきた，という指摘がすぐになされるだろう。ただ，私の理解では，ジェンダー論の基本前提には，生物学的性差に関連づけられた社会的役割分担や社会的刻印づけの虚構を暴くという実践的な意図がある。女性というカテゴリーの固定化を脱し，女性──更には男性も──解放という実践的スローガンを掲げることによって，学問的営みが成り立つ。ジェンダー法学の概観として，例えば若林翼『フェミニストの法──二元的ジェンダー構造への挑戦』(勁草書房，2010年)参照。

　　これに対し私は本稿で，むしろ以下のような視点から性と法とのかかわりを検討してみたい。

　　①社会生活全般に見られる性差と役割固定との関連ではなく，様々な情動や衝動に左右されがちな人間の「さが」が現れる一面として性風俗を見る。

　　②性風俗に関連する社会的実践調査と分析よりはむしろ，法的対応のあり方を問いかける。これは，広義の法学者としての土俵の限定である。

　　③法的対応の中でも，制定法や判決例に見られる概念の分析を主たる対象とする。これは，確かに現実の問題対応に直結する訳ではないが，しかし，法的議論の次元では依然として有益なアプローチである。

士・淑女面をしていたいと思わせる微妙な色合いを持っている。とりわけ男性にとっては，些か緊張の緩んだ表情を伴いつつ現実の流れにすべてをゆだねるのが好ましい，と思われているかのようにみえる。なぜか。

最大の理由は，わが国社会にあっては厳格な性道徳があるとは言いがたく，むしろ性に関わる——特に男性の——行為や心情等に対してかなり寛容である，という点にある[4]。人身売買や薬物依存などに関する議論も，刑法226条の2の新設や現場の警察関係者の努力があるとはいえ，わが国ではほんの10年前まではどちらかといえば低調だった。児童ポルノについても同様だった，と言ってよい。緩やかな性道徳は，性の持つ秘匿性の尊重によって隠然と支持される。公の場で論じられるのではなく私的領域の暗部に秘されることこそが，性の特質であり魅力である，とされる。従って，業としての性風俗も表の世界には殆ど顔を出さないし，出すべきではないとされているようである。

本稿は，性に関する諸問題のうち売買春に焦点を当てる。売春防止法という法律がすでに存在すること，それにも拘らず売買春がなくなりそうもないこと[5]，そこに社会的現実と法的対応との興味深い複雑な様相を見ることができ

4）わが国男性の買春ツアーが非難されたのは，そう遠い昔のことではない。ジェンダー論が性的関係における男性支配と暴力性を指摘するのは，的外れではない。Gugel, a. a. O. (Anm. 1), S. 35 ff.

5）『平成25年警察白書（統計資料）』によれば，「売春防止法違反検挙状況の推移」には平成20年から24年にかけて，それほど大きな変動はない。街娼型と管理型，そして派遣型に3分類された違反行為類型の検挙人数は，それぞれ230人〜296人，128人〜189人，そして187人〜246人の幅に収まっている。一方，「売春関係事犯被疑者の職業別検挙人員の推移」では，個室付浴場接客業者の数が平成24年で129人と著しく増加しているのが目につく。

　売春に関連する判決例も多様である。上記資料に見られるような刑事事件がある一方で，国外退去命令の妥当性を争う訴訟では，外国人が売春を強要される人身取引に似た例が明るみに出されている（例えば，東京高判平成22．7．13東京刑時報61巻1〜12号167頁）。又，特に出会い系サイトを利用した児童売春も目を引く（例えば，前橋地判平成24．9．5 LEX/DB 25482710）。

　尚，売春防止法がいわば表向き売春を禁止しているのに対し，所謂「風営法」上の営業が事実上売買春の場所となっていることについては，例えば，神戸地判平成6．5．12判タ858号277頁が特殊浴場への資金融資に関して売春防止法違反を認定した事にも示されている。又，東京地判平成26．4．14判タ1411号312頁では，妻がクラブのママに対して損害賠償請求をした事案にあって，後者が顧客をつなぎ止めるために行う「枕営業」が正面から認められている。判決によれば，それは「顧客の性的処理に商売として応じたに過ぎず，

ること，などがその理由である。売買春を巡る問題群は，どの社会にあっても
潜在する，扱いに若干の困難さを覚える興味深い問いを提起している。ただ本
稿は，売買春に対する法的対応を概観した後，売春防止法に明示されている売
春の評価を，条文上の表現に即して再検討することに視野を限定する。その意
味では，甚だ高踏的で抽象的な議論が大半を占めるが，法的議論としての射程
をまずは確保したいというのが，本稿の意図である。その際，私の関心と能力
の限界からして，比較の対象としてはドイツを取り上げるに留める。

　尚，本稿で念頭に置いているのは専ら，女性が売り男性が買う売買春である。

II　売買春に関する法的対応のあり方

1．法的評価・法的規制の多様性

　世界中至る所に売買春に関する法的対応がある[6]。一般に法的規制は，その
国の法的伝統・他の法規制との整合性や代替性・緊急性・目的適合性・国際的
圧力・その国や地域の道徳観・その都度の政治情勢や社会情勢などによって，
変わりうる。ただ，今日の共通理解としては，人身売買(人身取引)と強制売春
は自由一般特に性的自己決定権を侵害する点で，児童売春は性的自己決定権侵
害をも含みながら主として未成年者保護の観点から，そもそも犯罪とされてい
る[7]。

　その上で，売買春に関する法的規制の一方の極には，スウェーデンのように，
売買春を女性搾取・差別引いては人権侵害の最たるものと見なし，その根絶を

　　何ら婚姻共同生活の平和を害するものではない」のである。このような営業活動をする者
　　が少なくないことは，「公知の事実」とされる。

6) ヨーロッパ諸国の売春規制について簡単には，Bundesministerium für Familie, Senioren,
　　Frauen und Jugend (Hrsg.), Reglementierung von Prostitution: Ziele und Probleme - eine
　　kritische Betrachtung des Prostitutionsgesetzes, 2007, S. 15 ff.

7) 2000年11月15日の国連決議，Protocol to prevent, suppress and punish trafficking in
　　persons, especially women and children, supplementing the United Nations Convention
　　against Transnational Organized Crime や，欧州人身売買禁止条約，Richtlinie 2011/36/
　　EU des Europäischen Parlaments und des Rates vom 5. April 2011 zur Verhütung und
　　Bekämpfung des Menschenhandels und zum Schutz seiner Opfer sowie zur Ersetzung
　　des Rahmenbeschlusses, 2002/629/JI des Rates 等参照。

志向するタイプがある。売春以外の関連行為を犯罪とすることによって売春誘導行為を減少させ，売春婦の転職を支援することが法的対応の中心をなす。

　これに対し，同様に売春婦の置かれている状況の改善を目的としながらも，売春の根絶不可能性を経験上認めざるをえないことから出発し，法的対応を考えるアプローチもある。その代表例としてドイツを取り上げ[8]，近時の状況を概観してみよう。

2．ドイツの売春法改正とその後

　ドイツでは，2002年に新しい売春法が施行され，売春婦への差別と汚名(Stigmatisierung)の改善を目指すこととなった[9]。条文はわずか3つであるが，主要な改正点も次の3つであると指摘されている。①売春婦と顧客(Freier)あるいは売春宿(Bordell)経営者との契約を有効とし，民事裁判上の代金支払い請求を可能としたこと，②売春宿経営者が売春婦に対して，健康保険，年金を含む社会保険に加入するよう，要請されたこと(但し，個人での売春業の場合は，自らの責任で加入する)，③売春を非犯罪化することを明示したこと(つまり，従来の刑法典180条bと181条が削除された)，以上である。ただ，その後10年以上が経過した現在，この法改正によって売春婦の地位が実際上必ずしも向上してはいない，との調査結果も公表されている[10]。現状は売春婦の環境改善というより

8）同じ目的達成に向けて，同じく社会民主党や左翼陣営から考案された売春婦対策の違いについて，スウェーデンとドイツとをその国家理念から比較するものとして，Susanne Dodillet, Deutschland-Schweden: Unterschiedliche ideologischen Hintergründe in der Prostitutionsgesetzgebung, APuZ 2013, S. 29-34. 参照。スウェーデンでは，売春は不可罰ではあるものの，買春並びに売春周辺行為や営業は犯罪とされる。

9）それ以前の売春法改正案については，Gleß, a. a. O. (Anm. 1), S. 134 f. に詳しい。検討されたのは，主として次のような論点である。①立地や建築基準等の行政法的規制，②売春宿経営者や売春婦本人に対する課税，③売春契約の民事上の保証，④刑事上の処罰規定の廃止，⑤売春婦と売春宿経営者との労働契約，⑥社会保険加入，⑦性病罹患時の責任の所在，そして⑧自営売春婦の業を「営業」(Gewerbe)と見なしうるか否か。

10）Bundesministerium für Familie, Senioren, Frauen und Jugend (Hrsg.), a. a. O. (Anm. 6); ders., Vertiefung spezifischer Fragestellungen zu den Auswirkungen des Prostitutionsgesetzes: Ausstieg aus der Prostitution: Kriminalitätsbekämpfung und Prostitutionsgesetz, 更に，Gugel, a. a. O. (Anm. 1), S. 69 ff. も参照。

はむしろ，売春宿経営者の利益増進をもたらしているとの厳しい評もある[11]。

　確かに，売春宿経営者や売春業従事者と売春禁止区域(Sperrbezirk)との関係を問う行政裁判が，少なからず起こっている。行政処分の取消しを求める売春業者が必ず援用するのは，2002年法によって売春が合法化されたということである。表面上は売春宿とは分からないような外観を持っている店舗の場合[12]，改築に際して事実上住居内売春用に使用されることが明白であるような場合[13]等が，事例として上がっている。これらの訴訟にあって原告の訴えを退ける裁判所は，多くの場合，売春が2002年法によっても公序(der öffentliche Anstand)[14]や良俗(die gute Sitte)と衝突する，と指摘する。特に，教会や学校などの施設の近隣に売春関連施設が，——仮に外観からすぐに判別できないとしても——設置されることに対しては，「抽象的危険」という概念をも用いて厳格な否定的態度を取っている[15]。限られた地域でのみ売春を許容するという立場は，一方で地域住民の性道徳や「関わりたくない利益」を配慮し，他方での売春業者の経済的利益を考慮した上で，どちらかと言えば前者を優先する判断の根拠を「公序良俗」に求めている，と言えそうである。

　ところで，2002年売春法の立法目的が必ずしも十分達成されていないとの研究結果を踏まえ，現政権は，売春規制を強化する方向への法改正を意図している。原案は，(ⅰ)売春婦登録制の導入，(ⅱ)売春婦の定期的健康診断の義務づけ，(ⅲ)男性避妊具装着義務化，を柱としている。これまた，理念と現実双方から批判がなされているものの[16]，長い間警察権力によって監視・監督されてきた売

---

11) Gugel, a. a. O. (Anm. 1), S. 8.

12) BVerwG, 17. 12. 2014, 6 C 28/13.

13) OVG Nordrhein-Westfalen, 24. 06. 2015, 2 A 325/15.

14) BVerfG, 28. 04. 2009, 1 BvR 224/07. マンハイム市の売春禁止区域規則(Sperrbezirksver-ordnung)に関わる本判決は，「関わりたくない人の利益侵害」を公序の中身と解する。良俗に最終的にすがるのは，1981年の peep-show 判決(後掲注30)参照)以降の連邦行政裁判所の判決にも見ることができる。

15) OVG Nordrhein-Westfalen, 11. 08. 2015, 5 A 1183/13.

16) 法律家からの典型的批判は，売春婦の職業選択の自由を制限してしまうということにある。又，健康診断の強制的受診にしても，事実上は売春婦がそのような措置に応じないだろうという予測も立てられている。尚，後者に関してよく指摘されるのは，性病罹患者の比率は必ずしも売春婦がそれ以外の人に比べて突出して高いわけではないという調査結果である。

春婦の地位へと，法的に一部逆戻りする動きが現にある，と言えよう。

　総じてドイツの売春対応策は，売春を合法化することによって従来の暗部に光を当て，法的規制の下に置こうとする。力点は売春婦から奪われている性的自己決定権の回復に置かれ，その侵害や促進が法的判断の中心になる。そして，売春が合法とされたからには，売春婦の言動や売春関連業の経営に批判的な住民の利益は，「公序良俗」という一般条項に退くしかないのである。

3．我が国の売買春対応策——建前と本音の組み合わせ

　日本法は，売春行為自体を非犯罪化する点では，ドイツと同じである。但し，基本理念の違いからその後の展開は異なっている。ドイツが「売春の中での保護」を志向するのに対し，我が国は「売春に至らないように女性を保護する」ことを目指しているからである。かといって，スウェーデンとも違い，買春を犯罪行為とすることによって売買春を根絶しようとするのでもない。両者の中間である。即ち，売春防止法は，1条で売春行為自体を理念的観点から否定的に評価する一方で，その可罰性を問わない。売春婦は，補導・保護更生の対象にされるだけである[17]。その代わり，売春に付随する周旋等の行為を犯罪とすることによって，いわば搦め手から売買春を規制しようとする。実際には，表向き売春がなされていないはずの所謂「風営法」（以下，風営法と略す）関連業者に対し入国管理法違反の有無などの実地調査をする際に，警察官がある程度柔軟な対応をすることによって，売春はほどほどに許容され適度に規制されているようである。一方，買春は児童買春を除いて不可罰とされている。

　以上の中間的対応は，もっと一般的に，社会全般に見られる必要悪への法的対処法という視点から見ることもできる。即ち，「建前上はある行為が悪（そうでなくても，少なくとも推奨しがたい行為）であることをうたいつつ，当該悪が人間の一種の本性により事実上蔓延している事態を別のやり方である程度容認する法的対応」である。そのような視点からの法的対処法を考えるならば，さし

17）条文の文言によれば，売春への否定的評価の根拠は，売春が①人の尊厳，②性道徳，③社会の善良の風俗，に抵触することである。売春婦に対する補導・保護更生は現在殆ど意味を失っているが，基本的考えは，虞犯少年や薬物中毒者などへの対処法に似ていると言えようか。

売買春の法的規制と根拠づけ　　225

あたり以下の３つをあげることができるだろう。

　(a)　例外ルールを制定法内部に規定することによって，必要悪を一定限度法的に容認する方法がある。

　刑事の例である。刑法典上の堕胎罪によって胎児の生命尊重がうたわれているにも拘らず，母体保護法はその例外規定を設けている。中絶は原則として悪ではあるが，一定の要件を満たすならば中絶手術の違法性が例外的に阻却されるのである。その結果わが国は，実態としては妊娠22週内の中絶が全面的に自由な国になっている。自己堕胎はそもそも裁判にならないから，社会通念上中絶はむしろ合法と観念されている，とさえ言える。

　行為主体という点では異なっているが，しかし原則／例外という点では似ている例として，競馬や競輪，競艇更には宝くじのような公営賭博をあげることもできる。刑法185条や186条で賭博を犯罪とする一方，一定の要件の下にこれらを法的に容認し課税対象にさえしているのである。結果として，例外がもはや例外ではないかのような意識さえ一般にもたらしている。

　(b)　必要悪とされる行為に対して否定的法的評価を明言する一方で，実際の法的介入を差し控え，当事者間の私的自治あるいは自己決定を尊重する方法もある[18]。

　民事の例である。昭和29年(1954年) ６月15日施行の利息制限法は，法に定める利率を超える高利分を無効としているにも拘わらず，借り主が任意に支払ったならば不当利得返還請求ができない，と規定していた。実質的に同じような効果をもたらす，法定利息超過分の残存元本充当を否定した判決にあって，河村判事は指摘する。高利貸しは確かに好ましくないが，他方ではそれなりの需要があり撲滅することはできない。撲滅するとかえって，担保を用意できないため金融機関から相手にされない，人や零細企業が世にあふれてしまう。そこで高金利分を無効とするけれども，借主が任意に支払ったならばその後の不当

---

18) 売買春の場合に，現実にこのような対処法をとることが可能かどうかは疑わしい。というのも，後に自己決定権による売春擁護論を検討するように，売買春には少なからず害悪が生じたりその危険性が高いという指摘が多く見られるからである。あるいは，例としてあげた民事と刑事的規制の違いは大きいのかもしれない。ここではあくまで理論的可能性としてだけ述べている。この点で，所謂自然債務は大きな示唆を与えうる。

利得返還請求に裁判所は手を貸さない，というのが法律の趣旨である，と[19]。しかし中絶の場合とは違って，借り主が任意に支払うことによって当該高利分の契約が無効でなくなる，とまで裁判官は考えなかった。

(c) これらに対し売買春への法的対応は，法律上は許容しがたいことを宣言することによって売買春周辺行為を犯罪として規制しつつ，取締り権限を持つ警察権力を柔軟に運用することでほどほどの処理をしようとしている。以上3例はちょうど，立法(で例外的違法性阻却を明示するやり方)・司法(での自然債務のような扱い)・行政(特に警察による柔軟な取締り)の区別に対応する処理方法，とまとめることもできる。

このように，必要悪への法的対応は，問題の歴史的背景，警察権力の行使方法，国家制定法や条例への期待つまりわが国での法観念，当該行為に関する道徳観，関係者特有の個人的・経済的等の事情など，いくつかの要因によって変わりうる。その中で売買春については，理念の明示と運用実態というかたちで処理するのが効果的である，とする法観念を読み取ることができる。だが，そもそも売春は必要悪なのだろうか。仮にそうだとしても，理念と運用実態の協働という法的対応は適切なのだろうか。運用実態については到底私の手に余るから，以下では売春防止法が掲げる売春への否定的評価の文言に焦点を当て，その意味と射程とを改めて検討してみたい。

III　売春の理念的評価

1.「人間の尊厳」理念からの売春批判

売春防止法によれば，売春は「人の尊厳」に反している。ここでの「人の尊厳」を「人間の尊厳」と解して良いならば[20]，人間の尊厳とは何を意味してい

---

19) 最大判昭和37.6.13民集16巻7号1340頁参照(強調は陶久)。その限りでは，一部の判事は高利貸しを全面的に「悪」と見なしているわけではない。わずか2年半後，最大判昭和39.11.18民集18巻9号1868頁で判例変更されたときにも，横田正俊判事は高利の必要性を説く。他方，同じ判決文では，斎藤朔郎のように，利息制限法を当時の悪法論議の一例として論じる判事もいる。

20) 以下では，条文上の「人の尊厳」を「人間の尊厳」と同義と解する。但し，本文後述のように，「個人」の尊厳と解する可能性も一応は検討したい。

売買春の法的規制と根拠づけ　　227

るのだろうか。答えは単純ではない。この議論が盛んなドイツにあっては，論者により実に多様な「人間の尊厳」理解が展開されており，収拾がつかないほどである[21]。そこで，私が以前「人間の尊厳」の根拠づけについて触れたもののうち，以下の4つの解釈に限定し，本概念からどのような売春批判がありうるかを検討してみよう[22]。

(1)　社会的相互行為への還元
(2)　神学的アプローチ
(3)　理想主義的アプローチ
(4)　身体論的アプローチ

(1)　社会的相互行為の中での「人間の尊厳」
　社会的次元で相互の行為を規律する約束事として「人間の尊厳」理念を捉え，当該理念の実際的効果を問う，との考えがありうる。例えば，他者からのいわれなき軽蔑や愚弄を非難する論理として「人間の尊厳」が機能する，という社会的約束事がある，とされる。このアプローチは，人間が備えるなにがしかの顕在的あるいは潜在的能力に尊厳の根拠を求めようとするのではない。むしろ，社会的次元での間主観的相互行為という実践的場面に本概念の発生場所を求め，人間の尊厳という表現によって他者への侵害を差し止める，一定の明示ないし黙示の社会的約束が成立している，と考えようとする。その中で更に2種類を分けるとすれば，一方には超越論的な原初契約を社会構成の基本に据えるアプローチがありうる。他方では，経験的な社会的相互行為実践の中で人々の間に自ずとできあがってくる用語法や心情のようなものを考えることができるだろう。本稿では第2のアプローチに視野を限定した上で，我々の間主観的相互行為が「人間の尊厳」という理念から売春に対する一定の態度を導き出すような

---

21) Hans Jörg Sandkühler, Menschenwürde und Menschenrechte, 2014, S. 28 ff.; Ebd., S. 190 ff. によれば，ボン基本法の立法者は当初から本概念の多義性を承認していたとのことである。

22) 陶久利彦「『人間の尊厳』の根拠を求めて」伊藤滋夫先生喜寿記念『要件事実・事実認定論と基礎法学の新たな展開』（青林書院，2009年）710-735頁参照。

実践を含むのか，という問いを立ててみたい。そのような間主観的相互行為の次元として，１つは労働を考え，２つは労働を離れた次元で営まれる人々のおつきあいを考えてみよう。

我々の生活は日々の大部分を占める労働からの報酬によって支えられているのだから，間主観的相互行為の大半は職場で営まれる。そこで形成される労働観や職業観から見たとき，売春は決して高い評価を受けてはいない。その理由として，次の３つをあげよう。１つは，現在の労働環境では，労働者に対しかなり高度な技量や能力等が求められている。ところが売春婦は，それらのいずれをも持たないし持とうともしないが故に自らの性的身体以外の何も労働市場に提供できない，と見なされる。性的身体は，女性が労働市場に提供できる最後の切札であるという点で，同時に最低の提供物なのである。その限りで売春は，職業や労働の観点から見て劣位に置かれるばかりか，場合によってはこれらの範疇から除外される。２つには，労働が通常もっている自己陶冶とか自己実現あるいは社会貢献といった要素を，売春の場合には語りにくいということである。そして第３は，売春が通常闇の中で行われる点に求められる。太陽の光の下で誰から見られても羞じることのない健全な労働とは異なり，人々の目から隠れる闇の中でこそ売春は生きる。

だが，以上が売春婦を劣った地位に置こうとする支配的労働観を形成する理由だとしても，それを「人間の尊厳」に訴えかけることで正当化できるだろうか。確かに，生活を支える労苦に，貴賤の区別や自己実現の理念そして光と闇の二元論を持ち出す一定の労働観や職業観が，「人間の尊厳」概念を援用して自らを正当化することは，不可能ではない。「誇りを持てる職業」という市民社会の職業観に「人間の尊厳」を接合すればいいのである[23]。しかし他方では，「営業（Gewerbe）」概念の中に売春を含ませようとする理論的努力もある[24]。とするならば，現状認識としては，同じく「人間の尊厳」という表現を用いる可

23）大部分の売春婦が自らの「職業」について必ずしも誇りを持っていないのは，売春婦であることを公にされたがらない態度からもうかがえる。

24）歴史的経緯の一端については，Gleß, a. a. O. (Anm. 1), S. 66 f. ドイツの判例で指摘されているGewerbe概念は，持続的で（dauerhaft），独立しており（selbständig），自由意思に基づき（freiwillig），合法的である（legal）ことを要件としている（Ebd. S. 117）。この特徴づけからすれば，個人が営む売春を「営業」概念に含ませることは，何ら不思議ではない。

売買春の法的規制と根拠づけ　　229

能性の枠内で，異なった意味を盛り込む党派が互いに争っており，まだ一定方向には収斂していないと見て良い。即ち，一方は近代的「誇りを持てる職業」観であり，他方は自己決定による「職業」選択を尊重する立場である。わが国では，セックスワーカーという言葉が売春の職業性を認める考えを含むであろうが，人々の間でそのような観念が支配的になっているかどうかは，疑わしい。

では，労働観とは別の次元で，売買春に関わる人々が社会的に不当な差別にあったり汚辱感を抱くような圧力の下に苦しむとき，そのような行為を拒否し非難する論理として「人間の尊厳」に訴えることはできるだろうか。また，そのような論理を有効とする社会的約束事はあるのだろうか。

ここで，売春を業とする人に浴びせられる非難や軽蔑の言葉——例えば「売女」「淫売」——を巡る対応が，すぐに想起される[25]。ただ，わが国にあって売買春は隠れた行為としてささやかれるに過ぎず，その実態を必ずしも表社会に露わにしない約束事があるかのように見える。それ故，「売女！」といった悪態は，売春婦その人を売春婦であるが故に侮辱し不当に差別する発話であるとは限らない。むしろ，売春婦であることを隠したい人に対してその秘事を暴くという意味合いの方が強い，と解することもできる。そう理解しうるならば，売春に関連する言葉を相手に投げつけることを「人間の尊厳」に抵触する不当な用語法とするには，個人の最奥部に秘められたことの暴露を「人間の尊厳」侵害と見なさなければならない。それをプライバシーの侵害と見なすことは社会的約束事の１つと言って差し支えないだろうが，「人間の尊厳」侵害と言えるかどうか，尚若干の疑問が残る。

(2)　神学的に把握された「人間の尊厳」

神学的アプローチの１つとしてキリスト教特にカソリックの教義を考えるならば，人間を神の似姿とし人間以外の生命体の保護者と見なすのが，人間の尊厳の根拠とされる。このような人間観にあって，確かに神は父や母という比喩

---

25) 裁判例から若干の例をあげるならば，東京地判平成25．1．17 LEX/DB 25510308では，口論になった当事者の一方が他方から「おまえは売春婦の子どもだ」となじられた旨，主張されている。又，広島高判平成15．6．24 LEX/DB 28085689では，売春婦である被告人が，疎ましく思っていた被害者男性から，「仕事じゃ誰とでも寝る商売女のくせに。」などと侮辱されたことが認定されている。

で表現されてはいるが，父や母になる原因としての性的行為については何も述べられていない。イエスは人間による性交渉なしに誕生した。旧約に遡るならば，アダムとイブからの子孫は，楽園を追放されて両者が原罪を背負った後のことである。このようにキリスト教は，性的行為を一種のタブーとし，宗教的に祝福された結婚という制度の枠の中でのみ許容する。

　他宗教・他宗派にあっても，多くの場合性的関係は厳しく規律される[26]。そこに売買春が介入する余地はなさそうに見える。性的高揚状態を宗教的認識へと結びつけようとする宗派でさえも，商品としての性的身体提供を容認するかどうかは，疑わしい。というのも，教義に合致する性的交渉は神への供物として位置づけられるからである。神聖な行為は金銭的対価になじまない。その限りで神学的アプローチは，いかなる宗教であろうとも，売買春が神（々）によって祝福される行為ではないという点では一致するだろう。但し，その帰結が神学的に裏づけられた「人間の尊厳」概念に依拠しているかどうかは，それぞれの教義による。

(3)　「人間の尊厳」の理想主義的理解

　理想主義的アプローチとして念頭においているのは，カント風の考えである。彼の定言命法によれば，自他の人格に含まれる人間性（Menschheit）を常に同時に目的として扱うべきであり，単なる手段としてだけ扱うことは許されない。この目的であるという点に人間の尊厳があるとするならば，自らの身体を相手の性的欲望を満たすための手段としてだけ提供することは，人間の尊厳に違反することになる[27]。しかしそれ以上に，そのように性的交渉相手を扱う買春こそもっと強く非難されるべきである。「目的／手段」図式は，確かに売買春を

26）特に僧侶にとって，性的魅力は悪魔の誘惑である。例えば，トルストイ（森林太郎訳）『パアテル・セルギウス』に描かれる苦行僧を見よ。俗世の人間に関して言えば，結婚という形態を主従関係で説明するように，男女の著しい不平等が宗教的観念によって正当化されてきたことは，否めない。

27）Immanuel Kant, Grundlegung der Metaphysik der Sitten, Reclam, 2008, S. 64 ff.; ders., Metaphysik der Sitten, Reclam, 2011, S. 354 f. より詳しい検討例としては，Dietmar von der Pfordten, "Zur Würde des Menschen bei Kant", in ders., Menschenwürde, Recht und Staat bei Kant: Fünf Untersuchungen, 2009.

売買春の法的規制と根拠づけ　　231

非難する有効な議論である[28]。

　ただ，カントは性的交渉を専ら物(Sache)としての性的身体の交換と考えているようである。婚姻が認められるのは，双方が物としての身体を交換することによって人格性を回復するという過程を「法的に」保障するからである[29]。それ故，一方がこの関係から逸脱してしまうならば，その限りで当人は人格から物へと変貌することになる。厳格な一夫一婦制に基づく婚姻制度を維持するべきであるならば，当然売買春は否定されることになるだろう。

　ところが，カントとは違い，性的交渉を物の交換と見なすのではなく，性的交渉自体に人格として他者とコミュニケーションを取る契機を認める立場もありうる。しかも，そこに「人間の尊厳」概念の意味を求めることも不可能ではない。つまり，当事者間でなにがしかの人格的交流が確保されているならば人間の尊厳は害されていない，とする見解である[30]。この考えに立つならば，身体を相手方の性的欲求満足の手段として提供することだけでは，まだ「人間の尊厳」違反には当たらない。何故なら，売買春の最中で双方にそれなりのコミュニケーションが取られることによって売春婦の主体的人格が保障されている

---

28) Kant, Metapysik der Sitten (Anm, 27), S. 125 ff., BVerwG, 15. 12. 1981, 1 C 232/79は，peep-show 出演女性は，物として性的欲望の客体として自らをさらす点で，脱人格化された状態におとしめられる，と指摘する。それは人間の尊厳に反することであり，その事態は当人が自発的にショーに出演する場合でも変わりがない。何故なら，人間の尊厳は客観的属性だから，と論じる。ここにはいかにもカント的な人格概念と「目的／手段」図式を確認することができる。その後，人間の尊厳理解が自己決定権へとシフトしたことを，多数の参考意見を参考にしながら明確に指摘する判決例として，VG Berlin, 01. 12. 2000, 35 A 570. 99参照。

29) Immanuel Kant, Metapysik der Sitten (Anm, 27), S. 124 ff.　一夫一婦制を「愛情」の名の下に貫徹しようとする傾向は，日本の場合特に明治期の欧化主義にあって顕著だった。佐伯順子『「色」と「愛」の比較文化史』(岩波書店，1998年)参照。

30) 前掲1981年の peep-show 判決自体が，peep-show をストリップショーと比較した上で，後者に人間の尊厳侵害を見ていないことから，本文のような帰結が導かれうる。

　　尚，peep-show に関しては本判決後も業者が手を替え品を替え，いくつかの変種を営業形態として考案した結果，その都度行政当局とのせめぎ合いが続いたようである。本文後述のように，下級審の中には，人間の尊厳をむしろ自己決定の自由に見，自発的行為としての pee-show 出演を—一場所的特定も伴いつつ—許容するものもある(例えば，OVG Hamburg, 16. 12. 1986, Bf VI 78/85)。これに対して，連邦行政裁判所は，力点を「人間の尊厳」概念からヨリ上位の「善良の風俗」に移行させ，peep-show の人倫侵害を強調する(例えば，BVerwG, 31. 01. 1990, 1 C 31/87; BVerwG, 07. 11. 1997, 1 B 200/97)。

ならば，手段として「だけ」という限定は超えられているからである。その限りで「人間の尊厳」は確保されている。但し，実際の売買春現場で「それなりのコミュニケーション」が取られているのかどうか，判断材料に欠ける。

(4) 身体論的アプローチ

　私はむしろ，各自の身体それ自体の中に，他者からの一方的侵害を躊躇させるような原理が含まれていると仮定し，そこに「人間の尊厳」の源泉を見たい。人間の尊厳を社会的相互行為内の機能に還元しようとしても，どこかに核となる要因を求めざるをえない。しかし，その核を人間が持つ多様な特質の内の1つ——例えば，理性——に求める試みは，恣意的でありうる。むしろ，それら一切を除去し，それでも尚残存する何ものかに「尊厳」の根拠を求めるべきである。そうであるならば，身分・門地・知性・運動能力等ばかりか，性別をも一切捨象した「ヒトとしての身体」に人間の尊厳性を見るしかない[31]。それは，他者に対して無条件の尊重と原初的な身体的コミュニケーションを必然的に要求する一方，当該他者はそれに応答すべき責務を負う[32]。ところが，応答のありようは「人間の尊厳」が語られる限りでまずは消極的・否定的である。つまり，他者がそこを超えてはならない一線として意識されるのが，「人間の尊厳」なのである。このような基本的考えは性という要素を必ずしも考慮していない。むしろ，性をも除去した後で尚残るなにものかに「人間の尊厳」の根拠を見ようとしている。それでも，この考えを売春に及ぼすことが可能であるとするならば，どうなるか。

　まずは，この意味での「人間の尊厳」が語られる文脈へと視線を向けるべきだろう。そうすると，売春ではなく買春こそが人間の尊厳に抵触する可能性を持つ，と言うべきである。即ち，(イ)買う側と売る側の圧倒的力の差によって，買う側が売る側の抵抗を無視できるような立場にある，つまり売る側の生殺与奪の権を買う側が持つときに，それでも買う行為は人間の尊厳を侵害している。

---

31) とはいえ，ヒトの身体は，必ず性を表す身体的特徴を持っている。ここで私が言いたいのは，それにも拘らず，その性的特徴の向こうに「人間」という性質づけを可能にするような次元が広がっているということである。

32) 基本的にヒトの身体（＝からだ）には，他者に対して何がしかの交流を求めるという意味での開放性がある，と私は仮定している。だからと言って，それが無差別な性的交渉を許容する根拠であるわけではない。

売買春の法的規制と根拠づけ　　233

この意味から更に，派生的意味が2つ導かれる。㋺1つは，性的交渉が女性の意に反して強制的になされ，女性の身体自体が拒否をしているときもまた，当人の尊厳や女性の尊厳を超えて，人間の尊厳侵害を語りうる。㋩最後に，そのような状況へと自らを投じなければならない現実——貧困はその最たるものである——そのものが，人間の尊厳に違反している，とも言えるのである。

このような考えからすると，売春を人間の尊厳侵害と見なす法の立場は支持しがたい。非難されるべきはむしろ買春であり，売春を強要する政治経済的・道徳的環境なのである。このような結論は，期せずしてフェミニズム的主張とほぼ似たようなものになるが，今日の通念である強制売春や人身売買への批判と，内容面でそれほど違いがない。しかも，上記㋑～㋩の特徴を帯びない売買春がありうるとすれば，それは「人間の尊厳」を侵害しているわけではない，ということになる。ドイツ法が理想として想定する，自己決定権行使としての売春は，その一例である。従って，この「人間の尊厳」理解が売買春批判への決定的論拠となるには，「人間の尊厳」が語られる文脈から身体自体の意義へと，視線を向けなければならない。

ところで，条文に言う「人の尊厳」は「人間」の尊厳ではなく，むしろ「個人」の尊厳である，という解釈に立つとどうなるか。売春が個人の尊厳に反すると言えるならば，それはなぜか。個人の個たるゆえんを，性的自己決定権という意味ではなく，性的関係が個人に限定されるという意味に解しうるならば，その限りで売買春が個人の尊厳に反すると主張することも，十分可能である。その場合には，性的結合の排他性や個人への帰属制（＝一種の所有）という側面が前面に出るということになるだろう。このような個人性理解は，性道徳の一部とも重なるから，節を改めて性道徳へと議論を転じよう。

2．性道徳違反という売春批判

売春防止法の文言によれば，売春批判の第2の理由は性道徳違反である。一体どのような性道徳が，そこで考えられているのだろうか。2つの次元を分けてみたい。

(1) 性的交渉相手への行為規範

1つは，性的交渉相手に対する態度を規律する規範や心性（＝徳）である。い

つ・どこで・誰と・何を・どんな風に行為するべきかを考えるならば，以下のような内容を上げることができるだろう。即ち，労わり，気遣い，心身の交流などの肯定面と，強姦のような物理的・精神的暴力の否定，生命の危険をもたらすような性的行為の忌避などの消極面とである。これらのカタログ列挙を可能にするのは，性道徳が以下のような特徴を持つからである。

　(a)　第1に，性的交渉は普段の冷静さや理性的行動から逸脱する側面を持つのが常なのだから，他者一般への接し方の中でも，一種の興奮状態にある行為を制御するような種類の道徳である。それはちょうど，スポーツ観戦や観劇，更には祭りの踊り手としての態度を制御するのと似ている。行為に没入する傍ら，そこに道徳という筋道を作ることによって一定の歯止めをかける。興奮状態は，暴力や支配を容易に生む傾向を持つからである[33]。

　(b)　しかし何故，性的交渉に暴力や支配という要素が顔を覗かせるのか。興奮がもたらす心身の揺れにそのような傾向が内在することは否定できないとしても，それだけで説明が尽くされているとは思えない。先述の「個人の尊厳」解釈の際に言及したように，特定の異性とだけ性的交渉を行うべしとする貞操観に通底する，所有観念や自己存在感にも目を向けるべきだろう。というのは，こうである。

　性的関心を持つ個人は，交渉相手を求めるときに，常に潜在的な競争相手を想定する。同性同士の絶え間ない争いの中で働くのは，性的関係の排他的独占を求める心情である。勝利者は，性的交渉に関連する行為や事柄を「自分のもの」という領域内に閉じ込めたがる。というのも，性的交渉は相手との一体化を目指すからである。一体化の中で従来の自己は相手の中へと浸潤することによって拡大する。そのとき当事者——少なくとも男性——には，相手に対し確かに所有に似た観念を持つ傾向がある。相手への支配がそれである。「おれのもの」といった俗な表現は，その象徴である。但し，物の所有とは違って，人の一体化にあっては相手への浸潤に限度があるだけでなく，相手からも旧来の自己に対する浸潤がある。相互浸潤によって一体化が可能となり，互いの自己

---

33) 誰を相手にするか，ということを性道徳の中心に据えるならば，近親相姦や同性愛そして獣姦などの問題こそが性道徳の中身として論じられるべきであろう。ただ，ここでは売買春に関係する限りで性道徳の内容を考えてみたい。

売買春の法的規制と根拠づけ　　235

が拡大し且つ一部浸食されるのである。

それ故，性的関係の排他性は，関係者双方の固有性を際立たせる。当事者は，他の誰かによって代替されるような立場にあるのではなく，その人であらねばならない。その固有性が相手から承認されることは，当人の自尊心を無限に支える。個人の尊厳の発生的基盤がここにある。着飾るものを一切取り払って相手と向かい合い，身体を介した交渉を重ね深めることは，当事者を人間関係の孤立から解放し，小さなしかし緊密な共同関係へと導いていく。尤も，その関係は永遠に保障されているわけではない。相互浸潤は，双方の不断の努力によって支えられ更新されるほかない。

逆に，排他性が崩れてしまうことは，自己が一部崩壊することを意味する。あるいは，自己分裂を招く。従って当事者は，自己存在の拡大と安定を保障する関係がひょっとして崩壊するのではないかとの不安に苛まれながら，排他性を強化するような振る舞いへとつい突き進みがちになる。そのようなとき，相手への支配を維持する手段として潜在的に孕まれていた暴力が意識されるようになる。ここでは，旧来の自己を拡大する方向にのみ関心が向けられているという片面性が顕著である。

(c) しかし，相手からの浸潤を好意的に受け止め，旧来の自己からすると異質な要素の混入をも自己の拡大や変化へと積極的に受け入れていく努力が継続されるならば，そこでは自己充足に加え，相手への配慮が前面に出てくる。その心理的傾向を愛情と名づけるならば，性的交渉は愛情に裏づけられるべきであり，そこからの対価はあくまで相手から愛情の返礼を受けることや自己満足——そして場合によっては，妊娠——に限定される，ということになるだろう。愛情と性との融合論は，他者との一体化を通じて自己が発展し，浸潤される事への配慮によって保障される。

以上のように言えるならば，売春は性的交渉を商品化することによってその排他性と愛情を放棄している点で，性道徳に反すると判断される，というほかない。

さて，この意味での性道徳は今日でも人々によって支持されているだろうか。主観的推測の域を出ないが，私の身辺にいる人々の態度や意識を判断材料とする限り，貞操観は依然として性道徳に含まれているようである。その限りで，

これまで検討した性道徳が売春批判として機能する可能性は高い。ただ，それでも貞操観念が男女間で必ずしも平等でないように思われることは，当の観念自体に是正の余地があることを示している。

(2) 第三者に向けられた性的表現

性道徳のもう1つの次元は，性的行為やそれにまつわる心身の態度を第三者に対してどのように表明し・表現するかという点に関わる。服装，身体的接触表現，性に関連する言葉の表出，性的行為の公開性などが，この例である。「わいせつ文書」判断に関連してかつて最高裁は，「性行為非公開の原則」を指摘した[34]。確かに，性的行為は任意の第三者の目に触れるような形で行うべきではない，とされている。許容されているのは，せいぜい抱擁かキスである（それさえ，わが国ではあまり見ない）。肌を露出する服装はよく顰蹙の対象になるし，公衆の面前での化粧も売春行為を連想させる，と指摘されたりする。性的交渉や性的行為にあっては身体特に性器が露出される。だが，芸術表現の場合は別にして，そのような露出は控えるべきであるとされている。その観念が性道徳に結実するからこそ，人々は裸の身体を覆い隠す装飾の工夫を通して，性と密接に関連する文化を発展させてきたのである。内容の曖昧さは否定しがたいが，「品位」という言葉はそのような事態を集約する表現である[35]。私見によれば性道徳の第2の意味はこの側面を指すが，実は，法に言う「社会の善良の風俗」と内容面で重なっている。したがって，(2)を善良の風俗の問題として説明できるとすれば，法に言う「性道徳」は専ら(1)に限定して理解されるべきである，ということになるだろう。

さてそうすると，前段落にあげた幾つかの例が社会の善良の風俗に反していることを理由として，売春そのものの批判が可能になるだろうか。確かに，売春を想起させる外的表現物や街娼，売春への誘導・周旋行為などが，社会の善良の風俗に抵触することはありうる。これらの表現物や売春周辺行為がわいせつ行為や迷惑行為と見なされることも，稀ではない。だが，これらは売春そのものではない。むしろ，売買春に関わらない人がそれらの行為や表現に接することによって直接的で具体的な——あるいは場合によっては抽象的な——不快

---

34) 最大判昭和32．3．13刑集11巻3号997頁
35) 例えば，公職選挙法150条の2参照。

感や嫌悪感を抱くということが，社会の善良の風俗に訴える最も大きな根拠のように思われる。このように言えるならば，法が売春批判の第3の理由として社会の善良の風俗違反をあげるのは，必ずしも適切ではない。売春は，あくまで間接的に社会の善良の風俗に関わっているに過ぎないからである。

では，売春婦自身に対する害悪という観点から，売春批判を行うことはできないか。

3．功利論的評価＝特定の危害

わが国の制定法上の文言とは別に，売春を非難する理由として，売春が当人や周辺の人々に対し具体的及び抽象的な危害を及ぼすことを指摘する議論がありうる。そもそも不特定多数の異性と性的交渉を持つこと自体が，自らを幾つかの危険に身をさらすことでもある。①性病に罹患する（＝同時に性病を蔓延させる）危険性，②偶発的妊娠，③その結果としての，母子家庭又は中絶の可能性。総じて女性としての身体に大きな危害が加わる可能性が高い。さらには，④人身売買（特に児童や不法入国者），⑤仲介業者例えば暴力団による経済的搾取や身体的拘束，⑥違法薬物中毒，⑦当人の社会的地位の低下，⑧自尊心の低下による心理的不安定，などがあげられそうである。なるほど，厳格な法規制を整え自らを律することによってこれらの危害も1つ1つ解消可能であり，安全で健全な売春を実現することは不可能ではないかもしれない。しかし過去の経験や現状からすると，その可能性を楽観視することはできない。実際，特に北欧に見られる売買春への厳格な対応は，フェミニズム的視点と並んでこれらの危険性を理由としている。

4．自己決定権論による売春擁護

ところで，これまで触れた理由づけとは異なり，女性の自己決定権に依拠することによって，売春を積極的に正当化する見解もありうる。それによれば，自己の性的身体の処分は自己自身が最終的に決定してよい。性的身体を商品として提供し対価を受け取ることは，その一例に過ぎない。その判断や行使に他者が容喙することは，自己決定権侵害に他ならない。更に，売春が業として認知されるならば，売春婦になるかどうかは職業選択の自由の問題でもある。こ

238

のような論理である。自己決定権をこそ「人間の尊厳」の中核に据えるならば，自己決定に基づく売春は人間の尊厳の発露に他ならない，ということになる[36]。ドイツに見られるように，そのとき法の任務は，売春婦の自己決定権をできる限り実現すべく環境整備をはかることに限定される。

これは日本法の理念に根本から挑戦する議論であるが，一見したところそれなりの説得力を持っている。自己決定権に言う自己が文字通り自己の身体であり，自己決定の排他的対象であると見なされるならば，自分の身体のあり方を自分で決める権利があると言っても良さそうである。但し，現実問題として，自己決定権を言葉通りに行使できる売春婦が殆どいないことは，よく指摘されている。その限りで本概念は，現実から余りに遊離した虚構として批判される可能性が高い。

一方，買う男性にとって売春婦の性的自己決定権論は，交渉を拒否されたり性的行為に制限を受ける可能性があるとはいえ，基本的には甚だ好都合な論理である。売春に支払われる金額が些少ではないことからも明らかなように，性的交渉は貴重であり供給不足にある。先述の身体論的アプローチを持ち出すまでもなく，通常，各自の身体には一定の不可侵の空間的領域があり，そこに侵入するには当人の同意が不可欠だからである。身体への直接的接触が許されるには，当事者がそれほどまでに親密な関係にあることを必要条件とする。ところが，特定の相手とそのような関係を取り結ぶには，大変な労力と投資と駆け引きを要する。関係は性的交渉後も引き続き展開し，愛憎の物語を産むこともあるだろう。売買春はそのような煩瑣な手続を省略してくれるばかりか，親密な関係を演技として提供してくれることもある。買い手は更に加えて，性的交渉からの帰結一切を，自己決定・自己責任の名の下に相手に押しつけることができるのである。

果たしてそれでいいのだろうか，という疑問をぬぐい去ることができない。というのも，自己決定の名の下に行うには売春は余りに危険が大きいからである。又，売春婦が現に置かれていると推測される状況と自己決定権思想との間には，無視できない大きな乖離が横たわっているからである。国内外を問わず，

---

36) 例えば，OVG Hamburger, 1986, Bf VI 78/85.

売買春の法的規制と根拠づけ　　239

貧困の故に売春婦になった人について自己決定権を語ることは何を意味するのだろうか[37]。

　以上のような実際的な懸念や乖離を踏まえても尚，圧倒的多数の売春婦の現状を理想的自己決定権行使に近づくような形で改善するというアプローチは，確かにありうる。だが，私としては，規範的議論として，我々の性的心身に不特定多数の人との商業的性的交渉を拒否する，何らかの核のようなものを想定したくなる。1つの可能性は，身体の構造に求められるかもしれないし，再び人格という理念を深化させることによって道が切り開かれる可能性もある。だが，既に紙幅が尽きたこともあり，これらの課題の検討は別の機会にゆだねられざるをえない。

Ⅳ　結び

　売買春に対して何らかの政策的提案を行うには，実態調査が余りに不足している。それ故，本稿では些か抽象的な議論に終始せざるをえなかった。比較の対象にしたドイツは，性的自己決定権を「人間の尊厳」概念によって強化し，売春合法化を推し進めようとするが，その効果は怪しげである。理念が現実世界でその通りに実現しないことは珍しくないが，効果の怪しさは理念自体の妥当性を疑わせる。

　これに対してわが国は，理念と実態の乖離はそのままでかまわない，という立場を取っているのだろう。売春防止法に表現された理念は，確かに当時の国際的用法を踏まえてはいるものの，その後の時代の流れにも拘わらず内容の詳細な吟味は棚上げされたままである[38]。

---

37) 例えば，VG Saarland, 25.06.2015, 3K 933/14では，裁判所によってその信憑性が一部疑われているとは言え，ロマ人女性の悲惨な人生が切々と語られる。又，最近のわが国の判決例として，退去強制令書発付処分取消請求に関する東京地判平成25.12.17 LEX/DB 25516967や，東京地判平成26.1.24 LEX/DB 25517158も参照。未成年者の売春については，東京家決平成24.2.17家月64巻7号107頁に，家庭内不和，暴力，放浪，覚醒剤，売春，妊娠といった個人史が記されている。人身売買に関する法規制については，Lukas Hempel, Menschenhandel zum Zweck der sexuellen Ausbeutung, 2011がある。

38) 確かに，1949年のConvention for the Suppression of the Traffic in Persons and of the Exploitation of the Prostitution of Others 前文には，売春が「人の尊厳と価値(the dignity

本稿は，その状態に一石を投じようと試みた。まとめるならば，理念の1つである「人の尊厳」は，カント的「目的／手段」図式として理解するとき，確かにうまく説明ができる。しかし，その場合にはむしろ買春の方がヨリ厳しく断罪されることになるだろう。しかも，何らかの人格的コミュニケーションの存在を人間の尊厳の十分条件としたり，性的自己決定権を人間の尊厳の内実と見なすような解釈からすると，売春を人間の尊厳侵害の故に非難するのは，全く的外れとなる。一方，性道徳に貞操観念を含めるならば，これに依拠して売春批判を展開するのは説得的である。但し，その場合でも男女間に不均衡な貞操感は是正されるべきである。最後に，社会の善良の風俗を理念として掲げるときには，売春そのものというよりは売買春とその周辺行為へと視線を移し，当事者以外の人が被る害悪をその内実として理解するのが望ましい。

　正確な実態把握を欠いた本稿の限界は十分承知しているが，売春防止法の掲げる理念は理念として，興味深い考察対象であり続けている。その検討は，わが国性風俗の実態と法との乖離を意識させ，我々の性道徳と法観念への反省を迫ることだろう。とりわけ，自己決定権行使としての売春を人間の尊厳と関連づける論法には，改めて検討を加えなければならない。

---

and worth of the human person)」と矛盾する(incompatible with)事が明言されているから，売春防止法制定時の国際的流れに乗っているとは言える。

　それにしても，例えば出入国管理令違反が問題になった事案で，当事者双方が売春防止法1条の文言をオウム返しにしているのは，些か奇妙でさえある(東京地判平成26.4.30 LEX/DB 25519015)。

売買春の法的規制と根拠づけ　　241

同性愛と法
―― ドイツにおける変遷について

渡邉泰彦

I　はじめに

　北欧から始まった登録パートナーシップ，オランダから始まった同性婚による同性カップルの法的承認の広がりは，ヨーロッパ(とりわけ西ヨーロッパ)とアメリカ大陸，オセアニアではニュージーランド，アフリカでは南アフリカ共和国というように，キリスト教社会において見られたものであった。これらの国々の多くでは，1970年前後から盛んになった同性愛処罰規定削除の動きに続いて，1990年代以降の同性カップルの法的承認の動きが盛んになってきたという過程を有する[1]。処罰対象というマイナスの状態から，不処罰というゼロの状態に移った後，登録パートナーシップや同性婚の導入による法的承認というプラスの状態へと進んでいった。

---

1) 谷口洋幸「同性婚・パートナーシップ法の可能性――オランダの経験から学ぶ」法律時報86巻12号(2014年)104頁では，①非犯罪化，②性的指向の差別禁止規定，③同性婚・同性パートナーシップの制定の3段階の経由を指摘するヴァルディックの研究を紹介している(108頁)。
　　ブラジルのように，19世紀にソドミー規定を廃止している国もあるが，それまでに植民地時代から300年以上にわたり同性愛は処罰されてきた。ブラジルにおける同性婚については，マルセロ・デ・アウカンタラ「ブラジル　男女の安定した結合から同性間の婚姻へ」法律時報88巻5号(2016年)69頁を参照。

それに対して，キリスト教社会でも，またイスラム教社会でもない，日本は，同性愛の処罰という伝統を有していなかった。例えば，明治5年(1872年)の「鶏姦条例」により短期間は男性間の同性愛行為が刑罰の対象となったが[2]，同性愛行為に関して明治13年公布，同15年施行の旧刑法典からは処罰の対象となっていない。わずか10年足らずの期間しか処罰規定を有せず，その後再び処罰規定を導入する動きも見られなかった。そのため，同性愛行為の非処罰化という，マイナスからゼロへの過程を経験せずに済んだ[3]。明文の処罰規定や差別規定はなくとも，具体的には，1980年代にAIDSの問題から男性同性愛者への差別が明確になり，1990年代も東京都青年の家事件[4]の事実関係に見られるように同性愛者への差別や忌避感は存在していた。差別のない状態を求める動き，ゼロの状態を達成するための施策では，法務省が人権週間の強調事項として同性愛など「性的指向を理由とする偏見や差別をなくそう」という標語を掲げるほか，地方自治体も男女共同参画または人権施策の条例を制定してきた。

　日本は，法律制度の枠内において，マイナスからプラスへの移行というダイナミックな動きではなく，法令上は原則とされるゼロの状態を社会的に実現するという内部的な安定化の動きが中心であったともいえる。

　2015年から同性カップルの法的承認というプラスへの動きが，日本においても社会の注目を浴びるようになってきた[5]。2015年(平成27年)4月1日施行(登録は同年11月から)の東京都渋谷区で「渋谷区男女平等及び多様性を尊重する社会を推進する条例」10条における「パートナーシップに関する証明(パートナーシップ証明)」では，同性カップルも登録することができる。世田谷区では，パートナーシップ宣誓という形で認められた。これらの動きは，マスコミで大きく採り上げられた。2016年には，伊賀市，宝塚市でパートナーシップ宣誓制度

2）大島俊之「ソドミー法を終わらせたヨーロッパ人権裁判所」神戸学院法学35巻1号(2005年)1頁以下，4頁以下に，条文と判例が紹介されている。

3）谷口・前掲注1)108頁。性的指向の差別禁止規定をこれから日本が定めるとすれば，パートナーシップ制定と同時並行という，これもまた欧米とは違う過程を経ることになる。

4）東京地判平成6.3.30判時1509号80頁，東京高判平成9.9.16判タ986号206頁。

5）日本のみではなく，2015年から2016年にかけて，台湾の直轄市(特別市)でのパートナーシップ登録の導入，韓国と中国での同性婚をめぐる訴訟というように，東アジアの国々では同時期に同性カップルの法的承認をめぐる動きが表面化している。

同性愛と法　　243

が，那覇市ではパートナーシップ登録が開始した。2015年7月には同性婚が認められないのは憲法の法の下の平等に反するとして，日弁連に人権救済申立てがなされた。

　これらパートナーシップ証明書などが，同性カップルの権利義務に具体的に踏み込むものではない点で，欧米におけるパートナーシップ制度に比べて見劣りするかもしれない。しかし，前記のように欧米と日本の歩みの違いを考えるならば，効果の比較だけではなく，プラスへの移行というダイナミックな過程での位置づけを評価する必要がある。このように考えるならば，欧米におけるマイナスからゼロへの動きも，単に処罰規定が削除されたという一事だけではなく，そこに至る段階での検討を考慮することが重要となる。

　本稿では，中世以降の男性同性愛者への処罰規定から，20世紀のナチス時代における同性愛者の迫害までを経験し，戦後もなお刑法上の規定を1990年代まで維持し続けたドイツでの変遷を紹介していく[6]。

II　ワイマール共和国まで

　同性愛は，ヨーロッパにおいてキリスト教の倫理観から否定され，獣姦，自慰などとともに自然に反する行為・ソドミーとして処罰の対象となってきた。

　神聖ローマ帝国最初の統一刑事法典である1532年カロリーナ刑法典（Constitutio Criminalis Carolina）116条は，男性間と女性間の同性愛を，獣姦とともに，猥褻行為を行うこと（vnkeusch treiben）として，火刑に処すと定めていた。ドイツ普通法の実務は，この規定について，性器結合である「本質的ソドミー

6）ドイツの状況については，最近では次の文献がある。ジャクリーン・ポルスト「ドイツにおける刑法175条——歴史と現状」ドイツ研究49号（2015年）179頁，三成美保「尊厳としてのセクシュアリティ」三成美保編著『同性愛をめぐる歴史と法——尊厳としてのセクシュアリティ』（明石書店，2015年）21頁，40頁以下。
　　西ドイツ，フランス，イギリス，アメリカにおける性犯罪規定の一部としての同性愛を扱ったものとして，上村貞美『性的自由と法』（成文堂，2004年）141頁以下がある。イギリスについては，野田恵子「イギリスにおける『同性愛』の脱犯罪化とその歴史的背景——刑法改正法と性犯罪法の狭間で」ジェンダー史学2号（2006年）63頁，伊藤豊「イギリスにおけるホモセクシュアリティ合法化の問題——『ウォルフェンデン報告書』を読む」同志社法学59巻2号（2007年）19頁がある。

244

(eigentliche Sodomie／sodomia proria）と理解し，その他の反自然的猥褻行為については「非本質的ソドミー（uneigentliche Sodomie／sodomia impropia）として減刑していた[7]。

1794年に施行されたプロイセン一般ラント法第２編第20章において，「獣姦（Sodomiterei）及びその他その忌まわしさからここで掲げることができない同種の非自然的罪（unnatürliche Sünden）」（1069条）を犯した者は，懲役の後に追放刑に処された（同1070条）。実務で同条は自慰行為には適用されず，肛姦のみが罰せられた。後に最高裁判所（Obertribunal）の判例により口淫も罰せられるようになった[8]。

ナポレオンによりフランスに帰属したライン川左岸地域では，1810年ナポレオン刑法典が施行され，15歳以下の少年に対する場合，公然と暴力を用いた場合を別として，自然に反する性的不道徳を無処罰とした[9]。この地域では，1871年にドイツ帝国刑法典が施行されるまで，同性愛行為は原則として無処罰となった。また，バイエルン王国は，フランスの影響を受け，1813年刑法典において同性愛を原則として無処罰とした。

プロイセンでは[10]，1851年刑法典が制定されるまで，次のような変遷をたどった。まず，1828年から1833年の第１草案においては，バイエルン王国刑法草案の影響を受けて，暴力を用いた場合，公憤の惹起の場合，少年に対する場合という特別の事案においてのみ同性愛行為を処罰することを予定した。1833年修正草案では，既遂は身体的結合を要件とし，親告罪とすることが予定されていた。1841年の枢密院（Staatsrat）の監査委員会（Revisionskommission）は，ソドミーを例外なく無条件に罰することを決定した。それでも，1843年修正草案において想定されていたのは少年に対する同性愛と獣姦であり，その他の性欲の反自然的満足は提案された刑罰規定の対象ではなかった。その後，1847年草案に

7）BVerfGE 6, 389（Rz. 3）. 連邦憲法裁判所1957年５月10日判決では判決理由において同性愛をめぐる刑罰の歴史がまとめられている。本稿は，同判決とともに，ポルスト・前掲注６）と三成・前掲注６）を参照した。

8）Vgl. BVerfGE 6, 389（Rz. 4）.

9）フランスでは，第２次世界大戦下のヴィシー政権のもとで同性愛は再び犯罪とされ，1982年まで継続した。参照，上村・前掲注６）159頁。

10）BVerfGE 6, 389（Rz. 7）.

おいて，男性間の同性愛行為に限定する文言となった。これにより，女性間の同性愛行為は，刑罰の対象から外れた。最終的にプロイセン1851年刑法典143条は，「男性間で又は人が動物と行った反自然的猥褻行為」を6か月からの4年までの懲役刑，公民権行使の一時的禁止に処すると定めた[11]。

1870年北ドイツ連邦刑法典175条，ドイツ帝国成立後の1871年帝国刑法典（RStGB）175条では，男性間または人と動物の間で行われた反自然的猥褻行為（Die widernatürliche Unzucht）を禁固刑に処し，公民権の剥奪も言い渡すことができると定められた。

このような刑罰化に対しては，1897年に性科学者マグヌス・ヒルシュフェルドを中心にベルリンで刑法175条の削除を求める団体である「科学的・人道的委員会（Wissenschaftlich-humanitäres Komitee）」が結成された。

帝国裁判所は，同衾に類似する行為のみが刑法175条に含まれるとした。また，警察は，同性愛行為の摘発ではなく，男娼街で裕福な遊興者に同性愛を暴露すると脅迫する者に対して積極的に対応していた[12]。20世紀になるまで，処罰された者の数が年600人を越えることはまれであった[13]。20世紀に入り，第1次世界大戦までの期間では，1902年の613人から1909年までは600人台を，1910年から1913年までは700人前後であった[14]。第1次世界大戦中（1914年から1918年まで）は減少し，1918年には118人となった。第1次世界大戦後のワイマール時代では，1921年から1923年にかけて400人台，1925年と1926年に1,000人を超えたが，1927年から1932年は800人前後で推移した。

---

11) オーストリアでは，1852年刑法典129条において，自然に反する猥褻行為（Unzucht wider die Natur）として獣姦とともに，同性の者との猥褻行為を処罰する規定を設けていた。

12) Vgl. Berlin Sodom, Der Spiegel 26/2015, S. 131.

13) Karlheinz Muscheler, Das Recht der Eingetragenen Lebenspartnerschaft, 2. Aufl., 2004, Rz. 1.
　　ポルスト・前掲注6）180頁は，有罪判決が少なかった理由として，正しい法解釈が行われたことをあげる。

14) 有罪判決の数については，次を参照した。Als Homosexualität noch strafbar war: "§175 StGB-Unzucht zwischen Männern", JuraForum ウェブサイト（2005）http://www. juraforum.de/forum/t/als-homosexualitaet-noch-strafbar-war-175-stgb-unzucht-zwischen-maennern.15965/

Ⅲ　ナチス時代

　ナチスドイツ期の1935年改正により，男性同性愛行為について刑法175条 a が設けられ，少年に対する誘惑，男娼について新たに規定された。また，獣姦に関する規定は，175条 b に移された。

刑法175条
　(1)　他の男性と猥褻行為を行う男性，又は他の男性に自己に対する猥褻行為を行わせた男性は，禁固刑に処す。
　(2)　行為時点で21歳に達していなかった当事者については，裁判所は，特に軽微な事案において不可罰とすることができる。

175条 a
　(1)　次に掲げる場合において，10年までの懲役，軽減された事情の場合には３か月を下らない軽懲役刑に処す。
　　１．他の男性を生命若しくは身体への現在の危険を伴う暴力若しくは脅迫によって猥褻行為を行うことを強要した男性，又は他の男性に自己に対する猥褻行為を行わせた男性。
　　２．雇用関係，労働関係若しくは服従関係により基礎づけられる従属関係を濫用して他の男性に自らと猥褻行為を行うこと，又は自己に対する猥褻行為を行わせることを決めた男性。
　　３．自らと猥褻行為を行うこと，又は自己に対する猥褻行為を行わせるために21歳未満の男子を誘惑した21歳以上の男性。
　　４．業として男性と猥褻行為を行う，若しくは自己に対する猥褻行為を行わせる，又はそれを申し出る男性。

　この変更により「反自然的」という文言が同性愛行為から削除された。それにより，刑法175条において同衾と類似する行為は必要ではなくなり，他の男性がいる前で自慰行為を行うことでも構成要件を満たすことになった。その結果，刑法175条により処罰される者の数は，1933年の成人853人から，1938年に

は10倍の8,562人に急増した(1940年には3,773人に減少)。さらに、ナチス時代にゲシュタポ(秘密国家警察)の「特別部門　同性愛」が活動を開始すると、1940年からは多数の同性愛者が強制収容所に送られて、命を落とした[15]。

Ⅳ　西ドイツ

1．判例

　第2次世界大戦後も、西ドイツでは、1935年改正による刑法175条以下が継続して適用された。連邦通常裁判所1951年3月13日判決(BGHSt 1, 80)は、ナチス期の法律規定が終戦後の政治状況のもとで適用することができるかが調査され、国家社会主義的思想に基づく規定、国家社会主義的な目的の実現のためと思われる規定が廃止されたが、その際に刑法175条は対象とならなかったことを指摘した。

　さらに、刑法175条の「猥褻行為を行う(Unzuchttreiben)」の解釈について、帝国裁判所の判例の理解をもとに、刑法174条における「猥褻行為のための暴行(Missbrauch zur Unzucht)」と176条における「猥褻な行為の実行(Vornahme unzüchtiger Handlungen)」と同じと理解した。そして、自己または他人の性欲を興奮させる、または満足させることを目指しており、かつ、犯人がその際に性的快楽を引き起こし満足する手段として他人の身体を利用する場合に性関係における一般的な羞恥および道徳(Sittlichkeit)の感情を害する行為で十分であるとした(Rz. 3。以下、判決文の欄外番号〔Randziffern〕を示す)。それにより、猥褻行為の実行を同衾類似の行為の実行に限定して解釈する1933年以前の法律のもとでの帝国裁判所の判例の見解[16]を否定した(同旨、連邦通常裁判所1952年5月6日判決〔NJW 1952, 796〕)。

　他方において、刑法175条において、野卑で卑猥である行為が、成人男性間で行われても不道徳とは感じられず、児童または未成年の従属者と行う場合に

---

15) ナチス時代の同性愛者迫害について、田野大輔「ナチズムと同性愛」三成編著・前掲注6)292頁を参照。

16) 性的快楽の満足に刑法175条の適用を制限するとした下級審裁判例として、OLG Hamburg, MDR 1948, 186がある。

は性関係における一般的な羞恥および道徳の感情を害し猥褻とみなされるという考え方も排除されないとした(Rz. 3)。傍論ではあるが，その後の法改正との関連性がみられる。

　刑法175条が男性間の同性愛行為のみを処罰することの正当性について，連邦憲法裁判所1952年11月18日判決(NJW 1952, 796)は，男女同権(基本法 3 条 2 項)と矛盾する法が1953年 3 月31日まで効力を有するという基本法117条 1 項により，この時点まで刑法175条，175条 a は性別による平等の原則(基本法 3 条 1 項)と矛盾しないとした。同じ被告人の事件について，連邦憲法裁判所1954年11月18日判決(BVerfGE 4, 110)は，1953年 3 月31日までに確定していた有罪判決に減刑を遡及的に拡張するかは立法機関の判断によるとした。

　男性間の同性愛行為のみを処罰する刑法175条，175条 a の規定が基本法の定める平等原則に反するか否かという問題を正面から扱ったのは，連邦憲法裁判所1957年 5 月10日判決(BVerfGE 6, 389)[17]である。この判決は，7 人の鑑定意見(Rz. 31-106)を参考にして，刑法175条，175条 a については，ナチス政権時代の1933年授権法(Ermächtigungsgesetz)に基づいて公布されたという歴史的経緯を持つが，果たしてそれは有効なのか(Rz. 108-126)，男性間の同性愛のみを罰することが基本法 3 条の平等原則に違反するのか(Rz. 127-163)，同性愛の処罰が基本法 2 条 1 項の人格の自由な発展に違反するのか(Rz. 164-183)という点から検討された。その結果，理由がないとして憲法異議の申立ては棄却された。

　このうち，人格の自由な発展を保障する基本法 2 条 1 項に同性愛の処罰規定が違反するかという点について簡単に紹介する。

　この人格の自由な発展には性的な事項も含まれるが，憲法に適合した秩序によって限界づけられる(Rz. 165)。そして，「他人とのコミュニケーションを実現する事象も基本法 2 条 1 項および 1 条 1 項の視点のもとで国家の介入から守られる。介入が許されるかは，行為の社会関連性(Sozialbezug)が十分であるか否かに係っている。……刑法による介入が問題となる際には，立法者は特に慎重となる義務を負っている。立法機関の判断にとって，問題となっている行為が風俗規範(Sittengesetz)に違反していないか否かが重要な意義を有する。私

---

17) 概要については，上村・前掲注 6)154頁以下を参照。

的領域と社会的領域の境界部分に位置する行為については，拘束的と一般に承認された風俗規範にその行為が明白に違反するものと社会共同体が考えるのが確実である場合に，むしろ処罰の必要性が肯定されるのは自明だからである。社会による制裁が法感情を一般に害するのではなく，それどころか法感情が社会による制裁を求めていることがしばしばある。このことを，憲法は，風俗規範が基本法2条1項において人格の自由な発展への権利の法的制限ともなることで，是認している。」(Rz. 166)。

「同性愛行為は明らかに風俗規範に違反する。性的生活の領域においても，社会はその構成員に一定の規律の維持を求めており，これに対する違反は不道徳(unsittlich)であり，非とされる。」(Rz. 167)。

風俗規範の適用において裁判官の道徳感情も，国民個人の見解によるのではない。公的な宗教社会，とりわけ国民の大部分がその道徳的態度の基準とするプロテスタントとカトリックのキリスト教教会が重要となる。それとともに，北ドイツ連邦から1927年までの刑法改正草案の理由からも，今日においてもなお道徳感情(sittliches Empfinden)が同性愛を罪とすることが正当化される(Rz. 174)。

成人間の同性愛関係の処罰について，同性愛への誘惑から保護するという要請が21歳になることで無くなるのではないことをあげる。さらに，無処罰となることで成人間で同性愛がより広がり，成人と少年の間の関係にも寛大となって少年への危険が生じることを警戒する。成人男性間の関係のみを問題としても，「刑罰規定の維持への公的利益がない，したがって立法機関が自らに引かれた限界を超えていたと確認することはできない。」(Rz. 176)。

このようにして，連邦憲法裁判所は，同性愛行為に対する処罰規定の維持を，少年を同性愛への誘惑から保護することからも肯定した。

第2次世界大戦後の1950年以降に刑法175条による有罪判決の数は，1950年の1,920件から増加し，1957年には3,000件を越え，1959年には3,530件に達した。1960年代前半には3,000件前後を推移した後，1965年に3,538件と戦後最高となる。1966年も3,000件を超えていたが，1967年，1968年には1,700件台に減少した。

2．1969年刑法改正

　1969年6月25日刑法改正(BGBl. I, S. 645)は，それまでの175条と175条aをまとめて新たな175条とした。そして，同性愛行為への誘惑を罰した175条a第1項3号，獣姦に関する175条bは削除された。

175条　男性間の猥褻行為
　⑴　次に掲げる場合において，5年以下の自由刑に処す。
　　　1．21歳未満の男性と猥褻行為を行う18歳以上の男性，又は自己に対する猥褻行為を行わせた男性。
　　　2．雇用関係，労働関係若しくは服従関係により基礎づけられる従属関係を濫用して他の男性に自らと猥褻行為を行うこと，又は自己に対する猥褻行為を行わせることを決めた男性。
　　　3．業として男性と猥褻行為を行う，若しくは自己に対する猥褻行為を行わせる，又はそれを申し出る男性。
　⑵　前項2号の場合において，未遂を罰することができる。
　⑶　行為時点で21歳に達していなかった当事者については，裁判所は，不可罰とすることができる。

　改正175条は，男性同性愛行為を無制限に罰するのではなく，当時の未成年である21歳未満の少年との同性愛行為，従属関係の濫用，男娼に限定した。これは，医学および心理学の一致した意見，法学の通説，成人間の同性愛行為を罰しないとする当時の他のヨーロッパ諸国の多くの法律に従うものであった(BT -Drucks. V/4094, S. 30)。
　また，成人間の同性愛行為を処罰しないことについて，次のような理由もあげていた。

　従来の刑法175条の基本要件は，同性愛行為を行う多くの男性が不可逆的特徴を示しているという事実と矛盾している。成人間での自由意思による性的関係が問題となる限りで，性的禁欲を課すことは刑法の任務ではない。同性愛者である男性について同性愛行為に関して責任能力が疑問視されることはまれではない。同性愛行為のごく一

同性愛と法　　251

部のみが暴きだされ，刑事手続の対象となるという不平等扱いは不当である。同性間の猥褻行為の基本要件は，恐喝(Erpressung)を促している。すべての場合で未成年者との同性愛行為を処罰可能とするという前提のもとでは，少年保護の理由も，同性愛行為の一般的禁止の維持を必須としていない。通常，成人間の同性愛関係が存在するから若者が同性愛者となるのではない。同性愛行為をする傾向のある，例えば教育者のような男性からの一定の影響を未成年者が受ける，または直接に同性愛関係に巻き込まれる場合にのみ，未成年者は危険にさらされる。その限りでは，刑罰による保護(Strafschutz)が存在し続けるべきである。(BT-Drucks. V/4094, S. 30 f.)

この改正の特別委員会では，保護年齢を21歳とするか18歳とするかで議論があった。18歳とする少数派は，性的指向(Triebrichtung)が定まる時点を重視した。それに対して，21歳とする多数派は，精神の一般的な成熟と社会的指向性(Orientierung)のための期間が18年を超える若者もまれではないと述べた。18歳から21歳の年長少年にとって同性愛の経験により性向が変わるものではないかもしれないが，とりわけ成長の遅いまたは特に過敏な若者については，その精神的発達への負担となり，周囲の世界との著しい葛藤の原因となり，異性との出会いを持続的に妨害することがありうるとする。さらに18歳から21歳の年長少年は年上の男性同性愛者の関心の的となることが多く，関係を強要されることも考慮して，21歳という保護年齢が導きだされたとする(BT-Drucks. V/4094, S. 31)。

これに対して，改正された175条1項1号では，行為者の年齢を18歳として，それ未満の年齢の者は罰しなかった。この点について，同性愛行為の主導権が18歳未満の少年にあった場合には，性的指向が成長段階で定まっていないことに関連しているとする。少年保護補導またはセラピーが行われることはあるが，刑事訴追とはならないとされる(BT-Drucks. V/4094, S. 31)。

同改正においても，男娼を罰する規定は，維持された。その理由として，立法草案は，男娼が同性愛志向ではなく，非行化(Verwahrlosung)によるもので脅迫・強盗・殺人などの重大犯罪に結びついており，公的安全の要請から男娼に対する刑罰規定は必要であること，重大な危険にさらされる環境から少年を隔離することをあげる(BT-Drucks. V/4094, S. 32 f.)。さらに，処罰されない少年男

娼が処罰対象となる同性愛者を脅迫する危険の増加も指摘された[18]。

獣姦を罰する175条bは，裁判実務ではほとんど意味がなく，刑罰規定を維持する刑事政策的理由もないことから，削除された(BT-Drucks. V/4094, S. 33)。

1969年刑法改正後，175条による有罪判決の数は，1969年894件から，1970年に340件へと減少した。1970年代には，増減を繰り返しつつ，1973年に373件となった。

3．1973年刑法改正

1973年に，刑法175条は，次のように改正された(BGBl. I, S. 1725)。

175条　同性愛行為
　(1)　18歳未満の男性との性的行為(sexuelle Handlungen)を行う，又は自己に対する性的行為を行わせた18歳以上の男性は，5年までの自由刑又は罰金に処す。
　(2)　裁判所は，次に掲げる場合において，本条による刑を免除することができる。
　　1．行為時点で行為者が21歳に達していなかったとき。
　　2．行為が向けられた者の態度を考慮して，行為の不正が軽いとき。

この改正は，連邦議会第6会期での刑法改正に関する検討内容(BT-Drucks. VI/3521)を引き継ぐものであった。改正にあたり，刑法175条と16歳未満の少女に対する誘惑(Verführung)を処罰する182条[19]を統合する案は否定された。

---

18) これに対して，少数意見は，ヨーロッパの多くの国が男娼の処罰規定を削除していること，少年男娼が行った窃盗や脅迫などの犯罪を訴追すれば十分であることをあげて，削除を主張した(BT-Drucks. V/4094, S. 33)。
19) 182条は次のように改正された。
　　182条　誘惑
　　(1)　同衾するために16際未満の少女を誘惑した者は，1年以下の自由刑又は罰金に処す。
　　(2)　行為は，申立てによってのみ，訴追する。行為者が誘惑した者と婚姻したときは，行為の訴追を排除する。
　　(3)　行為時に21歳に達していなかった行為者について，裁判所は，本条による処罰を免除することができる。

同性愛と法　　253

それとともに，182条と統合することで女性間の同性愛行為を罰することも否定された。男性間の同性愛行為によって少年が同性愛指向を有する可能性のみが175条の理由であるからとする。支配的な社会モラルのイメージにおいて，同性愛指向を有する少年がアウトサイダーの役割（Außenseiterrolle）に追いやられ，そのことが継続的で重大な心理的負担となりうると述べる。これに対して，あまり公になっていない女性間の同性愛行為が当事者にどの程度の負担を与えるのかという問題について，十分な知見がないとする（BT-Drucks. 7/514, S. 6）。

　このような理由から，男性間の同性愛行為のみを罰する規定として刑法175条は維持されたが，対象年齢は21歳から18歳に引き下げられた。保護年齢に関しては，18歳未満の少年男子が同性愛に接することで害されるかもしれないため，刑法の条文は18歳未満の少年男子を保護しなければならないことがあげられた（BT-Drucks. 7/514, S. 6 f.）。

　そのほかに，この改正では，身体的，心的および精神的領域での本来のパートナーシップがパートナーである少年を害するのではなく，その人格の向上に寄与するという立場から，パートナーシップ関係にある当事者を罰しない案も出されたが，採用されなかった（BT-Drucks. 7/514, S. 7）。

　多数派は，個別事案では少年がパートナーシップ関係から人格的に得るものがあるという事実が存在するとしても，親密なパートナーシップの関係を通して，異性との接触が継続的に妨げられ，社会的アウトサイダーの役割へと追いやられるようになる場合があることには変わりがないとする。さらに，パートナーシップ関係を十分に定めて法文にすることはできないとする（BT-Drucks. 7/514, S. 7）。

　175条による有罪判決の数は，1974年の235件から1976年200件となり，1977年以降は100件台となり，1988年からは100件以下となった。

　1980年代初頭には，同性愛行為の処罰可能性に関する議論が再び取り上げられた。少年が同性愛的接触を通して継続的にその性行動が大きく変わるという従来から主張されていたテーゼに対して，1981年には自由民主党（FDP）から，1982年，1983年には社会民主党（SPD）から，同性愛の素質は14歳よりも前に定まるとする反論が主張された（BT-Drucks. 12/4584, S. 5）。

　ドイツ国外では，ヨーロッパ人権裁判所1981年10月22日判決（ダジョン対イギ

リス事件)[20] が, 少年との同性愛行為の処罰はヨーロッパ人権条約に違反せず, 一定の保護年齢を定めることは立法者が決める事柄であると述べた。ヨーロッパ評議会およびヨーロッパ議会では, 同性愛行為と異性愛行為について同じ最低年齢を適用させることを加盟国に勧めた。

1985年以降には, 議会で, 刑法175条と182条を対象とする発議(Initiative)や動議(Antrag)が緑の党, 社会民主党, ハンブルク市, 民主社会党(PDS)から提出されたが, 成立しなかった。

V　東ドイツ

1．1949年刑法典

東ドイツでは, 刑法175条のうちナチス時代に厳格化された部分が削除された。それに対して, 175条aは, 1935年法と同じ文言であった。

東ドイツ1949年刑法典175条
「2人の男性間又は人と動物の間で行われた反自然的猥褻行為は, 軽懲役刑に処す。公民権の剥奪も言い渡すことができる。」

1957年には, 刑法が改正され, 175条は, 刑法上の帰責性に関する8条[21]の適用により, 有害な効果を欠く違法行為が社会主義的社会への危険ではないとして, 事実上廃止されたに等しくなった。

それでも, 1968年刑法改正により175条, 175条aに代わり新たに151条が定められ, 男性間の同性愛行為の処罰規定は維持された。

---

20) 同判決については, 大島・前掲注2)で紹介されている。
21) 東ドイツ1957年刑法8条1項
　　行為が法律上の構成要件に相応するが, その軽微性及びドイツ民主主義共和国に対する有害な効果の欠如を理由に社会主義的構造並びに勤労国民及び個々の市民の利益を害しないときは, 犯罪は存在しない。

同性愛と法　　255

東ドイツ1968年刑法典151条

　同性の少年（Jugendliche）と性的行為を行う成人は，3年までの自由刑又は保護観察の刑に処す。

　この改正法では，少年と成人について性別が示されず，女性間の性的行為についても処罰の対象となった。しかし，有罪判決を受けた者の数は，1968年までの累計で約4,000人に対し，1969年から1989年まででは約300人と減少した[22]。

2．東ドイツ最高裁判所1987年8月11日判決

　東ドイツにおいて，同性愛の処罰規定が削除されるきっかけとなったのが，最高裁判所1987年8月11日判決（NJ 1987, 467）である。

　被告人（31歳）と当時17歳の少年の事案であり，どちらが主導していたのかは定かではないが相互自慰を行い，被告人は少年の勃起した性器を短時間口淫した。この事実に基づいて，地区裁判所（Kreisgericht）は被告人に少年への性的暴行（東ドイツ刑法151条）を理由に1年の保護観察の有罪判決を下し，責めに帰すべき事由から保護観察についての義務に違反した場合には4か月の自由刑に処すとした。最高裁判所は，次のような理由から，判決の破棄を認めた。

　「同性の者の間の性的関係を評価する出発点は，多数の人について男女間のパートナーシップが性的関係の典型的な形であるとしても，同性愛が異性愛と同様に性活動のバリエーションの1つであることでなければならない。したがって，同性愛者が社会主義的社会の外にいるのでなく，公民権（Bürgerrechte）は，他のすべての市民と同様に保障されている。それにより，彼らへの差別と倫理的軽視は拒否されねばならず，相応する法律上の要件が存在するときには（例えば，侮辱，傷害，暴力行為による）その不可侵性への侵害から刑法上の手段によっても保護されねばならない。」

　異性愛者と同様に同性愛者に児童との性的交際（sexueller Umgang）に刑法上責任が問われることに疑いはないとするが，少年については次のように述べる。

　「成人と少年の間の同性愛行為の特性の評価については，その行為が若者の

---

22) Vor 25 Jahren: DDR schafft Sonderstrafrecht gegen Homosexuelle ab, Queer ウェブサイト（2014）http://www.queer.de/detail.php?article_id=21846

性格上の態度および社会適合的な倫理観の形成を害するか否か，またどの程度であるかということが決定的な意味を有する。

遅くとも16歳から18歳の普通に発育した少年の人格の発育状況からすると，成人間の同性愛行為は一般に誤った発育に導くものではなく，少年間の同性愛的態様または成人と少年の間の異性愛関係と比べても本質的に異なる結果を生じるのではないことが確認できる。」

もっとも，成人とこの者に教育，職業教育が委ねられている，またはその庇護（Obhut）のもとにある少年との性的行為そして同性愛行為については，少年の倫理的未成熟を利用した場合と同様に，調和した発育および成人による教育への危険が生ずるとする。

本件では，少年が保護年齢のほぼ上限の17歳であったこと，彼が被告人の同性愛指向を知っており，従属関係にもなかったことなどから，被告人の帰責性に意味がない（刑法3条）として無罪とした。

この判決の後，刑法151条は，1988年12月14日刑法改正により1989年7月1日に廃止された。それとともに，少年への性的暴行に関する刑法149条から「異性の」という文言が削除されて，14歳から16歳の少年（少女）に対する同性愛行為と異性愛行為は区別されないことになった[23]。これにより，東ドイツでは，同性愛のみを明示で対象とする刑罰規定はなくなった。

VI　ドイツ統一

1990年のドイツ統一では，前述の西ドイツの規定と東ドイツの規定との統一が必要となった。しかし，統一条約では，東ドイツ刑法149条が旧東ドイツ地域において適用され，刑法175条，182条は旧東ドイツ地域で行われた行為には適用されなかった。そのため，少年の性的自己決定の保護に関して異なる刑罰

---

23) 東ドイツ刑法149条
　　　贈与，利益約束又は類似の方法により倫理的未熟を利用し14歳から16歳までの［異性の］少年にこの者と性交を行う又は性交類似の行為を行うために暴行した成人は，2年までの自由刑又は保護観察に処する。
　　　「異性の」の文言が1968年刑法典では含まれていたが，1988年の改正で削除された。

規定がドイツにおいて適用されていた。他方で，世界保健機関(WHO)の国際疾病分類では，同性愛を1990年採択の第10版から独立した項目としては削除した。

1993年3月18日に連邦政府は連邦議会に刑法175条，東ドイツ刑法149条を削除し，182条(16歳未満の少女への誘惑)を改正する法律草案(BT-Drucks. 12/4584)を提出した。

この草案理由では，立法機関が刑法175条について次のような批判を考慮に入れなければならないと述べられていた。

> まず，14歳から18歳の男性少年が同性愛的接触を通して同性愛に誘惑されうるという危険は，学問的知見の現在の状況によれば，わずかなものと評価される。むしろ，人の性的特徴とそれに伴う同性愛者または異性愛者としてのその指向はすでに明らかに(およそ14歳から16歳までの間の)思春期よりも前に十分に完成している。刑法175条の存在は，同性愛者に対する差別的態度と先入観を継続させる。また，刑法175条による犯罪を理由に毎年約100人が，刑法182条による犯罪を理由に約10人が有罪となっているにすぎず，犯罪学的意義は，わずかである。(BT-Drucks. 12/4584, S. 6.)

これらの理由を考慮して，刑法175条と東ドイツ刑法149条を廃止し，16歳未満の男女の少年が被害者および加害者の性別に関係なく性的暴行から保護される統一的な少年保護規定が刑法182条(少年への性的暴行)に定められた。

1994年5月31日第29次刑法改正法(BGBl. I. S. 1168)により，同性愛行為を明確に対象とする規定は，ドイツ刑法典から削除された。刑法175条の削除により，男女カップルに比べて同性カップルが法的な不利益を受けているという問題に，より多くの目が向けられることになったといわれている[24]。

現在まで，以前に刑法175条によって有罪判決を受けた者の名誉回復(Rehabilitierung)を求める運動が続いている。2002年7月23日に改正されたナチス不当判決廃止法[25]により，刑法175条，175条a第4号についてもナチスによる有罪判決の無効が宣言された。その他の有罪者の名誉回復についての立法提

---

24) Trimbach / Webert, Ist die Homo – Ehe noch verfassungswidrig?, NJ 1998, 63.

25) Gesetz zur Aufhebung nationalsozialistischer Unrechtsurteile in der Strafrechtspflege (NS-Unrechtsurteileaufhebungsgesetz), BGBl. 2002 I, S. 2714.

案は幾度か提出されたが，まだ認められていない。

Ⅶ　女性間の同性愛行為

　同性愛者の状況に関する研究，メディア，一般知識は，西ドイツと刑法175条に焦点を当てたゲイ男性に対するものが中心であった[26]。しかし，ドイツ刑法旧175条が男性間のみの同性愛行為を罰していたからといって，女性間の同性愛行為が許容，承認されていたのではない[27]。ゲイへの差別の状況が刑罰規定の存在から注目され，研究が進められたのに対して，レズビアンの状況については近年の研究でようやく明らかにされてきている[28]。

　前記の連邦憲法裁判所1957年判決において，ゲイとの比較におけるレズビアンの理解は，現在からすれば誤った考えに基づいていた。例えば，「レズビアンの女性は性的禁欲をより簡単に達成する」（Rz. 148），「レズビアン関係は一般に継続する傾向にある」（Rz. 152），レズビアン対象の街娼がほとんどおらず「レズビアン関係を結び，継続することはプライベートなことにとどまる」（Rz. 154），「レズビアン女性の純粋な性的関係と情愛のこもった親友関係の間に線を引くことは困難である」（Rz. 155）と述べていた。

　また，独身女性であることによる様々な重大な不利益とリスクから，レズビアン女性は，その性的指向に関係なく婚姻を強いられていたとされる。

　同性愛について刑法175条に注目されていたが，レズビアンとの関連では，売春斡旋(Kuppelei)に関する旧180条と旧181条，公の不快の惹起(旧183条)とい

---

26) Christiane Leidinger, Lesbische Existenz 1945-1969 (2015), S. 12 [online] <URL: http://www.berlin.de/lb/ads/_assets/schwerpunkte/lsbti/materialien/schriftenreihe/g-34-expertise_lesbischeexistenz_1945-69_leidinger_bf.pdf>
　　この報告書は，ベルリン市の平等–反差別局が公表したもので，これまでの研究成果を紹介するとともに，今後の研究課題・問題が列挙されている(94頁以下)。
27) Vgl. Ingeborg Boxhammer, Anforschungsergebnisse zur (straf)rechtlichen Verfolgung lesbischer, bisexueller und/oder trans* Frauen nach 1945, S. 5 (2014) [online] <URL: http://lesbengeschichte.org/Pdfs/pdfs_weitere_texte/ergebnisbericht_anforschung_boxhammer.pdf>
28) Leidinger, a. a. O. （Anm. 26), Boxhammer, a. a. O. （Anm. 27)にあげられている文献リストを参照。

同性愛と法　　　259

う刑法典の他の規定の研究が必要とされる[29]。

Ⅷ　刑法から私法へ

　刑法から同性愛処罰規定が削除される前から，同性カップルに婚姻が認められるのか問題となり，連邦憲法裁判所1993年10月4日決定[30]は同性カップルによる婚姻を認めなかった。1994年の刑法規定の削除以後は同性カップルの法的承認をめぐる私法の問題が中心となっていく。

　2001年に同性カップルを対象とする生活パートナーシップ法（Lebenspartnerschaftsgesetz）（BGBl. I, S. 266）が制定された[31]。同法について，1999年に連邦法務省によって公表された試案（Rohentwurf）では「同性愛者差別撤廃のための法律：生活パートナーシップ」と題されていたが，草案の段階では「同性共同体差別撤廃のための法律：生活パートナーシップ法草案」[32]となった。同性カップルの当事者の性的指向は直接に表現されず，同性カップルという生活共同体の保護であることが前面に出された。また，同性登録パートナーシップである生活パートナーシップが民法に規定されずに独立の法律とされた点は，民法の定める伝統的な家族とは一線を画すると理解されたといえる。2001年の制定時には婚姻との違いが強調されていたが，2005年から施行された改正を経て，当事者間において私法上は婚姻とほぼ同様の効果が認められている[33]。遺族年金，税法などでは判例により，手続法などでは2015年生活パート

---

29) Leidinger, a. a. O.（Anm. 26），S. 13. 具体的な例については，Boxhammer, a. a. O.（Anm. 27），S. 5 ff. と引用文献を参照。

30) NJW 1993, 3058 f. = FamRZ 1993, 1419.
　　同決定については，富田哲「なぜ婚姻は男と女でなければならないか──ドイツにおける最近の判例から」行政社会論集8巻4号（1996年）228頁以下に紹介されている。

31) 2001年生活パートナーシップ法については，渡邉泰彦「同性の生活パートナーシップとは？──ドイツ生活パートナーシップ法をめぐる議論」徳島文理大学紀要62号（2001年）81頁，同「ドイツ生活パートナーシップ法の概要(1)，(2)」戸籍757号（2004年）1頁，同759号（2004年）1頁に紹介している。

32) BT-Drucks. 14/3751. Entwurf eines Gesetzes zur Beendigung der Diskriminierung gleichgeschlechtlicher Gemeinschaften: Lebenspartnerschaften (Lebenspartnerschafts-gesetz – LPartG).

33) 2004年生活パートナーシップ法改訂法（2005年施行）については，渡邉泰彦「ドイツ生活パ

ナーの権利の解決のための法律(Gesetz zur Bereinigung des Rechts der Lebenspartner, BGBl. I, S. 2010)により婚姻との平等化が図られていった。

他方で，同性愛指向は性的アイデンティティー(sexuelle Identität)の問題として，2006年一般平等法(Allgemeines Gleichbehandlungsgesetz〔AGG〕, BGBl. I, S. 1897)において差別から保護されている。

さらに，同性カップルによる家族の問題は，父と母と子というこれまでの伝統的な家族の枠組みに再考を迫っている。

1つは，同性間の婚姻(同性婚)の可否である。同性婚を導入する国が増えているなか，ドイツは，オーストリアとスイスとともに，同性登録パートナーシップ制度を継続している。同性婚の導入に関する議論も盛んになっており，婚姻が男女間に限られるかという問題についてどのように答えるのかが注目される。

2つは，同性カップルが子の両親となることができるか，つまり父父，母母の両親が認められるかという問題である。2005年施行の改正で生活パートナーの一方の実子と他方との連れ子養子縁組が認められ，一方の養子と他方との縁組も連邦憲法裁判所2013年2月19日判決(BVerfGE 133, 59)により認められた[34]。だが，生活パートナー双方と他人の子との共同縁組は未だ認められていない[35]。さらに，生活パートナー双方が養親ではなく，生殖補助医療を通して実親となることができるのかも問われている[36]。

　ートナーシップ法の概観(1)，(2・完)」東北学院法学65号(2006年)81頁，同66号(2007年)1頁に紹介している。

34) 渡邉泰彦「同性の両親と子――ドイツ，オーストリア，スイスの状況(その1)」産大法学47巻3・4号(2014年)290頁に紹介している。

35) 生活パートナーによる共同縁組をめぐる議論については，渡邉泰彦「同性の両親と子――ドイツ，オーストリア，スイスの状況(その3)」産大法学49巻1・2号(2015年)94頁を参照。

36) ドイツにおける同性カップルと生殖補助医療に関して生じる問題については，渡邉泰彦「同性の両親と子――ドイツ，オーストリア，スイスの状況(その4)」産大法学49巻4号(2016年)1頁を参照。

　　男性生活パートナーの一方の精子を用いてアメリカにおいて行われた代理懐胎について連邦通常裁判所2014年12月10日決定(NJW 2015, 479)，南アフリカで同性婚を行った女性カップルについて同2016年4月20日決定(NJW 2016, 2322)がある。

同性愛と法　　261

IX　最後に

　ナチス期に厳格化された男性間の同性愛行為の処罰規定は，ナチス思想と直接の関連を有しないとして第2次世界大戦後も維持された。男性同性愛の処罰規定の削除というマイナスからゼロへの過程は，次のように概観することができる。

　最初は，成人間の合意による，プライベートな行為を不処罰とする段階である。これにより，同性愛行為自体を否定することはできなくなった。さらに処罰対象とするためには，他の理由づけが必要となった。

　そして，同性愛の処罰は，男性同性愛が，少年期の環境によって作り出されるものであり，同性愛に導かれない環境を作り出すことが法の任務という考え方から正当化された。この理由は，ナチス期にヒムラーが同性愛を悪疫(Seuche)と考え[37]，親衛隊とヒトラーユーゲントという男性集団において同性愛が広がることを防ぐために異性愛の奨励へと踏み出したとされること[38]と共通する[39]。

　しかし，このような考えが正当性を有しないことが明らかになることで，同性愛行為を処罰する理由は失われ，実際にはほとんど機能しない刑罰規定となった。処罰規定が削除されることで，社会に対して，同性愛者への明確な差別が存在していたことを改めて知らせる機会を与えた。

　そして，登録パートナーシップ，同性婚の承認というプラスへの移行においては，同性愛者ではなく，同性カップルという関係を重視することで，社会に残る同性愛嫌悪を和らげることができた。

　日本でのパートナーシップ登録・宣誓は，カップルを対象とすることで同性愛行為自体を評価せずにすみ，成人のカップルを対象とすることで未成年者への影響という問題を検討する必要もなかった。同性カップル，同性愛者の問題

---

37) 参照，田野・前掲注15)295頁。

38) 参照，田野・前掲注15)302頁。

39) ナチス期と戦後のアデナウアー首相時代(1949年～1963年)の法律家の「驚くようなイデオロギー的一致」と Claudia Schoppmann, Nationalesozialistische Sexualpolitik und weibliche Homosexualität, 2. Aufl., 1997 [1991], S. 264 f. は表現している(Zitieren von Boxhammer, a. a. O. (Anm. 27), S. 4 und Leidinger, a. a. O. (Anm. 26), S. 89)。

を社会が注目するきっかけを与えた点で，ドイツにおける処罰規定の削除と同様の機能を果たした。同性愛者に対する社会の考え方の変化がドイツでは同性愛者処罰規定の削除を通して進んだが，日本ではその役割をパートナーシップ登録・宣誓が担っていくことになる。

　パートナーシップ登録・宣誓を，一部の地方自治体のみのものと過小評価することは許されないが，過大評価してもならない。議会により条例を制定した渋谷区以外，世田谷区，伊賀市，那覇市では，区長，市長が主導して行政内部の要綱で定めている。このことも，現在は社会に問題提起する段階であり，パートナーシップ制度の導入に向けて議会で議論できる段階がこれからであることを示している。性的指向をめぐる問題では，少数派である当事者が発言することも大切であるが，無関心であったサイレントマジョリティーがこの問題について理性的に考え，発言するきっかけを与えることにも意義がある。

　この問題を考えるにあたり，ドイツにおける21世紀までのレズビアンの状況は，処罰されないが差別されており，可視化されていなかった点で，日本における同性愛者の状況に近いと言える。その意味で，レズビアンをめぐる近年の研究の行方も，注目すべきである。

同性愛と法　263

アメリカにおける風俗統制と権利獲得運動
——ストーンウォール事件と憲法論

志田陽子

はじめに

　性的マイノリティの権利の進展は，いまや世界的イシューとなっており，これを法学の論題とすることについて今では何の説明も必要とされなくなっている。現在，この分野の議論の焦点は，同性婚姻制度[1]ないしパートナーシップ制度[2]の導入・確立にあると言ってよい。それらが重要な法学的論題であることに疑いはないが，この流れからは，一連の権利獲得運動の発祥となった，風俗の領域における人間関係形成の自由と公権力の衝突という問題が抜け落ちてしまったように見える。本稿では，この抜け落ちた関心について，アメリカ60年代に起きた「ストーンウォール事件」とその後の理論展開を例にとって考察したい。

1）同性婚訴訟に関するアメリカ合衆国最高裁判決としては　United States v. Windsor, 570 U.S. ___ (2013)（「結婚防衛法」を第5修正違反として違憲とした判決），Obergefell v. Hodges, 135 S. Ct. 2584 (2015)（州に対して同性同士の婚姻を公認し有効と認めることを求めた判決）。
2）日本でも2015年に渋谷区，世田谷区がパートナーシップ制度を採用した。

I　アメリカの同性愛者権利運動のメインストリーム

1．事件と裁判

　本稿で主要な出来事として参照するのは，1969年のストーンウォール暴動事件，1986年のBowers v. Hardwick最高裁判決，1996年のRomer v. Evans最高裁判決，2003年のLawrence v. Texas最高裁判決である。

　現在の権利獲得運動の主流は，家族・家庭を形成する権利への関心となっており，これに照らすと2003年以前の問題系は古いもの・すでに乗り越えられたものとなった感がある。しかし本稿では，それはすでに乗り越えられた問題なのか，という問題関心から，いったんそこに戻って問題を構成しなおしてみたい。

　初期の法的イベントは，同性愛者が多く集まるサブカルチャー領域への過剰な警察介入に対する抵抗として起こった。ニューヨーク市で1969年に起きた「ストーンウォール暴動事件(Stonewall Riot)」として知られるものが最も有名である[3]。これは，同性愛者に人気があった「ストーンウォール・イン」と呼ばれるバーで立ち入り調査を行っていた警察官に客や従業員が抗議し，激しい衝突となった事件である[4]。

　次に，1986年のBowers v. Hardwick連邦最高裁判決[5]が挙げられる。これは一定の性行為形態を禁じるジョージア州ソドミー法の憲法適合性がプライバシー権侵害を根拠として争われた事例で，合憲判決が出されている。

　その10年後の1996年にはRomer v. Evans連邦最高裁判決[6]が出される。性

3）ストーンウォール事件(Stonewall Riot)およびこの時期の同性愛者の地位向上の運動については，Patricia A. Cain, *Litigating for Lesbian and Gay Rights: A Legal History*, 79 VA. L. REV. 1551, 1554-72 (1993); ANN BAUSUM, STONEWALL: BREAKING OUT IN THE FIGHT FOR GAY RIGHTS (2015); WALTER FRANK, LAW AND THE GAY RIGHTS STORY: THE LONG SEARCH FOR EQUAL JUSTICE IN A DIVIDED DEMOCRACY (2014) を参照。

4）ストーンウォール事件については，BAUSUM, *supra* note 3; FRANK, *supra* note 3を参照。

5）Bowers v. Hardwick, 478 U.S. 186 (1986). この判例とその背景にある文化の総合的考察として，松平光央「西欧文明，同性愛，バーガー・コート——アメリカ連邦最高裁判所同性愛処罰法合憲判決を中心に」法律論叢〔明治大学〕60巻2・3号（1987年）を参照。

6）Romer v. Evans, 517 U.S. 620 (1996). この判例の評釈として大野友也「同性愛者の保護を禁止する州憲法の連邦憲法適合性」谷口洋幸ほか編著『性的マイノリティ判例解説』（信

的指向については差別是正の措置を行わないと宣言し州内の各公共機関にこれを禁じたコロラド州憲法修正条項を，平等保護違反とした判決である。

　その後，2003年の Lawrence v. Texas 連邦最高裁判決[7]では，ソドミー法をプライバシー権侵害とする憲法訴訟が再び提起され，1986年判決を全面的に覆す内容の違憲判決が出された。この判決によって，同性カップルの日常が異性カップルのそれと同じく正常なものとして扱われることとなった。この下地があって初めて，同性カップルの婚姻関係を公的に認めるべき，との議論が可能となってくる。現在では，2003年以前の訴訟や政治運動は古い地層に属すると言ってもよいだろう。

2．憲法理論の視角からの整理

　これらの一連の出来事を，憲法理論に照らしてみたとき，とりあえず問題系を以下の3つに整理することができる[8]。

　①　性をめぐる自由・自律の問題系。性の自律に基づいて，選択の自由やライフスタイルの自由を求める主張を中心とする問題系である。とくに1960年代から70年代にかけてアメリカでは，一連の最高裁判例の中で性・生殖・身体に対する自己決定権としての「プライバシー権」確立の方向が見られ[9]，性的マイノリティの主張もこの線で認められることが期待された。

　②　アイデンティティによる差別からの自由（平等）を求める構成。「同性愛者」を異性愛者とは異なる扱いに服せしめるさまざまな政策や警察実務，私的差別に対する是正を求める問題系である。

　　山社，2011年)，Akhil Reed Amar, *Attainder and Amendment 2: Romer's Rightness*, 95 MICH. L. REV. 203 (1996) を参照。

7) Lawrence v. Texas, 539 U.S. 558 (2003). この判例の評釈として，篠原光児「ソドミー法と同性愛者の権利」アメリカ法2004-1(2004年)，志田陽子「ソドミー法の合衆国憲法適合性──ローレンス対テキサス」谷口洋幸ほか編著・前掲注6)。

8) この問題系の整理については，志田陽子『文化戦争と憲法理論──アイデンティティの相剋と模索』(法律文化社，2006年)でより詳細な考察を試みた。

9) 1965年 Griswold 判決から1973年の Roe 判決へ至る過程で確立されてきた自己決定型プライバシーの権利については本稿では立ち入らないが，この議論を推進した憲法学者の1人であり Bowers 判決上訴人の上訴を執筆した人物の当時の見解として，LAURENCE H. TRIBE, AMERICAN CONSTITUTIONAL LAW (2nd.ed. 1988) を参照。

③　この種の文化的争点の政治的意味を分析する視角[10]。文化の衝突と公権力の関係を問い，憲法問題とすべき問題を抽出していくという問題系である。政府・司法の価値中立性，国教樹立禁止条項などの今日的意味など，幅広い関心が射程に入る。

本稿の関心からはまず①と②の関係について見ておきたい（③の関心は，本稿では最後に扱う「逸脱の政治」に関連する）。

1969年の「ストーンウォール事件」で当事者が拒否しようとした警察の過干渉の問題は，1986年の最高裁 Bowers v. Hardwick 判決で《性をめぐる自由・自律》を主要な関心事とする「プライバシー権」の主張へと集約された。連邦最高裁判所は，このプライバシー権を同性愛者に適用することを認めず，ここで問題となっていたジョージア州刑法（いわゆるソドミー法）の規定を合憲とした[11]。

この刑事罰からの自由を主張すべき理論上の権利主体は，本来は「同性愛者」ではなく，性の領域への公権力の干渉を望まないすべての個人だった。その観点からは，本件上告において「平等保護」の主張を行わずプライバシー権のみを論拠とした原告側の主張（憲法学者トライブ〔Laurence H. Tribe〕によるもの）には，それとしての論理一貫性がある。しかし実際には上告人が「同性愛者」であるという事実に基づいて警察の尾行・家屋への立ち入り・逮捕が行われたことから，この裁判で「同性愛者」の線引きが生じ，ソドミー法廃止の主張は特殊に同性愛者のみが関与する主張とされた上で，合憲判決が出されている。この判決以後，アカデミックな関心はプライバシー権論よりも平等保護論に移っていく[12]。

10）経済的争点に代わり文化的争点が新たな対立軸として先鋭化する中で，Roe 判決が負った政治的意味について，大石和彦「憲法裁判における原理と政治(1)，(2)，(3・完)」法学〔東北大学〕61巻3号（1997年），同4号（1997年），62巻3号（1998年）を参照。

11）この判決では，裁判所による争点抽出によって，特定の行為の態様（法文は行為主体が異性愛者であるか同性愛者であるには言及していない）を禁じた法律（ソドミー法）の問題が，「同性愛者」の性行為の自由の問題として特定された。

12）同性愛者訴訟における「デュー・プロセス」と「平等保護」の理論的関係については，Cass R. Sunstein, *Sexual Orientation and The Constitution: A Note on the Relationship between Due Process and Equal Protection*, 55 U. CHI. L. REV. 1161 (1988) を参照。ソドミー法の意味が《行為の処罰》から《アイデンティティの処罰》へと移行していった歴史経緯に

この時期,「同性愛者」を異性愛者とは異なる扱いに服せしめるさまざまな法律・政策が公務員雇用,移民受け入れなどの領域で存在しており,警察実務もこれに対応して,当該アイデンティティをとくに注視する傾向にあった。また私企業における雇用や不動産をめぐる私的差別も存在していたため,これらの是正を求める反対運動が次第に,人種差別を禁じる公民権法を同性愛者にも適用するように求める政治的運動として明確化してくる[13]。こうした流れの中で,平等保護を求める主張は,人種差別,性差別への是正を求める動きと合流していく。1996年の Romer v. Evans 判決は,この問題系に位置づけられる。

　この裁判で違憲と判断されたコロラド州憲法の修正条項は,性的指向を理由とした差別について是正策を講じることを州内の公的機関に禁じるものである[14]。ここでは,法廷意見は Bowers 判決の先例拘束性については言及せず,もっぱら平等保護の観点に立ち,この件における特定の集団への名指しには敵意による価値低落以外の根拠を見出せず,合衆国憲法によって許容されない,と判示した[15]。これに対し,スカリア判事は,この種の「文化闘争(Kulturkampf)」に裁判所は関与すべきでなく,これは民主過程にゆだねるべき問題である,との反対意見を表明している[16]。

　歴史を概観するさいには,《自由・自律》の問題がある程度の克服を見た上で《平等》のほうに関心が移った,というとらえ方がされやすいが[17],実際の経緯を詳しく見ると,性の自律型の主張が裁判所によって閉ざされたため,その先例拘束を受けない平等論のほうに関心がシフトしたのであり,自律型の問題系は取り残されたまま法的議論の前面にあまり出なくなった,と言うのが正確である。

　　ついては,Nan D. Hunter, *Life after Hardwick*, 27 HARV. C.R-C.L. L. REV. 531, 538-40 (1992) を参照。

13)　その象徴となったのが,カリフォルニア州で市政委員となったハーヴィー・ミルク氏(Harvey Bernard Milk)の活躍とその暗殺だろう。

14)　この事例に関する考察としては,大野・前掲注 6),Amar, *supra* note 6; Jack M. Balkin, *Constitution of Status*, 106 YALE L.J. 2313 (1997) を参照。志田・前掲注 8)でも考察を試みた。

15)　517 U.S. 134 L. Ed. 2d. 855-73.

16)　517 U.S. 134 L. Ed. 2d. 873-79.

17)　たとえば FRANK, supra note 3.

この問題系でのソドミー法の憲法適合性は，2003年のLawrence v. Texas で再び争われることになる。この最高裁判決で法廷意見は，プライバシーの権利の保護は同性愛者にも及ぶとして，かつてのBowers判決を正面から覆した。

　このとき，オコナー判事の結果同調意見は，ソドミー法の存在によって同性愛者の社会的地位が貶められてきたことに着眼し，この問題を平等保護の問題として扱うことを主張した[18]。他方，スカリア判事は，本件は裁判所が関与すべきでない問題であるとした[19]。このように，法廷意見を含めた3つの見解は，Bowers v. Hardwick判決（1986年）以来続いてきた議論の3つの系列をすべて反映している[20]。しかし，悪しき風俗の温床として監視干渉されることを問題とし，これに抵抗する，というストーンウォール事件での関心は，ここでも抜け落ちている。

　制度が前提としている「正常な」人間像が実は多様な人間のあり方のうちの一部にすぎないとすれば，当該の制度はその前提を共有しない人間にとって無理な制度である，ということになる。この問題が司法の場で可視化され，刑事罰制度の改革，公民権の保障，軍隊での雇用ルールの改革，そして現在の婚姻制度改革の動きへと発展してきたことには高い意義が認められる。ただ，ここで50年，60年をかけて進められてきた憲法問題克服の過程は，同性婚を制度的に承認することで完成を見ることになるのかどうか。制度への参入を平等に認める，という方向と同時に，その制度に捕捉されない形での関係形成の自由という問題関心も，（おそらく性的マイノリティに限定されないすべての個人に共通の問題関心として）考察される必要があるはずである。そこで本稿では，この関心の行方を探るという観点から，古い地層を掘り返してみたい。

18）123 S. Ct. at 2484-88 (O'connor J., concurring in the judgement).
19）123 S. Ct. at 2488-98 (Scalia J., dissenting).
20）1986年判決と2003年判決の論理と対比については，志田・前掲注8）および志田・前掲注7）。

II 抜け落ちた問題系
——風俗の領域への公権力の関心と自律

1.「風俗」へのニーズに読み取るべきもの

社会学者ギデンス（Anthony Giddens）は，近代の人間形成において「ロマンティック・ラブ」の果たした政治的役割を考察対象としている。これは感情生活の同伴者を得ることの憧れ，つまり結婚への憧れを惹起する観念であり，《性》への関心とは異なるものとされる[21]。こうした考察が示すように，性への関心と「親密な関係性」への関心とはそれぞれ別のものである。そして「親密な関係性」の受け皿は必ずしも結婚には限られない。結婚による家族形成の自由・平等を求める人々のニーズを言語化する営為はもちろん必要だが，同時に，この制度とこの制度への信仰が国家によって作られたものであるということ，つまりこれを自然視，絶対視する必要はないということも，現在の時流の中ではとくに確認しておく必要がある。当事者にとっては，《婚姻制度の平等》はあくまでも選択肢が開かれるという意味にとどまるべきものであって，これが特定の社会文化規範への新たな《囲い込み》として現れてくること（制度に参入しないものが不利益を受けること）は避けるべきだからである。

周囲の文化的圧力がなかったならば違う私生活を送っていたと考えられる人物が，制度上の配偶者として異性を選び，外見上はごく標準的な家庭を築いている，といった状況が日本には多い。こうした主体の多くは沈黙を選ぶだろう。家族・家庭を持ちながらその外部に同性パートナーを求める人々のサブカルチャー・グループが複数存在することが，各種のソーシャルネットワーク上の情報から推察できるが，このことは，この問題の一端を示していると思われる。上記のような既婚者の場合，現在の民法の制度では，家庭外にそうした（性愛関係を含む）パートナーを持つことは《有責》との法的評価を受けることになるた

---

21) ANTHONY GIDDENS, THE TRANSFORMATION OF INTIMACY: SEXUALITY, LOVE & EROTICISM IN MODERN SOCIETIES 37-47 (1992)（アンソニー・ギデンズ〔松尾精文＝松川昭子訳〕『親密性の変容——近代社会におけるセクシュアリティ，愛情，エロティシズム』〔而立書房，1995年〕61-76頁）．

め，当事者がこのことを発言することは困難だろう。ここには「制度のほうに無理がある」という沈黙の声を読み取るべきかもしれない。しかしその問題の当事者がその事実を声にすることでしか，制度の相対化や修正の可能性は起きてこないことも事実である[22]。20世紀後半，同性愛者がそのアイデンティティを自分から開示するいわゆる「カミング・アウト」が政治的意味を帯びたことも，こうした文脈の中で理解できる。

　困難を被ってきた当事者のうち，婚姻制度の改正やパートナーシップの制度新設によって課題を克服できる人々も少なくないだろう。しかし一方で，この種の解決に吸収されないニーズも存在する。それらの多くは，十分に概念化されないまま漠然と「(性)風俗」のイメージのもとにカテゴライズされてきたのではないかと思われる。

　しかしたとえば「ストーンウォール事件」の舞台となったゲイ・バーは，それ自体としては《性》を商品とする業種ではなく，酒類と歓談の場を提供する飲食店である[23]。こうした飲食店の多くは，日本では風俗営業規制法に言う「風俗」に該当するが，日本語の語感で言う「性風俗」(売春やそれに近い性的な意味合いで身体接触を提供するサービス)の語には必ずしも当てはまらない[24]。

2．「犯罪」のスティグマが意味したもの

　アメリカ20世紀の同性愛者の地位向上の運動と訴訟について総合的に整理したケイン(Patricia A. Cain)によれば，アメリカ社会において「同性愛者であること」自体が違法とされたことはないが，1960年代以前には，同性愛者のライフスタイルを選択した者が被る社会的状況は犯罪者のそれとほぼ同じだったと

---

22) この問題領域での当事者の「沈黙」の意味については，志田陽子「セクシュアリティと人権」石埼学＝遠藤比呂通編『沈黙する人権』(法律文化社，2012年)で考察を試みた。

23) 客の大半は同じアイデンティティを共有する者の社交場として集まっていたとされる。店によっては性的な趣向を表現するダンスを含むショー・イベントがあるもの，客同士の自発的な性的接触に個室を提供するものもあるようだが，第一義的な業態は，酒類と歓談の場を提供する飲食店である。

24) 日本でもバーやレストランのパーティーで意気投合して親密な交際に至る人々は少なからずいると思われるが，そのきっかけを提供したバーやレストランに対して，性的な意味合いを込めた「風俗」の表現が与えられることはないだろう。

アメリカにおける風俗統制と権利獲得運動　　271

いう。1950年代マッカーシズムの時期には，「同性愛者」が「共産主義者」とともに「危険人物」（"security risk"）と見なされることとなったため，そのアイデンティティへの非難的関心が高まったことも指摘されている[25]。ソドミー法に基づいて訴追される恐れはほとんどなかったが，当事者にとっての現実的問題は，そのアイデンティティが明るみに出れば，社会から事実上「犯罪者」または「危険人物」としての烙印を押される結果，さまざまな市民的権利の事実上の剥奪が起きるということだった。その影響は，離婚後の親権の問題，ゲイ・バーでの酒類販売免許の問題（警察官の機嫌を損ねれば職業継続が阻まれる，あるいは警察官に賄賂を渡さねばならないという問題），教員や警察官などの職業から排斥されるといった問題に及んでいた[26]。

　ストーンウォール事件は店の客・従業員と警察官との偶発的衝突ではなく，この社会状況への抵抗として起こった事件と言えるが，こうした抵抗の経験がその後長く続く権利意識と政治意識へとつながっていったことが，特筆されるべき要素として指摘されている[27]。

　1986年 Bowers 判決の前後の社会状況について検討したトーマス（Kendall Thomas）によれば，当事者にとって最も深刻な問題はアイデンティティに対する憎悪暴力と私的差別の問題であり，このアイデンティティの暴露の場として詮索の対象となっていたのが，同性愛者の社交場としてのサブカルチャー領域だった。その前提として，性風俗取締りの名目を得ている警官は，そうした店の中に自由に（個別の令状なしに）立ち入ることができた。この裁判の上訴人である Hardwick 氏が警官からの監視を受けたのも，ゲイ・バーのある通りで酒類のケースを運んでいたところを警官に目撃されたことによる[28]。

　アメリカの刑事法学者パッカー（H. L. Packer）は，刑事制裁の憲法適合性が疑問視される状況をいくつかに分析・整理する中で，「警察と市民との緊張関係による警察活動の非効率化，散発的な執行による刑事司法運用の恣意化，こう

---

25) Cain, *supra* note 3, at 1564-65; FRANK, *supra* note 3, at 7-9.

26) Cain, *supra* note 3, at 1587-88.

27) FRANK, supra note 3, at 34-39; BAUSUM, *supra* note 3, at 65-81.

28) Kendall Thomas, *Beyond the Privacy Principle*, 92 COLUM. L. REV., 1431, 1437-40 (1992).

した恣意を招く漠然とした法律や過度に広汎な法律の問題」を挙げている[29]。ここでは，当該の法律を一律に執行することは現実的には不可能なため大部分は「目こぼし」され，特定の者だけが選択的にその法律に基づいて公権力の干渉を受ける結果となるような法律について，その憲法適合性が問題視されている。

このような市民と公権力との間の緊張・衝突の問題が起きやすい領域にあっては，介入の対象となっている市民がなんらかのステレオタイプを被っている可能性を考えてみる必要がある。上記のタイプの法律が存在する社会では，どのような人間であれ集団であれ，ある人々の生活や行動が特別に注視されれば，さまざまな逸脱を指摘される成り行きとなる[30]。つまり，逸脱者が集まる場だから監視が必要だという主張と同じだけ，監視されるから逸脱が露見し逸脱者とされることになるという見方も成り立つのである。本稿では，この可能性を留保しつつ考察を進めたい。

多くの当事者にとっての問題がここまで見てきたような社会的状況だったとすると，Bowers 判決の争点が《性の自律》を中核とするプライバシー権に絞られたことはたしかに的を外していたことになるが，これはこの裁判で違憲の申し立ての対象となったソドミー法がそのような内容の法律であったことによる[31]。しかし社会的実情に照らして見るならば，当事者が本来必要としていたプライバシーは，公権力から猜疑的な注視を受けない自由としてのプライバシー，たとえば公的場面において自らのアイデンティティを詮索・暴露されない「匿名の自由」や「肖像権」や「指紋押捺拒否」と同じ問題系に属するプライ

---

29) HERBERT L. PACKER, THE LIMITS OF CRIMINAL SANCTION 270-95 (1968).

30) 元来は生殖に結実しないタイプの性行為を禁じることを主眼としていたソドミー法は，公平に適用しようとすれば多くの異性愛者にも適用されうるものだが，その法運用の結果，「同性愛者」のみが準犯罪者としてステレオタイプ化されていった。この歴史的理解については松平・前掲注5），Hunter, *supra* note 12を参照。

31) もっとも，1986年の法廷意見は，上訴人の側に自宅内（場所型プライバシーの圏内）の出来事だったという要素があってさえ，主張された権利を憲法上保護される「権利」として認めない姿勢をとったわけだから，この当時，《自宅内》での《性的自律》という指標を外して風俗エリアの一画での自尊・自律（公権力の干渉の拒否）を訴えたとしても，当該の刑法規定への違憲判断を得る見込みはほとんどなかったに違いない。しかし当該アイデンティティを不道徳視・犯罪視することに正当性はないとの理解が共有されるに至った現在，司法の場に乗らなかった問題を再構成することは必要な作業だろう。

アメリカにおける風俗統制と権利獲得運動　　273

バシーだったのではないだろうか。

そこで以下では，抜け落ちた問題系に対する憲法理論化の可能性を探る試みとして，(1)人間関係（親密圏）に着眼した議論，(2)《場》の意義に着眼した議論，(3)《逸脱の政治》に着眼した議論の3つの視角から考えてみたい。

Ⅲ　抜け落ちた問題系の憲法理論化の手がかり

1．集会・結社の概念と親密圏の再定義

《婚姻の自由・平等》を主たる関心事としている現在の法的議論の状況は，当事者のニーズの達成地点を婚姻（家族の価値）に求め，それ以外のニーズを商業空間としての《性風俗》または遊興的商業空間としての《風俗》へと漠然と放逐・黙認しているように見える。そのため，家庭・家族というカテゴリーに収まらない《人間関係醸成の空間》という問題関心が抜け落ちてしまっているように見える。この点につき社会学や政治学の領域では議論の蓄積が見られるが[32]，憲法学はこれにどう応答してきただろうか。

これらの問題を早い時期から憲法問題として取り上げていた憲法学者カースト（Kenneth L. Karst）は，その比較的初期の著作の中で，こうした問題を「親密な人的結合（intimate association）」の観点から第1修正条項の問題として論じている。そこでの論旨は，各人の自己形成は主に対他関係の中で行われること，親密な関係を形成する相手およびその関係の具体的な形の選択は人間にとって重要な意味をもつこと，したがってこれを保護する観点から法理論を組むことが必要である，というものである[33]。この議論はいわゆる性行為の自由や，性的関係を中核要素とする親密関係にとどまらない内容を含んでいる。トライブはこれをプライバシー権論（《性の自律》の議論の）中に吸収しており[34]，カースト自身は後にこの議論を平等論の内容に位置づけて再論している[35]が，この議論

---

32) 青山薫「親密『権』へのご招待——違いを認める社会空間をつくりだす過程，あるいは訓練」齋藤純一編『親密圏のポリティクス』（ナカニシヤ出版，2003年）では，英米の社会学者，政治学者による議論の蓄積が整理されている。

33) Kenneth L. Karst, *The Freedom of Intimate Association*, 89 YALE L.J. 624, 682-86 (1980).

34) TRIBE, *supra* note 6 1421-24.

35) KENNETH L. KARST, BELONGING TO AMERICA: EQUAL CITIZENSHIP AND THE CONSTITUTION (1989);

は本来は《性の自律》の議論にも《アイデンティティの平等》の議論にも吸収しきれない要素をもつ議論として，別個の考察をすべきものだったのではないか。

このような憲法理論構成の可能性としては近年，人間関係形成の場面そのものに着眼した理論構築を試みる岡田順太の議論がある[36]。岡田は先に見た Bowers 判決と日本の風営法ダンス規制問題[37]とを同じ問題系に属するものとして取り上げ，人間関係形成の自由としての「集会・結社の自由」によって保護する理論を提唱する。この議論では，「表現の自由」の一場面としての集会や集会空間，というとらえ方ではなく，「表現」とは別個の考察を要するものとしての「親交の自由」そのものが抽出され，上記の2つの事例もその角度から考察されている[38]。

岡田自身も，これらの議論からただちに同性婚を憲法上の権利として正当化することは困難とみているが，親交の個別具体的な態様に照らしていくつかの要保護事項は導出できると考えている[39]。この関心を本稿の関心に応用させて言えば，少なくとも監視的な立ち入りを拒否すること，アメリカ合衆国憲法で言えば第4修正条項から導かれるタイプのプライバシー（正当な理由なく，また令状などの正当な手続なしに警察の立ち入りや身体検査を受けない，とする原則）の遵守を求めること，といった消極的（防御的）な自由保護を導き出すことはできるはずである。

もっとも，公権力の過干渉（主に警察の立ち入り）を拒否する議論としては，本来ならば憲法的・「法の適正手続」ルールの貫徹を実体的な立法内容にも求める議論と，店の経営者の管理権とを組み合わせれば結論を導くことのできる問題で，そこに集まっている人々の集会の権利や人間関係形成の権利（日本の風営

　　KENNETH L. KARST, LAW'S PROMISE, LAW'S EXPRESSION: VISIONS OF POWER IN THE POLITICS OF RACE, GENDER, AND RELIGION (1993) ではこの関心が「平等な市民資格（equal citizenship）」のもとに論じられている。

36）岡田順太『関係性の憲法理論——現代市民社会と結社の自由』（丸善プラネット，2015年）。

37）大阪地判平成26.4.25裁判所ウェブサイト（LEX/DB 25503643）および大阪高判平成27.1.21判例集未登載（LEX/DB 25505605）。いずれも無罪判決。第1審（地裁判決）に対する判例評釈として，新井誠「風営法によるダンス営業規制をめぐる憲法論」法律時報86巻9号（2014年）を参照。

38）岡田・前掲注36）31-51頁，239-251頁。

39）岡田・前掲注36）240-241頁。

法ダンス規制問題の場合にはここに「表現の自由」の擁護が加わる）を持ち出さなくても良いものかもしれない。正当な理由があるとは言えない立ち入り詮索を警察が行うことを包括的に許可するような内容になっている法規を，憲法的「法の手続保障」に照らして違憲と論じる考察手法が定着するならば，そのアプローチで足りるかもしれない。しかしその本来の筋が通らないような事実的状況が生じているとき，憲法上の保護を要する親交の自由や人間関係形成の権利を概念化して権利の話法に乗せていくことは必要である。また，これらの権利の概念を定着させることは，住居の利用などの生活圏における私的差別を民事上の「不法行為」と見て抑止していくさいの根拠ともなりうるだろう。

2．《場》ないし《空間》の再構成

集会参加者と，その集会の《場》の運営者との合意によって形成されている自律的空間があるとき，本来であればその空間内における自由は当然に認められるように思われる。しかし実際には，そうした《場》の多くは商業空間であるか，公共の場所を一時的に借りるという形をとるか，あるいは公園などの公共の場所で行われるため，《場》の管理に伴う多くの規制・制約が介入してくる。たとえば飲食店ならば衛生管理ルールや資格・免許などの規制があるのだが，この規制が十分に合理的で必要な限度内に絞られているかは常に憲法的関心から問われるべき問題である。経済活動の適正化を目的とした規制でありながら，なんらかの集団をなんらかの先入見に基づいて常態的に監視できるようにしておこうという隠れたインセンティブがそこに混入することもありうるからである。「ストーンウォール事件」で問題となったのはまさにこのことだったのであり，日本では風営法ダンス規制の憲法適合性がこの視角からも問われるべきと考えられる。

集会にしても親密な人間関係形成にしても，人間の活動は物的な前提としての《場所》を必要とする。この点は，表現に《場》が必要であることと同様であるから，表現の《場》に関して蓄積されてきた理論研究[40]をこれらの権利に応用さ

---

40) 武蔵野美術大学造形研究センター研究成果報告書別冊『芸術と法』（志田陽子企画編集，武蔵野美術大学造形研究センター，2013年)に収録されたシンポジウムには，表現の自由の前提としての《場》の問題について，多くの関心が持ち寄られた。この関心をとくに明確

せることが許されるだろう。

　先に挙げたトーマスの議論を見ると，同性愛者のサブカルチャー空間には，正・負の両方の政治的・社会的・法的意味を見て取ることができる。まず正の意味のほうを見てみると，上述のように，その時代のマイノリティにとって同じマイノリティ性を持つ人間が集まる飲食店舗は，商業店舗であるにとどまらず，当時の人種マイノリティであった黒人にとっての教会と同じ意味で，親密圏形成の場であると同時に公共的討論を含む集会の場としての正の価値を帯びていたことが推察される。独特の困難を抱えているために沈黙を選ぶことの多かった当事者が民主過程の担い手あるいは法的権利の主張者として声を上げるにあたっては，相当の内的決断が必要となるに違いないが，その決断のよりどころとして，理解者のいる人間関係やそれを可能とする《場》の存在が重要な役割を果たすのである。政治学・社会学の領域では，青山薫の議論がこのニーズを明確に析出している。この議論中，性的マイノリティが《語る主体》として自己顕現できる場面が「商品になることと消費者になることを逸脱しない範囲で」「黙認」されてきた経緯に着目している点は，本稿の関心にとって示唆に富む[41]。

　しかし同時にそれらの空間は，一種のゲットー（差別的囲い込み）と言うべき負の社会的意味をも担わされていた。このゲットー化は，形式的には自発的なものであるが，それは先に見たような権利剝奪状況があったため，一般社会で雇用や住居を得にくい者たちが集まって接客業に従事するようになった，という流れがある。この流れを視野に入れてみると，それは実質的には「自発的」という言葉で終わらせることのできない社会的排除の問題をはらんでいる。

　この負の側面に着眼する立場からは，公民権の拡張適用と婚姻の自由・平等が達成されれば，こうした場所に身を寄せねばならない事情が解消されるということになる。しかし，これらの場所の正の側面に着眼した場合には，「表現の自由」や「集会の自由」「親交の自由」の意義が前面に出てくることになる。《権利》の思考法から言えば，そうした場所をよりどころとするに至った経緯は

　に扱った講演録および討論記録として小倉利丸「芸術表現の《場》──美術館・ストリート（講演録）」および座談会記録（前掲成果報告書32-50頁）。

41）青山・前掲注32）138-139頁。

ともあれ，こうした場を価値のある空間と認識するに至った者たちが存在しそ
れを主張するのであれば，その自由を無化してはならない，ということになる。

アメリカの政治哲学者コーネル(Drucilla Cornell)は，「自由を求める要求」に
は「集団や個人が，自ら多様な同一化をおこない，またそれを再創造するため
に必要な，心理的・道徳的空間を提供すること」が必然的に伴うと言う[42]。上
述のサブカルチャー空間に主体意識醸成の正の価値を見出す立場からは，この
コーネルの議論はそのままこの空間に当てはまるだろう。この「空間」提供の
理論は，語りの主体の形成，権利に関する知の主体の形成のための「場」とし
ての空間のニーズを，法的なニーズとして構成したものと言える。このような
主体形成の契機については，アメリカの法哲学者・憲法学者であるリチャーズ
(David A. J. Richards)も，権利論の前提としての「アイデンティティの変容」
を重視する。これは，抑圧的な方向で形成されてきた自己アイデンティティ像
を，本来あるべきアイデンディティ像へと変容させることが，既存の秩序への
異議申し立てのためには必須の内的作業である，という認識に基づいた議論で
ある。この議論では，こうした主体の自己感の変容が「アイデンティティの政
治」の前提ともなるため，これは権利論と政治主体論の両方に通底する前提と
なる[43]。

たしかに，制度の相対化や修正の可能性は，問題を被っている当事者がその
事実とニーズを声にすることでしか起きてこない。この観点から，政治と権利
の主体の心理的足場としての《場》の必要性が憲法論として出てくることになる。

ここで問題となるのは，あるアイデンティティ集団やある文化共有集団，そ
してその集団が集まる場所に対して選択的に猜疑的監視が行われることについ
て，憲法的正当性はあるか，である。

たとえば飛行機に搭乗する人々は当然に危険物持ち込み禁止のルールに服す
るし，そのための荷物検査にも服するが，これは飛行機に搭乗する者すべてが

---

42) DRUCILLA CORNELL, JUST CAUSE: FREEDOM, IDENTITY, AND RIGHTS 36 (2000) [ドゥルシラ・コ
ーネル(仲正昌樹監訳)『正義の根源』(御茶の水書房，2002年)64頁].

43) DAVID A. J. RICHARDS, FREE SPEECH AND THE POLITICS OF IDENTITY 133-34, 182 (1999). コーネ
ルやリチャーズの言う space (場ないし空間)は，物理的空間を指すのか，心理的仮想空
間(たとえば言論空間との関連で観念される仮想空間)のことを指すのかは必ずしも明らか
ではない。筆者は，この議論にはその両方の「空間」が含まれてよいと考える。

平等に服する《場のルール》である。このような当該の《場》そのものから導出されるニーズを超えて，ある文化ないし文化空間を総体として道徳的に劣るもの（自律能力の不承認），監視を要する危険なものと見る姿勢が存在することが疑われるときには，これを憲法問題化すべきこととなる。

　この問題関心にとっては，ある場所や集団がなんらかの違法行為ないし害悪の「温床」として監視されることも，問題となってくる。公権力（警察など）がなんらかの害悪を未然に防ごうとするとき，この傾向が顕在化しやすい。特定の違法行為や権利侵害行為との具体的関連性なしに，漠然とした危惧感によって，特定の場所や集団アイデンティティが監視・注視の対象となっている場合，「個人の尊重」や人格権・プライバシー権などに照らして，公権力の行為が憲法問題となる。この問題系で見た場合には，風俗営業法ダンス規制問題，指紋押捺拒否問題，デモ活動時における撮影拒否（肖像権の主張），集会出席者や団体所属者の名簿情報の開示拒否，インターネット上の匿名性の自由の主張，といったものが同じ問題関心の中に入ってくる[44]。

　ところで，これらのニーズに「プライバシー」の概念を使用することには注意が必要である。一般的な公私二分論を前提として《親密な人間関係の場》を単純に《私秘領域》ととらえると，ここまで見てきたようなニーズをとらえそこなうことになる。「ストーンウォール事件」に象徴されるサブカルチャー空間の《自由》が主張されたのは，それが政治的・公共的意味を担う空間という側面を合わせ持っていたからであり，最も強い意味での「集会の自由」の場でもあったからである。したがって，仮にこうしたニーズを言語化するにあたって人格的自律を中核とする「プライバシー権」を生かすとしても，たとえば公共的な表現の《場》の理論としての「パブリック・フォーラム論」と排斥し合う関係に立たせるのではなく両立し合うものとして，「公共空間におけるプライバシー」[45]といった考え方を取り入れるべきことになる。

---

44) この関心については，大谷卓史『アウト・オブ・コントロール——ネットにおける情報共有・セキュリティ・匿名性』（岩波書店，2008年）を参照しつつ志田陽子「匿名性——《国家から把握されずにいる自由》の側面から」公法研究75号（2013年）で考察を試みた。
45) 大谷・前掲注44)は「匿名の自由」を「公共空間におけるプライバシー」という観点から読み解くが，ここでは人格的自律の観点によって「プライバシー」概念が維持されている。

アメリカにおける風俗統制と権利獲得運動　　279

3.《逸脱の政治》とステレオタイプ

　1960年代から80年代当時のゲイ・バーと現在のそれでは，社会における認知のあり方は大きく異なっており，現在では気軽な遊興空間以上の意味合いはなくなっているかもしれない。しかし日常生活とは異質な《遊び》の空間という意味で，辺縁化ないし逸脱化された領域として表象されている点では共通している。

　文化的辺縁化(cultural marginalization)の憲法問題性を精力的に取り上げた論者としては，リチャーズが挙げられる。リチャーズがイタリア系アメリカ人の問題に言及している部分を例にとると，イタリア系アメリカ人は，「マフィア」のイメージによるステレオタイプ化を強く被っている。彼らに貼りつけられたイメージは「不法・暴力」といった犯罪的集団のイメージである。こうしたステレオタイプ化は，このイメージを押し付けられた者たちに対して，権利主体としての自尊心の確立を阻む。こうしたステレオタイプを課された人々は，それによって一定の役割期待を課されており，平等な権利の主体として自己を認識することそのものを自発的に放棄するという状態を選びがちである[46]。一般社会で雇用や住宅を得にくいという事情へのひとつの順応として，特殊な遊興的空間を作り上げてきたという点では，ゲイ・バーの空間も，似たような役割順応の一場面として見ることが可能だろう。

　一定の集団が政治過程と公共文化から不当に排除されている場合，これが国家によってあからさまに行われているときに憲法問題となることは当然だが，リチャーズは，ある政治共同体がその種の歴史と文化に無批判に依拠している場合，この状況をも憲法問題とすることを主張する[47]。こうした議論では，生じている憲法的《害》の概念化が必要となるが，リチャーズは「人格にとって重要な自己同定」の過程に「軽蔑という文化的負荷」が負わされている状況を《害》そのものと見るのである[48]。権利というものの主観性からすると，この害

---

46) DAVID A. J. RICHARDS, ITALIAN AMERICAN: THE RACIALIZING OF AN ETHNIC IDENTITY 65-70 (1999). 同様のステレオタイプ問題について，DAVID A. J. RICHARDS, WOMEN, GAYS, AND THE CONSTITUTION: THE GROUNDS FOR FEMINISM AND GAY RIGHTS IN CULTURE AND LAW (1998) も参照。

47) RICHARDS, *supra* note 46 (ITALIAN AMERICAN), at 121.

48) DAVID A. J. RICHARDS, IDENTITY AND THE CASE FOR GAY RIGHTS 55 (1999).

はたしかに《権利》の思考法を根底で掘り崩すものである点で特殊な害ということになる。リチャーズはここで，主体自身が自己アイデンティティの変容を必要としていると見る。これはマジョリティから与えられた自己軽蔑的ステレオタイプから解放され，自己肯定的なアイデンティティ感を獲得することを指していると考えられるのだが，そのためには人間関係や空間が必要となる，という議論につながるわけである（前述）。

ここまで《集会ないし親密な人間関係形成の自由》《場ないし空間の自律》《集団の属性に関わる自由と平等》といった問題関心を見てきたが，これらのすべてに通底する問題として《逸脱の政治》に関する議論を最後に見ておきたい。

一見「プライベートな」事柄であっても，それが政治的言論の場で《社会問題》として論じられる場合，その影響を被る当事者が置かれた文脈は政治的なものとなる。このとき，その人々の信条やライフスタイルの逸脱性が社会問題とされ，その結果，当該の人々の信条やライフスタイルが公権力からの過干渉や社会的差別にさらされることとなった場合，これは公権力の責任という意味で憲法問題となると考えるべきだろう[49]。

カーストは，先に見た Romer v. Evans におけるコロラド州憲法修正問題（同性愛者排除を宣言する法の制定）を例にとりながら，ここに人種差別・人種隔離と共通する「排除の政治(politics of exclusion)」を見て取る。それによれば，法は価値を表現することによってスティグマとステレオタイプを発生させる作用を持ち，その影響力が私人間の敵意へと転換される場面も多々観察される。ある私的差別や私的暴力がこの種の法によって推進されてきた経緯が認められる場合，ここで生じている事柄は，公権力の責任となる。カーストはこうした効果をもつ立法を違憲と見る[50]。

この議論は，あるアイデンティティを持つ人々を排除する効果をもつ「法」そのものに関する議論だが，辺縁化ないしゲットー化されたサブカルチャー空間をことさらに警察監視の対象とすることも，ここで指摘されたような効果を

---

49) カーストはアメリカ大統領選挙キャンペーンを素材としつつ，こうした政治状況への憲法理論化を試みている。KARST, *supra* note 35 (LAW'S PROMISE, LAW'S EXPRESSION), at 16-30.

50) KARST, *supra* note 35 (BELONGING TO AMERICA), at 11; KARST, *supra* note 35 (LAW'S PROMISE, LAW'S EXPRESSION), at 173, 187.

アメリカにおける風俗統制と権利獲得運動　　281

生むものとして，この議論の射程に入るだろう。「犯罪」のスティグマが加わると，当該の行為あるいは当該の集団アイデンティティへの負の価値づけは，非常に強固なものとなってしまうからである[51]。

　ここで憲法的《害》とされるものは，個人の権利(自尊)として構成されるもの(先に見たリチャーズの議論とほぼ同じもの)と，社会過程の問題として構成されるものの両方を循環的に含んでいる。このうち社会過程に着眼した議論の部分を見てみると，カーストはこの種の社会心理的損傷を，憲法に反することが確認されてきた「分離(segregation)」または「隔離(apartheid)」の一形態と見る[52]。市民社会には，他者を理解する能力としての「エンパシー(empathy, 共感力)」が不可欠であり，これによって一定の自己修復力が期待されているのだが，スティグマはこのエンパシーを切断し，分離と隔離を生み出す。異人種間結婚禁止法やソドミー法やコロラド州憲法修正条項のように，一定の人間にスティグマを与える価値表現を法が行っている場合，社会の自己修復力が深刻に害されるため，その修復は社会過程へと放任することはできず，政府の責任となる[53]。

　先に見た岡田の関係論的憲法論の中では，議論の全体において「社会関係資本」への理解が示されている[54]が，カーストの論じる「エンパシー」の議論は，この概念へと精錬・合流させることのできる内容のように思われる。ストーンウォール事件に立ち戻ってみるならば，当該の店舗や地域に警察が頻繁に立ち入り，これを許す法規が存在するという事実は，それ自体で市民社会の「エンパシー」を遮断し，当該の文化地域とそこに集まる文化集団を一般社会から切り離しゲットー化する流れを作り出す。この問題は，当事者の「親交の自由」保障の問題にとどまらず，当事者集団を負の標識のもとに隔離し，一般社会と

---

51) 憲法の学説では，スティグマ論は「ブラウン判決」をきっかけとして広まり受容された。カーストもこの流れから「スティグマ」概念を引き継ぎつつ，とくに刑法がもつスティグマ付与の問題について，強い警戒を示している KARST, *supra* note 35 (BELONGING TO AMERICA), at 23-25., KARST, *supra* note 35 (LAW'S PROMISE, LAW'S EXPRESSION), at 58, 66-74, 85-89.

52) その防止・回復のために，包摂・寛容の価値表明を表す立法政策をとることは政府の責任の一環とされる。KARST, *supra* note 35 (BELONGING TO AMERICA), at 158-172.

53) KARST, *supra* note 35 (LAW'S PROMISE, LAW'S EXPRESSION), at 182-187.

54) 岡田・前掲注36)は全体を通じて，この概念を憲法解釈理論の前提・根底に受容した議論となっている。

の正常な交流を失わせるという意味において，社会関係資本の剝奪の問題ともなっているわけである。人権論と同時に，社会政策論的側面や党派政治の防止という統治論的側面からのアプローチが必要であることが，これらの議論から読み取れる[55]。

おわりに

当事者の声を民主過程に位置づける，と言うことは易しいが，現実にはかなりの困難があり，権利主張の主体ないし民主過程の主体が越えなければならないハードルは多々ある。本稿はその困難を主体たち自身が打開した顕著な事例として，ストーンウォール事件とその後の理論的展開を取り上げた。

ある強い同調圧力を伴う主流文化のもとでは，それとは異なる特性を持つ個人や集団は，沈黙を選びがちである。ここでの権利主体形成に向けた憲法理論は，負の方向での暴露・注視を避けながら，正の方向での公共性志向を支えるという，デリケートな作業が必要となる。

法や制度による「正常・異常」の線引き操作のほうを問題化していくには，当事者の強い主体意識の形成が必要である。そのための《場》のニーズというものを，「ストーンウォール事件」は提示していたのではないか。

そうした人々のニーズを《課題》として受け止める社会的雰囲気は，日本ではなかなか醸成されてこなかったが，今ようやく，「家族形成の自由と平等」という問題系において，改善の兆しが見え始めている。そうであれば，これと並行して，制度としての家族・家庭の問題系では把握しきれない多様な場面についても，人間関係の多様性と自由・平等に関する再検討が行われなければならないだろう。本稿がその方向での議論進展への一助となれば幸いである。

---

55) 個人の道徳的自律を権利として主張する議論と，政府の正当な関心事に限界を画する議論や価値中立性を課す議論，党派政治防止の理論といったものは，同じコインの表裏の関係にあるのではないか，との見方もあるかもしれない。この関係については本稿では後日の課題として保留とし，並列的に各アプローチの可能性を提示することとした。

「ダンス」から「特定遊興飲食店」営業規制へ
——風営法秩序のこれまでと今後の課題

新井　誠

はじめに

　「風俗営業等の規制及び業務の適正化等に関する法律」（以下，「風営法」あるいは単に「法」とする）では，長い間，「ダンス」という文言を用いた規定により，「客にダンスをさせる営業」について営業設備や営業条件を前提とする許可制を導入し，深夜（原則 0 時，地域によっては午前 1 時以降）営業を全面的に禁止する規制を行ってきた。しかし，ダンスをメルクマールとする規制が，もはや時代遅れの感があるといった理由もあり，2015年 6 月の風営法改正によって「ダンス」を明文で指標化する営業規制はなくなり，これに代わる新たな法制度が設けられた。新たな法は，都道府県条例などの整備を経て，2016年 6 月24日より施行された。

　筆者が客にダンスをさせる営業の規制の状況を研究する契機となったのが，2012年度から2014年度にかけて陶久利彦教授を代表として採択された科研費・基盤研究 C「性風俗と法秩序」であった。本研究課題のもとで筆者は，性風俗秩序の形成に法（制度）がいかなる役割をしているのかを考えるにあたり，戦後の性風俗やレジャーの状況が大きく変化しているにもかかわらず，今なお性風俗を乱す指標とされてきた「ダンス」と，それを客にさせる営業の規制に着目して検討を始めた。本研究を開始した当初，客にダンスをさせて飲食を提供す

る営業形態の1つである，いわゆる「クラブ」[1]の無許可営業が，東京や大阪で相次いで摘発されたことに異論を唱える声や，法改正のための署名をめぐるニュースなどが頻繁に見られるようになってきていた。その後迎えた2015年の風営法改正は，本研究にとっても，大きなインパクトを持つものであった。

もっとも改正風営法には，今後も検証を継続すべき部分があることも事実である。また2016年6月以降の改正法施行に向けて，各地における具体的実施のための条例の制定が都道府県に委任され，その制定状況が見えているが，条例の内容にも考えさせられる問題が残っている。以上の法令と条例をめぐる法的問題を検討することが，今後の制度の運営にとって，あるいは更なる改善に向けて必要になる。

客に飲食を振る舞い，ダンスをさせる営業を無許可で行ったとして摘発されたクラブをめぐる刑事裁判において筆者は，被告人側弁護団から求められ意見書[2]を執筆し，同事件の地裁において学識証人を務めた。その後，同事件をめぐる地裁判決と高裁判決に関する評釈[3]を執筆し，いくつかの学会でこの問題に関する研究報告をし，そのうち1点の報告に基づく論文[4]を学会誌に掲載してきた。さらに2015年の法改正後には，改正風営法の意義，問題点，課題について検討した論稿[5]を公表した。本稿は，これまでに執筆した以上の諸論稿を参考にしつつ，先に示した科研費に基づく研究の総括的な意味合いを込めて，ダンス営業規制をめぐる諸問題の全体像をまとめたものである。なおダンス営

1）ここにいう「クラブ」とは，「DJが選曲をし音楽をプレイし，オーディエンスが自由に踊る店舗空間」（太田健二「風営法による規制とクラブカルチャー——摘発の増加と規制の論理」四天王寺大学紀要55号〔2012年〕75頁）のことをいう。

2）大阪地裁に提出した意見書に加筆・修正して所属大学の紀要に公表したものとして，新井誠「風営法におけるダンス営業規制の合憲性について」広島法科大学院論集10号（2014年）171頁。

3）筆者自身による地裁判決の評釈として，新井誠「風営法によるダンス営業規制をめぐる憲法論——大阪地裁平成26年4月25日判決の検討」法律時報86巻9号（2014年）89頁，高裁判決の評釈として，同「ダンス飲食店（クラブ）の無許可営業に対する処罰をめぐる大阪高裁控訴審判決」広島法学39巻1号（2015年）67頁。

4）新井誠「ダンス営業規制をめぐる憲法論」憲法理論研究会編『対話と憲法理論（憲法理論叢書23）』（敬文堂，2015年）139頁。

5）新井誠「ダンス飲食営業をめぐる改正風営法の意義・問題点・課題」東北学院法学76号（2015年）173頁。

業規制をめぐっては，施行に向けた条例等の法整備が進むなかで，これまでの諸論稿でも触れられなかった新たな課題が出現しているので，本稿ではそれらにも言及したい。

Ⅰ　改正風営法以前におけるダンス営業規制の構造と問題点

1. 従来の構造

　2015年6月の改正前の風営法では，法文に「ダンス」という語を明示し，それをさせる営業形態の規制をしていた。具体的には，風営法2条1項に定める「風俗営業」という類型において，(A)客にダンスをさせるにあたり，(B)「飲食」を伴うものか否か，さらに(C)「接待」を伴うものか否か，という視点から区分されてきた。まずは，①(A)だけの「ダンスさせ営業」（4号営業），次に，②(A)＋(B)の「ダンス飲食営業」（3号営業），さらに，③(A)＋(B)＋(C)の「ダンス接待飲食業」（1号営業）というカテゴリーである[6]。

　以上のカテゴリーのもと，①には，ダンスのみをさせるダンスホールの他，ダンス・カルチャースクールなどもここに入るとされてきた。また②には，いわゆるナイトクラブがその典型に挙げられる。ナイトクラブとは，客に対する（女性等による）接待はなく，一般的には男性が女性を連れ沿うなどして入店をし，お酒などを楽しみながら，社交ダンスをしたりする営業形態のことをいう。ナイトクラブは，かつての一時代に多く見られたものの，風俗やレジャーの移り変わりにより，今日ではあまり見られなくなった営業形態である。それに代わり，法的要件の上では近似の部類にされたディスコや[7]，その後，いわゆる現代版の「クラブ」がこのカテゴリーに入れられる運用がなされてきた。なお，ここにいうクラブでも，飲食を伴わない場合には4号営業となる場合もあるが，多くの場合，飲食の提供をしており，3号営業の許可が必要とされてきた。さらに，③には，女性などが客の隣に座るなどして接待を行うキャバレーがこれ

6）なお，この他にダンスを指標としない2号営業（接待飲食店業）が存在する。

7）ディスコについては，風営法許可を取りつつも，朝までの営業をしてきたことが摘発につながったとされる（神庭亮介『ルポ風営法改正』〔河出書房新社，2015年〕73頁）。

286

に入る(ここには客がダンスをできる設備を設けつつも,実際には客がダンスをしないような場合も含む)。

以上の営業のうち,近年特に問題となった現代版のクラブ営業規制との関連では,3号営業の規制状況を確認する必要がある。この3号営業には,①許可制が設けられており,②構造や設備に関する許可要件が定められている。そして③許可を受けた営業者の遵守事項として,構造・設備の維持や照度,騒音,振動に関する規制の他,0時または1時以降の深夜営業が禁止されていた。以上につき,3号営業の許可を得た営業者が,以上の遵守事項に違反した場合には営業停止処分が下され,他方,無許可営業者には罰則が設けられていた[8]。

2.問題点

しかし,ダンス飲食営業(3号営業)をはじめとするダンス営業規制には,様々な問題があった。

(1) 時間経過のなかのレジャーの変遷

第1に,従来のダンス営業規制は,「ダンス」をメルクマールとした規制が最初に制定された当時の固有の風俗環境を理由に生まれたことに関する問題である。客にダンスをさせる営業が「風俗営業」の一類型として規制された理由には,(ペア)ダンスを媒介とした空間が,法制定当時,しばしば男女がつながりを求める場——特に売春の相手を見つける場——として,機能していたことが挙げられる[9]。しかし,人々の風俗環境や遊びに関する流行の変化を受けながらも,法自体は改正されないまま時が経過し,ダンスやダンスミュージックを媒介に,新たな夜のレジャーのあり方を模索する営業形態(たとえばディスコや,そこから発展したクラブなど)が登場した。こうした新たな空間が,当初の規制目的との関連性が確保されないまま同法の規制対象と認識されていったことが,まず問題となる。

この点,「ダンス」カテゴリーの多様化にも触れる必要がある。風営法の規制で当初意識されたダンスは,営業形態の観点からすれば,盆踊りなどの民謡

---

8) このことについては,新井・前掲注5)174頁以降でより詳しく解説している。
9) もっとも,ダンスホールで働いていたダンサーがすべて売春に関わっていたわけではない点に注意が必要である(永井良和『定本 風俗営業取締り』〔河出書房新社,2015年〕13頁)。

踊りなどではないことはもちろん，さらに1人で踊るダンスでもない。そこでは特に，男女の客同士がダンスを通じて体を密接できるペア・ダンスを主に指していたと考えられる。ところが世の中のダンス概念自体が変化し，多様なダンスが登場した[10]。このことから，「客にダンスをさせる」営業の取締りにおいて，どのようなダンスが取締りを受けるべきなのかという検討もないまま，取り締まる側が設定した広汎でかつ恣意的なダンス概念に基づいた取締りになっていった。

他方，ダンス営業規制をめぐっては一時期，「競技や趣味のペア・ダンスをさせる営業」と「その他のダンス営業」とに，差を設けようと法が錯綜した。特に注目したいのは，法令に基づいて指定されたダンス教師の指導下のダンスについて異なる扱いをしたことである。しかしこうした施策は，諸「ダンス」間の格差・分断を生み出す事態へと発展する[11]。他方で，このダンス教師制度の存在により，指定されたダンス教師によらないダンス教室（例えばダンスサークルによる練習）が，法の規制対象になる状況が引き起こされ，そのようなものまで取り締まる必要が本当にあるのかといった問題が生じることになった[12]。

(2) 「風俗」規制と治安対策・道徳目的・青少年保護

第2に，第1の点とも関連するが，風営法における規制の合理性を確保する新たな理由として，クラブ規制に関して，性的な享楽性の抑制よりも，暴力事案の発生や近所迷惑等の防止が持ち出されてきた問題である[13]。これらは本来的には風営法が明示的に予定していない法目的であった。つまりこれらは，法改正による対応が遅かったがゆえに古い法がそのまま残り，規制対象とされるべきではない営業形態まで規制対象とされたことを原因として，追って仕立て

---

10) ダンスさせ営業の売春からの離脱と「ダンスのトレンド」の変化について，永井良和「風営法とダンス」井上章一＝三橋順子編『性欲の研究——東京のエロ地理編』（平凡社，2015年）212頁。

11) 永井・前掲注9）236頁以下参照。

12) 神庭・前掲注7）25頁以下参照。

13) 警察実務などがその点を指摘しており，例えば，警察庁生活安全局保安課長「客にダンスをさせる営業に係る質疑応答について」（警察庁丁保発第188号，平成24年12月17日）によれば，「店内外における暴行・傷害事案等が発生したり，周辺住民等からの騒音や酔客による迷惑行為等の苦情が警察に寄せられたりするなど」といった点が規制理由とされる。

られた新たな目的にすぎない。

　この点に関して日本では，性的風俗や射幸性の強いものなど，人々の日常的な遊興にかかわるもので甚だしく道徳的ではない行為は，売春防止法による規制や刑法上の賭博禁止などで厳しく取り締まってきた。しかし，それらのうちで程度が緩和されるものは行為自体を処罰せず，営業規制を設けようとする。ところが，こうした道徳目的規制は，それ自体の正当性根拠が他の制約原理に比べて薄く認識される場合も多い。そこで，道徳目的以外の制約原理として「少年の健全な育成」目的が頻繁に用いられるようになる。当初，目的規制を持たなかった風営法には，1984年改正で目的規定が置かれ，そのなかに「少年の健全な育成」という法目的が登場した。この「少年の健全な育成」目的は通常，それ自体としては広く正当化されるがゆえに，それ自体を立てるにふさわしい立法事実の存在が必要で，さらに法目的とその目的を実現するための手段の適正さが問題とされなければならない。しかし，3号営業等の規制する法目的を慎重に検証する姿勢があまり見られず，それを実施する手段や程度の法目的との関連性についても従来，議論が少なかったといえよう。

(3)　「風俗」をめぐる意味の秩序

　第3に，ダンス営業が「風俗営業」カテゴリーに置かれていることから生じる「意味の秩序」をめぐる問題である[14]。「風俗」の言葉の意味は，一定の習俗といった意味に加えて，近年では「フーゾク」といったカタカナ表記で示されるような性的サービスを提供する業種を指すことがある。しかし風営法では，ダンス営業が「風俗営業」カテゴリーに置かれ，ソープランドのような性風俗産業は「性風俗関連特殊営業」カテゴリーに置かれている。以上からも，世間一般から見た場合，客にダンスをさせる営業も「フーゾク」営業のスティグマが押される。しかし，こうしたスティグマにより，ダンス営業経営者たちの「フーゾク営業とは違うはずである」という意識に対する侵害が生じてきた。これに加え，他者によるそうした認識によって店舗の賃貸を嫌がられたりするといった一定の実利的デメリットが生じることもあった[15]。

---

14)「意味の秩序」については，駒村圭吾「『意味の秩序』と自由」大石眞先生還暦記念『憲法改革の理念と展開 下巻』（信山社，2012年）178-179頁参照。

15)　本問題をめぐる意味の秩序からの離脱と文化承認について，新井・前掲注4）148頁以下参

3．憲法的諸論点

以上のように「客にダンスをさせる営業」規制には様々な問題が提起でき，これらの解消が必要な事態となっていたが，さらに憲法上の権利の側面からは，次の論点が考えられる[16]。

第1に，営業の自由を保障する憲法22条1項との関連である。営業をめぐっては様々な規制があるが，それらの規制が認められるには（いわゆる違憲審査基準をどうするのかという点を置いたとしても）一定の正当な目的が必要であり，加えてその目的と規制手段との関連性が強く求められる。

第2に，表現の自由（憲法21条1項）をめぐる問題である。ダンスそれ自体やダンスミュージックの演奏は，一つの表現行為や芸術的行為でもある。もっとも「客にダンスをさせる営業」規制は，ダンス自体を禁止するのではないことからも，表現の自由論と結び付けることは若干難しい側面もある。もっとも，①客のダンスをする場所に関する制約になっている場合や，②営業主による場のプロデュースをする自由を制約する場合，③DJ等のDJ活動への制約になる点，④人々が集う場への制約となり情報流通を妨げることになる点から，表現の自由との関連で議論が進められる側面もある[17]。

第3に，ダンスや「ダンスをさせるため場をプロデュースする」行為が仮に表現そのものではないとしても，「客にダンスをさせる営業」規制は，「遊び」や「文化」といった，人々の一般的に自由な行為に対する規制になる可能性がある。営業規制は，そうした遊びや文化の場を奪う効果を持つ。この点，ダンスだけでなく，お酒をかわしつつ，人とわいわい話したり，あるいは皆でスポーツ観戦するといった行為は，主観的権利としての構成が必要かどうかという問題はある。しかし，その利益を客観法的に捉えるとしてもなお，その規制には，法律の留保原則とともに比例原則が要請されうる。

そこで遊興やダンスをさせる行為の規制を見ると，そこでは確かに法律の留保がなされてはいるが，規制目的を達成するための必要で最小限度な手法がと

照。

16）本問題をめぐる筆者の考える憲法上の問題について，詳しくは，新井・前掲注2），同・前掲注3），同・前掲注4）などを参照。

17）特に後述するNOON裁判の被告人側の憲法上の主張では，この点が強調されていた。

られているかどうかについて十分な検証がなされているとはいえず，規制に関する比例原則等が貫徹されているのかどうかを考えなければならない。しかし，これらのことはこれまで詳しくは論じられていない印象がある。

　第4に，規制対象としての「ダンス」の過度広汎性・不明確性をめぐる問題である。本件規制については，仮に表現の自由に対する規制になれば，不明確性と過度広汎性を理由とした文面無効の審査が可能となる。また，無許可営業には罰則で対応している点では罪刑法定主義に関する不明確性を理由にした法律の無効の主張も考えられる。この点で特に後者の罪刑法定主義との関連における不明確性を中心に述べると，以下のような議論が可能となろう。まず，「ダンス」をメルクマールとする規制については，実際に客にどのようなダンスをさせると，その営業が許可制対象となるのかがよくわからない。実際，警察は，実務的対応では，現実に起きた「体を揺らす行為」を個別的にダンス認定してきた。しかし，これではどのようなダンスをさせれば取り締まられるのかが，全く予見できないことから，取り締まる側の恣意的な判断が可能となる。この点について，さらに「させる」という意味も不明確になる可能性があるが，このことは，遊興概念の検討の際に再度触れる。

II　風営法改正に至る2つの動き

1．法改正運動と政府による法改正

　以上の問題が生じるなかで，現在の風俗事情において，ダンスをメルクマールにした過剰な規制や，ダンスをする人々やダンス営業をする人々へのレッテル貼りが不満となって表れ，風営法の改正運動が盛り上がっていった。その改正運動では，①署名運動，②団体の結成，③国会議員へのロビー活動，④シンポジウムの実施，⑤マスコミにおける報道，といった行動が，有機的につながっていくことになった[18]。

　これらの運動を経て，国会議員の間で本件のようなダンス問題を考える議連が立ち上がり，まずは議員立法が準備されていった。しかし，この議員立法は

18）こうした流れを詳細に扱い，分析したものとして，神庭・前掲注7）を参照。

「ダンス」から「特定遊興飲食店」営業規制へ　　291

とん挫し，結果的には警察庁を中心とする政府主導の法案作成が用意された。この政府主導の法改正では一定の緩和策が見られたものの，実質的にはそうともいえない状況が生じていることは後述する。

２．無許可営業をめぐる刑事事件——２つの下級審判決

　風営法の改正運動の一方で，風営法の従来の運用に風穴を開けた下級審判決が示された。それが，クラブ NOON の無許可営業に関する刑事事件である。本事件は，無許可で客にダンスをさせる営業をしていたとして同クラブを警察が摘発した事件であるが，当該事件の被告人となった同経営者は，そもそも風営法に規定する３号営業規制は憲法に違反し無効であるとして，また仮に違憲ではないとしても，当該営業行為は，風営法で処罰の対象となる許可を必要とするものではなく犯罪の構成要件に該当しないとして，無罪を主張した。

　これに対して１審の大阪地裁と大阪高裁は，①両判決ともに，風営法の当該営業規制を合憲とする前提のもと，②各判決が異なる論理構成を取りながらも，両判決ともに被告人を無罪とする結論を導いている[19]。それらの細かい評釈はここでは展開しないが，両判決に対する印象は，両者とも，違憲判断はしたくないが，しかし本件において対象となる営業について，これを「客にダンスをさせる」という概念に取り込み許可営業の対象とするには違和感があるとし，無罪判決を導くにはどのような論理構成が考えられるのかを考えた末の結論であったと評価できる。この下級審判決について，最高裁は上告棄却決定を行い，被告人の無罪が確定した[20]。

19）大阪地裁平成26.4.25裁判所ウェブサイト（LEX/DB 25503643），大阪高判平成27.1.21判例集未登載（LEX/DB 25505605）。地裁判決の評釈として，大野友也・新・判例解説 Watch（速報判例解説15号，法学セミナー増刊）（2014年）27頁，小野上真也・刑事法ジャーナル42号（2014年）143頁，平地秀哉・ジュリスト臨時増刊〔平成26年度重要判例解説〕1479号（2015年）22頁，高裁判決の評釈として，井上亜紀・法学教室別冊附録425号〔判例セレクト2015-1〕（2016年）11頁，岡田順太・白鴎法学22巻２号（2016年）251頁など（本稿筆者自身によるものとしては，新井・前掲注３）の２つの評釈を参照）。また本件で筆者と同様に地裁に意見書を提出した研究者による論文（高山佳奈子「風営法『ダンス』規制の問題性」生田勝義先生古稀祝賀論文集『自由と安全の刑事法学』〔法律文化社，2014年〕155頁，永井・前掲注10）197頁）参照。なお永井・同206頁以下には同意見書が掲載されている。

20）最決平成28.6.7判例集未登載（LEX/DB 25543348）。

Ⅲ　法改正後の状況

1．改正風営法の内容

　以上を経て改正された内容は，旧3号営業に限って見れば次の通りである。

　第1に，旧3号営業は，照度10ルクス以下の場合には，営業時間帯に関係なく「風俗営業」のカテゴリーのままとなり，旧5号営業の「低照度飲食店」としての新2号営業に該当することになった。他方で，旧3号営業でも10ルクス超の場合には，「風俗営業」のカテゴリーからは除外されることになった。

　第2に，第1のことを受けて10ルクス超の営業については，6時から24時までの営業だけの場合には，通常の「飲食店営業」になった。また，深夜営業時間帯でも酒類の提供をしなければ，「飲食店営業」としてカウントされることになった。他方で，旧3号営業のような営業形態において，深夜営業をし，かつ，酒類提供をする場合に該当する営業として「特定遊興飲食店営業」のカテゴリーが設けられた。

2．旧3号営業をめぐる改正風営法の意義

　旧3号営業に関する改正風営法の意義としては，次の点が挙げられる。

　第1に，法文上の「ダンス」カテゴリーが撤廃されたことである。これまでの風営法において，世の中にある様々なレジャーのうち，現在の性風俗レジャーと関連性の高いものを除き，具体的な名称で規制を受けてきたのがダンスであった。先述の通り，ダンスのみを明文で規制していたことについては，数多ある様々なレジャーやスポーツのなかで，ダンスに関わる人にのみ固有のスティグマを押すことにより，尊厳が奪われる感覚を与える状況を生じさせてきた。今回のカテゴリーの消失で，少なくともそこからの脱出を図ることができた。

　だが気を付けるべき点として，まず，風営法の下での法規制が実質的にすべて撤廃されたのは，旧4号営業だけであり，その他の場合が風営法の統制を全く受けなくなるわけではないことを挙げておきたい。特に後述のように「特定遊興飲食店営業」の場合にはいくつかの問題が残る。また，「ダンス」のスティグマが外されたとしても，今後，（ダンスを含むものとして解釈される可能性が

高い)「遊興」という枠組みが持ち出されることにより，今度は「遊興」規制という新たなスティグマが確保されたにすぎず，そこに様々な営業が内包される事態をどう評価すべきかが問題となる。

　第2に，3号営業に関する部分的規制緩和がなされたことである。旧風営法の場合，仮に旧3号営業に該当すると予測される営業を見た場合に，「客にダンスをさせ」かつ「飲食を提供する」ためには，時間帯に関わらず風俗営業としての許可制やその許可要件，営業要件をクリアしなければならない。さらに深夜0時あるいは1時以降の営業は，許可を取っていても一律に禁止されてきた。これに対し新法では，10ルクス以下の低照度でない限り，①6時～24時は，お酒を提供しようがしまいが，以後に見る「遊興」に当たるかもしれないことを含めて客にさせることができる「飲食店営業」ができるようになった。これにより，旧3号営業に該当しそうな営業形態でも，厳しい基準の「風俗営業」としての許可を取ることが不要になった。また，②酒を提供しなければ，深夜営業であっても「飲食店営業」を行えるようになり，そもそも深夜では法的に不可能だった(広い意味でのダンス[21]を含む)「遊興」をさせることが許されるようになった。さらに，③深夜営業で酒類を提供する場合には，これまでは(広い意味でのダンスをさせるような)営業が(許可如何にかかわらず)一律にできなかったのが，「特定遊興飲食店営業」の許可を得ることによってできるようになった。以上の各点は，従来の規制よりも緩和されている。

　もっともこれらが十分な緩和といえるのかどうかは別問題となる。とりわけ，深夜における酒類提供を伴う営業形態としての「特定遊興飲食店営業」のカテゴリーは，次の節で検討する新たな問題を想起させる。

Ⅳ　「遊興」規制の問題点

1．「遊興の自由」論の再考の必要性

　今回の風営法改正によるダンス営業規制の解消の流れにおいて，改めて注目されることになったのが，「遊興」を「させる」ことの問題である。具体的に

---

21) ここであえて「広い意味」でのという文言をつける意味は，本稿で後述する。

述べると，第1に，そもそも遊興の規制は，人々の一般的行為の自由との関係においてどのように憲法的に評価されるべきなのかという点である。実は今回の風営法改正前も，旧法に「深夜飲食店営業」と「深夜酒類提供飲食店営業」というカテゴリーがあり，ここにいう深夜では「客に遊興させ」てはならず，させた場合には営業停止処分になる法構造となっていた。この点に関し，従来の風営法の「深夜における飲食店業」規制における「遊興」概念について，実務家の逐条解説では「飲食店営業者側の積極的な行為によって客に遊び興じさせること」と解釈されてきた（なお，風俗営業許可が必要な旧2号営業でも〔接待を伴う〕「遊興」が登場するが，深夜における飲食店業の場合とは区別される）。

　深夜における飲食業で遊興が禁止されてきた理由は，「静かに飲んでもらう時間」であるとか，接待またはその類似行為の実施による風俗上の問題の発生の可能性の予防とか，酔客による騒音の防止による周囲の正常な風俗環境の確保，といったことが挙げられている[22]。こうした深夜において「客に遊興をさせる」規制は，「客にダンスをさせる」規制と同じ枠組みとなるものの，「ダンス」にはそれ自体を「表現」や「文化」へと帰着させる可能性が閉じられていなかったのに対し，「遊興」には，それ自体にそうした性質を付随させることは少ない。しかし，一般的な行為自体を制限することが憲法の主観的権利に抵触するという論理構成が仮に難しいとしても，一般的な行為をさせることを理由にした営業停止処分について，それ自体が営業の自由に関する過度な制約になっていないかどうかを検討する必要は出てくるであろう。

　このことについて，「遊興」規制の従来の目的である，深夜における騒音の防止や迷惑行為の出現の防止，あるいは深夜において男女の享楽的な雰囲気が出やすいとしてそれを防止するという目的を仮に正当なものと考えたとしても，他方で「夜は寝るもの」いった規制目的の設定は，（騒音の防止等，周囲の人々を保護するための利益として考えることは別段としつつも）各自のライフスタイルのあり方にかかわることであり，それ自体を目的として正当化するのには慎重な検討が必要である。それを含む目的を達成する手段としての適正さもまた慎重な審査が要求されるはずである。

---

22) 蔭山信『注解風営法II』（東京法令出版，2008年）354-355頁。

2．風営法における「遊興」とは何か——言葉の不明確性

もう1点，「遊興」自体の不明確性も問題となる。実務家による風営法解説によれば，深夜における飲食店営業について規制する風営法(旧)32条1項2号の「遊興をさせ」ることには，㋐「不特定多数の客に歌，ダンス，ショー，演芸，映画その他の興行等を見せる行為」，㋑「生バンドの演奏等を客に聞かせる行為」，㋒「のど自慢大会等客の参加する遊戯，ゲーム，競技等を行わせる行為」，カラオケについて㋓「スポットライト，ステージ，モニター譜面台等の舞台装置を設けて不特定多数の客に使用させる行為」，㋔「不特定の客に歌うことを勧奨する行為」，㋕「不特定の客の歌をほめはやす行為」といったことが該当するとされてきた[23]。

しかし，これら以外にも「遊興」カテゴリーにされる可能性は十分に高く，営業停止という不利益処分がされるための予見可能性が明文で確保されていないことが問題である。これにより，ダンスをさせたか，させないか，をめぐって先のNOON裁判で争われた事態と同様のことが生じる可能性が高い。

3．遊興を「する」と「させる」の区別の困難性

また，仮に「遊興」の中身が確定できたとしても，その遊興を「させる」ことの意味合いをめぐり，遊興を「する」との間での区別の困難性が生じる。例えば，客に遊興を「させる」か否かのメルクマールについて，先の実務家解説では，カラオケ設備について「客が勝手に使いますのは差支えございませんが，どうぞという形で使わせていくことは遊興に当たる」といった政府委員の見解が示されている[24]。つまり，①自由意思で客が歌うことは遊興ではないが，②店が客に歌うように勧めたりする行為は遊興になるという。そして，具体的に，カラオケについて，(i)「不特定の客が自分から歌うことを要望した場合において，これにマイク，端末，カタログ，歌詞カード等を手渡す行為」，(ii)「カラオケ装置を作動させる行為」は，「遊興をさせ」るには当たらないとしている[25]。しかし，一般人の感覚からして，上記で「客に遊興をさせ」る行為に該

---

23) 藤山・前掲注22)355頁。
24) 藤山・前掲注22)356頁。
25) 藤山・前掲注22)355頁。

当するとされた(エ)から(カ)と，それに該当しないとされる(i)，(ii)とを具体的事例に即して区別することは極めて困難である。そして，こうした基準により，(i)や(ii)の事態にならないよう，(エ)から(カ)のようなこと自体をするのをためらう事態となり，実質的には(エ)から(カ)のような行為をもさせない効果を持たせることになり，規定の仕方として不十分なものとなる。このように従来法に見られた「遊興」理解を新たな法規制においても採用していくのかどうか。採用する場合に生じる問題をどのように評価すべきか。

さらに，「する」と「させる」の区別の問題をもう1点挙げるならば，こうした区別が結果的には，仮に本来的に規制をすべきと考える諸行為を規制するにあたっての「逃げ道」としての役割を果たす機能を持たせることをどのように考えるのかという点も問題である。例えば，日本では管理売春が法的規制の対象となるが，他方で「自由恋愛(による売春)」を理由とする規制逃れの手法は常に存在している。この点，一定の不道徳な行為を「自由」とすべきか，あるいは「不自由」とすべきかをめぐる線引きが難しい場合に，これまでの日本では，売春のような「する」と「させる」との区別を用いた規制を行っている場合がしばしば見られる。しかし，こうした当人たちの意思をメルクマールとする規制手法は，ときに恣意的な取締りになることから，そろそろ改めるべきではなかろうか。

V　(深夜の)「特定遊興営業」規制をめぐる問題点

1. 「特定遊興営業」規制をめぐる混乱

これまでの風営法では，深夜営業カテゴリーにおいて「ダンス」も「遊興」も客にさせることができない法構造となっていた。これに対して今後は，深夜において客に酒をふるまい遊興をさせる営業類型としての「特定遊興営業」が，許可制度の下で認められる(許可を得ないで遊興をさせた場合には，罰則が科される)。

しかし，特定遊興営業は，各都道府県が条例で指定する一定の区域でしか営業できない法構造となっており，事実論として，次のような事態が生じる。

まず，①客に飲食を振る舞いダンスをさせる営業(旧3号営業)を行っていた営業者の多くは，風営法によって従来の営業形態のまま深夜営業にも突入でき

「ダンス」から「特定遊興飲食店」営業規制へ　　297

ると見込んでいたであろう。しかし，（ここにいう「遊興をさせる」のなかに，広義の意味での「ダンスをさせる」という意味を含ませる理解を取る限りでは）新たに設定される特定遊興営業の区域に入らない営業者については結局，同様の営業を深夜には合法的にはできないという事態が生じるのである。

　次に，②これまで客に（広義の）ダンスをさせることを前提とせず，酒類提供をしながら「遊興」に関する営業（たとえば，スポーツバー，スナックなど）をしていた営業者については，深夜に「遊興をさせ」た場合には「深夜における飲食店営業」に基づく営業停止処分になるものの，特に営業地域の指定もないために，それぞれの店舗で，従来の「深夜における遊興」に該当するかしないかのギリギリのラインで営業を続けていた。しかし，特定遊興営業ができる店舗は今後，特定地域にしか設置できなくなる（違反者は罰則の対象となる）。このことから，その特定地域に存在しない既存店舗は，「遊興をさせる」ことになるかどうかがよくわからず，今後起きる可能性の高い積極的な摘発を恐れて開店すること自体がままならない状態になり，閉店に追い込まれるという事態が生じるのである。

　以上をめぐっては，そもそも違法営業になるかならないかのラインで営業してきたこと自体に問題があるという考え方もあろう。しかし先述の通り，「遊興の自由」を憲法上どのように捉え，「遊興をさせる営業」を営業の自由との関係でどのように捉えるべきか，という根本的な論点がこの問題の背後にはあるにも関わらず，その点の解決は全くなされないことになり，改正法に期待を寄せたことが無駄になったとも言えるのではないか。特に今回の法改正には，営業それ自体に不条理に付与されてきた「害悪のある営業」というレッテルから解放されるという意味があったはずである。そこで経営者からは，自らの営業により付随的に生じる害悪を取り除くことへの協力は惜しまないとしても，より自由な形での営業が可能となるのではないかといった期待が寄せられていた。しかし，十分な資金や場所を有しない経営者はそれを望めなくなったことこそ，本質的に検討されるべきであろう。しかも，「遊興をさせる」か否かがメルクマールとされてきた業種に関しては，これまでも「遊興をさせる」かどうかという曖昧な線引きをしつつ，見せしめ的な取締りが部分的に行われることで，業種全体の萎縮と引き締めを確保する規制手法が採用されてきた。こう

した視点からすれば，上記の①や②のような事態が生じることを単に「仕方な
いこと」だと切って捨てることはできない。

2．「特定遊興営業」とダンス

そこで，以上を念頭に，特定遊興営業規制によって生じる諸問題を挙げてみ
るが，それに先んじて，改正風営法における「遊興をさせる」ことと「ダンス
をさせる」こととの関係性について，まず確認をしておきたい。

従来の法では，「（深夜飲食営業において）客に遊興をさせること」と「客にダ
ンスをさせること」とは別のカテゴリーで規制があった。前者の「客に遊興を
させる」ことの理解をめぐっては，「客にダンスを見せること」を「遊興」と
してきたが，「客がダンスをすること」をそこに含まないように解釈してき
た[26]。これに対して改正法では，「客にダンスをさせる」営業カテゴリーはな
くなり「客に（深夜に）遊興をさせる」営業カテゴリーだけが残った。そこでこ
の場合，ここでの「遊興」に「ダンス」を含むか否かが問題となる。この点，
仮に含むとする（広汎な）解釈を採用する場合には，次のような問題が生じるこ
とになる。

それは，旧来のダンス営業規制における「ダンス」は，法実務や裁判例によ
って一定の枠組みが提示されてきたことに関係する。例えば，警察の内部通達
による「ダンス」解釈でも，「食事つき盆踊り体験プログラム」で実施される，
盆踊りなどの手踊りは，（規制対象となる）「ダンス」とはみなされていない[27]。
さらに最高裁により上告棄却決定がなされ確定した NOON 裁判でも，規制対
象となる「ダンス」について，特に高裁判決では「男女が組になり，かつ身体
を接触して踊るのが通常の形態とされているダンス」[28]という解釈が採用され
た。こうした解釈からすれば，新たに設定された特定遊興営業における「遊
興」に仮に「ダンス」が含まれるとしても，そこに多様なダンスを包括的に読
み込むことは難しいことに注意したい（この点，高裁判決のロジックによれば，性
風俗維持目的であっても，それ以外の付随的目的〔騒音・振動・薬物蔓延・粗暴事案等〕

26）蔭山・前掲注22）355頁。
27）警察庁生活安全局保安課長・前掲注13）。
28）大阪高判・前掲注19）。

であっても難しいことにも注目したい）。

　そうなれば，上記の法目的のほか，（おそらくないであろう）深夜に固有の規制理由がない限り，広義のダンスを「遊興」解釈に取り込むことは，最高裁が上告棄却決定をするに至った高裁判決，あるいはその原審である地裁判決の趣旨から逸脱した解釈ということになり合理的理由のない営業規制になるであろう。この点から実は，従来のダンスをさせる営業の多くは，深夜にお酒を振る舞う営業をしたとしても，「特定遊興営業」ではなく，単なる「深夜酒類飲食店営業」になる可能性が高い。仮にそのような解釈ではなく，ダンスの意味を広く解釈する法適用がなされるとなれば，それは法理上，過度に営業の自由を規制することになり，違憲な適用，あるいは法令自体の違憲性の問題が生じることとなる。

3.「客に遊興をさせる」ことに「客にダンスをさせる」ことを含むこと

　また，「客に遊興としてのダンスをさせる行為」における「させる」をめぐる解釈についても検討が必要である。これまでの「客に遊興をさせる」ことの解釈によれば，カラオケのセットが店に存在するだけでは，客に遊興をさせたことにはならず，店側がより積極的に遊興をするよう盛り立てることがなければ，禁止される「客に遊興をさせる」行為にはならない。そこで，「ダンス」と「遊興」の包含関係は一先ず置くとしても，「客にダンスをさせる」営業にも店側の積極性が問われることになろう。となれば，ダンスをさせる設備があろうとなかろうと，客が自ら踊りたいと望み，自由意思で踊りを始めるのであれば，それは店が遊興をさせる行為とはならないはずである。仮に店が音楽を客に「聞かせる」としても，それは「生バンドの演奏等を聞かせる行為」でないかぎり，それ自体で「客に遊興をさせる」ことにはならない。

　これはつまるところ，「客の自発性」が判断のメルクマールになっていく。そうなると，上記に見たように，客と店の従業員の自由恋愛であれば売春の取締りの対象にはならないといった手法と同じ管理方法となる。こうした「自発性，自主性」を起点とする管理方法は，取り締まる側も，本音と建前との間で取締りのポイントを判断するという苦労を負わねばならない法の仕立てになっていく。

4．「特定遊興飲食店」営業の地域をめぐる問題

(1) 新法における営業範囲指定の法構造

このたびの風営法改正を受け，旧3号営業に見られた営業形態については，「低照度」の場合には，引き続き「風俗営業」のカテゴリーにおかれ，低照度ではなく酒類提供をしない場合か，深夜営業をしない場合には，「飲食店営業」のカテゴリーに入れられる。そして，「低照度ではないが，深夜まで営業をし，かつ酒類提供を行う」場合は，「特定遊興飲食店営業」となる。この新たなシステムでは，特定遊興飲食店以外の営業時間を6時から深夜0時と定め，他方で特定遊興飲食店については，深夜0時から，各地の条例が定める時間までの範囲内で営業してよいことが定められることになった（例えば大阪府の場合，府の法律施行条例によって，5時から6時までは営業してはならない旨を定めた）。この点，深夜における「遊興」営業の解禁となったことは確かである。

他方，特定遊興飲食店の営業所の設置許容区域については，（特定遊興飲食に関しても準用する）風営法4条2項2号の規定に基づき制定された政令である風営法施行令6条1項1号に定める基準により決定される。これによれば，特定遊興飲食店の営業ができるのは，「イ　住居が多数集合しており，住居以外の用途に供される土地が少ない地域（以下「住居集合地域」という。）」，「ロ　その他の地域のうち，学校その他の施設で学生等のその利用者の構成その他のその特性にかんがみ特にその周辺における良好な風俗環境を保全する必要がある施設として都道府県の条例で定めるもの（……）の周辺の地域」とされている。ただし，同項3号の規定によれば，こうした「規定による制限地域の指定は，風俗営業の種類及び営業の態様，地域の特性，第1号ロに規定する施設の特性，既設の風俗営業の営業所の数その他の事情に応じて，良好な風俗環境を保全するため必要な最小限度のものであること。」として，その制約の必要最小限度性が要求される。

(2) 営業者にとっての無意味——規制強化の可能性

これら国の法令を受けて，各地の都道府県が風営法施行条例を定めるのだが，ここで注目すべきは，各地の都道府県において，（旧来の風営法と各地の都道府県条例で）例外的に深夜1時までの風俗営業が許可されてきた地域指定が，新たな特定遊興飲食店の設置地域の基準としてそのまま用いられる点である。

この制度設計のもとで，仮に（性的な享楽性を過度に生じさせることをも含む）す

べてのダンスを客にさせることを前提として考えた場合に，旧法から新法への秩序変更のなかで規制緩和の恩恵を受けるのは，もともと許可を受けて深夜（0時ではなく）1時までの営業ができてきた特定地域の（既存の）3号営業者のみであることが見えてくる。「ダンス」を指標とする法規定がなくなっても，深夜の特定遊興飲食店のカテゴリーの新たな設置については，従来のほとんどの営業者にとって何も恩恵のないものになる可能性がある。

　このことは，客にダンスをさせることを前提としない営業にも影響を及ぼす。具体的には，従来の「深夜における飲食店営業」（届出制）は，そもそも遊興をさせることができない前提で成立していた。そのようななかで「客に遊興をさせる」カテゴリーに入るか入らないかのギリギリなラインで営業をしてきた店も考えられる（スナック，カラオケバーなど）。しかし今後，これまでと同じように「深夜における飲食店営業」を続けようとしても，「深夜に遊興をさせる」と認識されてしまう同店舗が特定遊興飲食店の許可を取らねばならないとなれば，今度は，従来よりも厳しい，特定地域でしか開けなくなる。仮にこの点の取締りが厳しくなれば，今後は，（従来よりも狭い）指定された場所以外で営業していること自体が目立ち始め，閉店を余儀なくされる。

　以上からすると，特定営業地域での営業には，その土地を事前に持っているか，あるいは新たに借りなければいけないが，そうした地代は繁華街であるがゆえ，必然的に地代が高くなる。そうなると，土地・建物を持っているか，あるいは高い地代を払える飲食店のみが，特定遊興飲食店を開けることになり，資金力が弱い従来の営業者との間での格差をもたらす。ひなびた地域でひっそりとライブ営業などを深夜に続けてきた店は，深夜帯にはそれを行うことができず，特定の繁華街の一部の営業者だけがそれが可能となる事態が生じる。

(3)　「特定遊興飲食店営業」地域の過度な制限

　もう1点，特定遊興飲食店営業の地域指定は，各地の都道府県による指定の結果，非常に狭い範囲での指定となることが判明している。例えば神奈川県の場合，横浜市中区の一部と川崎市川崎区の一部地域だけであり，ほんのわずかな繁華街だけが指定される[29]。また滋賀県の場合，地域そのものが設定されな

---

29)　具体的には，横浜市中区のうち「相生町，曙町（一般国道16号の東側及び5丁目を除く。），伊勢佐木町（7丁目を除く。），太田町，尾上町，黄金町，末広町，末吉町（4丁目を除く。），

いといったことが生じている。

しかし，先に見た風営法施行令では，「制限地域の指定は，良好な風俗環境を保全するため必要な最小限度のものであること」が要請されており，またダンス営業規制の緩和をめぐる議論でも，ダンス営業規制自体の必要最小限度性が確保されているのかが問題となっていた。そこで，(ア)法令に規制の必要最小限性に関する留保規定があり，(イ)今回の風営法改正は，ダンス営業規制の緩和を盛り込んだ法秩序の形成のためであること，それらを前提にして，(ウ)仮に規制対象の遊興のなかに(広い意味での)ダンスを含むという解釈を行う，ということになれば，条例による地域指定の仕方が，ダンス営業規制緩和の必要性から生じた法改正の趣旨を超えた過度な制約となり，法令の委任を超えた違法なものになる可能性もある。

(4) 「深夜酒類飲食店営業」としてのクラブ営業の可能性

もっとも，ダンス営業だけを切り取ってみれば，先述の通り，特定遊興飲食店営業における「遊興をさせる」概念には，①そもそもダンスが入るのか，という問題があることに加えて，②広い意味のダンス理解を採ることは，控訴審に関する最高裁の上告棄却決定が示されたことを考えれば解釈上難しいと考えられる。そうなると，そもそも特定遊興飲食店営業は(ダンス営業との関連でいえば)性的な雰囲気を過度に醸し出すようなダンスを客にさせる，相当程度特殊な営業形態ということになり，逆に性的な意味を持たせないダンスを客にさせる営業を続けてきた人々にとっては，ほとんど影響のない営業類型の設定になる可能性もある[30]（先述の通り，そのような理解をしなければ法令自体が違憲，あ

　住吉町，長者町(1丁目から5丁目までを除く。)，常盤町，野毛町(3丁目及び4丁目を除く。)，羽衣町(一般国道16号の東側を除く。)，初音町(県道218号の西側を除く。)，花咲町(2丁目及び3丁目を除く。)，日ノ出町(県道218号の西側を除く。)，福富町仲通，福富町西通，福富町東通，弁天通，本町(一般国道133号の北側を除く。)，真砂町(1丁目を除く。)，港町(1丁目を除く。)，南仲通，宮川町(3丁目を除く。)，吉田町及び若葉町」，川崎市川崎区のうち「砂子，駅前本町，小川町，東田町，堀之内町，本町(一般国道409号の北側を除く。)，南町及び宮本町」のみである。これらは非常に狭い地域での指定であることがわかる。

30) この点，警察実務家による解説にも表れている。例えば，高橋大介「風俗営業等の規制及び業務の適正化等に関する法律の一部を改正する法律の概要」警察公論70巻11号(2015年)15頁には，改正法について「ダンスをさせる営業を一律に風俗営業として規制するよりも，

るいは運用が違憲という事態となる)。

　だからこそ，ダンス営業者というよりも，従来の「遊興」に関わる営業にとっての影響が特に問題となってくるのである。

おわりに

　本稿では，風営法におけるダンス営業規制をめぐるここ数年の流れを追いつつ，それを受けて行われた2015年風営法改正を概観し，さらに同改正により新たに見えてきたいくつかの問題点を指摘した。

　以上を踏まえる限り，今回の法改正には一定の規制緩和につながる面もありつつも，具体的な営業者には，緩和の効果がそれほど期待できる状況にはなく，かえって規制強化になる事態も考えられることが分かった。ダンス営業規制それ自体が違憲の疑いもあったなかで，新たな法改正がそれを治癒する可能性に期待が寄せられたが，それは必ずしも万全にかなう事態にはならなかった。特に，従来，遊興をさせる営業に関わってきた人々にとっては，不幸な法改正になったといえるのではないか。

　他方，最高裁の上告棄却決定により確定した判決のロジックから考えると，特定遊興営業類型が特定のダンスをさせる場合の特殊な営業形態になるにすぎず，深夜に客に酒を振る舞いダンスをさせる多くの営業形態に関しては，裁判所の法解釈からすれば従来の「深夜酒類提供営業」にすぎないものとなる可能性が高いことが分かった。逆に言うならば，「深夜に客に飲食を振る舞いダンスをさせる営業はすべて，深夜特定遊興営業とする」という法解釈は，法理の観点から論理的に破たんしていることになる。それでもなお，そうした誤った解釈論が展開され，それが実際の運用の定番となる可能性も否定できない。この点，今後，注意を要するであろう。

ダンスをその態様に応じて接待又は遊興の一形態と解した上所要の規制を行う方が適当」であり，「歓楽的雰囲気を醸し出す方法で客にダンスをさせる場合は接待の一形態，それに至らない方法で営業者側の積極的な行為により客にダンスをさせる場合は遊興の一形態に当たると解釈する」とある。ここでは，「ダンス」カテゴリーの限定化と「遊興」の態様の限定化を行われている点に注意したい。

いずれにせよ，改正されたばかりの法律が，今後またすぐに改正されるという状況になることは期待できない。そこで今後の実際の法運用をもう少し見つめ，検証していくことが求められる。また，「ダンス」や「遊興」規制に限らず，そもそも風営法にはいろいろと考えなければならない憲法上の問題が詰まっていることを，今回の研究を通じて知ることができた。社会風俗の変遷のなかで，人々の性的欲求やその他の遊び(レジャー)に係る営業を，憲法的価値との調整を通じていかに統制するのか，そしてナイトカルチャーの維持のためのいかなる法秩序を形成するのか。これらを今後とも考えていくことの必要性を改めて感じるしだいである。

　〔附記〕　本稿校正時，高山佳奈子「風営法裁判と法益保護の原則」井田良(他)編『浅田和茂先
　　　　　生古稀祝賀論文集[上巻]』(成文堂，2016年)839頁に接した。

強姦罪における「被害者資格」問題と「経験則」の再検討

小宮友根

I　はじめに

　強姦事件の裁判に対するフェミニズムからの批判においては，しばしば裁判所が用いる「経験則」が問題となってきた。とりわけ無罪が争われるときには，裁判所は被害者が性交に同意していたのかどうかについて事実認定をおこなわなければならない。しかも強姦事件は多くの場合目撃者のいない状況で起こるため，裁判所は間接事実からの推論によって事実認定をおこなわなければならない。このとき，裁判所が同意の有無を推論するその方法が批判されてきたのである。

　本稿はそうしたフェミニズムの議論と関心を共有している。しかし他方で，裁判所が用いる経験則の問題を，裁判官の無知やジェンダーバイアスに由来するものだと考えるのではなく，より広く私たちの社会に浸透した，実践的合理性にもとづく推論がもたらす構造的問題として捉えたい。そうすることで，強姦事件の判決にこれまで繰り返し批判がおこなわれてきたにもかかわらずなぜ同様の判決が繰り返されるのか，そしてまた，この問題を解消するために，私たちは何を考える必要があるのかといった問いについて考察するためのひとつの視点を提供したいと思う。

II 「被害者資格」の問題とその批判

1. 被害者資格問題

　性暴力事件の裁判，とりわけ強姦裁判についてこれまでフェミニズムの視点から加えられてきた批判のひとつに，いわゆる「被害者資格」(角田 2001)の問題がある。すなわち，強姦の被害を認められるために，被害者は法益侵害の有無とは関係なさそうに思えるさまざまな「資格」を満たしていることを要求されてしまっているのではないかという問題である。かつて刑法177条が「些細な暴行・脅迫の前にたやすく屈する貞操の如きは本条によって保護されるに値しないというべきであろうか」(所 1965)と解説されていたことなどを例に，その保護法益が性的自由ではなく「貞操観念」だとされてしまっている，と主張されるのはその代表的なものである。たとえば，被害者の過去の職業や性経験の多寡，抵抗の有無などによって性交への同意があったかどうかが判断されてしまうものがよく挙げられる。有名なものをいくつか確認しておこう。

　被害者の過去の職業や性経験の多寡が同意の有無の判断に使われている例としては次のような判決がある。(東京地判平成14.3.27判時1791号152頁)

> D子は，高校卒業後から本件発生に至るまでの間，長く水商売と呼ばれる仕事を続け，本件当時はキャバクラのホステスをしていた二十二歳の女性であり，経験した仕事の中にはアダルトビデオの出演なども含まれていたこと，同女は，少女時代から本件発生までの間に相当多数の男性と性関係を持ったことが認められる。……このような事情を総合すると，D子は，一般人から見ればかなり自由な性意識を持った女性であると言わなければならない。……以上のような被告人およびD子の人物像に照らすと，本件当日朝のE[被告人の友人]方における状況において，被告人が，周囲の者が眠りについた頃合いをみて，抜け駆け的にD子に肉体関係を求めるというのは必ずしも不自然なこととはいえないし，このような求めにD子が応じ，両者合意の下，周囲をはばかりながら性交に及ぶということも，事の次第によってはないとはいえない。

ここでは，被害者が「キャバクラのホステス」をしていたことや「アダルトビデオの出演」歴を持つこと，加えて「相当多数の男性と性関係を持ったこと」

が参照され，そこから「自由な性意識」が被害者へと帰属されることで，性交への同意があったかどうかの推論がおこなわれている。

　また，被害者の職業と抵抗の有無については比較的最近でも，最高裁で次のような無罪判決があった（最高裁平成23.7.25判タ1358号79頁）。被告人は通行中の女性をビルの階段踊り場まで連行して強姦したとされていた。

> 被告人が声を掛けた場所は，駅前のロータリー近くで，商店，飲食店等雑居ビルが密集する繁華街の歩道であり，この時間帯であれば，相当の人通りがあったものと予想される場所であり……そこから近くには，交番もあり，駅前ホテルの駐車場の係員も居て，Aは，そのことを知っていながら，これまで面識のなかった被告人の言葉を受けて，叫んだり，助けを呼ぶこともなく，逃げ出したりもしていない。Aが，このような状況の下で，それだけの言葉で助けを求められなくなるほどの恐怖心を抱いたということには疑問を抱かざるを得ない。Aは，18歳で若年ではあるが，当時，キャバレークラブで勤務しており，接客業務の経験もあって，それなりの社会経験を有しており，若年であることを過度に重視すべきではない。

ここでは，A（被害者）に被告人が声をかけ，犯行があったとされる場所まで被告人の後をついていくあいだ，「人通りがあった」こと，「交番も」あったこと，そしてAが「キャバレークラブで勤務」していることなどから，叫んだり助けを呼んだり逃げ出したりしなかったことに対して疑問が投げかけられている。

　このように，被害者がどんな職業についているか，過去にどんな性経験を持っていたか，どれくらいの抵抗をしたかをもとに裁判所は事実認定をおこなう。このほかにも，被害者が被告人と一緒に飲みに行ったことや，被告人の車に乗ったり家に行ったりしたことなどが同様に参照されることもある。当然ながらこうした事柄は，どれも「性交に同意した」ことの直接の証拠ではない。したがってこのとき裁判所は，経験則を用いて，そうした事柄から性交への同意の有無を推測しようしていることになる。そして，フェミニズムの議論が批判を向けてきたのはまさにその点である。そうした事柄を考慮にいれて同意の有無を判断することは，被害の認定に際して被害者に特別の「資格」を求める（性経験が少なく，性労働についておらず，被告人と深夜まで遊んだりせず，何かあったら全力で抵抗することを求める）不当な判断だと言われてきたのである。

２．「被害者資格」問題への批判

　被害者資格の観点から裁判所の経験則使用を批判する議論は，概観すると，その論理的な誤りを指摘するタイプと，経験的な誤りを指摘するタイプとにわけられるように思われる。論理的な誤りを指摘するタイプは，被害者が「被害者資格」を満たさないことから，性交への同意（より正確にいえば，非同意に対する合理的な疑い）を導くことの問題を指摘するものである。水商売についていたからといって，過去に性経験が多いからといって，あるいは被告人についていったからといって，それは性交への同意を意味しない，という指摘がそれにあたる。典型的には次のようなものが挙げられる。

　　ラブホテルに一緒に行くこと＝性交渉の合意と必ずしもなるわけではない。（福島
　　1997: 252）

ここで批判されているのは「ラブホテルに一緒に行くこと」から「性交渉への合意」を導くことである。かりにラブホテルに行くことに同意したとしても，性交渉には同意していなかった可能性もある，というわけだ。同様の批判は「被告人と夜遅くまで一緒に飲んでいたこと」「被告人の車に１人で乗ったこと」などから性交への同意を導く推論に対してもしばしば向けられる（第二東京弁護士会両性の平等委員会司法におけるジェンダー問題諮問会議編 2009）。

　それに対して経験的な誤りを指摘するタイプは，「被害者資格」を被害者に要求することの誤りを，経験的データに照らして論証しようとするものである。典型的には次のようなものが挙げられる。

　　「殺すぞ」などと脅された場合はもちろんですが，そうではない場合でも，金縛りに
　　なったように身体が硬直し，被害者はとっさになすべき判断がつかず，満足に「抵
　　抗」できないのが普通なのです。（杉田 2013: 22）

ここでは，被害者による抵抗の不在から性交への同意を導くような推論に対して，抵抗の不在は「抵抗しない」のではなく「抵抗できない」ことによるのだという経験的事実によって批判がおこなわれている。

　　　　　　　　　　強姦罪における「被害者資格」問題と「経験則」の再検討　　309

さて，本稿はこうした批判の正しさについて疑いを差し挟もうとするものではない。ラブホテルに同行したことや，過去の性経験の多さから，性交への同意を論理的に導くことには，やはり問題があると思われる。とりわけ過去の性経験を同意の証拠とすることに関しては，欧米では1970年代の強姦法改正において禁じられてきた歴史がある[1]。また，抵抗の不在は「抵抗しない」のではなく「できない」ことを示しているのだというのにも根拠がある。たとえば，内山(2000)によれば，強姦事件の被害者のうち，被害にあったときに「何もできなかった」者は33.6％にのぼる。それゆえ，こうした批判を，刑事司法が真剣に受けとめなければならないことはあきらかであろう。

しかしながら他方で，ここにはまだ考えなければならないことが残っているようにも思われる。なにより，上記のように一見明白な正当性を持つと思われる批判が30年近くも前からおこなわれてきたにもかかわらず，なぜ似たような判決が近年にいたるまで繰り返し生じているのかということが考察されなければならない。この点，被害者資格問題に対する批判は，裁判所が似たような経験則を用いて事実認定をおこなうことの原因を，しばしば裁判官の偏見，とりわけ裁判官が男性であるがゆえの偏見に求めてきた。

> 強かん事犯に関する判決が，裁判官の，偏見に満ちた，主観的で偏狭な判断に委ねられているから，今回のような，常識……を逸した判決が出されたのではないでしょうか。(杉田 2013: 162)

> ここで言われる経験とは，いったい誰の経験なのかという問題がある。私は，男性裁判官，加害者側の男性代理人という男性ばかりの法廷において，女性被害者の悲痛な叫びが空回りし，その場の男性陣にはまったく届いていないという事態を何度も経験した。多くの男性は，強姦神話やDV神話にもとづく「経験則」によって，強姦やDV被害を理解するのであり，それらによらない「経験則」によって理解することはできないのであろう。(井上 2014: 124)

こうした批判には，あたっている部分もあるだろう。中には偏見をもった裁判

---

1) 欧米における強姦法改正については，上村(2004)，大阪弁護士会人権擁護委員会・性暴力被害検討プロジェクトチーム編(2014)などがまとまっていて参考になる。

官もいるに違いない。問題がそれに尽きるならば，裁判官に対するジェンダー教育を徹底すること，そして女性裁判官を増やしていくことがその解決策だということになるだろう。

しかし，似たような判決が何度も生じていることを考えるならば，多くの裁判官が一様に同様の偏見を持っていると考えるのは，やや説得力に欠けるようにも思われる。しかも，上で見たような批判が繰り返しおこなわれてきたにもかかわらず，多くの裁判官が「偏見」を保持したままであるというのも考えづらいのではないだろうか。そこまでの硬直性や不見識を専門家集団としての裁判官に帰属するには，相当に強い挙証責任を引き受けなければならないように思われる。それよりはむしろ，次のように考えることはできないだろうか。すなわち，ここには裁判官個々人の偏見の問題に還元できない，より構造的な問題があるのだ，と。次節以降で「経験則」の身分を再考することによって本稿が焦点をあてたいのは，その構造，すなわち，特定の情報をもとに事実認定をおこなわなければならない状況のもとで，私たちの推論を一定の（被害者にとって不利な）方向へと導くような仕組みがあるということである。裁判官個人の偏見を超えた構造的問題がそこにあるのならば，解決策もより広い文脈で考察される必要があることになるだろう。

Ⅲ　経験則の身分と推論におけるその役割

1．経験則の身分

まず，被害者資格問題とその批判が，裁判官が用いる経験則を焦点として生じていることにあらためて注意を促しておきたい。「ラブホテルに行ったのであれば性交することに同意していたのであろう」「抵抗していなかったのであれば同意していたのであろう」という推論が，論理則にしたがった推論ではないことはあきらかである。こうした推論をおこなうとき，裁判官は経験則にしたがっている。実際，「裁判官の狭い経験」が問題であると言われたり，「男性の経験」が問題であると言われたりするように，被害者資格問題に対する批判とは，裁判官による経験則の使用に対する批判なのである。

しかし，ここであらためて確認しておきたいのは，「経験則」と呼ばれるも

強姦罪における「被害者資格」問題と「経験則」の再検討　　311

のの雑多な性質である。経験則とは，「個別的経験から帰納的に得られた因果の関係や事物の性状等についての知識や法則であり，内容的には，日常の常識から専門的科学法則まで含まれる」と言われる(伊藤ほか 1998: 130)。こんなことは，あらためて指摘するまでもないことだと思われるかもしれない。しかし，経験則と呼ばれるものの中に多種多様な法則や規則が含まれていることは，とりわけ経験則の使用に対して批判が向けられているときには考慮に値すべきことである。なぜなら，経験則がどのような法則ないし規則であるかによって，その正当化の方法も変わってくるはずだからである。専門的な科学法則であれば，その正しさは専門家である科学者集団のチェックによって判断されなければならないだろう。では，日常的な常識のようなものについては，私たちはどのようにその正しさについて考えればよいのだろうか。次のような例から考えて見よう。

> 拡声器をつけて音楽を奏でつつ，人の歩行する程度の速度で進行する宣伝車の後部に数人の児童が取り付き又は追随するものであることが通例であるから，その児童が反対の方向から進行する自動車の前面に何時飛び出すかも測り知れないことは経験則上明らかである。(最判昭和33.4.18刑集12巻6号1101頁)

ここで経験則として用いられているのは，「宣伝車の後部には児童が追随するものである」というある種の常識的な知識である。この知識自体は，少なくとも昭和30年代の状況においてはもっともらしいように思えるし，だからこそ裁判官も「経験則上明らか」と述べているのだろう。

　考えておきたいのは，この「もっともらしさ」が何に由来するのかという点である。まず，あきらかにそれは「宣伝車の走行」と「児童の追従」のあいだに論理必然的な関係があるからではない。宣伝車と児童のあいだにそのような関係はない。また，この経験則のもっともらしさは，厳密な意味での経験からの帰納的一般化によるものでもない。宣伝車の後に本当に子どもがついてまわるのかを数えたことがある人はいないに違いない。だが，にもかかわらず，論理的ではなく，かつ経験的に確かめられてもいないから，裁判官はこの知識を使うべきではない，というのは奇妙なことであるように思われる。言い換えれ

312

ば，論理的必然性がなく，かつ経験的確証がなくても，私たちはこの知識になんらかのもっともらしさを感じるはずだ。そして，一般に「常識」と呼ばれるような知識には，このように論理的とも経験的ともいいがたい「もっともらしさ」を持つものが多くあるように思われる。では，このような「もっともらしさ」について私たちはどう考えればよいのだろうか。とりわけこうした知識の正しさが問題になるとき，裁判官がそれを用いることの是非について私たちはどのように考えることができるのだろうか。

2．当座のアプリオリ

いま私たちが考察したいのは，「常識」に与えられた正当性の身分である。この点，社会学者のハーヴィ・サックスが「子どもが語るお話の分析可能性」という論文の中でおこなっている考察は示唆に富むと思われるので，簡単に触れておきたい(Sacks 1972)。サックスは，「赤ちゃんが泣いたの。ママがだっこしたの」という2歳の女の子の「お話」をとりあげ，次のような問いを立てている。この2つの文を目にしたとき，私たちは文字どおりには書かれていない，いくつものことを理解してしまう。たとえば，「ママ」と呼ばれている人物は「泣いた赤ちゃんのママ」であること。「ママ」が「赤ちゃん」をだっこしたのは，赤ちゃんが「泣いたから」であること，等々。論理的に考えれば，「ママ」である人物は「泣いた赤ちゃんのママ」以外にも世の中に無数に存在するし，「だっこした」理由も他の可能性を考えることができる。にもかかわらず，なぜ私たちはほとんど疑問の余地無く上記のような理解をするのだろうか。

サックスの答えは複雑だが，要約すればおおよそ次のようなものである。私たちは，ある人が何者であるかを理解したり，ある行為がどんな行為か／なぜおこなわれたのかといったことを理解したりする際，カテゴリーどうしの結びつきを参照している。ここでカテゴリーというのは，ある人や行為，活動などを特徴づけるために用いることができる日常的な表現のことである。たとえば，「赤ちゃん」と「ママ」というカテゴリーは，「家族」という同じ集合に属すると理解できるという意味で，結びついている。私たちは「赤ちゃん」「ママ」というカテゴリーが用いられるとき，それらをこの結びつきのもとで理解するので，それらを独立のカテゴリーとしてではなく，「家族」集合の要素として

理解する。「ママ」が「泣いた赤ちゃんのママ」に見えるのは，私たちがそのような理解の仕方をしているからだというわけだ。

　同様に，人のカテゴリーと活動のカテゴリーも結びついている。「赤ちゃん」というカテゴリーと「泣く」という活動のカテゴリーは結びついているし，「ママ」というカテゴリーと「自分の子の面倒を見る」という活動のカテゴリーも結びついている。「ママ」が「赤ちゃん」を「だっこ」したのが「赤ちゃんが泣いたから」だと理解できるのは，「同じ家族」に属する自分の赤ちゃんが泣いているときに，「ママ」と理解できる人物がその人物カテゴリーと結びついた活動をおこなったからなのである。

　こうした考察は，一見すると当たり前のことを述べているだけに思えるかもしれないが，ここには本稿の議論にとって重要な論点が含まれている。サックスがここで分析しているカテゴリーどうしの結びつきは，ある種の「常識的知識」である。そして，この結びつきは，狭い意味での論理的なものではない。当然のことながら，上の2文において，「赤ちゃん」である人物と「ママ」である人物が同じ家族には属さない論理的な可能性は存在している。他方で，カテゴリーどうしの結びつきやカテゴリーと活動の結びつきは，経験からの帰納によって支えられている知識でもない。泣かない赤ちゃんも，自分の子どもの面倒を見ない母親も当然いるだろう。帰納的知識であれば，もし泣かない赤ちゃんや子どもの面倒を見ない母親を私たちが目にしたとき，その知識は改訂を迫られるか，あるいは少なくとも留保がつけられるだろう。しかしそうした場合でも，おそらく私たちは「赤ちゃんなのに泣かない」「母親なのに子どもの面倒を見ない」というようにその事態を違背として理解し，もとの結びつきのほうを改訂したりしない。同様に，泣いた赤ちゃんをだっこした「ママ」が赤ちゃんの属する家族の隣の家に住む別の家族の「ママ」だったとしたら，その人物が「ママ」であるのは真実であるにもかかわらず，当の表現は出来事の正確な記述ではない（場合によっては嘘をついている）と私たちは思うに違いない（つまり，「ママ」と「赤ちゃん」は同じ家族集合に属するという理解を維持するに違いない）。

　このことは決定的に重要である。なぜなら，このことが意味するのは，たとえば「赤ちゃんが泣いたの。ママがだっこしたの」のような表現を目にしたと

き，その表現があらわす事態の「正しい」理解がなんであるのかは，実は文字どおりの事実との対応によってではなく，「赤ちゃん」と「ママ」を結びつけ，「ママ」と「だっこ」を結びつけて理解するような，私たちの常識によって水路づけられているということだからである。論理的な可能性としては，「赤ちゃん」と「ママ」が別の家族に属する可能性も，ママがだっこしたのは赤ちゃんが泣いたからではない可能性もある。しかし，その可能性は私たちがその表現であらわされる事態を理解する方法においては除外されている。しかも私たちは，経験的な一般化による確証ゆえにそうした方法を用いているのでもないのである。

こうしたサックスの考察の含意は次のようにまとめることができるように思われる。すなわち，私たちは，人物や行為，活動などの理解にあたって，論理的必然性にも経験からの帰納にもその妥当性を支えられていないような知識を，社会生活の中でふんだんに用いている。そうした知識を参照できなければ，「赤ちゃんが泣いたの。ママがだっこしたの」という単純な文すら私たちは理解を定めることができなくなってしまう。この点で，何が「正しい」事実の記述であるのかは，事実と表現との文字どおりの対応によって理解されるのではない。そうではなくむしろ，事実を記述するのに用いられる表現どうしの結びつきに関する知識のほうが，何が「正しい」事実であるのかについての理解を導いている[2]。私たちの社会生活は，この種の知識に大きく依存してはじめて成立しているのである。

ここでは，こうしたタイプの知識を，「当座のアプリオリ性をもった知識」と呼んでおきたい。それは純粋にアプリオリな知識ではないが，人物や行為，活動などを理解するそのつどの機会において，他の理解を可能にするような特段の事情がない限りさしあたり妥当するものとして私たちが依拠する知識であり，まさにその機会においては，経験に先立ち私たちの理解を一定の方向へと水路づける役割を果たす，そういうタイプの知識である。

また，そうしたタイプの知識を用いて人物や行為，活動などを理解することを，「実践的合理性にもとづく推論」と呼んでおきたい。論理的な必然性がな

2）「正しさの認識可能性」をめぐるサックスの議論については，小宮（2011）も参照のこと。

く，かつ経験的な確証がなくても，私たちはそうした知識を用いて事態を「正しく」理解することができるし，そのように生活している。その限りにおいて，当座のアプリオリ性を持った知識にもとづく理解は，実践的な合理性を持っているのである。

　以上のように，一般に「常識」と言われる知識の「もっともらしさ」は，当座のアプリオリ性をもった知識を用いた推論の実践的合理性として理解することができるのではないだろうか。裁判官が経験則として用いるさまざまな知識の中には，疑いなく，こうしたタイプの知識が大量に含まれている。そして，このように考えるならば，裁判官が経験則としてこうしたタイプの知識を使用することに対して疑問が投げかけられるとき，その是非についてどう考察すべきかの手がかりが得られるように思われる。

3．強姦裁判における経験則批判の問題点

　強姦裁判の判決に対する批判は，「ラブホテルに行ったのであれば性交することに同意していたのであろう」「抵抗していなかったのであれば同意していたのであろう」といった経験則を用いて裁判官が事実認定をおこなっていることに向けられていた。前節の議論を踏まえると，こうした批判が正当であるにもかかわらず，なぜ同様の判決が繰り返しおこなわれるのかについて考察ができるように思われる。

　前節で述べたように，こうした経験則は，論理的に正しいからとか，経験的に確かめられているからといった理由で用いられているわけではない。したがって第1に，「同意していたとは限らない」という主張は，こうした経験則を用いた推論に対する批判としては十分に機能しない。そもそも純粋に論理的な可能性について言えば，明示的に口頭なり文書なりで同意を与えたとしても，じつは内心では同意していなかったという可能性は常にある。その意味ではどこまでいっても「本当に同意していたとは限らない」と言うことはできてしまう。であるならば，問題は「同意していたとは限らない」という論理的な可能性にあるのではないことはあきらかだろう。そうではなく，どのような知識のもとで「同意があった」と推論するのかという実践的合理性とその是非が主題的に論じられなくてはならない。

第2に，裁判所の経験則使用に対して「経験的に誤っている」という批判を
おこなうことは，有効性を持つ場合があるが，しかしその効果は限定的である
と思われる。たとえば抵抗の有無と同意の関係であれば，被害者の3分の1が
「何もできなかった」というデータは，「抵抗していなければ同意していた」と
いう知識のもっともらしさを引き下げ，当座のアプリオリ性を剥奪することに
寄与するだろう。こうしたデータは「抵抗の不在」についての一般的な理解を
直接に書き換えるからである。他方で，「ラブホテルに行ったのであれば」と
いった推論に対しては，同じような仕方でデータを取ることに意味があるとは
思われない。この場合は「ラブホテルに一緒に行くこと」の解釈が争われてい
るというよりも，仮に一般的にラブホテルに一緒に行くことが性交への同意と
理解されうるとしても，強姦被害が訴えられている個別の事案において，その
ことのみをもって「同意があった」と判断してよいのかが問題となっているよ
うに思われるからである（「被告人の車に一緒に乗ったのであれば」というような推論
であればなおさらである）。

　そうであるならば，「ラブホテルに行ったのであれば性交に同意していただ
ろう」というような推論については，経験的データによってそれを否定すれば
よいというわけにはいかず，それゆえまた経験的データが出てくるまでそうし
た経験則を用いるべきではないというわけにもいかないことになる。問題はそ
もそもそうした経験則が本当に経験的一般化に耐えうるかという点にではなく，
個別の事例におけるその適用の仕方にあるのである。この点を等閑視して，あ
たかも一般的にそうした経験則が成り立たないかのように言うだけでは，裁判
官にその使用を控えさせるだけの説得力はないように思われる。

　以上のように，そもそも論理的な正しさや経験的な確証ゆえに用いられてい
るのではない知識については，論理的な批判や経験的な批判は必ずしも有効で
あるとは限らない。この場合，そうした知識を用いることの是非について議論
するためには，異なった角度からの検討が必要になるだろう。すなわち，当座
のアプリオリ性をもった知識にもとづく推論の実践的合理性に対する，法益保
護の観点からの規範的検討が必要であるように思われる。残念ながら，ここで
はそうした議論を十分に展開することはできない。その代わりに，以下では1
つの事案を検討することで，次の点をあきらかにしておきたい。すなわち，さ

まざまな知識を当座のアプリオリ性をもったものとして用い，事実を実践的合理的に理解しようとすることは，社会の成員である私たちがみな等しくおこなっていることである。それゆえ，仮にそうした知識の使用に問題があるのであれば，それは裁判官個人の偏見に還元できる問題ではない。「問題のある」推論は，裁判官だけでなく，場合によっては被害者自身をも含めた，社会成員全員がおこなってしまう可能性があるものであるはずだ。そして，まさにそうであるがゆえに，同じような判決が生じてくる構造的な仕組みが刑事司法過程の中にあるのではないかということを論じたい。

Ⅳ　事案の検討

1．事案の概要

　以下で検討するのは，横浜地裁平成15年6月2日の強姦事件の判決(無罪・確定)である。事案の概要は次のようなものである(季刊刑事弁護 41)。被告人はカラオケ店に勤務していたガーナ国籍の外国人で，事件当日被告人は知人であるBの紹介で，A，Cと出会い，食事をした後Aの運転するレンタカーでクラブに出かけた。午前3時過ぎまで過ごした後帰宅することになり，BとCを途中で降ろした後，Aと被告人が川崎駅近くでレンタカーを返却した。その後，被告人はAとともに自宅に行き，Aを強姦したとするのが公訴事実である。判決では，被害者Aおよび被告人の証言の双方についてその信用性が否定された上で，「暴行脅迫を加えた上で姦淫した事実を認めるには足りない」という判断が下された。裁判所の結論は以下のとおりである。

　　以上を要するに，被害者証言は，被告人方に至った経緯や被害状況等に関してその内
　　容自体に不自然で不合理なものがあるといわざるを得ないばかりか，これを裏付ける
　　に足りる客観的証拠は見当たらず，被害後の状況等にも首肯しがたいものが散見され
　　るのであって，これらを総合すると，被告人から暴行脅迫を受けて姦淫された旨の被
　　害者証言の信用性を肯定するにはなお困難があるといわなければならない。

ここでは紙幅の都合から裁判所の見解のすべてを検討することはできないが，

本稿の関心に照らしてもっとも興味深い，「被告人方に至った経緯」について，被害者がどのように供述し，また裁判所がどのように被害者の供述を「不自然と不合理」と判断しているのかを見ることで，そこでの経験則の働きについて考察してみたい。

2．被害者証言と裁判所の見解

まず，被告人方に至った経緯について，被害者証言の要旨として判決文にまとめられた箇所を確認しておこう。被害者証言の要旨は次のようなものである

〔抜粋1〕

食事の後，クラブに行くという話になり，疲れていたので気乗りがしなかったが，みんなが行くので行くことにした。

（略）

Bを送り，自分も帰ろうとしたところ，被告人から誰が運転するのと言われて被告人が無免許であることが分かり，仕方がないのでレンタカーを返すために川崎まで行った。

（略）

レンタカーを返した後，被告人から喫茶店に行こうと誘われたものの，その日は用があったので，もう帰ると言ったが，仕事の話をしようと言われた

（略）

自分の家が近いからそこへ行こうと言われたが，ロイヤルホストでいいと答えた，さらに，被告人は，「僕を信じて。神に誓って大丈夫だから。」と言ったので，性的なことを何もしないから大丈夫だという意味だと思った。

ここで被害者は，被告人たちとともに「クラブに行った」こと，そしてその後に被告人宅に行ったことについてそれぞれ供述している。注目しておきたいのは，その供述が一貫して，みずからのおこないが非自発的であったことを示すような表現を用いておこなわれている点である。

まず「クラブに行ったこと」については，次の2点が指摘できる。第1に，「クラブに行くという話になり」というように，その話が自分の意思とは別のところから出てきた出来事として語られている。そして第2に，自分は「疲れ

強姦罪における「被害者資格」問題と「経験則」の再検討　　319

ていたので気乗りがしなかった」のだが，「みんなが行くので」行ったというように，それが「他者にあわせる」行為だったと述べられることによって，クラブに行くという選択についてのみずからの主体性が否定されている。こうして，クラブに行くという話を自分で出したわけでもないし，出てきた話に乗り気だったわけでもない，ということが示されている。

　続いて「被告人宅に行ったこと」についても，３点指摘しておこう。第１に，川崎(被告人宅の近く)まで行ったのは，自分しか運転免許を持っていない中で「レンタカーを返すため」であると言われている。第２に，被告人から喫茶店に誘われた際，被害者は「もう帰る」と断り，結局ついていったのも「仕事の話」だったからである(被害者は被告人について，Bから「サイドビジネスで洋服の輸入販売をしている人」として紹介されたと主張していた)。そして第３に，被告人宅に行ったのも「性的なことを何もしないから大丈夫」という意味のことを言われたからだと述べられている。こちらも一貫して，被告人宅の近くに行ったのは車を運転できるのが自分だけだったからであり，喫茶店への誘いも(少なくともいったんは)断り，被告人宅に行ったのも相手の言葉を信用したからだというように，いずれも自分から進んでおこなったことではないという理解が示されている。

　このように，被告人供述には，クラブに行ったことおよび被告人宅に行ったことについて，いずれもなんらかの「やむをえない事情」が添えられていることがわかる。それによって被害者は，いずれも自発的におこなったことではないことを示し，そしてまさにそれゆえに，自分には被告人に対して性的に接近する意図がなかったこと(むしろ相手のそうした意図をかわそうとしていたこと)を示そうとしているように思われるのである。

　では，こうした供述に対して裁判所はどのようにその信用性を判断したのだろうか。以下はこの点に関する裁判所の見解である。

〔抜粋２〕

> 銀座で食事をした後，被告人や被害者らは横浜のクラブに赴いているが，被害者は，気乗りがしなかったといいながら，わざわざ江東区の自宅に戻り，クラブでの遊興にふさわしい衣服に着替えて出かけていること…(略)…被告人の話

だけでも聞いておくのもいいと思って被告人方に行ったというものの，それまでに具体的にどのようなリストやサンプルが被告人方にあるのかは聞かないまま被告人に付いて行っていることなどからすると，横浜のクラブでの遊興の後，被害者が被告人方に行った理由について，被告人の仕事に興味があったためであるとする被害者証言は，具体性に乏しくしいささか不自然なものというべきである。

　ここで裁判所がおこなっているのは，ちょうど被害者供述でおこなわれていたのと反対に，被害者の「自発性」を推測させるような要素を挙げることであるように思われる。「クラブに行ったこと」については，被害者が「自宅に戻って遊興にふさわしい衣服に着替えて出かけていること」を「わざわざ」という表現で強調している。「被告人方に行ったこと」については，仕事の話のためという割には，商品の「具体的なリストやサンプル」について尋ねていないことが指摘されている。こうした事柄を指摘することで，裁判所は被害者供述において示されていた「一貫した非自発性」に対して，いずれにもそれを「不自然で不合理」と感じさせる要素があることを示していると思われる。そしてこのことは結果として（明示的に述べられているわけではないけれども）被害者供述が性的関心の存在を否定しようとしていたことに対しても，疑問を投げかけることになるだろう（**表1**）。

表1　被告人宅に行った経緯

	クラブに行った理由	被告人宅に行った理由	性的関心
被害者の主張	みんなが行くと言ったから	仕事の話をするため	無し
裁判所による疑問	わざわざ着替えている	具体的な話をしていない	（疑問）

　以上，被害者が被告人宅に至った経緯について，被害者供述を不自然で不合理」だと裁判所が判断するやり方を見てきた。次節では，こうした被害者供述と，それに対する裁判所の見解において，どのような経験則がどのように働いているのかについて検討したい。

3．経験則による被害者供述の構造化

　まず，この事案は一見すると，「ラブホテルに一緒に行ったからといって性交渉の合意と必ずしもなるわけではない」と批判されていたような，裁判所によるジェンダーバイアスを含んだ経験則の使用の例に見えるかもしれない。すなわち，被害者が被告人とクラブに行ったこと，またその後ひとりで被告人宅に行ったことから性交への同意があったことを推測している例のように見えるかもしれない。しかし，丁寧に見てみると，裁判所は少なくとも明示的にはそうした推論はおこなっていないことがわかる。指摘されているのはあくまで，クラブに行った理由，および被告人宅に行った理由についての，被告人の供述が「不自然で不合理」であることである。

　それに対して注目したいのは，少なくとも被告人宅に行ったことについて，そのことと性的関心の有無とを明示的に結びつけているのは被害者供述のほうだということである。被害者供述では，被告人宅に行った理由について，「僕を信じて。神に誓って大丈夫だから」と被告人に言われ，「性的なことを何もしないから大丈夫だという意味だと思った」ことが述べられていた。こう述べることで被害者は，被告人宅に行くことは被告人と性的関係を持つことを示唆するという理解を示しているように思われる。だからこそ，その含意が被告人によって否定された（「何もしないから」と言われた）ことを，自分が被告人宅に行った理由として挙げることが，自分には性的関心がなかったことを示すことになるのである。つまり被害者供述は，特段の事情がない限り相手の家に1人で行くことは性的関心を持っていると理解できる，という（まさにフェミニズムの議論が批判してきたような）経験則を参照し，その経験則に沿ってみずからの行動が理解されてしまわないように供述を組み立てているように思われるのである。

　さて，もしそうであるならば，経験則の働きについて考察しようと思うとき，裁判所がどのような推論をおこなうかのみを検討するのでは不十分だということにならないだろうか。この事案では，被害者は自分がクラブに行ったことについて「気乗りがしなかった」と述べていた。また，被告人宅に行ったことについても「仕事の話」だからだと述べていた。だが，裁判所が指摘していたような事情（わざわざ着替えに戻っていたこと，仕事の具体的な話はしていなかったこと）

があったことは，被害者自身わかっていたはずである。では，なぜ被害者はあえてそうしたことに触れずに，みずからの「一貫した非自発性」を示さなければならなかったのだろうか[3]。このことが問われなくてはならないはずだ。

　この点，被害者(あるいは供述調書を作る警察，公判で証言をさせる検察)は，当然のことながら被害者供述が法廷の場でどのように理解されるかを考慮に入れながら言葉を組み立てるだろう。このとき，上で述べたような経験則は，裁判所の推論だけでなく，被害者の供述に対してもそれを一定の方向に水路づけるように働くことになる。言い換えれば，「被害者資格」の問題は，被害者供述に対する裁判所の解釈に対してではなく，被害者供述そのものに対して構成的に働いている可能性がある。もし被害者が(あるいは警察や検察が)，「被告人と一緒にクラブに行ったこと」や「被告人宅に行ったこと」から，相手に対して性的関心を持っていたことを推論されてしまうかもしれないと考えたなら，実際に裁判所がそう推論するかどうかにかかわらず，そうした推論をされないように被害者自身の行動を表現しようとするのは合理的なことだろう。被害者供述に見られる「一貫した非自発性」はそのようにして生まれているように思われる。そうすることで，被害者は自分には性的関心がなかったことを示そうとするのである。

　しかし，このことは場合によっては，かえって被害者の立場を危うくしてしまう。なぜなら，「一貫した非自発性」を示すためには，経験則に沿えば「自発性」を示す要素として理解できそうな事柄について，被害者はそれを隠さなくてはならなくなるからだ。実際，本稿で取り上げた事案でも，被害者供述の中ではクラブに行く前にいったん着替えに自宅に戻ったことは触れられていない。だがこのことは，裁判所のほうから見れば，被害者が自分に都合の悪い事実をあえて無視している，もっと言えば「気乗りがしなかった」という被害者の供述は嘘であるというように見えてしまうだろう。こうして，「非自発性」

---

3) じつは，性暴力被害者が当日の行動について「一貫した非自発性」を示そうとすることは，刑事裁判においてしばしば観察できる。小宮(2011)では，被害者のそうした供述が，裁判所によって「一貫した自発的行為」に書き換えられていく様子が分析されている。私たちは，裁判官の推論だけでなく，被害者の供述についても，なぜそうしたある種の「パターン」が観察できるのかを考察しなければならないのである。

を示すために，被害者は「嘘をつく」リスクを背負うことになり，そのことによってかえってみずからの供述の信用性を損ねてしまうかもしれないのである。そして，供述の信用性が損なわれてしまえば，結果として「一貫した非自発性」によって示そうとしていた「性的関心の不在」にも疑問が投げかけられることになる。しかも裁判所は，みずから明示的に「クラブに行くこと」や「被告人宅に行くこと」と「性的関心」とを結びつけずとも，被害者自身が示したその結びつきに沿って供述の信用性に疑問を投げかけることで，そうした含意を産み出すことができるのである。

　こうして，特定の経験則を参照し，それによって供述が構造化されることで，被害者は体系的に不利な位置におかれることになる。一方で，クラブに行ったことや被告人宅に行ったことについて，自発性を示すような事柄を述べれば自分に性的関心があったことを疑われてしまう。他方で，そうした事柄を隠せば，今度は「嘘をついている」ことを疑われかねない。いずれにせよ，被害者は難しい立場におかれてしまうのである。

4．「ありえた理解」の排除

　このように考えるならば，強姦罪の事実認定において経験則が果たしている，より構造的な問題が見えてくるように思われる。すなわち，被害者のほうに性交への同意なり性的関心なりがあったことを推測させるような経験則は，単に裁判官がジェンダーバイアスを含む事実認定をおこなう際に使うだけのものではない。そうではなく，そうした経験則は社会成員の誰にとっても実践的合理性を持つものとして利用可能なものであるがゆえに，被害者にとっても利用可能なものである。しかし，まさに被害者がその経験則を参照して，それに沿った推論がおこなわれないようにみずからの供述を組み立てるならば，それは被害の立証の仕方を，被害者に不利な仕方で大きく構造化してしまうことになるのである。

　注意しておこう。これは「被告人宅に行ったのであれば性的関心があっただろう」というような経験則について，それが誤りであるのに(被害者自身も含め)私たちはそれを参照してしまっている，という問題ではない。むしろ，その経験則には前節で述べたような実践的合理性があるからこそ，私たちはそれを考

慮に入れるのである。私たちが考えなければならないのはむしろ，そうした経験則が当座のアプリオリ性をもった知識であるということのほうである。それは論理的にでも経験的にでもなく，特段の事情がない限りでさしあたり妥当するものとして私たちの理解を導くものであった。逆に言えば，特段の事情があるならば，その知識はアプリオリ性を失い，他の理解可能性が探られることになるだろう。しかし，強姦裁判においては，被害者の供述についても裁判所の判断についても似たようなパターンが繰り返し観察されることから考えるならば，そうした「ありえた他の理解可能性」が過剰に閉じられてしまっているのではないかと思われるのである。

　もしこうした構造があるとするならば，これは裁判官に対するジェンダー教育や，女性裁判官の増加のみによって解決される問題ではない。問題は裁判官個人の偏見よりもむしろ，私たち皆にとって利用可能な経験則の実践的合理性が，被害の立証についてのありえた他の可能性を体系的に閉じてしまっていることにある。それはたとえば，「被害者は自発的に被告人宅に行ったが，そこで強姦被害にあった」というような可能性である。仮に，被害者はみずから望んでクラブに踊りに行ったのだとしよう。また，レンタカーを返した後で被告人宅に行った際も，相手が自分に性的な関心を持っていることをわかっていて，かつそのことを嫌だとも思っていなかったとしよう。それでもなお，性交に同意しないということが合理的となる場合はいくらでも考えることができる。たとえば「気分が悪くなった」とか「被告人が暴力的に性交を迫った」というような「特段の事情」があれば，被告人宅に行ってから「気が変わった」のだと推論することもまた実践的な合理性を獲得するはずだ。しかし，こうした立証の仕方は現在はほとんど見られないだけでなく，本稿で検討した事案に見られるように，積極的に避けられているように思われる。被害者に「一貫した非自発性」を求めるような経験則ばかりが参照されることで，「被告人宅には自発的に行ったが性交には同意しなかった」といった「ありえた事実」は，裁判の中で居場所がなくなっているのである。強姦事件の裁判に「ジェンダーバイアス」が働いているとするならば，それは誤った経験則が裁判官によって用いられていることのみにではなく，関係者みなが特定の経験則ばかりを参照してしまうことにあるというべきなのではないだろうか。

強姦罪における「被害者資格」問題と「経験則」の再検討

V　おわりに

　本稿では，強姦裁判における，いわゆる「被害者資格」論を再検討することで，そこには裁判官個人の偏見にとどまらない問題があることを論じてきた。それは社会成員みなが用いる，当座のアプリオリ性をもった知識がもたらす問題であるがゆえに，論理的な誤りの指摘や経験的な確証のみによって解消することはできない。またその問題は，裁判官個人の偏見へと還元することもできない。

　おそらく私たちに必要なのは，そうしたタイプの知識そのものの是非を一般的に論じることではない。そもそも，そうした知識を用いた推論の実践的合理性は，特段の事情がないという文脈のもとで獲得されているものであるため，それを一般的に否定することは難しいだろう。そうではなく，必要なのは，特定の経験則のみに依拠するのではない，他の「合理的な理解」の可能性をできるだけ多く比較検討できるような固有の文脈を法的論証の場が持つことなのだろうと思われる。「自発的に被告人宅に行ったが，性交には同意しなかった」という被害の立証が実践的に可能であれば，被害者は嘘をつかなくてもよいし，警察も検察もそのために必要な証拠を検討することができるかもしれない。そのためには，まずは現在の刑事司法過程において，経験則がどのような働きをしているかについて，私たちはより詳細かつ体系的に知らなければならない。その上で，法益保護の観点から見たときにそこでどのような問題が生じているのか，その問題を解消するために，どのような「他の可能性」を制度的かつ実践的に確保できるのかについての，規範的考察が必要だろう。

　こうした問いは結局のところ，ある人の性的関心や性交への同意／不同意を，私たちはどのように理解しているのだろうかという問題に帰着するように思われる。そもそも一口に「性的関心」とか「同意／不同意」とかいっても，その実際のありようは多様であるはずなのだ[4]。その多様さのうち，何をどんな意味で法益侵害にあたると考えるのか。この原理的な問題を私たちは今なお問わ

4）森川（2002）を参照のこと。また森川（2013）は，強姦罪の保護法益についての原理的な考
　察から改正試案を導くきわめて示唆に富む考察である。

れているように思われる。

和文文献

伊藤栄樹ほか『新版注釈刑事訴訟法 第5巻』（立花書房，1998年）

井上摩耶子「裁判所の経験則は正しいか？──誤判を防ぐために」大阪弁護士会人権擁護委員会・
　　　性暴力被害検討プロジェクトチーム編『性暴力と刑事司法』（信山社，2014年）

上村貞美『性的自由と法』（成文堂，2004年）

内山絢子「性犯罪被害の実態（4・完）」警察学論集53巻6号(2000年)

大阪弁護士会人権擁護委員会・性暴力被害検討プロジェクトチーム編『性暴力と刑事司法』（信山
　　　社，2014年）

小宮友根『実践の中のジェンダー』（新曜社，2011年）

杉田聡編『逃げられない性犯罪被害者』（青弓社，2013年）

第二東京弁護士会司法改革推進二弁本部ジェンダー部会司法におけるジェンダー問題諮問会議編
　　　『事例で学ぶ司法におけるジェンダー・バイアス〔改訂版〕』（明石書店，2009年）

角田由紀子『性差別と暴力』（有斐閣，2001年）

所一彦「強姦罪」団藤重光編『注釈刑法(4)』（有斐閣，1965年）

福島瑞穂『裁判の女性学』（有斐閣，1997年）

森川恭剛「規範のゆがみと強姦罪の解釈」琉大法学68号(2002年)

──────「性暴力の罪の行為と類型」琉大法学90号(2013年)

英文文献

Sacks, Harvey, 1972, "On the Analyzability of Stories by Children", John Gumpertz & Del Hymes
　　　eds., *Directions in Sociolinguistics*, Holt, Rinehart and Winston.

執筆者一覧

陶久利彦（すえひさ・としひこ）　東北学院大学法学部教授

岩切大地（いわきり・だいち）　立正大学法学部准教授

荒木　修（あらき・おさむ）　関西大学法学部准教授

宮川　基（みやがわ・もとい）　東北学院大学法学部教授

玉蟲由樹（たまむし・ゆうき）　日本大学法学部教授

手塚崇聡（てづか・たかとし）　中京大学国際教養学部准教授

大林啓吾（おおばやし・けいご）　千葉大学大学院専門法務研究科准教授

菅谷麻衣（すがや・まい）　慶應義塾大学大学院法学研究科後期博士課程

佐々木くみ（ささき・くみ）　東北学院大学法学部准教授

吉良貴之（きら・たかゆき）　宇都宮共和大学シティライフ学部専任講師

渡邉泰彦（わたなべ・やすひこ）　京都産業大学大学院法務研究科教授

志田陽子（しだ・ようこ）　武蔵野美術大学造形学部教授

新井　誠（あらい・まこと）　広島大学大学院法務研究科教授

小宮友根（こみや・ともね）　東北学院大学経済学部准教授

（掲載順）

性風俗と法秩序

2017年 3 月31日　初版第 1 刷発行

編著Ⓒ　陶 久 利 彦

発行者　苧 野 圭 太
発行所　尚 学 社
〒113-0033　東京都文京区本郷 1-25-7
TEL (03)3818-8784　FAX (03)3818-9737
verlag@shogaku.com　http://www.shogaku.com/

ISBN978-4-86031-142-1　C1032　　　　　　印刷／日之出印刷株式会社　　製本／三栄社